权威·前沿·原创

皮书系列为
"十二五""十三五"国家重点图书出版规划项目

皮书品牌20年
YEAR BOOKS

皮书系列

2017年

智库成果出版与传播平台

社会科学文献出版社
SOCIAL SCIENCES ACADEMIC PRESS (CHINA)

社长致辞

2017年正值皮书品牌专业化二十周年之际，世界每天都在发生着让人眼花缭乱的变化，而唯一不变的，是面向未来无数的可能性。作为个体，如何获取专业信息以备不时之需？作为行政主体或企事业主体，如何提高决策的科学性让这个世界变得更好而不是更糟？原创、实证、专业、前沿、及时、持续，这是1997年"皮书系列"品牌创立的初衷。

1997~2017，从最初一个出版社的学术产品名称到媒体和公众使用频率极高的热点词语，从专业术语到大众话语，从官方文件到独特的出版型态，作为重要的智库成果，"皮书"始终致力于成为海量信息时代的信息过滤器，成为经济社会发展的记录仪，成为政策制定、评估、调整的智力源，社会科学研究的资料集成库。"皮书"的概念不断延展，"皮书"的种类更加丰富，"皮书"的功能日渐完善。

1997~2017，皮书及皮书数据库已成为中国新型智库建设不可或缺的抓手与平台，成为政府、企业和各类社会组织决策的利器，成为人文社科研究最基本的资料库，成为世界系统完整及时认知当代中国的窗口和通道！"皮书"所具有的凝聚力正在形成一种无形的力量，吸引着社会各界关注中国的发展，参与中国的发展。

二十年的"皮书"正值青春，愿每一位皮书人付出的年华与智慧不辜负这个时代！

社会科学文献出版社社长
中国社会学会秘书长

2016年11月

社会科学文献出版社简介

社会科学文献出版社成立于1985年,是直属于中国社会科学院的人文社会科学学术出版机构。成立以来,社科文献出版社依托于中国社会科学院和国内外人文社会科学界丰厚的学术出版和专家学者资源,始终坚持"创社科经典,出传世文献"的出版理念、"权威、前沿、原创"的产品定位以及学术成果和智库成果出版的专业化、数字化、国际化、市场化的经营道路。

社科文献出版社是中国新闻出版业转型与文化体制改革的先行者。积极探索文化体制改革的先进方向和现代企业经营决策机制,社科文献出版社先后荣获"全国文化体制改革工作先进单位"、中国出版政府奖·先进出版单位奖、中国社会科学院先进集体、全国科普工作先进集体等荣誉称号。多人次荣获"第十届韬奋出版奖""全国新闻出版行业领军人才""数字出版先进人物""北京市新闻出版广电行业领军人才"等称号。

社科文献出版社是中国人文社会科学学术出版的大社名社,也是以皮书为代表的智库成果出版的专业强社。年出版图书2000余种,其中皮书350余种,出版新书字数5.5亿字,承印与发行中国社科院院属期刊72种,先后创立了皮书系列、列国志、中国史话、社科文献学术译库、社科文献学术文库、甲骨文书系等一大批既有学术影响又有市场价值的品牌,确立了在社会学、近代史、苏东问题研究等专业学科及领域出版的领先地位。图书多次荣获中国出版政府奖、"三个一百"原创图书出版工程、"五个'一'工程奖"、"大众喜爱的50种图书"等奖项,在中央国家机关"强素质·做表率"读书活动中,入选图书品种数位居各大出版社之首。

社科文献出版社是中国学术出版规范与标准的倡议者与制定者,代表全国50多家出版社发起实施学术著作出版规范的倡议,承担学术著作规范国家标准的起草工作,率先编撰完成《皮书手册》对皮书品牌进行规范化管理,并在此基础上推出中国版芝加哥手册——《SSAP学术出版手册》。

社科文献出版社是中国数字出版的引领者,拥有皮书数据库、列国志数据库、"一带一路"数据库、减贫数据库、集刊数据库等4大产品线11个数据库产品,机构用户达1300余家,海外用户百余家,荣获"数字出版转型示范单位""新闻出版标准化先进单位""专业数字内容资源知识服务模式试点企业标准化示范单位"等称号。

社科文献出版社是中国学术出版走出去的践行者。社科文献出版社海外图书出版与学术合作业务遍及全球40余个国家和地区并于2016年成立俄罗斯分社,累计输出图书500余种,涉及近20个语种,累计获得国家社科基金中华学术外译项目资助76种、"丝路书香工程"项目资助60种、中国图书对外推广计划项目资助71种以及经典中国国际出版工程资助28种,被商务部认定为"2015-2016年度国家文化出口重点企业"。

如今,社科文献出版社拥有固定资产3.6亿元,年收入近3亿元,设置了七大出版分社、六大专业部门,成立了皮书研究院和博士后科研工作站,培养了一支近400人的高素质与高效率的编辑、出版、营销和国际推广队伍,为未来成为学术出版的大社、名社、强社,成为文化体制改革与文化企业转型发展的排头兵奠定了坚实的基础。

经济类

经 济 类

经济类皮书涵盖宏观经济、城市经济、大区域经济，提供权威、前沿的分析与预测

经济蓝皮书
2017年中国经济形势分析与预测

李扬 / 主编 2017年1月出版 定价：89.00元

◆ 本书为总理基金项目，由著名经济学家李扬领衔，联合中国社会科学院等数十家科研机构、国家部委和高等院校的专家共同撰写，系统分析了2016年的中国经济形势并预测2017年中国经济运行情况。

中国省域竞争力蓝皮书
中国省域经济综合竞争力发展报告（2015～2016）

李建平 李闽榕 高燕京 / 主编 2017年5月出版 定价：198.00元

◆ 本书融多学科的理论为一体，深入追踪研究了省域经济发展与中国国家竞争力的内在关系，为提升中国省域经济综合竞争力提供有价值的决策依据。

城市蓝皮书
中国城市发展报告 No.10

潘家华 单菁菁 / 主编 2017年9月出版 估价：89.00元

◆ 本书是由中国社会科学院城市发展与环境研究中心编著的，多角度、全方位地立体展示了中国城市的发展状况，并对中国城市的未来发展提出了许多建议。该书有强烈的时代感，对中国城市发展实践有重要的参考价值。

经济类

人口与劳动绿皮书
中国人口与劳动问题报告 No.18
蔡昉　张车伟/主编　2017年10月出版　估价：89.00元

◆ 本书为中国社会科学院人口与劳动经济研究所主编的年度报告，对当前中国人口与劳动形势做了比较全面和系统的深入讨论，为研究中国人口与劳动问题提供了一个专业性的视角。

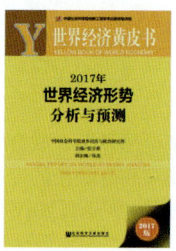

世界经济黄皮书
2017年世界经济形势分析与预测
张宇燕/主编　2017年1月出版　定价：89.00元

◆ 本书由中国社会科学院世界经济与政治研究所的研究团队撰写，2016年世界经济增速进一步放缓，就业增长放慢。世界经济面临许多重大挑战同时，地缘政治风险、难民危机、大国政治周期、恐怖主义等问题也仍然在影响世界经济的稳定与发展。预计2017年按PPP计算的世界GDP增长率约为3.0%。

国际城市蓝皮书
国际城市发展报告（2017）
屠启宇/主编　2017年2月出版　定价：79.00元

◆ 本书作者以上海社会科学院从事国际城市研究的学者团队为核心，汇集同济大学、华东师范大学、复旦大学、上海交通大学、南京大学、浙江大学相关城市研究专业学者。立足动态跟踪介绍国际城市发展时间中，最新出现的重大战略、重大理念、重大项目、重大报告和最佳案例。

金融蓝皮书
中国金融发展报告（2017）
王国刚/主编　2017年2月出版　定价：79.00元

◆ 本书由中国社会科学院金融研究所组织编写，概括和分析了2016年中国金融发展和运行中的各方面情况，研讨和评论了2016年发生的主要金融事件，有利于读者了解掌握2016年中国的金融状况，把握2017年中国金融的走势。

经济类　皮书系列 重点推荐

农村绿皮书
中国农村经济形势分析与预测（2016～2017）

魏后凯　杜志雄　黄秉信/主编　2017年4月出版　估价：89.00元

◆ 本书描述了2016年中国农业农村经济发展的一些主要指标和变化，并对2017年中国农业农村经济形势的一些展望和预测，提出相应的政策建议。

西部蓝皮书
中国西部发展报告（2017）

徐璋勇/主编　2017年7月出版　估价：89.00元

◆ 本书由西北大学中国西部经济发展研究中心主编，汇集了源自西部本土以及国内研究西部问题的权威专家的第一手资料，对国家实施西部大开发战略进行年度动态跟踪，并对2017年西部经济、社会发展态势进行预测和展望。

经济蓝皮书·夏季号
中国经济增长报告（2016～2017）

李扬/主编　2017年9月出版　估价：98.00元

◆ 中国经济增长报告主要探讨2016~2017年中国经济增长问题，以专业视角解读中国经济增长，力求将其打造成一个研究中国经济增长、服务宏微观各级决策的周期性、权威性读物。

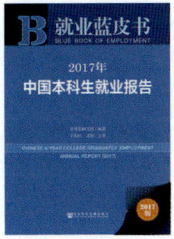

就业蓝皮书
2017年中国本科生就业报告

麦可思研究院/编著　2017年6月出版　估价：98.00元

◆ 本书基于大量的数据和调研，内容翔实，调查独到，分析到位，用数据说话，对中国大学生就业及学校专业设置起到了很好的建言献策作用。

社会政法类

社会政法类皮书聚焦社会发展领域的热点、难点问题，提供权威、原创的资讯与视点

社会蓝皮书
2017年中国社会形势分析与预测

李培林　陈光金　张翼/主编　2016年12月出版　定价：89.00元

◆ 本书由中国社会科学院社会学研究所组织研究机构专家、高校学者和政府研究人员撰写，聚焦当下社会热点，对2016年中国社会发展的各个方面内容进行了权威解读，同时对2017年社会形势发展趋势进行了预测。

法治蓝皮书
中国法治发展报告 No.15（2017）

李林　田禾/主编　2017年3月出版　定价：118.00元

◆ 本年度法治蓝皮书回顾总结了2016年度中国法治发展取得的成就和存在的不足，对中国政府、司法、检务透明度进行了跟踪调研，并对2017年中国法治发展形势进行了预测和展望。

社会体制蓝皮书
中国社会体制改革报告 No.5（2017）

龚维斌/主编　2017年3月出版　定价：89.00元

◆ 本书由国家行政学院社会治理研究中心和北京师范大学中国社会管理研究院共同组织编写，主要对2016年社会体制改革情况进行回顾和总结，对2017年的改革走向进行分析，提出相关政策建议。

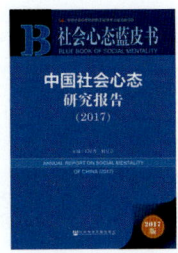

社会心态蓝皮书
中国社会心态研究报告（2017）

王俊秀　杨宜音/主编　2017年12月出版　估价：89.00元

◆ 本书是中国社会科学院社会学研究所社会心理研究中心"社会心态蓝皮书课题组"的年度研究成果，运用社会心理学、社会学、经济学、传播学等多种学科的方法进行了调查和研究，对于目前中国社会心态状况有较广泛和深入的揭示。

生态城市绿皮书
中国生态城市建设发展报告（2017）

刘举科　孙伟平　胡文臻/主编　2017年7月出版　估价：118.00元

◆ 报告以绿色发展、循环经济、低碳生活、民生宜居为理念，以更新民众观念、提供决策咨询、指导工程实践、引领绿色发展为宗旨，试图探索一条具有中国特色的城市生态文明建设新路。

城市生活质量蓝皮书
中国城市生活质量报告（2017）

中国经济实验研究院/主编　2017年7月出版　估价：89.00元

◆ 本书对全国35个城市居民的生活质量主观满意度进行了电话调查，同时对35个城市居民的客观生活质量指数进行了计算，为中国城市居民生活质量的提升，提出了针对性的政策建议。

公共服务蓝皮书
中国城市基本公共服务力评价（2017）

钟君　刘志昌　吴正杲/主编　2017年12月出版　估价：89.00元

◆ 中国社会科学院经济与社会建设研究室与华图政信调查组成联合课题组，从2010年开始对基本公共服务力进行研究，研创了基本公共服务力评价指标体系，为政府考核公共服务与社会管理工作提供了理论工具。

行业报告类

行业报告类皮书立足重点行业、新兴行业领域，
提供及时、前瞻的数据与信息

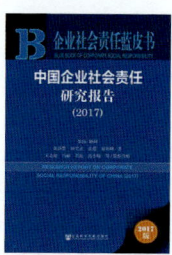

企业社会责任蓝皮书
中国企业社会责任研究报告（2017）

黄群慧　钟宏武　张蒽　翟利峰／著　2017年10月出版　估价：89.00元

◆ 本书剖析了中国企业社会责任在2016～2017年度的最新发展特征，详细解读了省域国有企业在社会责任方面的阶段性特征，生动呈现了国内外优秀企业的社会责任实践。对了解中国企业社会责任履行现状、未来发展，以及推动社会责任建设有重要的参考价值。

新能源汽车蓝皮书
中国新能源汽车产业发展报告（2017）

中国汽车技术研究中心　日产（中国）投资有限公司
东风汽车有限公司／编著　2017年7月出版　估价：98.00元

◆ 本书对中国2016年新能源汽车产业发展进行了全面系统的分析，并介绍了国外的发展经验。有助于相关机构、行业和社会公众等了解中国新能源汽车产业发展的最新动态，为政府部门出台新能源汽车产业相关政策法规、企业制定相关战略规划，提供必要的借鉴和参考。

杜仲产业绿皮书
中国杜仲橡胶资源与产业发展报告（2016～2017）

杜红岩　胡文臻　俞锐／主编　2017年4月出版　估价：85.00元

◆ 本书对2016年杜仲产业的发展情况、研究团队在杜仲研究方面取得的重要成果、部分地区杜仲产业发展的具体情况、杜仲新标准的制定情况等进行了较为详细的分析与介绍，使广大关心杜仲产业发展的读者能够及时跟踪产业最新进展。

企业蓝皮书
中国企业绿色发展报告 No.2（2017）

李红玉　朱光辉 / 主编　　2017 年 8 月出版　　估价：89.00 元

◆ 本书深入分析中国企业能源消费、资源利用、绿色金融、绿色产品、绿色管理、信息化、绿色发展政策及绿色文化方面的现状，并对目前存在的问题进行研究，剖析因果，谋划对策，为企业绿色发展提供借鉴，为中国生态文明建设提供支撑。

中国上市公司蓝皮书
中国上市公司发展报告（2017）

张平　王宏淼 / 主编　　2017 年 10 月出版　　估价：98.00 元

◆ 本书由中国社会科学院上市公司研究中心组织编写的，着力于全面、真实、客观反映当前中国上市公司财务状况和价值评估的综合性年度报告。本书详尽分析了 2016 年中国上市公司情况，特别是现实中暴露出的制度性、基础性问题，并对资本市场改革进行了探讨。

资产管理蓝皮书
中国资产管理行业发展报告（2017）

智信资产管理研究院 / 编著　　2017 年 6 月出版　　估价：89.00 元

◆ 中国资产管理行业刚刚兴起，未来将成为中国金融市场最有看点的行业。本书主要分析了 2016 年度资产管理行业的发展情况，同时对资产管理行业的未来发展做出科学的预测。

体育蓝皮书
中国体育产业发展报告（2017）

阮伟　钟秉枢 / 主编　　2017 年 12 月出版　　估价：89.00 元

◆ 本书运用多种研究方法，在体育竞赛业、体育用品业、体育场馆业、体育传媒业等传统产业研究的基础上，并对 2016 年体育领域内的各种热点事件进行研究和梳理，进一步拓宽了研究的广度、提升了研究的高度、挖掘了研究的深度。

国别与地区类

国际问题类

国际问题类皮书关注全球重点国家与地区，提供全面、独特的解读与研究

美国蓝皮书

美国研究报告（2017）

郑秉文 黄平 / 主编　2017年6月出版　估价：89.00元

◆ 本书是由中国社会科学院美国研究所主持完成的研究成果，它回顾了美国2016年的经济、政治形势与外交战略，对2017年以来美国内政外交发生的重大事件及重要政策进行了较为全面的回顾和梳理。

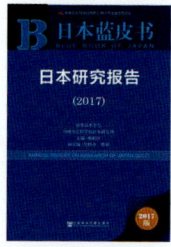

日本蓝皮书

日本研究报告（2017）

杨伯江 / 主编　2017年5月出版　估价：89.00元

◆ 本书对2016年日本的政治、经济、社会、外交等方面的发展情况做了系统介绍，对日本的热点及焦点问题进行了总结和分析，并在此基础上对该国2017年的发展前景做出预测。

亚太蓝皮书

亚太地区发展报告（2017）

李向阳 / 主编　2017年4月出版　估价：89.00元

◆ 本书是中国社会科学院亚太与全球战略研究院的集体研究成果。2017年的"亚太蓝皮书"继续关注中国周边环境的变化。该书盘点了2016年亚太地区的焦点和热点问题，为深入了解2016年及未来中国与周边环境的复杂形势提供了重要参考。

德国蓝皮书
德国发展报告（2017）

郑春荣 / 主编　2017 年 6 月出版　估价：89.00 元

◆ 本报告由同济大学德国研究所组织编撰，由该领域的专家学者对德国的政治、经济、社会文化、外交等方面的形势发展情况，进行全面的阐述与分析。

日本经济蓝皮书
日本经济与中日经贸关系研究报告（2017）

张季风 / 编著　2017 年 5 月出版　估价：89.00 元

◆ 本书系统、详细地介绍了 2016 年日本经济以及中日经贸关系发展情况，在进行了大量数据分析的基础上，对 2017 年日本经济以及中日经贸关系的大致发展趋势进行了分析与预测。

俄罗斯黄皮书
俄罗斯发展报告（2017）

李永全 / 编著　2017 年 7 月出版　估价：89.00 元

◆ 本书系统介绍了 2016 年俄罗斯经济政治情况，并对 2016 年该地区发生的焦点、热点问题进行了分析与回顾；在此基础上，对该地区 2017 年的发展前景进行了预测。

非洲黄皮书
非洲发展报告 No.19（2016~2017）

张宏明 / 主编　2017 年 8 月出版　估价：89.00 元

◆ 本书是由中国社会科学院西亚非洲研究所组织编撰的非洲形势年度报告，比较全面、系统地分析了 2016 年非洲政治形势和热点问题，探讨了非洲经济形势和市场走向，剖析了大国对非洲关系的新动向；此外，还介绍了国内非洲研究的新成果。

地方发展类

地方发展类皮书关注中国各省份、经济区域，提供科学、多元的预判与资政信息

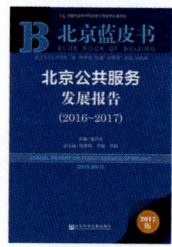

北京蓝皮书
北京公共服务发展报告（2016~2017）

施昌奎 / 主编　2017年3月出版　定价：79.00元

◆ 本书是由北京市政府职能部门的领导、首都著名高校的教授、知名研究机构的专家共同完成的关于北京市公共服务发展与创新的研究成果。

河南蓝皮书
河南经济发展报告（2017）

张占仓　完世伟 / 主编　2017年4月出版　估价：89.00元

◆ 本书以国内外经济发展环境和走向为背景，主要分析当前河南经济形势，预测未来发展趋势，全面反映河南经济发展的最新动态、热点和问题，为地方经济发展和领导决策提供参考。

广州蓝皮书
2017年中国广州经济形势分析与预测

庾建设　陈浩钿　谢博能 / 主编　2017年7月出版　估价：85.00元

◆ 本书由广州大学与广州市委政策研究室、广州市统计局联合主编，汇集了广州科研团体、高等院校和政府部门诸多经济问题研究专家、学者和实际部门工作者的最新研究成果，是关于广州经济运行情况和相关专题分析、预测的重要参考资料。

 文化传媒类

文化传媒类

文化传媒类皮书透视文化领域、文化产业，
探索文化大繁荣、大发展的路径

新媒体蓝皮书

中国新媒体发展报告 No.8（2017）

唐绪军 / 主编　2017年6月出版　估价：89.00元

◆ 本书是由中国社会科学院新闻与传播研究所组织编写的关于新媒体发展的最新年度报告，旨在全面分析中国新媒体的发展现状，解读新媒体的发展趋势，探析新媒体的深刻影响。

移动互联网蓝皮书

中国移动互联网发展报告（2017）

官建文 / 主编　2017年6月出版　估价：89.00元

◆ 本书着眼于对2016年度中国移动互联网的发展情况做深入解析，对未来发展趋势进行预测，力求从不同视角、不同层面全面剖析中国移动互联网发展的现状、年度突破及热点趋势等。

传媒蓝皮书

中国传媒产业发展报告（2017）

崔保国 / 主编　2017年5月出版　估价：98.00元

◆ "传媒蓝皮书"连续十多年跟踪观察和系统研究中国传媒产业发展。本报告在对传媒产业总体以及各细分行业发展状况与趋势进行深入分析基础上，对年度发展热点进行跟踪，剖析新技术引领下的商业模式，对传媒各领域发展趋势、内体经营、传媒投资进行解析，为中国传媒产业正在发生的变革提供前瞻性参考。

经济类

"三农"互联网金融蓝皮书
中国"三农"互联网金融发展报告（2017）
著（编）者：李勇坚 王弢　　2017年8月出版 / 估价：98.00元
PSN B-2016-561-1/1

G20国家创新竞争力黄皮书
二十国集团（G20）国家创新竞争力发展报告（2016~2017）
著（编）者：李建平 李闽榕 赵新力　周天勇
2017年8月出版 / 估价：158.00元
PSN Y-2011-229-1/1

产业蓝皮书
中国产业竞争力报告（2017）No.7
著（编）者：张其仔　　2017年12月出版 / 估价：98.00元
PSN B-2010-175-1/1

城市创新蓝皮书
中国城市创新报告（2017）
著（编）者：周天勇 旷建伟　　2017年11月出版 / 估价：89.00元
PSN B-2013-340-1/1

城市蓝皮书
中国城市发展报告 No.10
著（编）者：潘家华 单菁菁　2017年9月出版 / 估价：89.00元
PSN B-2007-091-1/1

城乡一体化蓝皮书
中国城乡一体化发展报告（2016~2017）
著（编）者：汝信 付崇兰　　2017年7月出版 / 估价：85.00元
PSN B-2011-226-1/2

城镇化蓝皮书
中国新型城镇化健康发展报告（2017）
著（编）者：张占斌　　2017年8月出版 / 估价：89.00元
PSN B-2014-396-1/1

创新蓝皮书
创新型国家建设报告（2016~2017）
著（编）者：詹正茂　　2017年12月出版 / 估价：89.00元
PSN B-2009-140-1/1

创业蓝皮书
中国创业发展报告（2016~2017）
著（编）者：黄群慧 赵卫星 钟宏武等
2017年11月出版 / 估价：89.00元
PSN B-2016-578-1/1

低碳发展蓝皮书
中国低碳发展报告（2016~2017）
著（编）者：齐晔 张希良　　2017年3月出版 / 估价：98.00元
PSN B-2011-223-1/1

低碳经济蓝皮书
中国低碳经济发展报告（2017）
著（编）者：薛进军 赵忠秀　　2017年6月出版 / 估价：85.00元
PSN B-2011-194-1/1

东北蓝皮书
中国东北地区发展报告（2017）
著（编）者：姜晓秋　　2017年2月出版 / 定价：79.00元
PSN B-2006-067-1/1

发展与改革蓝皮书
中国经济发展和体制改革报告No.8
著（编）者：邹东涛 王再文　　2017年4月出版 / 估价：98.00元
PSN B-2008-122-1/1

工业化蓝皮书
中国工业化进程报告（2017）
著（编）者：黄群慧　　2017年12月出版 / 估价：158.00元
PSN B-2007-095-1/1

管理蓝皮书
中国管理发展报告（2017）
著（编）者：张晓东　　2017年10月出版 / 估价：98.00元
PSN B-2014-416-1/1

国际城市蓝皮书
国际城市发展报告（2017）
著（编）者：屠启宇　　2017年2月出版 / 定价：79.00元
PSN B-2012-260-1/1

国家创新蓝皮书
中国创新发展报告（2017）
著（编）者：陈劲　　2017年12月出版 / 估价：89.00元
PSN B-2014-370-1/1

金融蓝皮书
中国金融发展报告（2017）
著（编）者：王国刚　　2017年2月出版 / 定价：79.00元
PSN B-2004-031-1/6

京津冀金融蓝皮书
京津冀金融发展报告（2017）
著（编）者：王爱俭 李向前
2017年4月出版 / 估价：89.00元
PSN B-2016-528-1/1

京津冀蓝皮书
京津冀发展报告（2017）
著（编）者：文魁 祝尔娟　　2017年4月出版 / 估价：89.00元
PSN B-2012-262-1/1

经济蓝皮书
2017年中国经济形势分析与预测
著（编）者：李扬　　2017年1月出版 / 定价：89.00元
PSN B-1996-001-1/1

经济蓝皮书·春季号
2017年中国经济前景分析
著（编）者：李扬　　2017年6月出版 / 估价：89.00元
PSN B-1999-008-1/1

经济蓝皮书·夏季号
中国经济增长报告（2016~2017）
著（编）者：李扬　　2017年9月出版 / 估价：89.00元
PSN B-2010-176-1/1

经济信息绿皮书
中国与世界经济发展报告（2017）
著（编）者：杜平　　2017年12月出版 / 定价：89.00元
PSN G-2003-023-1/1

就业蓝皮书
2017年中国本科生就业报告
著（编）者：麦可思研究院　　2017年6月出版 / 估价：98.00元
PSN B-2009-146-1/2

经济类 皮书系列 2017全品种

就业蓝皮书
2017年中国高职高专生就业报告
著(编)者：麦可思研究院　2017年6月出版 / 估价：98.00元
PSN B-2015-472-2/2

科普能力蓝皮书
中国科普能力评价报告（2017）
著(编)者：李富　强李群　2017年8月出版 / 估价：89.00元
PSN B-2016-556-1/1

临空经济蓝皮书
中国临空经济发展报告（2017）
著(编)者：连玉明　2017年9月出版 / 估价：89.00元
PSN B-2014-421-1/1

农村绿皮书
中国农村经济形势分析与预测（2016~2017）
著(编)者：魏后凯　杜志雄　黄秉信
2017年4月出版 / 估价：89.00元
PSN G-1998-003-1/1

农业应对气候变化蓝皮书
气候变化对中国农业影响评估报告 No.3
著(编)者：矫梅燕　2017年8月出版 / 估价：98.00元
PSN B-2014-413-1/1

气候变化绿皮书
应对气候变化报告（2017）
著(编)者：王伟光　郑国光　2017年6月出版 / 估价：89.00元
PSN G-2009-144-1/1

区域蓝皮书
中国区域经济发展报告（2016~2017）
著(编)者：赵弘　2017年6月出版 / 估价：89.00元
PSN B-2004-034-1/1

全球环境竞争力绿皮书
全球环境竞争力报告（2017）
著(编)者：李建平　李闽榕　王金南
2017年12月出版 / 估价：198.00元
PSN G-2013-363-1/1

人口与劳动绿皮书
中国人口与劳动问题报告 No.18
著(编)者：蔡昉　张车伟　2017年11月出版 / 估价：89.00元
PSN G-2000-012-1/1

商务中心区蓝皮书
中国商务中心区发展报告 No.3（2016）
著(编)者：李国红　单菁菁　2017年4月出版 / 估价：89.00元
PSN B-2015-444-1/1

世界经济黄皮书
2017年世界经济形势分析与预测
著(编)者：张宇燕　2017年1月出版 / 定价：89.00元
PSN Y-1999-006-1/1

世界旅游城市绿皮书
世界旅游城市发展报告（2017）
著(编)者：宋宇　2017年4月出版 / 估价：128.00元
PSN G-2014-400-1/1

土地市场蓝皮书
中国农村土地市场发展报告（2016~2017）
著(编)者：李光荣　2017年4月出版 / 估价：89.00元
PSN B-2016-527-1/1

西北蓝皮书
中国西北发展报告（2017）
著(编)者：高建龙　2017年4月出版 / 估价：89.00元
PSN B-2012-261-1/1

西部蓝皮书
中国西部发展报告（2017）
著(编)者：徐璋勇　2017年7月出版 / 估价：89.00元
PSN B-2005-039-1/1

新型城镇化蓝皮书
新型城镇化发展报告（2017）
著(编)者：李伟　欠敏　沈体雁　2017年4月出版 / 估价：98.00元
PSN B-2014-431-1/1

新兴经济体蓝皮书
金砖国家发展报告（2017）
著(编)者：林跃勤　周文　2017年12月出版 / 估价：89.00元
PSN B-2011-195-1/1

长三角蓝皮书
2017年新常态下深化一体化的长三角
著(编)者：王庆五　2017年12月出版 / 估价：88.00元
PSN B-2005-038-1/1

中部竞争力蓝皮书
中国中部经济社会竞争力报告（2017）
著(编)者：教育部人文社会科学重点研究基地
　　　　　南昌大学中国中部经济社会发展研究中心
2017年12月出版 / 估价：89.00元
PSN B-2012-276-1/1

中部蓝皮书
中国中部地区发展报告（2017）
著(编)者：宋亚平　2017年12月出版 / 估价：88.00元
PSN B-2007-089-1/1

中国省域竞争力蓝皮书
中国省域经济综合竞争力发展报告（2017）
著(编)者：李建平　李闽榕　高燕京
2017年2月出版 / 定价：198.00元
PSN B-2007-088-1/1

中三角蓝皮书
长江中游城市群发展报告（2017）
著(编)者：秦尊文　2017年9月出版 / 估价：89.00元
PSN B-2014-417-1/1

中小城市绿皮书
中国中小城市发展报告（2017）
著(编)者：中国城市经济学会中小城市经济发展委员会
　　　　　中国城镇化促进会中小城市发展委员会
　　　　　《中国中小城市发展报告》编纂委员会
　　　　　中小城市发展战略研究院
2017年11月出版 / 估价：128.00元
PSN G-2010-161-1/1

中原蓝皮书
中原经济区发展报告（2017）
著(编)者：李英杰　2017年6月出版 / 估价：88.00元
PSN B-2011-192-1/1

自贸区蓝皮书
中国自贸区发展报告（2017）
著(编)者：王力　2017年7月出版 / 估价：89.00元
PSN B-2016-559-1/1

社会政法类

北京蓝皮书
中国社区发展报告（2017）
著(编)者：于燕燕　2017年4月出版 / 估价：89.00元
PSN B-2007-083-5/8

殡葬绿皮书
中国殡葬事业发展报告（2017）
著(编)者：李伯森　2017年4月出版 / 估价：158.00元
PSN G-2010-180-1/1

城市管理蓝皮书
中国城市管理报告（2016~2017）
著(编)者：刘林　刘承水　2017年5月出版 / 估价：158.00元
PSN B-2013-336-1/1

城市生活质量蓝皮书
中国城市生活质量报告（2017）
著(编)者：中国经济实验研究院
2018年7月出版 / 估价：89.00元
PSN B-2013-326-1/1

城市政府能力蓝皮书
中国城市政府公共服务能力评估报告（2017）
著(编)者：何艳玲　2017年4月出版 / 估价：89.00元
PSN B-2013-338-1/1

慈善蓝皮书
中国慈善发展报告（2017）
著(编)者：杨团　2017年6月出版 / 估价：89.00元
PSN B-2009-142-1/1

党建蓝皮书
党的建设研究报告 No.2（2017）
著(编)者：崔建民　陈东平　2017年4月出版 / 估价：89.00元
PSN B-2016-524-1/1

地方法治蓝皮书
中国地方法治发展报告 No.3（2017）
著(编)者：李林　田禾　2017年4月出版 / 估价：108.00元
PSN B-2015-442-1/1

法治蓝皮书
中国法治发展报告 No.15（2017）
著(编)者：李林　田禾　2017年3月出版 / 定价：118.00元
PSN B-2004-027-1/1

法治政府蓝皮书
中国法治政府发展报告（2017）
著(编)者：中国政法大学法治政府研究院
2017年4月出版 / 估价：98.00元
PSN B-2015-502-1/2

法治政府蓝皮书
中国法治政府评估报告（2017）
著(编)者：中国政法大学法治政府研究院
2017年11月出版 / 估价：98.00元
PSN B-2016-577-2/2

法治蓝皮书
中国法院信息化发展报告 No.1（2017）
著(编)者：李林　田禾　2017年2月出版 / 定价：108.00元
PSN B-2017-604-3/3

反腐倡廉蓝皮书
中国反腐倡廉建设报告 No.7
著(编)者：张英伟　2017年12月出版 / 估价：89.00元
PSN B-2012-259-1/1

非传统安全蓝皮书
中国非传统安全研究报告（2016~2017）
著(编)者：余潇枫　魏志江　2017年6月出版 / 估价：89.00元
PSN B-2012-273-1/1

妇女发展蓝皮书
中国妇女发展报告 No.7
著(编)者：王金玲　2017年9月出版 / 估价：148.00元
PSN B-2006-069-1/1

妇女教育蓝皮书
中国妇女教育发展报告 No.4
著(编)者：张李玺　2017年10月出版 / 估价：78.00元
PSN B-2008-121-1/1

妇女绿皮书
中国性别平等与妇女发展报告（2017）
著(编)者：谭琳　2017年12月出版 / 估价：99.00元
PSN G-2006-073-1/1

公共服务蓝皮书
中国城市基本公共服务力评价（2017）
著(编)者：钟君　刘志昌　吴正членов　2017年12月出版 / 估价：89.00元
PSN B-2011-214-1/1

公民科学素质蓝皮书
中国公民科学素质报告（2016~2017）
著(编)者：李群　陈雄　马宗文
2017年4月出版 / 估价：89.00元
PSN B-2014-379-1/1

公共关系蓝皮书
中国公共关系发展报告（2017）
著(编)者：柳斌杰　2017年11月出版 / 估价：89.00元
PSN B-2016-580-1/1

公益蓝皮书
中国公益慈善发展报告（2017）
著(编)者：朱健刚　2018年4月出版 / 估价：118.00元
PSN B-2012-283-1/1

国际人才蓝皮书
中国国际移民报告（2017）
著(编)者：王辉耀　2017年4月出版 / 估价：89.00元
PSN B-2012-304-3/4

国际人才蓝皮书
中国留学发展报告（2017）No.5
著(编)者：王辉耀　苗绿　2017年10月出版 / 估价：89.00元
PSN B-2012-244-2/4

海洋社会蓝皮书
中国海洋社会发展报告（2017）
著(编)者：崔凤　宋宁而　2017年7月出版 / 估价：89.00元
PSN B-2015-478-1/1

社会政法类 — 皮书系列 2017全品种

行政改革蓝皮书
中国行政体制改革报告（2017）No.6
著（编）者：魏礼群　　2017年5月出版 / 估价：98.00元
PSN B-2011-231-1/1

华侨华人蓝皮书
华侨华人研究报告（2017）
著（编）者：贾益民　　2017年12月出版 / 估价：128.00元
PSN B-2011-204-1/1

环境竞争力绿皮书
中国省域环境竞争力发展报告（2017）
著（编）者：李建平　李闽榕　王金南
2017年11月出版 / 估价：198.00元
PSN G-2010-165-1/1

环境绿皮书
中国环境发展报告（2017）
著（编）者：刘鉴强　　2017年4月出版 / 估价：89.00元
PSN G-2006-048-1/1

基金会蓝皮书
中国基金会发展报告（2016~2017）
著（编）者：中国基金会发展报告课题组
2017年4月出版 / 估价：85.00元
PSN B-2013-368-1/1

基金会绿皮书
中国基金会发展独立研究报告（2017）
著（编）者：基金会中心网　中央民族大学基金会研究中心
2017年6月出版 / 估价：88.00元
PSN G-2011-213-1/1

基金会透明度蓝皮书
中国基金会透明度发展研究报告（2017）
著（编）者：基金会中心网　清华大学廉政与治理研究中心
2017年12月出版 / 估价：89.00元
PSN B-2015-509-1/1

家庭蓝皮书
中国"创建幸福家庭活动"评估报告（2017）
国务院发展研究中心"创建幸福家庭活动评估"课题组著
2017年8月出版 / 估价：89.00元
PSN B-2015-508-1/1

健康城市蓝皮书
中国健康城市建设研究报告（2017）
著（编）者：王鸿春　解树江　盛继洪
2017年9月出版 / 估价：89.00元
PSN B-2016-565-2/2

教师蓝皮书
中国中小学教师发展报告（2017）
著（编）者：曾晓东　鱼霞　　2017年6月出版 / 估价：89.00元
PSN B-2012-289-1/1

教育蓝皮书
中国教育发展报告（2017）
著（编）者：杨东平　　2017年4月出版 / 估价：89.00元
PSN B-2006-047-1/1

科普蓝皮书
中国基层科普发展报告（2016~2017）
著（编）者：赵立　新陈玲　　2017年9月出版 / 估价：89.00元
PSN B-2016-569-3/3

科普蓝皮书
中国科普基础设施发展报告（2017）
著（编）者：任福君　　2017年6月出版 / 估价：89.00元
PSN B-2010-174-1/3

科普蓝皮书
中国科普人才发展报告（2017）
著（编）者：郑念　任嵘嵘　　2017年4月出版 / 估价：98.00元
PSN B-2015-512-2/3

科学教育蓝皮书
中国科学教育发展报告（2017）
著（编）者：罗晖　王康友　　2017年10月出版 / 估价：89.00元
PSN B-2015-487-1/1

劳动保障蓝皮书
中国劳动保障发展报告（2017）
著（编）者：刘燕斌　　2017年9月出版 / 估价：188.00元
PSN B-2014-415-1/1

老龄蓝皮书
中国老年宜居环境发展报告（2017）
著（编）者：党俊武　周燕珉　　2017年4月出版 / 估价：89.00元
PSN B-2013-320-1/1

连片特困区蓝皮书
中国连片特困区发展报告（2017）
著（编）者：游俊　冷志明　丁建军
2017年4月出版 / 估价：98.00元
PSN B-2013-321-1/1

流动儿童蓝皮书
中国流动儿童教育发展报告（2016）
著（编）者：杨东平　　2017年1月出版 / 定价：79.00元
PSN B-2017-600-1/1

民调蓝皮书
中国民生调查报告（2017）
著（编）者：谢耘耕　　2017年12月出版 / 估价：98.00元
PSN B-2014-398-1/1

民族发展蓝皮书
中国民族发展报告（2017）
著（编）者：郝时远　王延中　王希恩
2017年4月出版 / 估价：98.00元
PSN B-2006-070-1/1

女性生活蓝皮书
中国女性生活状况报告 No.11（2017）
著（编）者：韩湘景　　2017年10月出版 / 估价：98.00元
PSN B-2006-071-1/1

汽车社会蓝皮书
中国汽车社会发展报告（2017）
著（编）者：王俊秀　　2017年12月出版 / 估价：89.00元
PSN B-2011-224-1/1

皮书系列 2017全品种

社会政法类

青年蓝皮书
中国青年发展报告（2017）No.3
著(编)者：廉思 等　2017年4月出版 / 估价：89.00元
PSN B-2013-333-1/1

青少年蓝皮书
中国未成年人互联网运用报告（2017）
著(编)者：李文革 沈洁 季为民
2017年11月出版 / 估价：89.00元
PSN B-2010-165-1/1

青少年体育蓝皮书
中国青少年体育发展报告（2017）
著(编)者：郭建军 杨桦　2017年9月出版 / 估价：89.00元
PSN B-2015-482-1/1

群众体育蓝皮书
中国群众体育发展报告（2017）
著(编)者：刘国永 杨桦　2017年12月出版 / 估价：89.00元
PSN B-2016-519-2/3

人权蓝皮书
中国人权事业发展报告 No.7（2017）
著(编)者：李君如　2017年9月出版 / 估价：98.00元
PSN B-2011-215-1/1

社会保障绿皮书
中国社会保障发展报告（2017）No.8
著(编)者：王延中　2017年1月出版 / 估价：98.00元
PSN G-2001-014-1/1

社会风险评估蓝皮书
风险评估与危机预警评估报告（2017）
著(编)者：唐钧　2017年8月出版 / 估价：85.00元
PSN B-2016-521-1/1

社会管理蓝皮书
中国社会管理创新报告 No.5
著(编)者：连玉明　2017年11月出版 / 估价：89.00元
PSN B-2012-300-1/1

社会蓝皮书
2017年中国社会形势分析与预测
著(编)者：李培林 陈光金 张翼
2016年12月出版 / 定价：89.00元
PSN B-1998-002-1/1

社会体制蓝皮书
中国社会体制改革报告 No.5（2017）
著(编)者：龚维斌　2017年3月出版 / 定价：89.00元
PSN B-2013-330-1/1

社会心态蓝皮书
中国社会心态研究报告（2017）
著(编)者：王俊秀 杨宜音　2017年12月出版 / 估价：89.00元
PSN B-2011-199-1/1

社会组织蓝皮书
中国社会组织发展报告（2016~2017）
著(编)者：黄晓勇　2017年1月出版 / 定价：89.00元
PSN B-2008-118-1/2

社会组织蓝皮书
中国社会组织评估发展报告（2017）
著(编)者：徐家良 廖鸿　2017年12月出版 / 估价：89.00元
PSN B-2013-366-1/1

生态城市绿皮书
中国生态城市建设发展报告（2017）
著(编)者：刘举科 孙伟平 胡文臻
2017年9月出版 / 估价：118.00元
PSN G-2012-269-1/1

生态文明绿皮书
中国省域生态文明建设评价报告（ECI 2017）
著(编)者：严耕　2017年12月出版 / 估价：98.00元
PSN G-2010-170-1/1

土地整治蓝皮书
中国土地整治发展研究报告 No.4
著(编)者：国土资源部土地整治中心
2017年7月出版 / 估价：89.00元
PSN B-2014-401-1/1

土地政策蓝皮书
中国土地政策研究报告（2017）
著(编)者：高延利 李宪文
2017年12月出版 / 定价：89.00元
PSN B-2015-506-1/1

医改蓝皮书
中国医药卫生体制改革报告（2017）
著(编)者：文学国 房志武　2017年11月出版 / 估价：98.00元
PSN B-2014-432-1/1

医疗卫生绿皮书
中国医疗卫生发展报告 No.7（2017）
著(编)者：申宝忠 韩玉珍　2017年4月出版 / 估价：85.00元
PSN G-2004-033-1/1

应急管理蓝皮书
中国应急管理报告（2017）
著(编)者：宋英华　2017年9月出版 / 估价：98.00元
PSN B-2016-563-1/1

政治参与蓝皮书
中国政治参与报告（2017）
著(编)者：房宁　2017年9月出版 / 估价：118.00元
PSN B-2011-200-1/1

宗教蓝皮书
中国宗教报告（2016）
著(编)者：邱永辉　2017年4月出版 / 估价：89.00元
PSN B-2008-117-1/1

行业报告类

SUV蓝皮书
中国SUV市场发展报告（2016~2017）
著（编）者：靳军　　2017年9月出版 / 估价：89.00元
PSN B-2016-572-1/1

保健蓝皮书
中国保健服务产业发展报告 No.2
著（编）者：中国保健协会　中共中央党校
2017年7月出版 / 估价：198.00元
PSN B-2012-272-3/3

保健蓝皮书
中国保健食品产业发展报告 No.2
著（编）者：中国保健协会
　　　　　中国社会科学院食品药品产业发展与监管研究中心
2017年7月出版 / 估价：198.00元
PSN B-2012-271-2/3

保健蓝皮书
中国保健用品产业发展报告 No.2
著（编）者：中国保健协会
　　　　　国务院国有资产监督管理委员会研究中心
2017年4月出版 / 估价：198.00元
PSN B-2012-270-1/3

保险蓝皮书
中国保险业竞争力报告（2017）
著（编）者：项俊波　　2017年12月出版 / 估价：99.00元
PSN B-2013-311-1/1

冰雪蓝皮书
中国滑雪产业发展报告（2017）
著（编）者：孙承华　伍斌　魏庆华　张鸿俊
2017年8月出版 / 估价：89.00元
PSN B-2016-560-1/1

彩票蓝皮书
中国彩票发展报告（2017）
著（编）者：益彩基金　　2017年4月出版 / 估价：98.00元
PSN B-2015-462-1/1

餐饮产业蓝皮书
中国餐饮产业发展报告（2017）
著（编）者：邢颖　　2017年6月出版 / 估价：98.00元
PSN B-2009-151-1/1

测绘地理信息蓝皮书
新常态下的测绘地理信息研究报告（2017）
著（编）者：库热西·买合苏提
2017年12月出版 / 估价：118.00元
PSN B-2009-145-1/1

茶业蓝皮书
中国茶产业发展报告（2017）
著（编）者：杨江帆　李闽榕　　2017年10月出版 / 估价：88.00元
PSN B-2010-164-1/1

产权市场蓝皮书
中国产权市场发展报告（2016~2017）
著（编）者：曹和平　　2017年5月出版 / 估价：89.00元
PSN B-2009-147-1/1

产业安全蓝皮书
中国出版传媒产业安全报告（2016~2017）
著（编）者：北京印刷学院文化产业安全研究院
2017年4月出版 / 估价：89.00元
PSN B-2014-384-13/14

产业安全蓝皮书
中国文化产业安全报告（2017）
著（编）者：北京印刷学院文化产业安全研究院
2017年12月出版 / 估价：89.00元
PSN B-2014-378-12/14

产业安全蓝皮书
中国新媒体产业安全报告（2017）
著（编）者：北京印刷学院文化产业安全研究院
2017年12月出版 / 估价：89.00元
PSN B-2015-500-14/14

城投蓝皮书
中国城投行业发展报告（2017）
著（编）者：王晨艳　丁伯康　　2017年11月出版 / 估价：300.00元
PSN B-2016-514-1/1

电子政务蓝皮书
中国电子政务发展报告（2016~2017）
著（编）者：李季　杜平　　2017年7月出版 / 估价：89.00元
PSN B-2003-022-1/1

杜仲产业绿皮书
中国杜仲橡胶资源与产业发展报告（2016~2017）
著（编）者：杜红岩　胡文臻　俞锐
2017年4月出版 / 估价：85.00元
PSN G-2013-350-1/1

房地产蓝皮书
中国房地产发展报告 No.14（2017）
著（编）者：李春华　王业强　　2017年5月出版 / 估价：89.00元
PSN B-2004-028-1/1

服务外包蓝皮书
中国服务外包产业发展报告（2017）
著（编）者：王晓红　刘德军
2017年6月出版 / 估价：89.00元
PSN B-2013-331-2/2

服务外包蓝皮书
中国服务外包竞争力报告（2017）
著（编）者：王力　刘春生　黄育华
2017年11月出版 / 估价：85.00元
PSN B-2011-216-1/2

工业和信息化蓝皮书
世界网络安全发展报告（2016~2017）
著（编）者：洪京一　　2017年4月出版 / 估价：89.00元
PSN B-2015-452-5/5

工业和信息化蓝皮书
世界信息化发展报告（2016~2017）
著（编）者：洪京一　　2017年4月出版 / 估价：89.00元
PSN B-2015-451-4/5

皮书系列 2017全品种
行业报告类

工业和信息化蓝皮书
世界信息技术产业发展报告（2016~2017）
著(编)者：洪京一　2017年4月出版／估价：89.00元
PSN B-2015-449-2/5

工业和信息化蓝皮书
移动互联网产业发展报告（2016~2017）
著(编)者：洪京一　2017年4月出版／估价：89.00元
PSN B-2015-448-1/5

工业和信息化蓝皮书
战略性新兴产业发展报告（2016~2017）
著(编)者：洪京一　2017年4月出版／估价：89.00元
PSN B-2015-450-3/5

工业设计蓝皮书
中国工业设计发展报告（2017）
著(编)者：王晓红　于炜　张立群
2017年9月出版／估价：138.00元
PSN B-2014-420-1/1

黄金市场蓝皮书
中国商业银行黄金业务发展报告（2016~2017）
著(编)者：平安银行　2017年4月出版／估价：98.00元
PSN B-2016-525-1/1

互联网金融蓝皮书
中国互联网金融发展报告（2017）
著(编)者：李东荣　2017年9月出版／估价：128.00元
PSN B-2014-374-1/1

互联网医疗蓝皮书
中国互联网医疗发展报告（2017）
著(编)者：宫晓东　2017年9月出版／估价：89.00元
PSN B-2016-568-1/1

会展蓝皮书
中外会展业动态评估年度报告（2017）
著(编)者：张敏　2017年4月出版／估价：88.00元
PSN B-2013-327-1/1

金融监管蓝皮书
中国金融监管报告（2017）
著(编)者：胡滨　2017年6月出版／估价：89.00元
PSN B-2012-281-1/1

金融蓝皮书
中国金融中心发展报告（2017）
著(编)者：王力　黄育华　2017年11月出版／估价：85.00元
PSN B-2011-186-6/6

建筑装饰蓝皮书
中国建筑装饰行业发展报告（2017）
著(编)者：刘晓一　葛道顺　2017年7月出版／估价：198.00元
PSN B-2016-554-1/1

客车蓝皮书
中国客车产业发展报告（2016~2017）
著(编)者：姚蔚　2017年10月出版／估价：85.00元
PSN B-2013-361-1/1

旅游安全蓝皮书
中国旅游安全报告（2017）
著(编)者：郑向敏　谢朝武　2017年5月出版／估价：128.00元
PSN B-2012-280-1/1

旅游绿皮书
2016~2017年中国旅游发展分析与预测
著(编)者：宋瑞　2017年2月出版／定价：89.00元
PSN G-2002-018-1/1

煤炭蓝皮书
中国煤炭工业发展报告（2017）
著(编)者：岳福斌　2017年12月出版／估价：85.00元
PSN B-2008-123-1/1

民营企业社会责任蓝皮书
中国民营企业社会责任报告（2017）
著(编)者：中华全国工商业联合会
2017年12月出版／估价：89.00元
PSN B-2015-510-1/1

民营医院蓝皮书
中国民营医院发展报告（2017）
著(编)者：庄一强　2017年10月出版／估价：85.00元
PSN B-2012-299-1/1

闽商蓝皮书
闽商发展报告（2017）
著(编)者：李闽榕　王日根　林琛
2017年12月出版／估价：89.00元
PSN B-2012-298-1/1

能源蓝皮书
中国能源发展报告（2017）
著(编)者：崔民选　王军生　陈义和
2017年10月出版／估价：89.00元
PSN B-2006-049-1/1

农产品流通蓝皮书
中国农产品流通产业发展报告（2017）
著(编)者：贾敬敦　张东科　张玉玺　张鹏毅　周伟
2017年4月出版／估价：89.00元
PSN B-2012-288-1/1

企业公益蓝皮书
中国企业公益研究报告（2017）
著(编)者：钟宏武　汪杰　顾一　黄晓娟　等
2017年12月出版／估价：89.00元
PSN B-2015-501-1/1

企业国际化蓝皮书
中国企业国际化报告（2017）
著(编)者：王辉耀　2017年11月出版／估价：98.00元
PSN B-2014-427-1/1

企业蓝皮书
中国企业绿色发展报告No.2（2017）
著(编)者：李红玉　朱光辉　2017年8月出版／估价：89.00元
PSN B-2015-481-2/2

企业社会责任蓝皮书
中国企业社会责任研究报告（2017）
著(编)者：黄群慧　钟宏武　张蒽　翟利峰
2017年11月出版／估价：89.00元
PSN B-2009-149-1/1

企业社会责任蓝皮书
中资企业海外社会责任研究报告（2016~2017）
著(编)者：钟宏武　叶柳红　张蒽
2017年1月出版／定价：79.00元
PSN B-2017-603-2/2

皮书系列 2017全品种

行业报告类

汽车安全蓝皮书
中国汽车安全发展报告（2017）
著(编)者：中国汽车技术研究中心
2017年7月出版 / 估价：89.00元
PSN B-2014-385-1/1

汽车电子商务蓝皮书
中国汽车电子商务发展报告（2017）
著(编)者：中华全国工商业联合会汽车经销商商会
　　　　　北京易观智库网络科技有限公司
2017年10月出版 / 估价：128.00元
PSN B-2015-485-1/1

汽车工业蓝皮书
中国汽车工业发展年度报告（2017）
著(编)者：中国汽车工业协会　中国汽车技术研究中心
　　　　　丰田汽车（中国）投资有限公司
2017年4月出版 / 估价：128.00元
PSN B-2015-463-1/2

汽车工业蓝皮书
中国汽车零部件产业发展报告（2017）
著(编)者：中国汽车工业协会　中国汽车工程研究院
2017年10月出版 / 估价：98.00元
PSN B-2016-515-2/2

汽车蓝皮书
中国汽车产业发展报告（2017）
著(编)者：国务院发展研究中心产业经济研究部
　　　　　中国汽车工程学会　大众汽车集团（中国）
2017年8月出版 / 估价：98.00元
PSN B-2008-124-1/1

人力资源蓝皮书
中国人力资源发展报告（2017）
著(编)者：余兴安　2017年11月出版 / 估价：89.00元
PSN B-2012-287-1/1

融资租赁蓝皮书
中国融资租赁业发展报告（2016~2017）
著(编)者：李光荣　王力　2017年8月出版 / 估价：89.00元
PSN B-2015-443-1/1

商会蓝皮书
中国商会发展报告No.5（2017）
著(编)者：王钦敏　2017年7月出版 / 估价：89.00元
PSN B-2008-125-1/1

输血服务蓝皮书
中国输血行业发展报告（2017）
著(编)者：朱永明　耿鸿武　2016年8月出版 / 估价：89.00元
PSN B-2016-583-1/1

社会责任管理蓝皮书
中国上市公司社会责任能力成熟度报告（2017）No.2
著(编)者：肖红军　王晓光　李伟阳
2017年12月出版 / 估价：98.00元
PSN B-2015-507-2/2

社会责任管理蓝皮书
中国企业公众透明度报告(2017)No.3
著(编)者：黄速建　熊梦　王晓光　肖红军
2017年4月出版 / 估价：98.00元
PSN B-2015-440-1/2

食品药品蓝皮书
食品药品安全与监管政策研究报告（2016~2017）
著(编)者：唐民皓　2017年6月出版 / 估价：89.00元
PSN B-2009-129-1/1

世界能源蓝皮书
世界能源发展报告（2017）
著(编)者：黄晓勇　2017年6月出版 / 估价：99.00元
PSN B-2013-349-1/1

水利风景区蓝皮书
中国水利风景区发展报告（2017）
著(编)者：谢婵才　兰思仁　2017年5月出版 / 估价：89.00元
PSN B-2015-480-1/1

碳市场蓝皮书
中国碳市场报告（2017）
著(编)者：定金彪　2017年11月出版 / 估价：89.00元
PSN B-2014-430-1/1

体育蓝皮书
中国体育产业发展报告（2017）
著(编)者：阮伟　钟秉枢　2017年12月出版 / 估价：89.00元
PSN B-2010-179-1/4

网络空间安全蓝皮书
中国网络空间安全发展报告（2017）
著(编)者：惠志斌　唐涛　2017年4月出版 / 估价：89.00元
PSN B-2015-466-1/1

西部金融蓝皮书
中国西部金融发展报告（2017）
著(编)者：李忠民　2017年8月出版 / 估价：85.00元
PSN B-2010-160-1/1

协会商会蓝皮书
中国行业协会商会发展报告（2017）
著(编)者：景朝阳　李勇　2017年4月出版 / 估价：99.00元
PSN B-2015-461-1/1

新能源汽车蓝皮书
中国新能源汽车产业发展报告（2017）
著(编)者：中国汽车技术研究中心
　　　　　日产（中国）投资有限公司　东风汽车有限公司
2017年7月出版 / 估价：98.00元
PSN B-2013-347-1/1

新三板蓝皮书
中国新三板市场发展报告（2017）
著(编)者：王力　2017年6月出版 / 估价：89.00元
PSN B-2016-534-1/1

信托市场蓝皮书
中国信托业市场报告（2016~2017）
著(编)者：用益信托研究院
2017年1月出版 / 定价：198.00元
PSN B-2014-371-1/1

信息化蓝皮书
中国信息化形势分析与预测（2016~2017）
著(编)者：周宏仁　2017年8月出版 / 估价：98.00元
PSN B-2010-168-1/1

皮书系列 2017全品种 — 行业报告类

信用蓝皮书
中国信用发展报告（2017）
著(编)者：章政 田侃　2017年4月出版 / 估价：99.00元
PSN B-2013-328-1/1

休闲绿皮书
2017年中国休闲发展报告
著(编)者：宋瑞　2017年10月出版 / 估价：89.00元
PSN G-2010-158-1/1

休闲体育蓝皮书
中国休闲体育发展报告（2016~2017）
著(编)者：李相如　钟炳枢　2017年10月出版 / 估价：89.00元
PSN G-2016-516-1/1

养老金融蓝皮书
中国养老金融发展报告（2017）
著(编)者：董克用　姚余栋
2017年8月出版 / 估价：89.00元
PSN B-2016-584-1/1

药品流通蓝皮书
中国药品流通行业发展报告（2017）
著(编)者：佘鲁林　温再兴　2017年8月出版 / 估价：158.00元
PSN B-2014-429-1/1

医院蓝皮书
中国医院竞争力报告（2017）
著(编)者：庄一强　曾益新　2017年3月出版 / 定价：108.00元
PSN B-2016-529-1/1

邮轮绿皮书
中国邮轮产业发展报告（2017）
著(编)者：汪泓　2017年10月出版 / 估价：89.00元
PSN G-2014-419-1/1

智能养老蓝皮书
中国智能养老产业发展报告（2017）
著(编)者：朱勇　2017年10月出版 / 估价：89.00元
PSN B-2015-488-1/1

债券市场蓝皮书
中国债券市场发展报告（2016~2017）
著(编)者：杨农　2017年10月出版 / 估价：89.00元
PSN B-2016-573-1/1

中国节能汽车蓝皮书
中国节能汽车发展报告（2016~2017）
著(编)者：中国汽车工程研究院股份有限公司
2017年9月出版 / 估价：98.00元
PSN B-2016-566-1/1

中国上市公司蓝皮书
中国上市公司发展报告（2017）
著(编)者：张平　王宏淼
2017年10月出版 / 估价：98.00元
PSN B-2014-414-1/1

中国陶瓷产业蓝皮书
中国陶瓷产业发展报告（2017）
著(编)者：左和平　黄速建　2017年10月出版 / 估价：98.00元
PSN B-2016-574-1/1

中国总部经济蓝皮书
中国总部经济发展报告（2016~2017）
著(编)者：赵弘　2017年9月出版 / 估价：89.00元
PSN B-2005-036-1/1

中医文化蓝皮书
中国中医药文化传播发展报告（2017）
著(编)者：毛嘉陵　2017年7月出版 / 估价：89.00元
PSN B-2015-468-1/1

装备制造业蓝皮书
中国装备制造业发展报告（2017）
著(编)者：徐东华　2017年12月出版 / 估价：148.00元
PSN B-2015-505-1/1

资本市场蓝皮书
中国场外交易市场发展报告（2016~2017）
著(编)者：高峦　2017年4月出版 / 估价：89.00元
PSN B-2009-153-1/1

资产管理蓝皮书
中国资产管理行业发展报告（2017）
著(编)者：智信资产管理研究院
2017年6月出版 / 估价：89.00元
PSN B-2014-407-2/2

文化传媒类

传媒竞争力蓝皮书
中国传媒国际竞争力研究报告（2017）
著(编)者：李本乾 刘强
2017年11月出版 / 估价：148.00元
PSN B-2013-356-1/1

传媒蓝皮书
中国传媒产业发展报告（2017）
著(编)者：崔保国　2017年5月出版 / 估价：98.00元
PSN B-2005-035-1/1

传媒投资蓝皮书
中国传媒投资发展报告（2017）
著(编)者：张向东 谭云明
2017年6月出版 / 估价：128.00元
PSN B-2015-474-1/1

动漫蓝皮书
中国动漫产业发展报告（2017）
著(编)者：卢斌 郑玉明 牛兴侦
2017年9月出版 / 估价：89.00元
PSN B-2011-198-1/1

非物质文化遗产蓝皮书
中国非物质文化遗产发展报告（2017）
著(编)者：陈平　2017年5月出版 / 估价：98.00元
PSN B-2015-469-1/1

广电蓝皮书
中国广播电影电视发展报告（2017）
著(编)者：国家新闻出版广电总局发展研究中心
2017年7月出版 / 估价：98.00元
PSN B-2006-072-1/1

广告主蓝皮书
中国广告主营销传播趋势报告No.9
著(编)者：黄升民 杜国清 邵华冬 等
2017年10月出版 / 估价：148.00元
PSN B-2005-041-1/1

国际传播蓝皮书
中国国际传播发展报告（2017）
著(编)者：胡正荣 李继东 姬德强
2017年11月出版 / 估价：89.00元
PSN B-2014-408-1/1

国家形象蓝皮书
中国国家形象传播报告（2016）
著(编)者：张昆　2017年3月出版 / 定价：98.00元
PSN B-2017-605-1/1

纪录片蓝皮书
中国纪录片发展报告（2017）
著(编)者：何苏六　2017年9月出版 / 估价：89.00元
PSN B-2011-222-1/1

科学传播蓝皮书
中国科学传播报告（2017）
著(编)者：詹正茂　2017年7月出版 / 估价：89.00元
PSN B-2008-120-1/1

两岸创意经济蓝皮书
两岸创意经济研究报告（2017）
著(编)者：罗昌智 林咏能
2017年10月出版 / 估价：98.00元
PSN B-2014-437-1/1

媒介与女性蓝皮书
中国媒介与女性发展报告(2016~2017)
著(编)者：刘利群　2017年9月出版 / 估价：118.00元
PSN B-2013-345-1/1

媒体融合蓝皮书
中国媒体融合发展报告（2017）
著(编)者：梅宁华 宋建武　2017年7月出版 / 估价：89.00元
PSN B-2015-479-1/1

全球传媒蓝皮书
全球传媒发展报告（2017）
著(编)者：胡正荣 李继东 唐晓芬
2017年11月出版 / 估价：89.00元
PSN B-2012-237-1/1

少数民族非遗蓝皮书
中国少数民族非物质文化遗产发展报告（2017）
著(编)者：肖远平（彝）柴立（满）
2017年8月出版 / 估价：98.00元
PSN B-2015-467-1/1

视听新媒体蓝皮书
中国视听新媒体发展报告（2017）
著(编)者：国家新闻出版广电总局发展研究中心
2017年7月出版 / 估价：98.00元
PSN B-2011-184-1/1

文化创新蓝皮书
中国文化创新报告（2017）No.7
著(编)者：于平 傅才武　2017年7月出版 / 估价：98.00元
PSN B-2009-143-1/1

文化建设蓝皮书
中国文化发展报告（2016~2017）
著(编)者：江畅 孙伟平 戴茂堂
2017年6月出版 / 估价：116.00元
PSN B-2014-392-1/1

文化科技蓝皮书
文化科技创新发展报告（2017）
著(编)者：于平 李凤亮　2017年11月出版 / 估价：89.00元
PSN B-2013-342-1/1

文化蓝皮书
中国公共文化服务发展报告（2017）
著(编)者：刘新成 张永新 张旭
2017年12月出版 / 估价：98.00元
PSN B-2007-093-2/10

文化蓝皮书
中国公共文化投入增长测评报告（2017）
著(编)者：王亚南　2017年2月出版 / 定价：79.00元
PSN B-2014-435-10/10

皮书系列 2017全品种 文化传媒类·地方发展类

文化蓝皮书
中国少数民族文化发展报告（2016~2017）
著(编)者：武翠英 张晓明 任乌晶
2017年9月出版 / 估价：89.00元
PSN B-2013-369-9/10

文化蓝皮书
中国文化产业发展报告（2016~2017）
著(编)者：张晓明 王家新 章建刚
2017年4月出版 / 估价：89.00元
PSN B-2002-019-1/10

文化蓝皮书
中国文化产业供需协调检测报告（2017）
著(编)者：王亚南 2017年2月出版 / 定价：79.00元
PSN B-2013-323-8/10

文化蓝皮书
中国文化消费需求景气评价报告（2017）
著(编)者：王亚南 2017年2月出版 / 定价：79.00元
PSN B-2011-236-4/10

文化品牌蓝皮书
中国文化品牌发展报告（2017）
著(编)者：欧阳友权 2017年5月出版 / 估价：98.00元
PSN B-2012-277-1/1

文化遗产蓝皮书
中国文化遗产事业发展报告（2017）
著(编)者：苏杨 张颖岚 王宇飞
2017年8月出版 / 估价：98.00元
PSN B-2008-119-1/1

文学蓝皮书
中国文情报告（2016~2017）
著(编)者：白烨 2017年5月出版 / 估价：49.00元
PSN B-2011-221-1/1

新媒体蓝皮书
中国新媒体发展报告No.8（2017）
著(编)者：唐绪军 2017年6月出版 / 估价：89.00元
PSN B-2010-169-1/1

新媒体社会责任蓝皮书
中国新媒体社会责任研究报告（2017）
著(编)者：钟瑛 2017年11月出版 / 估价：89.00元
PSN B-2014-423-1/1

移动互联网蓝皮书
中国移动互联网发展报告（2017）
著(编)者：官建文 2017年6月出版 / 估价：89.00元
PSN B-2012-282-1/1

舆情蓝皮书
中国社会舆情与危机管理报告（2017）
著(编)者：谢耘耕 2017年9月出版 / 估价：128.00元
PSN B-2011-235-1/1

影视蓝皮书
中国影视产业发展报告（2017）
著(编)者：司若 2017年4月出版 / 估价：138.00元
PSN B-2016-530-1/1

地方发展类

安徽经济蓝皮书
合芜蚌国家自主创新综合示范区研究报告（2016~2017）
著(编)者：黄家海 王开玉 蔡宪
2017年7月出版 / 估价：89.00元
PSN B-2014-383-1/1

安徽蓝皮书
安徽社会发展报告（2017）
著(编)者：程桦 2017年4月出版 / 估价：89.00元
PSN B-2013-325-1/1

澳门蓝皮书
澳门经济社会发展报告（2016~2017）
著(编)者：吴志良 郝雨凡 2017年6月出版 / 估价：98.00元
PSN B-2009-138-1/1

北京蓝皮书
北京公共服务发展报告（2016~2017）
著(编)者：施昌奎 2017年3月出版 / 定价：79.00元
PSN B-2008-103-7/8

北京蓝皮书
北京经济发展报告（2016~2017）
著(编)者：杨松 2017年6月出版 / 估价：89.00元
PSN B-2006-054-2/8

北京蓝皮书
北京社会发展报告（2016~2017）
著(编)者：李伟东 2017年6月出版 / 估价：89.00元
PSN B-2006-055-3/8

北京蓝皮书
北京社会治理发展报告（2016~2017）
著(编)者：殷星辰 2017年5月出版 / 估价：89.00元
PSN B-2014-391-8/8

北京蓝皮书
北京文化发展报告（2016~2017）
著(编)者：李建盛 2017年4月出版 / 估价：89.00元
PSN B-2007-082-4/8

北京律师绿皮书
北京律师发展报告No.3（2017）
著(编)者：王隽 2017年7月出版 / 估价：88.00元
PSN G-2012-301-1/1

北京旅游蓝皮书
北京旅游发展报告（2017）
著(编)者：北京旅游学会 2017年4月出版 / 估价：88.00元
PSN B-2011-217-1/1

地方发展类 — 皮书系列 2017全品种

北京人才蓝皮书
北京人才发展报告（2017）
著(编)者：于淼　2017年12月出版 / 估价：128.00元
PSN B-2011-201-1/1

北京社会心态蓝皮书
北京社会心态分析报告（2016～2017）
著(编)者：北京社会心理研究所
2017年8月出版 / 估价：89.00元
PSN B-2014-422-1/1

北京社会组织管理蓝皮书
北京社会组织发展与管理（2016～2017）
著(编)者：黄江松　2017年4月出版 / 估价：88.00元
PSN B-2015-446-1/1

北京体育蓝皮书
北京体育产业发展报告（2016～2017）
著(编)者：钟秉枢　陈杰　杨铁黎
2017年9月出版 / 估价：89.00元
PSN B-2015-475-1/1

北京养老产业蓝皮书
北京养老产业发展报告（2017）
著(编)者：周明明　冯喜良　2017年8月出版 / 估价：89.00元
PSN B-2015-465-1/1

滨海金融蓝皮书
滨海新区金融发展报告（2017）
著(编)者：王爱俭　张锐钢　2017年12月出版 / 估价：89.00元
PSN B-2016-424-1/1

城乡一体化蓝皮书
中国城乡一体化发展报告·北京卷（2016～2017）
著(编)者：张宝秀　黄序　2017年5月出版 / 估价：89.00元
PSN B-2012-258-2/2

创意城市蓝皮书
北京文化创意产业发展报告（2017）
著(编)者：张京成　王国华　2017年10月出版 / 估价：89.00元
PSN B-2012-263-1/7

创意城市蓝皮书
天津文化创意产业发展报告（2016～2017）
著(编)者：谢思全　2017年6月出版 / 估价：89.00元
PSN B-2016-537-7/7

创意城市蓝皮书
武汉文化创意产业发展报告（2017）
著(编)者：黄永林　陈汉桥　2017年9月出版 / 估价：99.00元
PSN B-2013-354-4/7

创意上海蓝皮书
上海文化创意产业发展报告（2016～2017）
著(编)者：王慧敏　王兴全　2017年8月出版 / 估价：89.00元
PSN B-2016-562-1/1

福建妇女发展蓝皮书
福建省妇女发展报告（2017）
著(编)者：刘群英　2017年11月出版 / 估价：88.00元
PSN B-2011-220-1/1

福建自贸区蓝皮书
中国（福建）自由贸易实验区发展报告（2016～2017）
著(编)者：黄茂兴　2017年4月出版 / 估价：108.00元
PSN B-2017-532-1/1

甘肃蓝皮书
甘肃经济发展分析与预测（2017）
著(编)者：安文华　罗哲　2017年1月出版 / 定价：79.00元
PSN B-2013-312-1/6

甘肃蓝皮书
甘肃社会发展分析与预测（2017）
著(编)者：安文华　包晓霞　谢增虎
2017年1月出版 / 定价：79.00元
PSN B-2013-313-2/6

甘肃蓝皮书
甘肃文化发展分析与预测（2017）
著(编)者：王俊莲　周小华　2017年1月出版 / 定价：79.00元
PSN B-2013-314-3/6

甘肃蓝皮书
甘肃县域和农村发展报告（2017）
著(编)者：朱智文　包东红　王建兵
2017年1月出版 / 定价：79.00元
PSN B-2013-316-5/6

甘肃蓝皮书
甘肃舆情分析与预测（2017）
著(编)者：陈双梅　张谦元　2017年1月出版 / 定价：79.00元
PSN B-2013-315-4/6

甘肃蓝皮书
甘肃商贸流通发展报告（2017）
著(编)者：张应华　王福生　王晓芳
2017年1月出版 / 定价：79.00元
PSN B-2016-523-6/6

广东蓝皮书
广东全面深化改革发展报告（2017）
著(编)者：周林生　涂成林　2017年12月出版 / 估价：89.00元
PSN B-2015-504-3/3

广东蓝皮书
广东社会工作发展报告（2017）
著(编)者：罗观翠　2017年6月出版 / 估价：89.00元
PSN B-2014-402-2/3

广东外经贸蓝皮书
广东对外经济贸易发展研究报告（2016~2017）
著(编)者：陈万灵　2017年8月出版 / 估价：98.00元
PSN B-2012-286-1/1

广西北部湾经济区蓝皮书
广西北部湾经济区开放开发报告（2017）
著(编)者：广西北部湾经济区规划建设管理委员会办公室
　　　　　广西社会科学院 广西北部湾发展研究院
2017年4月出版 / 估价：89.00元
PSN B-2010-181-1/1

巩义蓝皮书
巩义经济社会发展报告（2017）
著(编)者：丁同民　朱军　2017年4月出版 / 估价：58.00元
PSN B-2016-533-1/1

广州蓝皮书
2017年中国广州经济形势分析与预测
著(编)者：庾建设　陈浩钿　谢博能
2017年7月出版 / 估价：85.00元
PSN B-2011-185-9/14

皮书系列 2017全品种 　地方发展类

广州蓝皮书
2017年中国广州社会形势分析与预测
著（编）者：张强 陈怡霓 杨秦　2017年6月出版 / 估价：85.00元
PSN B-2008-110-5/14

广州蓝皮书
广州城市国际化发展报告（2017）
著（编）者：朱名宏　2017年8月出版 / 估价：79.00元
PSN B-2012-246-11/14

广州蓝皮书
广州创新型城市发展报告（2017）
著（编）者：尹涛　2017年7月出版 / 估价：79.00元
PSN B-2012-247-12/14

广州蓝皮书
广州经济发展报告（2017）
著（编）者：朱名宏　2017年7月出版 / 估价：79.00元
PSN B-2005-040-1/14

广州蓝皮书
广州农村发展报告（2017）
著（编）者：朱名宏　2017年8月出版 / 估价：79.00元
PSN B-2010-167-8/14

广州蓝皮书
广州汽车产业发展报告（2017）
著（编）者：杨再高 冯兴亚　2017年7月出版 / 估价：79.00元
PSN B-2006-066-3/14

广州蓝皮书
广州青年发展报告（2016~2017）
著（编）者：徐柳 张强　2017年9月出版 / 估价：79.00元
PSN B-2013-352-13/14

广州蓝皮书
广州商贸业发展报告（2017）
著（编）者：李江涛 肖振宇 荀振英
2017年7月出版 / 估价：79.00元
PSN B-2012-245-10/14

广州蓝皮书
广州社会保障发展报告（2017）
著（编）者：蔡国萱　2017年8月出版 / 估价：79.00元
PSN B-2014-425-14/14

广州蓝皮书
广州文化创意产业发展报告（2017）
著（编）者：徐咏虹　2017年7月出版 / 估价：79.00元
PSN B-2008-111-6/14

广州蓝皮书
中国广州城市建设与管理发展报告（2017）
著（编）者：董皞 陈小钢 李江涛
2017年7月出版 / 估价：85.00元
PSN B-2007-087-4/14

广州蓝皮书
中国广州科技创新发展报告（2017）
著（编）者：邹采荣 马正勇 陈爽
2017年7月出版 / 估价：79.00元
PSN B-2006-065-2/14

广州蓝皮书
中国广州文化发展报告（2017）
著（编）者：徐俊忠 陆志强 顾涧清
2017年7月出版 / 估价：79.00元
PSN B-2009-134-7/14

贵阳蓝皮书
贵阳城市创新发展报告No.2（白云篇）
著（编）者：连玉明　2017年10月出版 / 估价：89.00元
PSN B-2015-491-3/10

贵阳蓝皮书
贵阳城市创新发展报告No.2（观山湖篇）
著（编）者：连玉明　2017年10月出版 / 估价：89.00元
PSN B-2011-235-1/1

贵阳蓝皮书
贵阳城市创新发展报告No.2（花溪篇）
著（编）者：连玉明　2017年10月出版 / 估价：89.00元
PSN B-2015-490-2/10

贵阳蓝皮书
贵阳城市创新发展报告No.2（开阳篇）
著（编）者：连玉明　2017年10月出版 / 估价：89.00元
PSN B-2015-492-4/10

贵阳蓝皮书
贵阳城市创新发展报告No.2（南明篇）
著（编）者：连玉明　2017年10月出版 / 估价：89.00元
PSN B-2015-496-8/10

贵阳蓝皮书
贵阳城市创新发展报告No.2（清镇篇）
著（编）者：连玉明　2017年10月出版 / 估价：89.00元
PSN B-2015-489-1/10

贵阳蓝皮书
贵阳城市创新发展报告No.2（乌当篇）
著（编）者：连玉明　2017年10月出版 / 估价：89.00元
PSN B-2015-495-7/10

贵阳蓝皮书
贵阳城市创新发展报告No.2（息烽篇）
著（编）者：连玉明　2017年10月出版 / 估价：89.00元
PSN B-2015-493-5/10

贵阳蓝皮书
贵阳城市创新发展报告No.2（修文篇）
著（编）者：连玉明　2017年10月出版 / 估价：89.00元
PSN B-2015-494-6/10

贵阳蓝皮书
贵阳城市创新发展报告No.2（云岩篇）
著（编）者：连玉明　2017年10月出版 / 估价：89.00元
PSN B-2015-498-10/10

贵州房地产蓝皮书
贵州房地产发展报告No.4（2017）
著（编）者：武廷方　2017年7月出版 / 估价：89.00元
PSN B-2014-426-1/1

贵州蓝皮书
贵州册亨经济社会发展报告(2017)
著（编）者：黄德林　2017年3月出版 / 估价：89.00元
PSN B-2016-526-8/9

 地方发展类

皮书系列 2017全品种

贵州蓝皮书
贵安新区发展报告（2016~2017）
著(编)者：马长青 吴大华　2017年6月出版 / 估价：89.00元
PSN B-2015-459-4/9

贵州蓝皮书
贵州法治发展报告（2017）
著(编)者：吴大华　2017年5月出版 / 估价：89.00元
PSN B-2012-254-2/9

贵州蓝皮书
贵州国有企业社会责任发展报告（2016~2017）
著(编)者：郭丽 周航 万强
2017年12月出版 / 估价：89.00元
PSN B-2015-511-6/9

贵州蓝皮书
贵州民航业发展报告（2017）
著(编)者：申振东 吴大华　2017年10月出版 / 估价：89.00元
PSN B-2015-471-5/9

贵州蓝皮书
贵州民营经济发展报告（2017）
著(编)者：杨静 吴大华　2017年4月出版 / 估价：89.00元
PSN B-2016-531-9/9

贵州蓝皮书
贵州人才发展报告（2017）
著(编)者：于杰 吴大华　2017年9月出版 / 估价：89.00元
PSN B-2014-382-3/9

贵州蓝皮书
贵州社会发展报告（2017）
著(编)者：王兴骥　2017年6月出版 / 估价：89.00元
PSN B-2010-166-1/9

贵州蓝皮书
贵州国家级开放创新平台发展报告（2017）
著(编)者：申晓庆 吴大华 李泓
2017年6月出版 / 估价：89.00元
PSN B-2016-518-1/9

海淀蓝皮书
海淀区文化和科技融合发展报告（2017）
著(编)者：陈名杰 孟景伟　2017年5月出版 / 估价：85.00元
PSN B-2013-329-1/1

杭州都市圈蓝皮书
杭州都市圈发展报告（2017）
著(编)者：沈翔 戚建国　2017年5月出版 / 估价：128.00元
PSN B-2012-302-1/1

杭州蓝皮书
杭州妇女发展报告（2017）
著(编)者：魏颖　2017年6月出版 / 估价：89.00元
PSN B-2014-403-1/1

河北经济蓝皮书
河北省经济发展报告（2017）
著(编)者：马树强 金浩 张贵
2017年4月出版 / 估价：89.00元
PSN B-2014-380-1/1

河北蓝皮书
河北经济社会发展报告（2017）
著(编)者：郭金平　2017年1月出版 / 定价：79.00元
PSN B-2014-372-1/2

河北蓝皮书
京津冀协同发展报告（2017）
著(编)者：陈璐　2017年1月出版 / 定价：79.00元
PSN B-2017-601-2/2

河北食品药品安全蓝皮书
河北食品药品安全研究报告（2017）
著(编)者：丁锦霞　2017年6月出版 / 估价：89.00元
PSN B-2015-473-1/1

河南经济蓝皮书
2017年河南经济形势分析与预测
著(编)者：王世炎　2017年3月出版 / 定价：79.00元
PSN B-2007-086-1/1

河南蓝皮书
2017年河南社会形势分析与预测
著(编)者：刘道兴 牛苏林　2017年4月出版 / 估价89.00元
PSN B-2005-043-1/8

河南蓝皮书
河南城市发展报告（2017）
著(编)者：张占仓 王建国　2017年5月出版 / 估价：89.00元
PSN B-2009-131-3/8

河南蓝皮书
河南法治发展报告（2017）
著(编)者：丁同民 张林海　2017年5月出版 / 估价：89.00元
PSN B-2014-376-6/8

河南蓝皮书
河南工业发展报告（2017）
著(编)者：张占仓 丁同民　2017年5月出版 / 估价：89.00元
PSN B-2013-317-5/8

河南蓝皮书
河南金融发展报告（2017）
著(编)者：河南省社会科学院
2017年6月出版 / 估价：89.00元
PSN B-2014-390-7/8

河南蓝皮书
河南经济发展报告（2017）
著(编)者：张占仓 完世伟　2017年4月出版 / 估价：89.00元
PSN B-2010-157-4/8

河南蓝皮书
河南农业农村发展报告（2017）
著(编)者：吴海峰　2017年4月出版 / 估价：89.00元
PSN B-2015-445-8/8

河南蓝皮书
河南文化发展报告（2017）
著(编)者：卫绍生　2017年4月出版 / 估价：88.00元
PSN B-2008-106-2/8

河南商务蓝皮书
河南商务发展报告（2017）
著(编)者：焦锦淼 穆荣国　2017年6月出版 / 估价：88.00元
PSN B-2014-399-1/1

黑龙江蓝皮书
黑龙江经济发展报告（2017）
著(编)者：朱宇　2017年1月出版 / 定价：79.00元
PSN B-2011-190-2/2

皮书系列 重点推荐

地方发展类

黑龙江蓝皮书
黑龙江社会发展报告（2017）
著(编)者：谢宝禄　2017年1月出版 / 定价：79.00元
PSN B-2011-189-1/2

湖北文化蓝皮书
湖北文化发展报告（2017）
著(编)者：吴成国　2017年10月出版 / 估价：95.00元
PSN B-2016-567-1/1

湖南城市蓝皮书
区域城市群整合
著(编)者：童中贤　韩未名
2017年12月出版 / 估价：89.00元
PSN B-2006-064-1/1

湖南蓝皮书
2017年湖南产业发展报告
著(编)者：梁志峰　2017年5月出版 / 估价：128.00元
PSN B-2011-207-2/8

湖南蓝皮书
2017年湖南电子政务发展报告
著(编)者：梁志峰　2017年5月出版 / 估价：128.00元
PSN B-2014-394-6/8

湖南蓝皮书
2017年湖南经济展望
著(编)者：梁志峰　2017年5月出版 / 估价：128.00元
PSN B-2011-206-1/8

湖南蓝皮书
2017年湖南两型社会与生态文明发展报告
著(编)者：梁志峰　2017年5月出版 / 估价：128.00元
PSN B-2011-208-3/8

湖南蓝皮书
2017年湖南社会发展报告
著(编)者：梁志峰　2017年5月出版 / 估价：128.00元
PSN B-2014-393-5/8

湖南蓝皮书
2017年湖南县域经济社会发展报告
著(编)者：梁志峰　2017年5月出版 / 估价：128.00元
PSN B-2014-395-7/8

湖南蓝皮书
湖南城乡一体化发展报告（2017）
著(编)者：陈文胜　王文强　陆福兴　邝奕轩
2017年6月出版 / 估价：89.00元
PSN B-2015-477-8/8

湖南县域绿皮书
湖南县域发展报告 No.3
著(编)者：袁准　周小毛　黎仁寅
2017年3月出版 / 定价：79.00元
PSN G-2012-274-1/1

沪港蓝皮书
沪港发展报告（2017）
著(编)者：尤安山　2017年9月出版 / 估价：89.00元
PSN B-2013-362-1/1

吉林蓝皮书
2017年吉林经济社会形势分析与预测
著(编)者：邵汉明　2016年12月出版 / 定价：79.00元
PSN B-2013-319-1/1

吉林省城市竞争力蓝皮书
吉林省城市竞争力报告（2016~2017）
著(编)者：崔岳春　张磊　2016年12月出版 / 定价：79.00元
PSN B-2015-513-1/1

济源蓝皮书
济源经济社会发展报告（2017）
著(编)者：喻新安　2017年4月出版 / 估价：89.00元
PSN B-2014-387-1/1

健康城市蓝皮书
北京健康城市建设研究报告（2017）
著(编)者：王鸿春　2017年8月出版 / 估价：89.00元
PSN B-2015-460-1/2

江苏法治蓝皮书
江苏法治发展报告 No.6（2017）
著(编)者：蔡道通　龚廷泰　2017年8月出版 / 估价：98.00元
PSN B-2012-290-1/1

江西蓝皮书
江西经济社会发展报告（2017）
著(编)者：张勇　姜玮　梁勇　2017年10月出版 / 估价：89.00元
PSN B-2015-484-1/2

江西蓝皮书
江西设区市发展报告（2017）
著(编)者：姜玮　梁勇　2017年10月出版 / 估价：79.00元
PSN B-2016-517-2/2

江西文化蓝皮书
江西文化产业发展报告（2017）
著(编)者：张圣才　汪春翔
2017年10月出版 / 估价：128.00元
PSN B-2015-499-1/1

街道蓝皮书
北京街道发展报告No.2（白纸坊篇）
著(编)者：连玉明　2017年8月出版 / 估价：98.00元
PSN B-2016-544-7/15

街道蓝皮书
北京街道发展报告No.2（椿树篇）
著(编)者：连玉明　2017年8月出版 / 估价：98.00元
PSN B-2016-548-11/15

街道蓝皮书
北京街道发展报告No.2（大栅栏篇）
著(编)者：连玉明　2017年8月出版 / 估价：98.00元
PSN B-2016-552-15/15

街道蓝皮书
北京街道发展报告No.2（德胜篇）
著(编)者：连玉明　2017年8月出版 / 估价：98.00元
PSN B-2016-551-14/15

街道蓝皮书
北京街道发展报告No.2（广安门内篇）
著(编)者：连玉明　2017年8月出版 / 估价：98.00元
PSN B-2016-540-3/15

皮书系列 重点推荐

地方发展类

街道蓝皮书
北京街道发展报告No.2（广安门外篇）
著(编)者：连玉明　2017年8月出版 / 估价：98.00元
PSN B-2016-547-10/15

街道蓝皮书
北京街道发展报告No.2（金融街篇）
著(编)者：连玉明　2017年8月出版 / 估价：98.00元
PSN B-2016-538-1/15

街道蓝皮书
北京街道发展报告No.2（牛街篇）
著(编)者：连玉明　2017年8月出版 / 估价：98.00元
PSN B-2016-545-8/15

街道蓝皮书
北京街道发展报告No.2（什刹海篇）
著(编)者：连玉明　2017年8月出版 / 估价：98.00元
PSN B-2016-546-9/15

街道蓝皮书
北京街道发展报告No.2（陶然亭篇）
著(编)者：连玉明　2017年8月出版 / 估价：98.00元
PSN B-2016-542-5/15

街道蓝皮书
北京街道发展报告No.2（天桥篇）
著(编)者：连玉明　2017年8月出版 / 估价：98.00元
PSN B-2016-549-12/15

街道蓝皮书
北京街道发展报告No.2（西长安街篇）
著(编)者：连玉明　2017年8月出版 / 估价：98.00元
PSN B-2016-543-6/15

街道蓝皮书
北京街道发展报告No.2（新街口篇）
著(编)者：连玉明　2017年8月出版 / 估价：98.00元
PSN B-2016-541-4/15

街道蓝皮书
北京街道发展报告No.2（月坛篇）
著(编)者：连玉明　2017年8月出版 / 估价：98.00元
PSN B-2016-539-2/15

街道蓝皮书
北京街道发展报告No.2（展览路篇）
著(编)者：连玉明　2017年8月出版 / 估价：98.00元
PSN B-2016-550-13/15

经济特区蓝皮书
中国经济特区发展报告（2017）
著(编)者：陶一桃　2017年12月出版 / 估价：98.00元
PSN B-2009-139-1/1

辽宁蓝皮书
2017年辽宁经济社会形势分析与预测
著(编)者：曹晓峰　梁启东
2017年4月出版 / 估价：79.00元
PSN B-2006-053-1/1

洛阳蓝皮书
洛阳文化发展报告（2017）
著(编)者：刘福兴　陈启明　2017年7月出版 / 估价：89.00元
PSN B-2015-476-1/1

南京蓝皮书
南京文化发展报告（2017）
著(编)者：徐宁　2017年10月出版 / 估价：89.00元
PSN B-2014-439-1/1

南宁蓝皮书
南宁法治发展报告（2017）
著(编)者：杨维超　2017年12月出版 / 估价：79.00元
PSN B-2015-509-1/3

南宁蓝皮书
南宁经济发展报告（2017）
著(编)者：胡建华　2017年9月出版 / 估价：79.00元
PSN B-2016-570-2/3

南宁蓝皮书
南宁社会发展报告（2017）
著(编)者：胡建华　2017年9月出版 / 估价：79.00元
PSN B-2016-571-3/3

内蒙古蓝皮书
内蒙古反腐倡廉建设报告 No.2
著(编)者：张志华　无极　2017年12月出版 / 估价：79.00元
PSN B-2013-365-1/1

浦东新区蓝皮书
上海浦东经济发展报告（2017）
著(编)者：沈开艳　周奇　2017年2月出版 / 定价：79.00元
PSN B-2011-225-1/1

青海蓝皮书
2017年青海经济社会形势分析与预测
著(编)者：陈玮　2016年12月出版 / 定价：79.00元
PSN B-2012-275-1/1

人口与健康蓝皮书
深圳人口与健康发展报告（2017）
著(编)者：陆杰华　罗乐宣　苏杨
2017年11月出版 / 估价：89.00元
PSN B-2011-228-1/1

山东蓝皮书
山东经济形势分析与预测（2017）
著(编)者：李广杰　2017年7月出版 / 估价：89.00元
PSN B-2014-404-1/4

山东蓝皮书
山东社会形势分析与预测（2017）
著(编)者：张华　唐洲雁　2017年6月出版 / 估价：89.00元
PSN B-2014-405-2/4

山东蓝皮书
山东文化发展报告（2017）
著(编)者：涂可国　2017年11月出版 / 估价：98.00元
PSN B-2014-406-3/4

山西蓝皮书
山西资源型经济转型发展报告（2017）
著(编)者：李志强　2017年7月出版 / 估价：89.00元
PSN B-2011-197-1/1

皮书系列重点推荐

地方发展类

陕西蓝皮书
陕西经济发展报告（2017）
著(编)者：任宗哲 白宽犁 裴成荣
2017年1月出版 / 定价：69.00元
PSN B-2009-135-1/5

陕西蓝皮书
陕西社会发展报告（2017）
著(编)者：任宗哲 白宽犁 牛昉
2017年1月出版 / 定价：69.00元
PSN B-2009-136-2/5

陕西蓝皮书
陕西文化发展报告（2017）
著(编)者：任宗哲 白宽犁 王长寿
2017年1月出版 / 定价：69.00元
PSN B-2009-137-3/5

上海蓝皮书
上海传媒发展报告（2017）
著(编)者：强荧 焦雨虹　2017年2月出版 / 定价：79.00元
PSN B-2012-295-5/7

上海蓝皮书
上海法治发展报告（2017）
著(编)者：叶青　2017年6月出版 / 估价：89.00元
PSN B-2012-296-6/7

上海蓝皮书
上海经济发展报告（2017）
著(编)者：沈开艳　2017年2月出版 / 定价：79.00元
PSN B-2006-057-1/7

上海蓝皮书
上海社会发展报告（2017）
著(编)者：杨雄 周海旺　2017年2月出版 / 定价：79.00元
PSN B-2006-058-2/7

上海蓝皮书
上海文化发展报告（2017）
著(编)者：荣跃明　2017年2月出版 / 定价：79.00元
PSN B-2006-059-3/7

上海蓝皮书
上海文学发展报告（2017）
著(编)者：陈圣来　2017年6月出版 / 估价：89.00元
PSN B-2012-297-7/7

上海蓝皮书
上海资源环境发展报告（2017）
著(编)者：周冯琦 汤庆合
2017年2月出版 / 定价：79.00元
PSN B-2006-060-4/7

社会建设蓝皮书
2017年北京社会建设分析报告
著(编)者：宋贵伦 冯虹　2017年10月出版 / 估价：89.00元
PSN B-2010-173-1/1

深圳蓝皮书
深圳法治发展报告（2017）
著(编)者：张骁儒　2017年6月出版 / 估价：89.00元
PSN B-2015-470-6/7

深圳蓝皮书
深圳经济发展报告（2017）
著(编)者：张骁儒　2017年7月出版 / 估价：89.00元
PSN B-2008-112-3/7

深圳蓝皮书
深圳劳动关系发展报告（2017）
著(编)者：汤庭芬　2017年6月出版 / 估价：89.00元
PSN B-2007-097-2/7

深圳蓝皮书
深圳社会建设与发展报告（2017）
著(编)者：张骁儒 陈东平　2017年7月出版 / 估价：89.00元
PSN B-2008-113-4/7

深圳蓝皮书
深圳文化发展报告(2017)
著(编)者：张骁儒　2017年7月出版 / 估价：89.00元
PSN B-2016-555-7/7

丝绸之路蓝皮书
丝绸之路经济带发展报告（2017）
著(编)者：任宗哲 白宽犁 谷孟宾
2017年1月出版 / 定价：75.00元
PSN B-2014-410-1/1

法治蓝皮书
四川依法治省年度报告 No.3（2017）
著(编)者：李林 杨天宗 田禾
2017年3月出版 / 定价：118.00元
PSN B-2015-447-1/1

四川蓝皮书
2017年四川经济形势分析与预测
著(编)者：杨钢　2017年1月出版 / 定价：98.00元
PSN B-2007-098-2/7

四川蓝皮书
四川城镇化发展报告（2017）
著(编)者：侯水平 陈炜　2017年4月出版 / 估价：85.00元
PSN B-2015-456-7/7

四川蓝皮书
四川法治发展报告（2017）
著(编)者：郑泰安　2017年4月出版 / 估价：89.00元
PSN B-2015-441-5/7

四川蓝皮书
四川企业社会责任研究报告（2016～2017）
著(编)者：侯水平 盛毅 翟刚
2017年4月出版 / 估价：89.00元
PSN B-2014-386-4/7

四川蓝皮书
四川社会发展报告（2017）
著(编)者：李羚　2017年5月出版 / 估价：89.00元
PSN B-2008-127-3/7

四川蓝皮书
四川生态建设报告（2017）
著(编)者：李晟之　2017年4月出版 / 估价：85.00元
PSN B-2015-455-6/7

皮书系列 重点推荐 — 地方发展类・国际问题类

四川蓝皮书
四川文化产业发展报告（2017）
著(编)者：向宝云 张立伟
2017年4月出版 / 估价：89.00元
PSN B-2006-074-1/7

体育蓝皮书
上海体育产业发展报告（2016～2017）
著(编)者：张林 黄海燕
2017年10月出版 / 估价：89.00元
PSN B-2015-454-4/4

体育蓝皮书
长三角地区体育产业发展报告（2016～2017）
著(编)者：张林 2017年4月出版 / 估价：89.00元
PSN B-2015-453-3/4

天津金融蓝皮书
天津金融发展报告（2017）
著(编)者：王爱俭 孔德昌
2017年12月出版 / 估价：98.00元
PSN B-2014-418-1/1

图们江区域合作蓝皮书
图们江区域合作发展报告（2017）
著(编)者：李铁 2017年6月出版 / 估价：98.00元
PSN B-2015-464-1/1

温州蓝皮书
2017年温州经济社会形势分析与预测
著(编)者：潘忠强 王春光 金浩
2017年4月出版 / 估价：89.00元
PSN B-2008-105-1/1

西咸新区蓝皮书
西咸新区发展报告（2016~2017）
著(编)者：李扬 王军 2017年6月出版 / 估价：89.00元
PSN B-2016-535-1/1

扬州蓝皮书
扬州经济社会发展报告（2017）
著(编)者：丁纯 2017年12月出版 / 估价：98.00元
PSN B-2011-191-1/1

长株潭城市群蓝皮书
长株潭城市群发展报告（2017）
著(编)者：张萍 2017年12月出版 / 估价：89.00元
PSN B-2008-109-1/1

中医文化蓝皮书
北京中医文化传播发展报告（2017）
著(编)者：毛嘉陵 2017年5月出版 / 估价：79.00元
PSN B-2015-468-1/2

珠三角流通蓝皮书
珠三角商圈发展研究报告（2017）
著(编)者：王先庆 林至颖
2017年7月出版 / 估价：98.00元
PSN B-2012-292-1/1

遵义蓝皮书
遵义发展报告（2017）
著(编)者：曾征 龚永育 雍思强
2017年12月出版 / 估价：89.00元
PSN B-2014-433-1/1

国际问题类

"一带一路"跨境通道蓝皮书
"一带一路"跨境通道建设研究报告（2017）
著(编)者：郭业洲 2017年8月出版 / 估价：89.00元
PSN B-2016-558-1/1

"一带一路"蓝皮书
"一带一路"建设发展报告（2017）
著(编)者：孔丹 李永全 2017年7月出版 / 估价：89.00元
PSN B-2016-553-1/1

阿拉伯黄皮书
阿拉伯发展报告（2016～2017）
著(编)者：罗林 2017年11月出版 / 估价：89.00元
PSN Y-2014-381-1/1

北部湾蓝皮书
泛北部湾合作发展报告（2017）
著(编)者：吕余生 2017年12月出版 / 估价：85.00元
PSN B-2008-114-1/1

大湄公河次区域蓝皮书
大湄公河次区域合作发展报告（2017）
著(编)者：刘稚 2017年8月出版 / 估价：89.00元
PSN B-2011-196-1/1

大洋洲蓝皮书
大洋洲发展报告（2017）
著(编)者：喻常森 2017年10月出版 / 估价：89.00元
PSN B-2013-341-1/1

皮书系列 重点推荐 — 国际问题类

德国蓝皮书
德国发展报告（2017）
著(编)者：郑春荣　2017年6月出版 / 估价：89.00元
PSN B-2012-278-1/1

东盟黄皮书
东盟发展报告（2017）
著(编)者：杨晓强　庄国土
2017年4月出版 / 估价：89.00元
PSN Y-2012-303-1/1

东南亚蓝皮书
东南亚地区发展报告（2016~2017）
著(编)者：厦门大学东南亚研究中心　王勤
2017年12月出版 / 估价：89.00元
PSN B-2012-240-1/1

俄罗斯黄皮书
俄罗斯发展报告（2017）
著(编)者：李永全　2017年7月出版 / 估价：89.00元
PSN Y-2006-061-1/1

非洲黄皮书
非洲发展报告 No.19（2016~2017）
著(编)者：张宏明　2017年8月出版 / 估价：89.00元
PSN Y-2012-239-1/1

公共外交蓝皮书
中国公共外交发展报告（2017）
著(编)者：赵启正　雷蔚真
2017年4月出版 / 估价：89.00元
PSN B-2015-457-1/1

国际安全蓝皮书
中国国际安全研究报告(2017)
著(编)者：刘慧　2017年7月出版 / 估价：98.00元
PSN B-2016-522-1/1

国际形势黄皮书
全球政治与安全报告（2017）
著(编)者：张宇燕
2017年1月出版 / 定价：89.00元
PSN Y-2001-016-1/1

韩国蓝皮书
韩国发展报告（2017）
著(编)者：牛林杰　刘宝全
2017年11月出版 / 估价：89.00元
PSN B-2010-155-1/1

加拿大蓝皮书
加拿大发展报告（2017）
著(编)者：仲伟合　2017年9月出版 / 估价：89.00元
PSN B-2014-389-1/1

拉美黄皮书
拉丁美洲和加勒比发展报告（2016~2017）
著(编)者：吴白乙　2017年6月出版 / 估价：89.00元
PSN Y-1999-007-1/1

美国蓝皮书
美国研究报告（2017）
著(编)者：郑秉文　黄平　2017年6月出版 / 估价：89.00元
PSN B-2011-210-1/1

缅甸蓝皮书
缅甸国情报告（2017）
著(编)者：李晨阳　2017年12月出版 / 估价：86.00元
PSN B-2013-343-1/1

欧洲蓝皮书
欧洲发展报告（2016~2017）
著(编)者：黄平　周弘　江时学
2017年6月出版 / 估价：89.00元
PSN B-1999-009-1/1

葡语国家蓝皮书
葡语国家发展报告（2017）
著(编)者：王成安　张敏　2017年12月出版 / 估价：89.00元
PSN B-2015-503-1/2

葡语国家蓝皮书
中国与葡语国家关系发展报告·巴西（2017）
著(编)者：张曙光　2017年8月出版 / 估价：89.00元
PSN B-2016-564-2/2

日本经济蓝皮书
日本经济与中日经贸关系研究报告（2017）
著(编)者：张季风　2017年5月出版 / 估价：89.00元
PSN B-2008-102-1/1

日本蓝皮书
日本研究报告（2017）
著(编)者：杨伯江　2017年5月出版 / 估价：89.00元
PSN B-2002-020-1/1

上海合作组织黄皮书
上海合作组织发展报告（2017）
著(编)者：李进峰　吴宏伟　李少捷
2017年6月出版 / 估价：89.00元
PSN Y-2009-130-1/1

世界创新竞争力黄皮书
世界创新竞争力发展报告（2017）
著(编)者：李闽榕　李建平　赵新力
2017年4月出版 / 估价：148.00元
PSN Y-2013-318-1/1

泰国蓝皮书
泰国研究报告（2017）
著(编)者：庄国土　张禹东
2017年8月出版 / 估价：118.00元
PSN B-2016-557-1/1

土耳其蓝皮书
土耳其发展报告（2017）
著(编)者：郭长刚　刘义　2017年9月出版 / 估价：89.00元
PSN B-2014-412-1/1

亚太蓝皮书
亚太地区发展报告（2017）
著(编)者：李向阳　2017年4月出版 / 估价：89.00元
PSN B-2001-015-1/1

印度蓝皮书
印度国情报告（2017）
著(编)者：吕昭义　2017年12月出版 / 估价：89.00元
PSN B-2012-241-1/1

皮书系列重点推荐

国际问题类

印度洋地区蓝皮书
印度洋地区发展报告（2017）
著（编）者：汪戎　　2017年6月出版／估价：89.00元
PSN B-2013-334-1/1

英国蓝皮书
英国发展报告（2016~2017）
著（编）者：王展鹏　　2017年11月出版／估价：89.00元
PSN B-2015-486-1/1

越南蓝皮书
越南国情报告（2017）
著（编）者：谢林城
2017年12月出版／估价：89.00元
PSN B-2006-056-1/1

以色列蓝皮书
以色列发展报告（2017）
著（编）者：张倩红　　2017年8月出版／估价：89.00元
PSN B-2015-483-1/1

伊朗蓝皮书
伊朗发展报告（2017）
著（编）者：冀开远　　2017年10月出版／估价：89.00元
PSN B-2016-575-1/1

中东黄皮书
中东发展报告 No.19（2016~2017）
著（编）者：杨光　　2017年10月出版／估价：89.00元
PSN Y-1998-004-1/1

中亚黄皮书
中亚国家发展报告（2017）
著（编）者：孙力 吴宏伟　　2017年7月出版／估价：98.00元
PSN Y-2012-238-1/1

　　皮书序列号是社会科学文献出版社专门为识别皮书、管理皮书而设计的编号。皮书序列号是出版皮书的许可证号，是区别皮书与其他图书的重要标志。

　　它由一个前缀和四部分构成。这四部分之间用连字符"-"连接。前缀和这四部分之间空半个汉字（见示例）。

《国际人才蓝皮书：中国留学发展报告》序列号示例

　　从示例中可以看出，《国际人才蓝皮书：中国留学发展报告》的首次出版年份是2012年，是社科文献出版社出版的第244个皮书品种，是"国际人才蓝皮书"系列的第2个品种（共4个品种）。

社会科学文献出版社　　　**皮书系列**

✤ 皮书起源 ✤

"皮书"起源于十七、十八世纪的英国,主要指官方或社会组织正式发表的重要文件或报告,多以"白皮书"命名。在中国,"皮书"这一概念被社会广泛接受,并被成功运作、发展成为一种全新的出版形态,则源于中国社会科学院社会科学文献出版社。

✤ 皮书定义 ✤

皮书是对中国与世界发展状况和热点问题进行年度监测,以专业的角度、专家的视野和实证研究方法,针对某一领域或区域现状与发展态势展开分析和预测,具备原创性、实证性、专业性、连续性、前沿性、时效性等特点的公开出版物,由一系列权威研究报告组成。

✤ 皮书作者 ✤

皮书系列的作者以中国社会科学院、著名高校、地方社会科学院的研究人员为主,多为国内一流研究机构的权威专家学者,他们的看法和观点代表了学界对中国与世界的现实和未来最高水平的解读与分析。

✤ 皮书荣誉 ✤

皮书系列已成为社会科学文献出版社的著名图书品牌和中国社会科学院的知名学术品牌。2016年,皮书系列正式列入"十三五"国家重点出版规划项目;2012~2016年,重点皮书列入中国社会科学院承担的国家哲学社会科学创新工程项目;2017年,55种院外皮书使用"中国社会科学院创新工程学术出版项目"标识。

中国皮书网
www.pishu.cn

发布皮书研创资讯，传播皮书精彩内容
引领皮书出版潮流，打造皮书服务平台

栏目设置

关于皮书：何谓皮书、皮书分类、皮书大事记、皮书荣誉、
皮书出版第一人、皮书编辑部

最新资讯：通知公告、新闻动态、媒体聚焦、网站专题、视频直播、下载专区

皮书研创：皮书规范、皮书选题、皮书出版、皮书研究、研创团队

皮书评奖评价：指标体系、皮书评价、皮书评奖

互动专区：皮书说、皮书智库、皮书微博、数据库微博

所获荣誉

2008年、2011年，中国皮书网均在全国新闻出版业网站荣誉评选中获得"最具商业价值网站"称号；

2012年，获得"出版业网站百强"称号。

网库合一

2014年，中国皮书网与皮书数据库端口合一，实现资源共享。更多详情请登录www.pishu.cn。

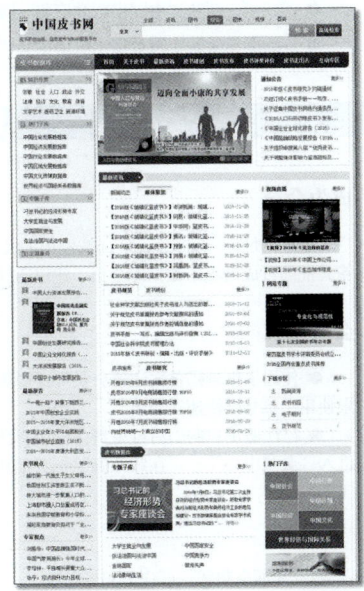

权威报告·热点资讯·特色资源

皮书数据库
ANNUAL REPORT(YEARBOOK) DATABASE

当代中国与世界发展高端智库平台

所获荣誉

- 2016年，入选"国家'十三五'电子出版物出版规划骨干工程"
- 2015年，荣获"搜索中国正能量 点赞2015" "创新中国科技创新奖"
- 2013年，荣获"中国出版政府奖·网络出版物奖"提名奖
- 连续多年荣获中国数字出版博览会"数字出版·优秀品牌"奖

WWW.PISHU.COM.CN

成为会员

通过网址www.pishu.com.cn或使用手机扫描二维码进入皮书数据库网站，进行手机号码验证或邮箱验证即可成为皮书数据库会员（建议通过手机号码快速验证注册）。

会员福利

- 使用手机号码首次注册会员可直接获得100元体验金，不需充值即可购买和查看数据库内容（仅限使用手机号码快速注册）。
- 已注册用户购书后可免费获赠100元皮书数据库充值卡。刮开充值卡涂层获取充值密码，登录并进入"会员中心"—"在线充值"—"充值卡充值"，充值成功后即可购买和查看数据库内容。

数据库服务热线：400-008-6695　　　图书销售热线：010-59367070/7028
数据库服务QQ：2475522410　　　　图书服务QQ：1265056568
数据库服务邮箱：database@ssap.cn　　图书服务邮箱：duzhe@ssap.cn

1997~2017
皮书品牌20年
YEAR BOOKS

更多信息请登录

皮书数据库
http://www.pishu.com.cn

中国皮书网
http://www.pishu.cn

皮书微博
http://weibo.com/pishu

皮书博客
http://blog.sina.com.cn/pishu

皮书微信"皮书说"

请到当当、亚马逊、京东或各地书店购买，也可办理邮购

咨询/邮购电话： 010-59367028 59367070
邮　　　箱： duzhe@ssap.cn
邮购地址： 北京市西城区北三环中路甲29号院3号楼
　　　　　华龙大厦13层读者服务中心
邮　　编： 100029
银行户名： 社会科学文献出版社
开户银行： 中国工商银行北京北太平庄支行
账　　号： 0200010019200365434

湖北文化产业蓝皮书
BLUE BOOK OF
HUBEI CULTURE INDUSTRIES

湖北省文化产业发展报告（2017）

ANNUAL REPORT ON HUBEI CULTURE INDUSTRIES
(2017)

湖北省中国文化传承与发展优势学科群
湖北大学湖北文化产业研究中心　　／编
湖北文化建设研究院
主　编／黄晓华
副主编／邹福清　聂远征　邹　荣
顾　问／刘川鄂　江　畅　刘玉堂

社会科学文献出版社
SOCIAL SCIENCES ACADEMIC PRESS (CHINA)

图书在版编目(CIP)数据

湖北省文化产业发展报告. 2017 / 黄晓华主编. －－北京：社会科学文献出版社，2017.9
（湖北文化产业蓝皮书）
ISBN 978－7－5201－1269－7

Ⅰ.①湖… Ⅱ.①黄… Ⅲ.①文化产业－产业发展－研究报告－湖北－2017　Ⅳ.①G127.63

中国版本图书馆 CIP 数据核字（2017）第 202382 号

湖北文化产业蓝皮书
湖北省文化产业发展报告（2017）

主　　编／黄晓华
副 主 编／邹福清　聂远征　邹　荣

出 版 人／谢寿光
项目统筹／周　琼
责任编辑／周　琼　崔红霞

出　　版／社会科学文献出版社·社会政法分社（010）59367156
　　　　　　地址：北京市北三环中路甲29号院华龙大厦　邮编：100029
　　　　　　网址：www.ssap.com.cn
发　　行／市场营销中心（010）59367081　59367018
印　　装／北京季蜂印刷有限公司
规　　格／开　本：787mm×1092mm　1/16
　　　　　　印　张：23.25　字　数：355千字
版　　次／2017年9月第1版　2017年9月第1次印刷
书　　号／ISBN 978－7－5201－1269－7
定　　价／98.00元

皮书序列号／PSN B－2017－656－1/1

本书如有印装质量问题，请与读者服务中心（010－59367028）联系

版权所有 翻印必究

主要研创人员简介

黄晓华 男，博士，湖北大学文学院教授、博士研究生导师，湖北大学湖北文化产业研究中心常务副主任，美国加州大学洛杉矶分校（UCLA）访问学者（2013年）；主持国家社科基金课题一项，主持完成省部级课题六项；出版专著三部，在《文学评论》等刊物上发表论文四十余篇；获湖北省、武汉市社科优秀成果奖三等奖各一次；2013年获"湖北五一劳动奖章"。

邹福清 男，博士，湖北大学文学院副教授，主要从事中国古代文学、传统文化的教学与研究；曾主持教育部人文社科青年项目等，发表论文二十余篇，出版著作多部。

聂远征 男，博士，湖北大学新闻传播学院副教授、硕士研究生导师，主要研究领域为文化传播，中国新闻史学会会员，湖北网络协会会员，英国威斯敏斯特大学传媒、艺术与设计学院中国传媒中心访问学者（2015~2016年）；主持国家社科基金项目一项，主持完成省部级纵向课题三项；曾获湖北省新闻奖（2012年）、湖北省教学成果奖一等奖（2013年）。

邹　荣 男，博士，湖北省社会科学院马克思主义研究所助理研究员，武汉大学信息管理学院博士后；主持湖北省社科基金、湖北省委圈批课题等三项，出版学术专著一部，在《江汉论坛》《学习与实践》等核心期刊上发表论文十余篇。

李志飞 男，博士，湖北大学商学院旅游系教授，北京大学博士后（2008~2010年），美国北亚利桑那大学访问学者（2014~2015年），2014年入选国家旅游局青年专家人才计划，湖北省旅游学会常务理事；主持国家社科基金、教育部人文社科基金等课题十余项，在APJTR（SSCI）、《旅游学刊》等国内外权威期刊发表学术论文二十余篇，担任多地旅游规划评审专家和旅游产业发展顾问。

徐俊武 男，博士，湖北大学商学院副教授、硕士生导师、经济学系副主任，湖北省经济学会秘书，湖北省外国经济学说研究会理事；主持国家级研究项目一项、省级研究项目两项，在《统计研究》《财经研究》等核心期刊上发表学术论文十余篇。

牛 旻 男，湖北大学文学院博士研究生，湖北工业大学艺术设计学院讲师，湖北文化创意产业化设计研究中心研究员；主持教育部人文社科基金、教育厅人文社科项目等多项，参与国家艺术基金、国家社科基金、湖北省政府智力成果重点招标项目、省教育厅哲学社科重大专项等省级以上课题7项，出版纪实文学《板门店谈判》（与赵勇田合著），任纪录片《中央饭店》编剧，发表论文十余篇。

摘　要

2015~2016年，湖北文化产业发展明显提速。"十二五"期间，湖北文化产业的宏观环境、主体形态、内容建设等方面均有突破性发展，"文化＋"成为新常态，升级转型加快，文化消费日趋旺盛，大众创业、万众创新蓬勃开展，为文化产业跨越式发展提供了难得的机遇和有利条件。

《湖北省文化产业发展报告（2017）》（以下简称《报告》）以2015年、2016年为重点，全面总结了湖北文化产业在"十二五"期间的成就，结合中部崛起、"互联网＋"、长江经济带等重要战略，对湖北文化产业的现状、水平、竞争力做了评估，并对"十三五"期间的发展做了严谨预测，提出了一系列对策，希望为湖北的顶层设计、社会科学研究、知识普及提供理论成果。

在全面归纳、分析的基础上，我们认为，2015~2016年是湖北文化产业提速发展的重要节点。其间，上层决策日益精准，企业成长更为便利，智库建设趋于完备，产业规模迅速扩大，产业结构稳步转型。文化产业是低消耗、高附加值的绿色朝阳产业，肩负起了支撑新兴经济发展、彰显湖北文化软实力的历史重任，既要做大做强存量，又要做大做强增量。目前，各级政府管理部门、企业主体、智库和教育机构积极合作，目标明确。政府部门创新管理，培育市场需求；企业主体精准定位，走特色发展之路；研究教育机构聚焦产业前沿，培育复合人才。基于此，应探索一条湖北文化产业的特色发展路径，以文化产业发展为核心驱动力，打造湖北省"文化引领、技术先进、链条完整"的产业集群。

《报告》采取了分类报告与专题报告相结合的方式。分类报告从发展环境、趋势、特色、存在的问题、对策五个方面，围绕湖北文化产业的十多个主要门类做分析，力求找准新常态下的新趋势，看清新业态。专题报告则重点分析了投融资状况、文化消费状况、特色文化资源开发状况，并对中部六省的文化产业发展做了详尽的横向比较。

《报告》是湖北第一部文化产业发展报告。为了清晰梳理发展脉络，为"十三五"期间的发展提供可行思路，我们以产业的转型升级为出发点，重点归纳、研究了湖北文化产业各门类在升级转型过程中遇到的新机遇、新问题，凝练特色，探寻方向，初步建构了一个较为完整、精确的湖北文化产业发展模型。在编撰过程中，我们组织了十余支师生团队，在全省各地进行了数十次实地考察，多次赴企业研讨，多渠道采集数据，对湖北文化产业的相关官方数据形成了有益的补充，为相关的政府决策与学术研究提供了可靠的依据。

关键词：文化产业　产业发展　软实力　新兴支柱产业　转型升级

目 录

Ⅰ 总报告

B.1 面向新常态　开拓新局面
　　——"十三五"期间湖北文化产业发展现状及展望
　　…………………………………………………… 黄晓华　牛　旻 / 001
　　一　宏观环境的新特征 ……………………………………… / 002
　　二　产业发展的新特征 ……………………………………… / 005
　　三　问题与挑战 ……………………………………………… / 009
　　四　对策与建议 ……………………………………………… / 014
　　五　结语 ……………………………………………………… / 022

Ⅱ 指数报告

B.2　湖北文化产业发展指数报告（2016）……… 卿　菁　朱丽琦 / 023

Ⅲ 行业报告

B.3　湖北报业发展报告（2016）………………… 翟兰兰　聂远征 / 034
B.4　湖北出版产业发展报告（2016）…………… 张　琦　陈　革 / 052
B.5　湖北广播电视产业发展报告（2016）……… 路俊卫　卢松林 / 078

B.6　湖北电影产业发展报告（2016） …………………… 刘　丽 / 096
B.7　湖北广告产业发展报告（2016） …………… 黎　明　舒　翔 / 116
B.8　湖北演艺产业发展报告（2016） …………… 胡晓亚　梁艳萍 / 130
B.9　湖北动漫产业发展报告（2016） …………………… 牛　旻 / 147
B.10　湖北文化旅游产业发展报告（2016） …… 李志飞　喻　珍 / 175
B.11　湖北休闲体育产业发展报告（2016） …………… 史文文 / 189

Ⅳ　专题报告

B.12　湖北文化产业投融资分析（2016） ……… 徐俊武　黄若云 / 201
B.13　基于DEA分析的中部六省文化产业发展比较研究
　　　——兼论湖北文化产业发展的对策建议 ……………… 邹　荣 / 220
B.14　湖北特色文化资源的开发与文化产业可持续发展研究
　　　……………………………………………………… 邹福清 / 234
B.15　湖北新华书店发展报告（2016） ………… 张　萱　熊旭华 / 253
B.16　湖北城市居民文化消费状况调查（2016）
　　　………………………………… 高爱华　程　万　乔依兰 / 268
B.17　湖北农村居民文化消费状况调查（2016）
　　　………………………………… 陈　让　余紫威　夏赛男 / 293

Ⅴ　附　录

B.18　湖北文化产业发展大事记（2016） ……………………… / 331
B.19　后记 ……………………………………………………… / 345

Abstract ……………………………………………………………… / 348
Contents …………………………………………………………… / 350

总报告

General Report

B.1
面向新常态　开拓新局面

——"十三五"期间湖北文化产业发展现状及展望

黄晓华　牛旻*

摘　要： 2016年是湖北文化产业升级转型、迈入"十三五"的转折之年。在长江经济带战略驱动下，"文化+"成为新常态，政策扶持更为精准，企业生存环境更为宽松，省级智库建设逐渐成形，总量持续增长，水平不断提高；"一主两副多极"协调发展，"武汉城市圈"带动中小城市进入发展快车道。湖北在快速发展的同时，也存在一些问题，如文化资源转化不够充分，发展不够平衡，文化消费需求不强等。针对这些问题，本报告提出了相应对策。

---

* 黄晓华，博士，湖北大学文学院教授、博士研究生导师，湖北大学湖北文化产业研究中心常务副主任，主要从事叙事理论、文化研究、文化产业政策研究；牛旻，湖北大学文学院博士研究生，湖北工业大学讲师，主要从事文化研究与文化产业研究。

关键词： 文化产业　长江经济带　文化驱动　市场需求　新兴产业

2016年是湖北文化产业升级转型的转折之年。在圆满完成"十二五"历史任务、迈入"十三五"新阶段后，伴随着中部崛起、建设国家中心城市、申报"世界设计之都"等新战略，在长江经济带、"互联网+"等新时代命题的驱动之下，湖北文化产业从宏观环境、主体形态、内容建设等多方面发生了全新变化，明显加快了升级转型，呈现出种种新特征。

与此同时，在新常态下，由于面临新环境，湖北文化产业在地区、行业、产业链等方面出现了一系列发展不平衡的现象。这些结构性问题的出现也为"十三五"期间湖北文化产业的发展提出了新挑战。

一　宏观环境的新特征

当下，在经济发展进入新常态后，湖北地区文化消费日趋旺盛，大众创业、万众创新蓬勃开展，为文化产业跨越式发展提供了难得的机遇和有利条件。作为"十三五"阶段的支柱产业，文化产业在促转型、优结构、强实力等方面的重要作用日益凸显。

（一）"互联网+"催生出"文化+"新常态

传统湖北文化产业一直受缚于"大文化、小产业"的困境。《国务院关于积极推进"互联网+"行动的指导意见》于2015年7月正式推行后，湖北文化产业积极引入"互联网+"模式，充分发挥以光谷为核心的科技高地优势，以及湖北身处全国腹地的物流交通优势，加快促进文化与科技、物流、工业、城市品牌建设等多领域的全面融合。

目前，"互联网+"已经成为科技创新与产业融合的催化剂，有效改善了湖北文化产业在技术手段、市场运营、品牌推广等方面的缺陷，湖北文化产业以传承与创新并行的姿态，加快走向世界。

在2015年湖北文化产业国际合作洽谈会上,成功签约的项目涉及了图书出版、影视制作、文化旅游、汽车主题公园等多个领域,呈现出鲜明的"互联网+"特征,如长江出版传媒集团基于"互联网+印刷"的"尼泊尔文化产业合作"项目,以及"共建非洲出版中心"项目采取的"互联网+科技出版"模式。在上海举行的湖北文化产业长三角招商洽谈会上,长江出版传媒集团与复地集团达成协议,合作共建"长江数字文化产业园"。

(二)长江经济带战略形成文化创新驱动力

在2016年印发的《长江经济带发展规划纲要》中,中央明确了长江经济带"一轴、两翼、三极、多点"的战略思想,要以长江黄金水道为依托,发挥重庆、武汉、上海等超大城市的核心引领作用。

文化产业具有低能耗、无污染、高附加值等特点,对经济发展具有"四两拨千斤"的作用,且属于生产性服务业,是新常态下引领经济转型、推动创新发展的关键。从美、德、英、韩等国的文化产业发展来看,它们基本遵循了"文化先行,文化引导其他产业发展"的思路,用文化产业作为中枢,整合产业链上、中、下游,进而带动整个国民经济发展转型。

而湖北省正处于调结构、促增长的关键历史节点,务必紧跟全球文化产业高速发展的"新形势",重视设计产业高附加值、高就业的"新业态",找准长江经济带转型升级的"新方向",培育湖北和长江经济带设计产业的"新动力",充分建设和发挥湖北在长江经济带中的"支点"地位和作用。

省委、省政府已明确提出,到2020年,湖北省文化创意与相关产业全方位、深层次、宽领域的融合发展格局要基本形成,文化创意和设计服务总量在文化产业中所占比重明显提高,培育50家产值过亿元的骨干企业,构建10个以文化创意和设计服务为先导的产业链(产业集群),形成一批具有自主知识产权和较高市场占有率的产品,建设一批特色鲜明的融合发展城市、集聚区和新型城镇,将湖北省打造成中部地区文化创意和设计服务与产业融合发展高地。

（三）政策扶持更为精准，企业生存环境更为宽松

经过"十二五"的建设发展，文化产业管理方式由"办文化"逐渐向"管文化"转型，机制逐渐理顺，政策逐渐完备。

2016年1月通过的《湖北省全面深化改革促进条例》为湖北文化产业的改革与发展制定了明确的目标与线路，指出"创新文化发展体制机制，坚持把社会效益放在首位，实现社会效益和经济效益相统一。推进文化管理体制改革，完善公共文化服务体系和文化市场体系，推动公共文化和文化产业互动发展，激发全社会文化创造活力，突出荆楚文化特色，提升文化软实力"。

"十二五"期间，湖北连续出台多项政策，覆盖大、中、小、微型企业，涵盖传统、现代、新兴等不同文化产业门类，促进"文化+金融""文化+科技""文化+旅游"等跨界融合，形成了"互联网+"时代较为系统、全面的政策保障体系。这些重要文件及配套政策性文件着眼全局、高屋建瓴、求真务实，为推动湖北文化体制改革，促进文化事业和文化产业发展提供了有力支撑，营造了良好环境。在这些政策配套支持下，湖北文化产业"两高于、一翻番、一提升"的"十二五"发展目标基本实现。

2011年，省委成立专项小组——湖北省文化体制改革与文化产业发展领导小组，成员包括17个党政部门、4家龙头企业、4家相关事业社团单位。专项小组组长一般由省委常委、宣传部部长兼任。

这种组织架构为湖北文化体制改革的顺利推进以及湖北文化产业的健康快速发展提供了强有力的组织保证，强化了部门协调能力与政策执行能力。2015年，湖北省统计局社会和科技统计处与湖北省委宣传部改发办联合出版了《2014年湖北文化及相关产业统计概览》，充分体现了跨部门合作的优势，为了解与研究湖北文化产业提供了权威数据。

（四）省级智库建设逐渐成形

湖北作为科教大省，在文化产业研究方面也有深厚的实力与传统。武汉大学国家文化发展研究院、华中师范大学国家文化产业研究中心等平台，在国内外学界有显著的学术影响。

但这些研究中心属于国家层级，主要聚焦全国性问题，因此对湖北文化产业缺乏持久而专注的跟踪研究。

"十二五"期间，一批优质省级智库如雨后春笋般涌现。仅湖北大学就成立了湖北文化产业研究中心、中华文化发展湖北协同创新中心、湖北文化建设研究院。2016年，湖北文化建设研究院入选省委宣传部重点建设的十大新型智库。

以一大批立足湖北省、放眼国内外的省级智库为阵地，多个文化产业研究专家团队正逐步形成稳定而专业的理论阵地，对文化产业各个行业进行了深入研究，立足湖北文化产业发展现状，追踪其发展方向与趋势，及时总结湖北文化发展过程中各方面的经验与教训，并提出相应的建议与对策，为湖北文化产业发展提供必要的决策参考与智力支持。

二 产业发展的新特征

"十二五"时期，湖北省文化产业取得了长足发展，总量持续增长，水平不断提高，成为新兴经济增长点。湖北长江广电传媒集团等一批大型文化产业集团的社会效益与经济效益都在稳步提升，社会影响日渐扩大。

面向未来，湖北文化产业已经站到了引领长江经济带创意经济转型发展、弘扬时代精神与气象的新历史起点上。

（一）提速发展，多极并进

1. 总量逆势增长，提升迅速

面对新常态下的经济下行压力，湖北文化产业继续保持了较为强劲的发展势头。湖北文化及相关产业总值由2008年的216.4亿元增长到2015年的853.8亿元，占GDP的比重由1.91%增长到2.89%，无论是绝对值还是相对值都有明显增长。

湖北文化产业近年来增长速度分别为2012年19.1%、2013年11.5%、

2014年10.7%、2015年15%,均超出同期2012年13.3%、2013年11.4%、2014年10.4%、2015年10.8%的湖北地区生产总值增长速度(见表1)。2015年,湖北文化产业发展速度超过全国文化产业发展速度4个百分点,一改近几年低于全国发展速度的颓势。湖北省文化产业发展的良好势头随着国民经济结构的调整与供给侧改革的深入将日益彰显。

表1 湖北文化产业发展概况

单位:亿元,%

年份	湖北地区生产总值	增长速度	湖北文化产业总值	增长速度	全国文化产业总值	增长速度
2010	15968	23.2	395.5	43.9	11052	25.8
2011	19632	22.9	504.9	27.7	13479	22.0
2012	22250	13.3	601.4	19.1	18071	16.5
2013	24792	11.4	670.5	11.5	21870	21.0
2014	27379	10.4	742.4	10.7	24538	12.2
2015	29550	10.8	853.8	15.0	27235	11.0

资料来源:省统计局社会和科技统计处、省委宣传部改发办编《湖北文化及相关产业统计概览(2014)》。国家统计局社会科技和文化产业统计司、中宣部文化体制改革和发展办公室编《中国文化及相关产业统计年鉴(2015)》,中国统计出版社,2015;《中国文化及相关产业统计年鉴(2016)》,中国统计出版社,2016。

2.结构体系初步完备

近年来,湖北省已基本形成了门类齐全的文化产业体系。以新闻出版发行版权服务、广播电视电影服务、文化艺术服务等为主的现代文化产业蓬勃发展,以网络文化、动漫、游戏、数字新媒体等为主的新兴文化产业异军突起,文化产业结构体系初步健全,对产业的贡献逐年加大,形成较为合理的产业结构。

湖北文化及相关产业十大类中,新闻出版发行服务、文化创意与设计服务、工艺美术品的生产、文化产品生产的辅助生产、文化用品的生产等类别企业的营业收入增长较快,在规模以上文化产业法人单位营业收入中占比较大,分别占7.8%、14.5%、16.2%、19%、29.6%,文化产品的生产占总营业收入(1626亿元)的48%(783亿元),文化相关产品的生产占52%(843亿元)。

3."一主两副多极"协调发展

逐渐形成"一主两副"的文化产业格局。武汉的龙头地位依旧明显,襄阳与宜昌增速超过武汉。对于规模以上文化及相关产业法人单位数,三者之间的差距逐渐缩小。在"武汉城市圈"的带动下,多个中小城市的文化产业发展进入快车道。

2013年,全省规模以上文化及相关产业法人单位数为1407家,武汉为408家,襄阳为295家,宜昌为235家。2014年,武汉为422家,襄阳为307家,宜昌为245家,三者之和占到全省(1525家)的64%。2015年,武汉增至459家,襄阳增至334家,宜昌增至290家,三市占全省(1652家)的65.6%(1083家)(见表2)。

在营业收入上,襄阳与宜昌的增长速度更快。2013年,武汉规模以上法人单位营业收入为649.7亿元,占全省(1466亿元)的44.3%;襄阳为219.1亿元,占14.9%;宜昌为166.5亿元,占11.4%。2014年,三者分别为670.1亿元、286.3亿元、214.2亿元,增长速度分别为3%、30.7%、28.6%;在全省总营业收入(1626亿元)中所占比例也发生变化,分别为41%、17.6%、13%。2015年,武汉营收大幅增长至1009.3亿元,宜昌则增至308.1亿元,超过襄阳(298.1亿元)。由此可以看出襄阳与宜昌较为迅猛的增长势头。

表2 2015年三市规模以上文化及相关产业法人情况

	法人单位数(家)	所占比例(%)	营业收入(亿元)	所占比例(%)
武汉	459	27.8	1009.3	47.1
襄阳	334	20.2	298.1	13.9
宜昌	290	17.6	308.1	14.4
湖北总数	1652	100	2140.8	100

资料来源:湖北省统计局、国家统计局湖北调查总队编《湖北统计年鉴(2016)》,中国统计出版社,2016。

(二)重视品牌,打造精品

1.龙头企业重回上游

自2008年开始评选"全国文化企业30强"以来,湖北文化企业仅有

湖北长江出版传媒集团有限公司在第二届得以入围，但随后持续落榜。直到2016年第八届"全国文化企业30强"的评选，湖北长江广电传媒集团被列入榜单。在全国文化企业都提速发展的时期，湖北文化企业能够杀出重围，成功入选，可见湖北在重视品牌建设上已取得一定成绩。

2. 园区建设形成高地

2014年，武昌·长江文化创意设计产业园入选第五批国家级文化产业示范（试验）园区，标志着湖北文化产业园区建设获得了国家肯定。与此同时，国家级文化产业示范基地建设也在稳步推进。目前已有9家企业成功入选示范基地。同时，省级文化产业示范园区的建设也迅速推进，现已建设两批共计19个省级文化产业示范园区。这些文化产业园的建设对相关行业起到了重要的示范作用。其中，华中出版物流产业园（一期）、华中图书交易中心、知音文化产业园、光谷动漫产业园、楚天181文化创意产业园、武汉中央文化区、华侨城集团投资45亿元的东湖欢乐谷、华中国家数字出版基地等文化园区项目，发挥出强劲的集聚效应和孵化作用，吸引了大量的项目、资金、信息、技术、人才等文化生产要素，有力地推动了创意设计、数字出版、动漫游戏、网络服务、娱乐视听、现代物流等新兴文化产业集群快速集聚、成型，极大地增强了湖北省文化发展的创新驱动力。

3. 精品产生品牌效应

近年来，湖北文化精品品牌建设成效显著，文化品牌影响力扩大。先后涌现出《楚天都市报》《大家文摘报》《新周报》《知音》《特别关注》《知音漫客》《新传奇》《小学生天地》《初中生天地》《情感读本》等发行量过百万份的"十大百万报刊"品牌，在全国被誉为"湖北现象"。以湖北京剧、武汉杂技为代表的文娱演艺，以长江文艺、新华崇文为代表的出版发行，以银兴、天河为代表的电影院线，以江通动画、海豚传媒为代表的原创动漫等系列文化品牌，影响力和辐射力不断扩大，为业界所瞩目。

三 问题与挑战

尽管湖北文化产业发展取得了骄人成绩,但与沿海省份相比,甚至与中部相邻省份比较,也存在一定差距,主要呈现出三点不足。

(一)文化资源转化乏力,缺乏特色

1. 传统文化产业开发不力

湖北是传统文化资源大省,是中华民族和人类远古文化的发祥地之一,拥有三处世界文化遗产(武当山、明显陵、唐崖土司城遗址)、一处世界自然遗产(神农架)、五座国家历史文化名城(荆州、武汉、襄阳、随州、钟祥),拥有炎黄文化、荆楚文化、三国文化、武当文化、红色革命文化、神农架原始文化、长江三峡文化、湖泊江河水文化、鄂西生态文化等丰富的文化资源。

这些资源对于推进湖北文化产业发展起到了重要支撑作用。但在打造拳头产品方面,湖北乏善可陈,对外推广传播乏力,难以塑造具有鲜明本土特色的文化品牌,所拥有的丰富文化素材往往成了他人的嫁衣,如武当文化就屡屡成为外省甚至境外影视作品的素材(如港产电影《麦兜的故事》)。

同时,湖北的大量文化资源并非其独有,而是与周边省份存在交集,例如长江三峡文化等。挖掘出湖北文化真正的独特之处,是凸显湖北文化产业特色的关键。

2. 现代文化产业陷入同质化困局

在现代文化产业方面,湖北文化产业结构与中部其他省份高度相似,同质化倾向明显,难以寻求错位竞争的突破口。

在出版行业,湖南、河南、安徽、江西等省都已经超过湖北;在广电行业,湖南的影响力与社会声誉不仅在中部地区一枝独秀,在全国也有重要影响。这种同质化竞争在一定程度上降低了文化产业发展的效率,也使湖北在全国性竞争中更难彰显鲜明特色。

在产业的组织集约化方面，湖北文化产业还存在规模狭小、重复建设、效益低下、资源闲置与浪费等问题。如《楚天都市报》《武汉晚报》《楚天金报》《武汉晨报》等报纸，就存在明显的重复建设问题，既增加了企业竞争压力，严重影响了投资效率，也妨碍了湖北文化产业彰显自身特色。

3.新兴文化产业缺乏持续驱动力

以网游、云设计等为代表的新兴文化产业，主要依托现代信息技术，在网络时代迅速崛起，其对地域的要求不高，但对人才的要求极高。

吸引人才措施不力，再加上人才培养观念与模式转型缓慢，导致江通动画等具有代表性的湖北文化企业转型受阻，缺乏持续升级转型的创新驱动力，虽然其一度引领全国产业转型风潮，但明显后继乏力，在横向竞争中逐渐丧失优势，甚至陷入转型失败的泥潭。

作为科教大省，湖北具有发展新兴文化产业的优势——科技优势与人才优势。截至2015年，湖北拥有普通高等院校126所、在校学生140余万人、专任教师83444人、副教授及以上职称37473人。[①] 科教资源在全国始终处于前列。

在文化产业相关专业方面，虽然品牌专业众多，如中国地质大学的珠宝设计、武汉纺织大学的服装设计、湖北大学的旅游管理等，但这些大多还是集中于传统及现代文化产业。

就新兴文化产业而言，湖北高校尚未建成具有全国性影响力的专业或学科。以华中师范大学为例，该校曾经开设动画与游戏设计专业。从学科设置来讲，该专业具有较强的现实针对性，顺应了产业发展趋势，但由于课程设置以及与企业对接等方面产生问题，最终不得不停止招生。

（二）发展不够平衡，布局亟须调整

从根本上讲，文化产业发展不可能完全平衡。各地拥有的文化资源、科

---

① 数据来源：湖北省统计局、国家统计局湖北调查总队编《湖北统计年鉴（2016）》，中国统计出版社，2016。

技资源、经济资源、人力资源不同，其文化资源的产业化路径不同，消费者群体也不同，文化产业必然呈现不平衡的态势。

如果不进行合理规划、科学布局，任由各地文化产业粗放经营、野蛮生长，不仅将制约经济发展，而且将影响各地民众共享社会文化发展成果，妨碍民众正常的文化消费需要。

1. 地区发展不平衡

湖北地区文化产业既存在城乡发展不平衡问题，也有大城市与小城市发展不平衡问题。

虽然襄阳与宜昌的增速渐渐赶超武汉，且孝感、咸宁、黄石、黄冈等城市，随着武汉城市圈建设的推进，也已进入发展的快车道，但就全省而言，发展不平衡的状况并未得到有效改善。

在传统文化产业方面，各地都拥有丰富的传统产业资源，但受制于地方相对滞后的产业化发展水平，文化资源难以转化。

在现代文化产业方面，资源过于集中，影院、体育场馆、艺术表演场馆、博物馆、图书馆、文化艺术培训机构等大多集中在大城市，中小城镇的基础设施建设明显落后。大城市出现资源浪费现象，中小城镇难以共享社会文化发展成果，湖北的城镇化道路也因此受阻。

在新兴文化产业方面，交通物流滞后。由于交通网、物流网建设的滞后，城市与乡村之间的差距扩大，使得最容易实现与消费者对接的新兴文化产业在农村地区陷入"最后一公里"的困境。

2. 行业发展不平衡

传统文化产业发展态势良好，但步履相对迟缓。以传统表演艺术为支撑的湖北省各地剧团，以及各种非遗传承与保护项目，均在政府的扶持与市场化运作中得到了长足发展，但依然需要进一步提质增速。

现代文化产业在体量上占据绝对优势，但在信息化高速发展的社会，其盈利水平与能力在明显衰退。从2015年开始，全国纸媒行业利润大幅下滑；2016年，全国多家纸媒停刊或合并，湖北虽然没有出现机构倒闭现象，但众多机构均进行了不同程度的裁员，或调整了业务方向与经营内容，开始谋求转型。

新兴文化产业蓬勃发展。近年来，随着斗鱼等一批新兴文化企业的入驻，湖北文化产业中的新兴文化产业占比大幅提升，网络动漫、网游、手游、数字出版、网络文学、网络播放平台、网络影视制作等行业，对文化产业的贡献越来越大。但比起企业生存环境更为宽松、人才政策更为诱人的北京、上海及部分沿海省份，湖北省仅仅拥有光谷等高新技术中心这一个主要优势，在与国内文化产业强省的竞争中暂时难以抢得先机。

3. 产业链发展不平衡

湖北文化产业发展不平衡，不仅表现在地区、行业等外在层面，在行业内部，也有产业链上、中、下游发展不平衡的状况。

在新闻等行业中，这种劣势是先天存在的。因为同质化竞争的存在，企业往往被市场热点、短期盈利目标左右，密集、扎堆进行重复生产，恶性竞争频发，人才极易因此出走、外流。

在其他的行业竞争中，湖北也相对落后，尤其是在产业链上游落后。如电影产业，湖北侧重发展下游的播放，在上中游的制作与发行方面，明显先天不足。湖北的电视产业缺乏具有全国影响力的电视剧以及节目品牌。在休闲娱乐方面，武汉近年的大型娱乐场所，如欢乐谷、万达儿童乐园等，都是外来投资项目，而非本土品牌。

在动漫行业中，湖北其实拥有明显的上游优势。漫画期刊《知音漫客》销量稳居全国第一，世界前三，但湖北动漫在品牌价值运营方面，尚未跟上时代发展的节奏，虽然上游拥有大量优质漫画资源，但难以向中游的动画制作转化，更谈不上下游的衍生品开发。由于产业链之间的衔接与配套不够顺畅，文化产业的全产业链难以形成，湖北文化产业在发展的后劲方面，也便可能存在缺陷与不足。

（三）发展动力不足，亟须形成合力

文化产业发展不仅需要文化自身的发展动力，也需要外在动力。湖北文化产业近年来发展速度落后于中部地区其他省份的重要原因之一，显然就是外部驱动力不足。

1. 资本介入的吸引力不足

近五年,对湖北文化及相关产业固定资产投资进行纵向比较,可看出其增长幅度较大,2014年是2010年的3倍有余,增长速度也超过全国平均速度,但从横向比较可以看出其与邻近省份的差距。例如2010年,湖北的投资额比湖南多,但从2011年开始,湖南反超湖北;经济总量远低于湖北的江西(2014年江西的地区生产总值为15714.6万元,湖北为27379.2万元),在文化及相关产业固定资产投资额度上也超过了湖北(见表3)。

近年来,湖北在吸引投资方面采取了很多措施,成果显著,但与文化产业发展的现实资金需要相比,还有较大差距。

表3 2010~2015年湖北及邻近省份文化及相关产业固定资产投资实际到位资金

单位:亿元

地区	2010年	2011年	2012年	2013年	2014年	2015年
湖北	352.8	396.8	622.2	874.0	1109.2	1385.2
湖南	334.8	481.5	864.3	1045.8	1227.8	1662.2
江西	429.6	515.1	809.7	956.6	1183.9	1457.8
全国	9583.7	11003.6	16256.6	19862.3	24356.0	28503.4

资料来源:国家统计局社会科技和文化产业统计司、中宣部文化体制改革和发展办公室编《中国文化及相关产业统计年鉴(2016)》,中国统计出版社,2016。

2. 文化消费的动力疲软

作为国民经济发展的另一驾马车,文化消费对湖北文化产业发展的制约更为严重。与人均收入排行极不相称的是,湖北居民文化消费不仅远低于全国平均水平,而且远低于邻近的湖南;另外与经济相对落后的江西相比,居民的文化消费支出没有明显的差距(见表4)。由此可见,居民消费习惯、消费结构等都亟待调整与完善。作为经济下行时的主要增长动力之一,调整居民消费结构、扩大文化消费内需、通过政府宏观调控来培育并壮大市场需求,已是当务之急。

表4　2013～2015年居民文化消费情况

单位：元

地区	2013年人均文化消费支出	2014年人均文化消费支出	2015年人均文化消费支出	2013年城镇居民文化消费支出	2014年城镇居民文化消费支出	2015年城镇居民文化消费支出	2013年农村居民文化消费支出	2014年农村居民文化消费支出	2015年农村居民文化消费支出
湖北	417.3	487.6	551.8	649.7	754.9	823.9	136.0	185.1	235.0
湖南	458.5	639.0	740.7	805.2	1095.1	1244.3	168.7	253.6	300.4
江西	379.4	479.3	552.3	673.6	833.3	921.9	127.5	170.1	217.8
全国	576.7	671.5	760.1	945.7	1087.9	1216.1	174.8	207.0	239.0

资料来源：国家统计局社会科技和文化产业统计司、中宣部文化体制改革和发展办公室编《中国文化及相关产业统计年鉴（2016）》，中国统计出版社，2016。

3. 政府投入仍需提高

湖北文化产业还存在同质化扎堆建设、人才培养路径更新缓慢的状态，对新兴、前沿领域的延伸较为迟缓。近年来，湖北建立了各种奖励与资助系统，覆盖范围较广，但相关资助力度显然还不够。

以扶持优势文化产业发展专项资金项目为例，湖北2015年共资助27项，2016年28项，两年合计55项。而湖南在文化产业发展专项资金支持项目中，2015年支持重点及一般项目141项，小微项目38项，合计179项；2016年重点及一般项目122项，小微项目76项，共计198项，两年合计377项。湖北资助项目不及湖南的1/6。这种差距显然不是两地文化产业的实际差距，而只是两地在资助力度上的差距。

在争取国家文化产业专项资金方面，湖北显然也不具有任何优势。以2016年为例，财政部共拨付44.2亿元，但湖北获得的资助仅为6160万元，不仅远低于邻省湖南的19880万元，甚至低于江西的7810万元。

四　对策与建议

湖北省人民政府已在2016年的政府工作报告中，为湖北经济社会文化发展指明了大方向，明确提出要"进一步丰富拓展'一元多层次'战略格局，统筹推进'两圈两带一群''一主两副多极'发展，更加注重加快长江中游城市群建设，更加注重四大集中连片贫困地区、革命老区、少数民族地区跨越式发展，更加注重'四化'同步发展，更加注重城乡统筹发展，更加注重物质文明和精神文明协调发展，提升文化软实力，不断增强发展的整体性"。

而在这一战略布局中，无论是在践行创新发展、协调发展、绿色发展、开放发展、共享发展五大发展理念方面，还是在推进湖北发展战略目标的实现方面，文化产业都有其不可替代的优势。然而，要将这种优势转化为真正的动力，湖北文化产业的管理者、从业者、研究者都要付出巨大努力，针对目前存在的问题，通过政—企—研的深入合作与良性互动，探索出湖北文化产业快速健康发展的有效路径。

（一）政府部门：创新管理，培育市场需求

1. 创新管理手段

第一，探索大部制改革。可探索成立文化产业部门，或成立文化产业委员会，统揽文化产业发展的规划和管理，打破条块分割体制，按照资源优化配置、产业内部均衡发展的原则，进行产业结构的战略性调整，解决"九龙治水"的管理乱象。

第二，深入推行协会制。对于动漫、设计、广告、文化旅游、主题公园、非遗传承、文艺演出等与意识形态距离相对较远的行业，则应加大扶持力度，鼓励大胆创新。同时，应该加强对不同行业的管理与指导，建立各种行业协会，打造不同行业从业者的交流平台，推进相关行业的健康发展。

第三，国有、民营齐头并进。对国有文化企业，应通过兼并、联合、重组等方式，避免同质化建设与低效竞争。引导新闻广电、图书出版等行业深度整合，实现跨行业、跨地区的规模扩张，组建一批规模化、集约化、复合型的领军企业。加强服务意识，为民营文化企业发展提供更好的保障服务工作。针对企业的实际问题，提供切实可行的解决方案。如小微型企业可能有好的创意，但缺乏顺畅的融资渠道，可以搭建风投平台，让资金与创意能够

有效衔接。

第四，加强监管，建构和谐市场。政府作为管理者，首先需要加强知识产权保护，大力打击盗版、侵权等非法行为，让文化创意能够真正成为文化产业发展的核心动力；其次需要促进各市场主体有序竞争，使大中型企业与小微型企业协调发展，不同行业合作共赢。

2. 科学规划，精准布局

第一，做好县级文化产业发展规划。

推进县域成为文化产业新的支撑点。充分挖掘和激活广大县域丰富的历史文化、民俗文化、红色文化、生态文化，改变文化产业发展过分依赖省会城市的模式，将县域建设成为文化产业新的增长点。

突出县域文化产业的地方元素。加强非物质文化遗产生产性保护，重点推进汉剧、汉绣、剪纸等传统优势产业的提质发展。因地制宜发展文化旅游业、工艺美术业、演艺娱乐业等业态，培育具有地方特色的文化创意企业，引导县域文化产业特色化、差异化发展。

加强文化旅游特色县建设。加快推进湖北文化旅游特色县、镇、村建设，完善旅游强县、名镇、名村的旅游集散功能、服务功能、休闲功能、就业功能，积极打造高铁沿线文化旅游产业带和景点集群。

第二，做好行业发展规划。

湖北文化产业发展规划在注重各行业差异性的同时，还应该关注各行业的交融，要注意传统资源的激活、功能价值的转变、符号价值的加强、科学技术价值的深化之间的相互促进与相互转化，注意跨区域、跨行业的整合，形成各有侧重、相互激发的激励与增长机制。

第三，做好文化产业园区发展规划。

统筹规划全省文化产业区域布局，按照产业集聚、功能分区、错位协同、均衡发展的布局原则，建设一批文化产业示范园区。进一步推动东湖高新区、武昌·长江文化创意设计产业园等国家级园区的规划与建设，强化对19个省级文化产业示范园区的管理与引导，加强绩效评估，促进各种文化资源的合理配置和分工合作，突出特色化和差异化发展，避免重复建设，形成聚集效应。

3. 完善扶持方式

近年来,湖北文化产业发展态势良好,但底子薄、时间短、转型难等问题尚未真正得到有效解决。要使湖北文化产业实现跨越式发展,需要政府改革的大魄力、政策的大力支持与资金的大投入。

第一,形成政策保障。完善湖北文化产业政策体系,推动政策效力较高的条例、法律的出台;调整文化产业政策在政策工具类型方面的合理布局和在产业活动环节的合理分布;增强文化产业政策在文化事业与文化产业之间资源转换的枢纽功能;加强文化产业政策成本的核算和政策绩效的评估。

第二,加大资金支持力度。政府应设立专项基金,如文化产业创业投资基金、文化产业风险投资基金等,加大对小微型企业的支持力度,帮助起步阶段的小微型企业适应激烈的市场竞争,使文化产业保持不断创新的活力与动力。

4. 促进跨界融合

湖北文化产业要抓住信息化带来的新机遇,采用新技术,推动文化产业升级。大力推动文化产业与物联网、移动互联网、云计算、大数据的融合创新;大力发展移动互联网电视、数字媒体、微信、微博等新兴媒体,积极推进数字出版移动化转型,不断拓宽手机动漫、手机游戏等优势产业的传播渠道,打造文化产业移动互联网完整产业链。

大力发展"互联网+高新技术+文化创客"模式。支持文化产业领域内创新工场、创客空间、社会实验室、智慧小企业创业基地等新型众创空间发展。充分利用东湖高新区等平台,通过市场化的方式构建一批技术创新与创业相结合、线上与线下相结合、孵化与投资相结合的众创空间,鼓励采取专业园、园中园等形式,为创意名人、青年文艺家、大学生和初创者提供创业平台。

文化产业与其他相关产业的融合,例如,文化产业与旅游产业的融合、文化产业与休闲体育产业的融合、文化产业与农业的融合、文化产业

与建筑业的融合、文化产业与制造业的融合,将促进各产业实现更好的发展成效。

以文化与旅游产业的融合为例,要增加湖北旅游的文化内涵,挖掘湖北文化旅游的独特处,将湖北传统特色文化资源,如非遗文化资源、民俗文化资源与旅游资源有机结合起来,培育一批文化旅游品牌,形成特色鲜明、创新能力强、产业链完整的文化旅游景区和产业基地、园区、集群。集聚文化创意和旅游产业优势资源,将娱乐演艺创作巧妙地融入旅游之中,举办各类文化旅游节庆活动,开发文化标志性旅游纪念品,从而提高湖北旅游的文化品位,提升其文化吸引力与品牌影响力。

5. 培育市场,创造消费需求

第一,增加有效供给,兼顾普及与提高的消费需要。应尽量遵循市场规律和文化需求特征,鼓励增产适销对路的文化产品,严格控制产品同质化倾向,积极满足多样化的文化需求。例如,引导资金与企业完善中小城镇的电影院、演出场所、体育场馆的布局;注意武汉等大都市居民的个性化消费趋向,提高产品科技含量、文化价值、艺术品位,更新产品开发理念、创意和内容。

第二,完善流通渠道,实现城乡需求有效对接。打造完善的交通网络,吸引城镇居民出游,吸引农村居民进城休闲娱乐。加快农村互联网建设,使农村居民实现与城市居民的信息同步,提供城镇居民需要的文化产品与服务。完善物流网建设,为农村居民利用互联网购买、销售文化产品提供条件。

第三,引导消费习惯,促进消费方式转型升级。应引导居民的消费习惯,通过统筹文化事业与文化产业,建立各种引导机制,如将送电影、送戏剧下乡,转化为对到电影院看电影及到剧院看戏实行补贴;在特色景区或娱乐场所,可以对本地居民实现免票、通票、年票等制度,降低本地居民的消费成本等。让人们直观地感受不同消费方式带来的不同体验,使其逐渐养成新的消费习惯,促进文化消费方式的转型升级,从而刺激文化消费的快速增长。

（二）企业主体：精准定位，走特色发展之路

文化企业是市场的主体，也是湖北文化产业发展的关键。湖北文化产业的发展，离不开文化企业的健康发展。近年来，湖北文化及相关产业的法人单位始终保持总量不断增长的态势，但增长速度，尤其是"三上"单位增长速度不快。现有统计数据显示，2013年湖北"三上"文化及相关产业法人单位为1407个，2014年增长为1525个，2015年为1652个，[①] 2014年和2015年的增长速度分别为8.4%与8.3%，低于湖北文化产业的发展速度。相当一部分文化企业速生速灭。如何使湖北文化企业在激烈的市场竞争中生存下来，并不断做大做强，是相关企业管理人员必须认真思考的问题。

1. 避免重复建设，精准定位

第一，消费群体定位。文化企业需立足自身，针对消费者的地域因素、消费倾向进行科学规划，确定基本消费群体的教育与职业背景，从而实现市场细分。

第二，营销模式定位。传统文化产业强调消费的直接性，文化的生产者与消费者经常面对面交流；现代文化产业的消费表现出间接性，如电视观众与演员之间一般没有直接交流；新兴文化产业的消费则具有虚拟性，如网游生产者与消费者的交流完全在网络虚拟空间展开。然而，与文化消费的这种明显差异不同，不同文化产业在营销模式上可以进行大幅跨界。面对面的营销、间接营销、网络营销，对于文化产业而言，都是可行的方式。

2. 凝练企业文化，凸显特色

随着中国全面融入全球的文化产业大环境，以往那种忽视自身文化建设、依赖"山寨"的业态已经失去了其赖以生存的社会环境，文化企业唯有塑造独特的企业文化，形成鲜明的企业品格，才能在新时期、新常态的市场竞争中脱颖而出。

---

① 省统计局社会和科技统计处、省委宣传部改发办：《2014年湖北文化及相关产业统计概览》，2015。

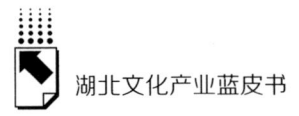

企业应明确勇于承担的社会责任意识,坚持社会效益优先,打造能够推动社会进步的文化产品与服务。企业应具有开放包容的服务心态,对来自各方的意见与建议采取有则改之、无则加勉的包容措施,而不能因为自己占据市场主导地位,或者处于与消费者及研究者的相对优势地位,而采取傲慢态度,闭目塞听。企业要培育勇于开拓创新的精神,始终保持力争一流的进取心态。企业应经常对员工进行各类培训,以跟上文化产业快速发展的步伐。在坚持这种企业文化的共性之下,各文化企业可以增加不同的文化元素,完善各种表现形态,以真正形成自己独特的企业文化,增强自身的内在生命力。

3. 完善产业链条,开放视野

产业链结构的不平衡、不协调,上中下游相互脱节,已成了湖北文化产业的一块短板。湖北企业管理者要开放视野,不断完善企业的产业链。

拓展主业,纵向延伸,加强自身产业链建设。对于条件成熟的大型企业来说,如湖北广电集团(现已进入"全国文化企业30强")应抢占行业上游的制高点,打造文化精品,形成自己的拳头产品,应该是其战略规划的重要内容。

强化联系,深度合作,与其他相关企业联合完善产业链建设。对于自身难以形成完整产业链的企业来说,加强与相关企业的深度合作,是较为可行的选择。

(三)研究教育机构:聚焦产业前沿,培育复合型人才

文化产业是文化与产业的融合。没有文化的产业算不上文化产业,但没有产业的文化,也难以发挥其推动社会发展的力量。如何促进文化与产业实现真正融合,并使二者协调健康发展,对于承认并强调文化产业尚不到20年时间的中国而言,显然还是一个需要深入研究的课题。

1. 拓展眼界,重视跨界研究

文化产业是文化与产业的融合,而不是二者简单的相加。文化产业研究必须打破文学、史学、哲学等基础学科以及经济学、管理学、社会学、法学等应用学科的学科壁垒,实现交叉与融合。必须聚集各个领域的专业研究人

员，实行学科互补、跨类合作；成立新型智库，聚集多学科、跨门类人才进行深入合作与系统研究。

2. 服务社会，培育多种人才

一方面，通过学历教育，培养相关专业人才；另一方面，面向社会培训相关从业人员，对从业人员进行再教育。

对新创业人员，文化产业研究机构可依托所属高校，发挥资源优势，对其进行专业培训。应重点关注非遗传承人、返乡农民工、创意大学生等创业人员的培训。

对从业人员，应充分发挥高校研究机构的智库优势，让从业人员了解社会不断更新的需要，跟上时代发展步伐。

对文化产业的管理人员，尤其是基层管理人员，应充分发挥高校研究机构的平台优势，帮助其了解文化产业发展的内部规律与外部条件，从而帮助当地文化产业更好更快发展。

3. 做强平台，形成理论阵地

增加发表平台。目前，湖北文化产业研究尚缺少专门的发表平台，大批智库的研究成果只能散见于各学术期刊、内参刊物，社会影响力有限。为此，湖北文化产业研究中心等智库已经多方筹措，打造"湖北文化产业蓝皮书"等发表平台，为相关研究提供一个集中交流的发表平台。

激活学会平台。2015年2月，由武汉大学国家文化创新研究中心（现武汉大学国家文化发展研究院）与卓尔控股联合发起的"湖北文化产业学会"成立。该学会聚集学术界与企业界的重要人物，成为湖北文化产业研究的重要学术交流平台。但该学会自成立以来，开展的学术活动不是太多。学会负责人可以深入思考，如何利用学会平台促进学术界与企业界的深入交流，使学会发挥更大作用。

善用网络平台。目前，湖北有两个文化产业专业网站——湖北文化产业发展网和湖北文化产业网。前者由省委宣传部主管，具有官方网站的政策权威性；后者则带有较强的商业色彩，但二者对目前最新的研究成果缺乏系统跟踪。利用新媒体传播新信息，是新时代的新手段，然而，微信公众号所能传播的信息终究有限。打造具有公信力、权威性的网站,也是研究机构需要认真思考的问题。

五 结语

随着"十三五"历史帷幕的拉开,随着长江中游城市群成为继长三角、珠三角、京津冀后的中国经济增长第四极,随着长江经济带上升为国家战略,湖北省委、省政府明确了湖北作为长江经济带"钢腰"的"支点"战略地位,从而对文化产业的创新和引领作用提出了新的时代要求。

作为低消耗、高附加值的绿色产业和朝阳产业,湖北文化产业肩负着支撑新兴经济发展、彰显湖北文化软实力的历史重任。省委、省政府明确提出,湖北文化产业既要做大做强存量,又要做大做强增量。

因此,各级政府管理部门、企业主体、智库和教育机构应全面合作,探索一条湖北文化产业的特色发展路径,以文化产业发展为核心驱动力,打造湖北省"文化引领、技术先进、链条完整"的新兴创意经济集群。

指 数 报 告

Index Report

B.2
湖北文化产业发展指数报告（2016）*

卿 菁 朱丽琦**

摘　要： 当前是全面建成小康社会的决胜阶段，也是结构性改革的攻坚阶段，推动文化产业发展成为国民经济支柱性产业的目标要求。本报告对湖北省文化产业发展状况进行了深入研究，构建了文化产业发展评价指标体系，对湖北省17个地市州的文化产业发展指标进行统计，得出了2015年湖北省文化产业发展指数及各地市州的指数排名，以期对湖北各地区文化产业发展水平做出准确评价。

关键词： 文化产业　指数　评价

---

* 本文系湖北省思想库课题"湖北迈入文化强省行列落实研究"（项目编号:060/160601329001）研究成果。

** 卿菁，博士，湖北大学政法与公共管理学院副教授、硕士研究生导师，美国加州大学河滨分校（UCR）访问学者（2012~2013年）；朱丽琦，湖北大学政法与公共管理学院硕士研究生。

一 文化产业发展指数内涵和评价指标体系

文化及相关产业是指为社会公众提供文化产品和文化相关产品的生活活动的集合。《文化及相关产业分类（2012）》规定文化及相关产业包括文化产品的生产、文化产品生产的辅助、文化用品和专用设备的生产等。文化产业是国际公认的 21 世纪最有发展前途的朝阳产业、"未来取向产业"，具有低污染和低能耗的特点。迈入文化强省行列、率先实现文化小康，是湖北省委、省政府对"十三五"文化建设做出的明确定位，是统领文化改革发展各项工作之纲，也是进一步提升文化在全省经济社会发展大局中贡献度的根本所在。

（一）文化产业发展指数

文化产业发展指数是用具体可测的指标评价文化产业发展状况，将多个评价指标整合成一个综合分数，以衡量当前的文化产业发展状况。文化产业发展指数以统计数据为基础，为湖北文化产业发展提供一个可分析和度量的政策工具，能够准确衡量当前文化产业发展状况，为检验文化建设成果提供一个分析模型，也为相关的文化决策提供参考。文化产业发展指数旨在准确衡量地区文化产业发展水平，为掌握湖北各地市州的文化产业发展状况提供客观依据。

（二）文化产业发展评价指标体系

当前，湖北处于构建中部地区崛起重要战略支点的黄金发展期，文化产业发展是构建中部地区崛起重要战略支点的重要组成部分，构建文化产业发展评价指标体系对于准确评价和衡量当前文化产业发展水平、指导未来文化产业建设方向具有重要作用。文化产业发展评价指标的选取应遵循全面性、科学性、可比性和可操作性原则。全面性原则是指文化产业发展评价指标体系必须反映被评价问题的各个方面；科学性原则是指文化产业发展评价指标体系的构建、指标的计算内容与计算方法都必须准确合理；可比性原则是指文化产业发展评价指标体系的构建对每一个评价对象必须是公平的、可比的；可操作性原则是指文化产业发展评价指标体系中的指标是可操作的，并且数据资料能够取得。在以上原则指导下，考虑统计数据资料的可获取性，文化产业发展评价指标体系的构建主要选取以下指标。

1. 文化产业增加值

文化产业增加值是指特定地区一定时期内文化产值的增加值，反映了文化产业发展的总规模，是地区文化产业发展的基础，代表着地区文明产业发展的实力。

2. 文化产业增加值占地区生产总值比重

文化产业增加值占地区生产总值比重是某地区文化产业增加值与地区生产总值的比值，反映了文化产业增加值在地区生产总值中所占的比重，用于衡量文化产业在地区经济中的地位和发展状况。

3. 人均文化产业增加值

人均文化产业增加值是某地区文化产业增加值与该地区常住人口数的比值，反映了该地区人均享有的文化产业增加值，是文化产业发展水平和均等化状况的体现。

4. 文化及相关产业固定资产投资完成值

文化及相关产业固定资产投资完成值包含了文化制造业、文化批发与零售业、文化服务业的固定资产投资完成值，代表了文化及相关产业固定资产的建设情况，是文化产业发展的重要体现。

5. 文化及相关产业法人单位数

文化及相关产业法人单位数是依法成立，有必要的财产或经费，有自己的名称、组织机构和场所，并能够独立承担民事责任的文化及相关产业单位数，代表某一地区文化产业发展的规模。

6. 文化及相关产业年末从业人员

文化及相关产业年末从业人员是从事文化及相关产业的工作，并取得劳动报酬的全部人员，是某一地区文化产业从业规模的集中体现。

7. 文化及相关产业法人单位资产总计

文化及相关产业法人单位资产总计是文化及相关产业全部法人单位资产

额的总计，是文化产业发展的总规模，代表了地区文化产业的实力。

8. 文化及相关产业法人单位营业收入

文化及相关产业法人单位营业收入是文化及相关产业全部法人单位营业收入的总和，是文化产业盈利能力的集中体现，反映了某一地区文化产业发展的繁荣程度。

本报告构建包括上述八个具体评价指标在内的文化产业发展评价指标体系，由此对湖北17个地市州的具体指标进行统计并进行指数排名，以期对各地区文化产业发展水平做出客观评价。

二 湖北文化产业发展指数实证分析

基于构建的湖北文化产业发展指数评价指标体系，本部分在收集统计资料的基础上，运用归一化分析法、主成分分析法对湖北文化产业发展指数进行实证分析。

（一）湖北文化产业发展统计数据

依据《湖北统计年鉴（2016）》和《2015年湖北文化及相关产业统计概览》，可以得到湖北17个地市州上述指标的具体统计数据（见表1）。

表1 2015年湖北文化产业统计数据

地市州	文化及相关产业法人单位营业收入（万元）	文化产业增加值（亿元）	文化及相关产业年末从业人员（人）	文化及相关产业法人单位数（个）	文化及相关产业法人单位资产总计（万元）	文化及相关产业固定资产投资完成值（亿元）	文化产业增加值占地区生产总值比重（%）	人均文化产业增加值（元）
武汉	1009.3	409.31	123750	459	1570.7	202.6	3.75	3836.91
黄石	22	15.09	5670	46	17.6	93	1.29	613.91
十堰	15	15.44	3657	41	42.2	111.2	1.19	456.40
宜昌	308.1	117.49	33675	290	249.5	187.9	3.47	2855.16

续表

地市州	文化及相关产业法人单位营业收入（万元）	文化产业增加值（亿元）	文化及相关产业年末从业人员（人）	文化及相关产业法人单位数（个）	文化及相关产业法人单位资产总计（万元）	文化及相关产业固定资产投资完成值（亿元）	文化产业增加值占地区生产总值比重（%）	人均文化产业增加值（元）
襄阳	298.1	104.35	29104	334	169.1	236.4	3.09	1858.75
鄂州	24.6	7.64	1285	15	5.1	38	1.05	721.09
荆门	34.8	14.31	3575	48	16.9	71.6	1.03	494.08
孝感	134.8	38.53	10501	101	55.1	79.5	2.64	789.87
荆州	89.4	36.74	7921	67	37.8	71.5	2.31	643.89
黄冈	31.8	18.18	6253	80	34	144.7	1.14	288.98
咸宁	60.9	22.48	6578	59	39.9	114.3	2.18	896.69
随州	21.3	10.46	3453	30	12	60.9	1.33	477.45
恩施	12.1	14.01	3288	43	24	44.7	2.09	421.10
仙桃	21.8	10.05	1962	15	10.3	8.6	1.68	870.13
潜江	26.5	8.58	1346	9	5.4	7	1.54	895.62
天门	29.4	8.82	2995	11	20.9	8.1	2	682.66
神农架	0.9	1.49	228	4	4.7	0.5	7.09	1940.10

按照构建的文化产业发展评价指标体系，对湖北17个地市州文化产业发展状况进行描述分析，得到的结果如表2所示。

表2 2015年湖北文化产业发展描述统计

指标	最小值	最大值	均值	标准差
文化及相关产业法人单位营业收入（万元）	0.90	1009.30	125.93	246.09
文化产业增加值（亿元）	1.49	409.31	50.17	98.23
文化及相关产业年末从业人员数（人）	228	123750	14425.94	29696.42
文化及相关产业法人单位数（个）	4	459	97.18	132.26
文化及相关产业法人单位资产总计（万元）	4.70	1570.70	136.19	375.30
文化及相关产业固定资产投资完成值（亿元）	0.50	236.40	87.09	71.68
文化产业增加值占地区生产总值比重（%）	1.03	7.09	2.29	1.50
人均文化产业增加值（元）	288.98	3836.91	1102.52	972.57

（二）湖北文化产业发展指数分析

1. 湖北文化产业发展评价指标标准化分析

湖北文化产业发展评价指标体系中的所有指标均为正向指标，可以直接进行指标归一化处理。本研究采用 z-score 标准化法。这种方法基于原始数据的均值（mean）和标准差（standard deviation）对数据进行标准化处理。将 A 的原始值 x 使用 z-score 标准化到标准分 Z_i，计算公式如下：

$$Z_i = （原始值 - 平均值）/标准差$$

对湖北 17 个地市州文化产业发展指标进行预处理和标准化，通过上述公式计算各个指标换算的标准分（见表 3）。

表 3　2015 年湖北文化产业统计数据标准分数

地市州	文化及相关产业法人单位营业收入	文化产业增加值	文化及相关产业年末从业人员	文化及相关产业法人单位数	文化及相关产业法人单位资产总计	文化及相关产业固定资产投资完成值	文化产业增加值占地区生产总值比重	人均文化产业增加值
武汉	3.59	3.66	3.68	2.74	3.82	1.61	0.98	2.81
黄石	-0.42	-0.36	-0.29	-0.39	-0.32	0.08	-0.66	-0.50
十堰	-0.45	-0.35	-0.36	-0.42	-0.25	0.34	-0.73	-0.66
宜昌	0.74	0.69	0.65	1.46	0.30	1.41	0.79	1.80
襄阳	0.70	0.55	0.49	1.79	0.09	2.08	0.54	0.78
鄂州	-0.41	-0.43	-0.44	-0.62	-0.35	-0.68	-0.82	-0.39
荆门	-0.37	-0.37	-0.37	-0.37	-0.32	-0.22	-0.84	-0.63
孝感	0.04	-0.12	-0.13	0.03	-0.22	-0.11	0.24	-0.32
荆州	-0.15	-0.14	-0.22	-0.23	-0.26	-0.22	0.02	-0.47
黄冈	-0.38	-0.33	-0.28	-0.13	-0.27	0.80	-0.76	-0.84
咸宁	-0.26	-0.28	-0.26	-0.29	-0.26	0.38	-0.07	-0.21
随州	-0.43	-0.40	-0.37	-0.51	-0.33	-0.37	-0.64	-0.64
恩施	-0.46	-0.37	-0.38	-0.41	-0.30	-0.59	-0.13	-0.70
仙桃	-0.42	-0.41	-0.42	-0.62	-0.34	-1.09	-0.40	-0.24
潜江	-0.40	-0.42	-0.44	-0.67	-0.35	-1.12	-0.50	-0.21
天门	-0.39	-0.42	-0.38	-0.65	-0.31	-1.10	-0.19	-0.43
神农架	-0.51	-0.50	-0.48	-0.70	-0.35	-1.21	3.20	0.86

2. 湖北文化产业发展指数综合模型分析

在分析各地文明建设综合情况时，采用主成分分析法，构建湖北文化产业发展评价指标体系综合模型。

（1）湖北文化产业发展评价指标主成分分析

对湖北 17 个地市州文化产业发展评价指标进行主成分分析，得到结果如表 4 和表 5 所示。

表 4　湖北文化产业发展指数解释总方差

成分	初始特征值			提取平方和载入			旋转平方和载入		
	合计	方差的贡献率	累积贡献率	合计	方差的贡献率	累积贡献率	合计	方差的贡献率	累积贡献率
1	6.203	77.540	77.540	6.203	77.540	77.540	5.604	70.046	70.046
2	1.068	13.354	90.894	1.068	13.354	90.894	1.668	20.849	90.894
3	0.605	7.557	98.452						
4	0.090	1.119	99.570						
5	0.031	0.386	99.956						
6	0.003	0.033	99.989						
7	0.001	0.007	99.996						
8	0.000	0.004	100.000						

表 5　湖北文化产业发展主成分载荷系数、得分系数、特征值

指标	主成分载荷系数		主成分得分系数	
	文化产业发展规模 F_1	文化产业发展水平 F_2	文化产业发展规模 F_1	文化产业发展水平 F_2
文化及相关产业法人单位营业收入	0.948		0.170	-0.001
文化产业增加值	0.947		0.171	-0.008
文化及相关产业年末从业人员数	0.945		0.172	-0.010
文化及相关产业法人单位数	0.937		0.186	-0.065
文化及相关产业法人单位资产总计	0.903		0.159	0.008
文化及相关产业固定资产投资完成值	0.812		0.235	-0.308
文化产业增加值占地区生产总值比重		0.966	-0.218	0.795
人均文化产业增加值		0.619	0.033	0.338
特征值	6.203	1.068		

对主成分分析得到的因子载荷矩阵进行计算,以每个主成分所对应的特征值占所提取主成分总的特征值之和的比例作为权重,得出综合得分:

$$文化发展指数\ F = (6.203F_1 + 1.068F_2) \div (6.203 + 1.068)$$
$$= 0.853F_1 + 0.147F_2$$

(2) 湖北文化产业发展指数得分

计算湖北文化产业发展指数得分,结果如表6所示。

表6 湖北文化产业发展指数得分

地市州	文化产业指数		文化产业发展规模 F_1		文化产业发展水平 F_2	
	得分	排序	得分	排序	得分	排序
武 汉	2.92	1	3.24	1	1.01	2
襄 阳	0.88	2	1.04	2	-0.08	9
宜 昌	0.86	3	0.89	3	0.70	3
黄 冈	-0.09	4	0.09	4	-1.13	17
孝 感	-0.11	5	-0.15	7	0.11	4
咸 宁	-0.15	6	-0.14	6	-0.22	11
荆 州	-0.21	7	-0.24	10	-0.06	7
十 堰	-0.22	8	-0.10	5	-0.88	16
黄 石	-0.24	9	-0.16	8	-0.69	14
荆 门	-0.28	10	-0.20	9	-0.78	15
随 州	-0.36	11	-0.32	11	-0.57	13
鄂 州	-0.41	12	-0.39	12	-0.53	12
恩 施	-0.41	13	-0.46	13	-0.13	10
仙 桃	-0.48	14	-0.56	15	-0.02	6
潜 江	-0.49	15	-0.56	14	-0.07	8
天 门	-0.50	16	-0.61	16	0.09	5
神农架	-0.71	17	-1.39	17	3.26	1

三 湖北文化产业发展指数结果分析

依据文化产业发展评价指标体系和湖北17个地市州相关的统计数据计

算得出 2015 年湖北文化产业发展指数,其排名为:武汉市、襄阳市、宜昌市、黄冈市、孝感市、咸宁市、荆州市、十堰市、黄石市、荆门市、随州市、鄂州市、恩施州、仙桃市、潜江市、天门市和神农架林区。

武汉市此次文化产业发展指数排名第一,整体发展水平处于全省领先行列,文化产业发展规模位居全省第一,文化产业发展水平位居全省第二,文化产业各维度发展相对均衡。从文化产业发展的八个指标来看,文化及相关产业法人单位营业收入为1009.3亿元,文化产业增加值为409.31亿元,文化及相关产业年末从业人员为123750人,文化及相关产业法人单位数为459个,文化及相关产业法人单位资产总计为1570.7亿元,文化及相关产业固定资产投资完成值为202.6亿元,文化产业增加值占地区生产总值比重为3.75%,人均文化产业增加值为3836.9元。以上数据表明,武汉市文化产业结构体系健全,文化产业发展成效显著。

襄阳市此次文化产业发展指数排名第二,文化产业发展规模位居全省第二,文化产业发展水平位居全省第九,表明襄阳市文化产业总体规模处于全省领先行列,而文化产业发展的相对水平则需要进一步提升。从文化产业发展的八个指标来看,文化及相关产业法人单位营业收入为298.1亿元,文化产业增加值为104.35亿元,文化及相关产业年末从业人员为29104人,文化及相关产业法人单位数为334个,文化及相关产业法人单位资产总计为169.1亿元,文化及相关产业固定资产投资完成值为236.4亿元,均处于全省领先地位,表明襄阳市文化产业发展环境不断优化,市场主体不断壮大,初步形成了比较齐全的产业门类。而文化产业增加值占地区生产总值比重为3.09%,人均文化产业增加值为1858.75元,则处于相对落后位置,可以作为未来重点提升的方向。

宜昌市此次文化产业发展指数排名第三,文化产业发展规模和文化产业发展水平均位居全省第三,与总体指数排名相吻合,表明宜昌市文化产业发展均衡。从文化产业发展的八个指标来看,文化及相关产业法人单位营业收入为308.1亿元,文化产业增加值为117.49亿元,文化及相关产业年末从业人员为33675人，文化及相关产业法人单位数为290个，文化及相关产业法人单位资产总计为249.5亿元，文化及相关产业固定资产投资完成值为187.9亿元，文化产业增加值占地区生产总值比重为3.47%，人均文化产业增加值为2855.16元。宜昌市文化产业居全省领先地位，但其当前文化产业增加值占地区生产总值的比重还很低，离目标还存在着很大的差距，文化体制改革和文化产业发展方兴未艾、任重道远。

在2015年湖北文化产业发展指数排名中，黄冈市、孝感市、咸宁市、荆州市、十堰市、黄石市、荆门市、随州市、鄂州市、恩施州、仙桃市处于中间水平，文化产业发展状况与当前建设情况基本相符。而潜江市、天门市和神农架林区在此次排名中处于相对落后位置，发展相对滞后的原因与其经济基础较为薄弱、文化产业投入和生产相对不足等因素相关，未来可以充分利用自身特有的生态、文化优势，深刻把握文化产业面临的新机遇和新要求，推动文化产业提速发展并实现新突破。

"撸起袖子加油干，奋力开创我省文化工作新局面"，湖北省应紧紧围绕推动文化产业成为国民经济支柱性产业的目标要求，利用深化供给侧结构性改革重要窗口期，以超常规的思路和举措推动文化产业超常规发展。一是发挥重大项目的带动作用。建立并完善全省文化产业重点项目库，加大项目支持服务力度，谋划和实施一批投资规模大、辐射带动强、科技含量高、市场前景好的大项目和好项目，不断增强文化产业发展后劲。把招商引资作为赶超发展的重要举措，组织并举办湖北省文化产业招商引资推介会，在"招大引强"上持续发力，推动一批优质项目签约落地。二是加强载体平台建设。以创建省级文化产业示范园区（基地）为抓手，培育、壮大文化市场主体，发挥园区、基地示范引导和辐射作用，带动文化产业转型升级。不断提升湖北省大学生文化创意设计大赛的举办水平和社会影响力，促进文化创意与市场、资本、产业等要素对接。三是培育和引导文化消费。抓好武汉"国家文化消费试点城市"试点工作，发挥示范带动作用。推动各地积极探索促进文化消费的有效手段，组织开展各种形式的文化消费主题活动，引导文化消费行为。大力推动数字创意等新兴文化产业发展，着力创新和丰富文化消费业态，以新供给释放新需求。四是促进文化产业与金融、外贸等领域协同创新、融合发展。进一步完善与相关部门的合作机制，推动落实金融支持文化产业发展的各项举措，积极参与中国（湖北）自由贸易试验区和国家级、省级特色小镇建设，进一步拓展文化产业发展新空间，推动湖北文化产业提速发展和实现新突破。

行业报告
Industry Reports

B.3 湖北报业发展报告（2016）*

翟兰兰 聂远征**

摘　要： 2016年，在融合发展的时代主题下，湖北报业发生了诸多变化。一方面，传统媒体正经历着行业转型之痛，其发展受到内容同质化、广告的单一变现模式的制约；另一方面，在互联网风起云涌、自媒体不断升温的当下，传统媒体在整合重塑中谋求新生。在这样的大环境下，省内数十份报纸呈现出一些共同的特点，如新媒体色彩更浓、大胆合并重组、人才出现断层、产业走向多元化等。与省会城市的党报、都市类

---

* 本报告是湖北大学媒介社会发展案例库建设项目阶段性成果。
** 翟兰兰，《武汉晚报》政法新闻部记者、团委书记，曾多次获湖北新闻奖、武汉新闻奖等省市级奖项。聂远征，新闻学博士，湖北大学新闻传播学院副教授、硕士研究生导师，中国新闻史学会会员，湖北网络协会会员，英国威斯敏斯特大学传媒、艺术与设计学院中国传媒中心访问学者（2015~2016年）；主要研究领域为文化传播，主持国家社科基金项目一项，主持完成省部级纵向课题三项；曾获湖北省新闻奖（2012年）、湖北省教学成果奖一等奖（2013年）。

报纸与非省会城市的报纸相比又会发现,它们各有各的特点。报业正面临着前所未有之大变局,预测未来的湖北报业还将会出现平台化、项目化、多元化、数据化等发展趋势。

关键词: 报业 互联网 融合 转型

2016年,湖北报业面临着传统媒体的式微与坚守,同时也正经历着新旧媒体交融的探索与重构。在互联网的巨大冲击下,面对新的传播技术、新的传播理念、新的阅读习惯,曾经在中国媒体市场上独领风骚的纸媒已走到发展的十字路口,传统媒体能不能通过融合转型走出困境?能不能破局而立,实现凤凰涅槃?本文选取湖北省内的《长江日报》《武汉晚报》《三峡晚报》三家纸媒作为研究对象,统计各自独具特色的转型发展信息,以期客观、详尽地阐述2016年湖北报业发展的内外环境、发展概况、发展特点,并预测未来的发展趋势,期待在日益加深的新旧媒体交融中形成多轮驱动的未来媒体生态格局。

一 湖北报业的发展环境

2016年,湖北报业受到多种环境因素的影响和驱动,呈现出一系列新的发展特点。环境因素既包括外部的政策、经济和文化环境,也包括媒体内部的新环境。

(一)政策环境

1. 国内环境

2016年2月19日,习近平总书记主持召开党的新闻舆论工作座谈会并发表重要讲话,提出新的时代条件下党的新闻舆论工作的职责和使命:高举旗帜、引领导向,围绕中心、服务大局,团结人民、鼓舞士气,成风化人、

凝心聚力，澄清谬误、明辨是非，连接中外、沟通世界。这是对党和国家前途命运及时代潮流高瞻远瞩的科学判断，是在新形势下做好新闻舆论工作的行动指南和根本原则。

2016年4月19日，在网络安全和信息化工作座谈会上，习近平总书记再次发表重要讲话。他肯定了互联网的经济价值，分析互联网的社会价值，并强调树立正确的网络安全观，为未来我国互联网领域的主要工作指出了明确的方向。

2. 省内环境

2016年是"十三五"开局之年，这一年，湖北省委、省政府对新闻业发展高度重视。《湖北"十三五"规划纲要》明确提到："牢牢把握正确舆论导向。推进网上网下融合管理，加强网上思想文化阵地建设，实施网络内容建设工程，健全重大舆情引导机制，净化网络环境。加快传统媒体和新兴媒体融合发展，推动湖北日报、湖北广播电视台等建成全国一流的新型主流媒体。统筹推进对外文化传播、交流和贸易，更好展示荆楚文化独特魅力。"

3. 武汉环境

武汉作为湖北的省会，在"十三五"规划中，同样将新闻业的发展思路提上日程。《武汉市文化发展"十三五"规划》提出的一个重要目标就是："现代传播体系建立健全，舆论管理科学有效，以互联网和大数据技术为支撑的传统媒体和新兴媒体融合发展取得重大突破，1~3家主流媒体综合实力进入全国第一方阵，成为全国一流新型主流媒体。"

（二）经济环境

20世纪80年代至今，是中国社会日新月异的30年，也是纸媒享受高速发展红利、经历传媒行业嬗变的30年。2016年，经济下行压力加大，加上传统媒体受到互联网的冲击，原有的广告资源被大量分流，优质广告客户逐渐流失，难以与互联网线上线下相结合的广告模式抗衡，下滑趋势越来越明显。

相关数据显示，2016年上半年，全国报纸广告的花费同比下降41.4%，广告资源量同比下滑了40%。据来自2016年12月7日举行的2016年中国报业物资供应年会的消息，2016年国内新闻纸总产量为180万吨，与2015年235万吨的产量相比下降55万吨，下降幅度为23.4%。

（三）文化环境

2016年，由于对传统文化的学习和推崇，全国形成了浓厚的学习氛围，这对媒体也提出了新的时代要求。习近平总书记指出，培育和弘扬社会主义核心价值观必须立足中华优秀传统文化。对于主流媒体而言，传承优秀文化既是一种责任，也是一种舆论"亮剑"。

在弘扬传统文化的过程中，传承"好家风"得到广泛好评。2016年，武汉及湖北其他地市的各家报纸纷纷增加了"好家风"等有关传统文化的新闻版面和传播内容。同时，在互联网发展的推动下，网络文化异军突起。自媒体如雨后春笋般不断涌出，构建起一种多元化的表达体系，舆论场从传统媒体"自说自话"变为多种媒体"众声喧哗"。

（四）媒体内部环境

1. 竞争加剧

由于互联网持续分走原属于传统媒体的"蛋糕"，传统媒体的广告资源受到严重挤压，在剩下的较为有限的市场中，同城传统媒体之间竞争加剧，部分媒体在新形势中倒下。2016年，老牌报纸《京华时报》正式休刊，知名纸媒《东方早报》宣布于2017年1月1日正式停刊，员工整体转入澎湃新闻网。

同时，传统媒体最大的竞争对手不是同城同质化媒体，而是互联网。在争夺广告资源的过程中，传统媒体也开始创新广告模式，与互联网争夺生存空间。

2. 人才断层

在当下的大环境中，受到行业竞争激烈、盈利能力差、薪酬低且提升空间小等多方面原因影响，有才华、有经验的新闻人纷纷流入较高收入行业或机构，传统媒体人才不断流失。

在全媒体时代，仅仅懂得新闻采访和写作的人才已经不再适应时代需求，目前和将来的媒体更需要一些既懂新闻业务又懂多媒体传播、项目运作和广告运营的复合型人才，而目前高校培训的新闻专业学生，多数仍然较为传统，与现实需要产生脱节。

3. 受众流失

互联网的飞速发展改变了受众接收信息的渠道和习惯，原有报纸读者的大量时间逐渐被分化为碎片时间，他们的阅读习惯也从最初的纸媒转移到PC端，再转移到现在的移动端，传统媒体的受众正在慢慢流失。

二 湖北报业的发展概况

报业寒冬蔓延全国，湖北报业也难以幸免。报纸以广告作为营业收入主要来源，所以最能体现报业经营状况的是广告刊登额。2016年，《楚天都市报》《楚天金报》《武汉晚报》《武汉晨报》等一批省属、市属报纸营业收入呈现断崖式下滑态势。

省属、市属报纸都走上大刀阔斧的媒体融合之路，进行内部资源整合。与此同时，各种新型业态和盈利模式逐步出现。

（一）新兴媒体"野蛮生长"

2015年，省、市媒体融合的新平台、新产品、新应用百花齐放，创新性的内容生产方式、舆论传播渠道、跨界融合模式竞相迸发。

湖北日报传媒集团整合旗下新媒体项目资源，成立新媒体集团，统一运营新媒体业务，组建全媒体指挥中心、大数据服务中心，同步实现视频采访、全媒体编辑、实时发布、舆情监控等功能。集团所属新媒体的日均受众总数突破3000万人，官方微博粉丝为1200多万个，"楚天神码"全媒体新闻客户端用户突破100万户，湖北手机用户超过500万户。《楚天都市报》"指尖上的楚天"系列微信矩阵粉丝为600万个，影响力在全国纸媒官博中排第六位。

武汉市属的长江日报报业集团成立新媒体管理办公室，组建新媒体公司，制定了《长江日报报业集团媒体融合发展规划纲要》。集团各媒体以各媒体官方微信、微博为核心，截至目前共建立网站、APP、微信、微博等新媒体平台87个，汇聚忠实粉丝400多万名。"九派新闻"舆论平台上线，提供大数据舆情服务；"最武汉"大学生微信平台目前粉丝有26万多名；"武汉通"2015年7月1日正式上线，下载用户有28万多户，《武汉晚报》与市中级人民法院联合推出的"周二之约"微信公众号，成为武汉最有影响力的法制信息服务平台；《武汉晨报》"铁丝圈"粉丝数量为10多万名；长江网目前世界排名为第7800名；好医网有32万实名注册用户，入驻包括全省三甲医院在内的医院35家，有名医6000余位。汉网发起创立湖北自媒体联盟，联盟成员覆盖全省13个地市州，总用户数已超过500万。

省、市媒体融合各有所长，但均处在开拓阶段，面临重要战略机遇，但和国内发达地区相比还有一定差距。

（二）内部整合力度空间

2015年，《湖北日报》《长江日报》等省、市大型媒体集团均组建了新媒体公司，将牌照资质、采编力量、技术平台、硬件设施等创新资源向新媒体工作汇聚，将新媒体业务板块塑造和市场主体培育作为集团未来发展的核心工作。省、市媒体均开展了内部组织和流程再造，搭建"中央厨房"采编中心、媒体资源与数据库、资源管理与分发系统及技术研发中心，初步形成了适应新兴媒体发展的生产、经营、管理架构。

在湖北日报传媒集团，内部整合主要体现在以下三方面。一是人员结构年轻化、素质专业化、管理市场化，"70后""80后"中青年干部成为业务和管理骨干，其中不乏互联网技术研发、新媒体产品开发、资本市场运营和投融资决策分析等专业人才；高水平人才大部分是面向市场招录、聘用的合同制员工，他们更具创新和创业热情。二是内部市场化运作机制初步形成，项目经理人等制度逐步建立，管理层与核心团队持股试点已经启动，内部竞争机制和项目收益分配更有利于创新。三是项目孵化体系日臻完善，湖北日报传媒集团建立投资、小额贷等金融服务公司，运营楚天181等孵化园区，有利于发现新项目、探索新业态、培养新团队、孕育新企业。

2016年，《长江日报》成立了光谷编辑部、车都编辑部、临空港编辑部。三大编辑部走出报社，与发展新动能结合，整合资源，举办一系列活动，获得了经济效益和社会效益的双丰收。

（三）新兴业态成长迅猛

省、市媒体虽然积极开展了对外交流与合作，大力引入金融资本、社会资本，形成了新业态，但尚未形成可持续"造血"的盈利模式。

湖北日报传媒集团在巩固舆论阵地的基础上，大力开发新兴业态模式，互联网金融平台和产品日益成熟，打造了股权投资、信贷担保、P2P小额贷等金融服务平台，形成了集团公司、子公司、创业公司、投资机构和互联网产品个人用户间的金融纽带，增强了媒体用户黏度、创业团队依存度、项目合作紧密度。

武汉市属媒体精耕本地市场，长江日报报业集团下属的"九派新闻""武汉通""好医网""铁丝圈""阅读武汉"等新媒体产品面向不同目标用户提供有针对性的资讯和服务，初步形成了精准营销、精耕细作的新媒体应用服务体系。"九派新闻"以大数据分析挖掘系统作为服务支撑，显著提高媒体新闻生产能力，充分挖掘当前社会舆论热点，优化产品形式、功能，精准确定传播内容和传播对象，做到有的放矢。

三 湖北报业的发展特点

本报告分析三个研究对象的相同点和不同点，力求多角度、全方位、立体化展现湖北报业的发展特点。

（一）相同点

1. 压力之下迫切寻找转型之路

在报业发展的十字路口，无论是党报还是都市类报纸，无论是省会城市的报纸还是地市城市的报纸,都在积极求变求新。

《长江日报》利用党政优势,成立三大编辑部;《武汉晚报》利用传统老报优势,重振一批明星品牌;《三峡晚报》利用基础资源优势,举办一系列全市性的活动,提升报纸影响力。因此,湖北报业2016年发展最主要的特点应是"变"。

2. 内容生产从传统模式走向融媒体模式

面临新的形势和要求,各家纸媒都附着上更浓的新媒体色彩。在2016年,报纸内容生产从传统模式走向融媒体模式,已经成为湖北报业的一种生态格局。在媒介融合时代,媒介技术日新月异,新媒体的样式也越来越多,随着报业跟随新媒体步伐的加快,报纸正成为什么都有的"杂货铺"。本报告所研究的三家报纸,都拥有电子版、网站、官方微博、官方微信、手机媒体客户端、平板客户端等。

记者的工作方式也发生了较大的变化。过去,记者只用采写报纸稿件即可,不管是何时采访,必须在当晚截稿时间前交稿。现在,单一的采写模式已不能适应现实需要,而要采用"1+N"的模式,即记者出去采写一个稿件,不仅要为报纸写稿,还要为微信公众号、官方微博、客户端等多个终端写稿,而且根据不同终端的特点,要形成不同的稿件。比如,报纸稿件要有严格的标题和导语,长篇通讯要以小标题隔开,而微信公众号的文章则不同,为了顺应网友的阅读习惯,文章一般不用小标题,而是用图片隔开,而微博稿件又有一番讲究,要求在140字以内把主要新闻事情概括清楚,要求高度提炼。

3. 产业布局从单一走向多元化

当前湖北的大部分报纸,尤其是区域性市民报,主要盈利还是来源于传统的"广告+发行"的收益模式,很少有独立的、成功的盈利渠道或盈利模式。而广告与发行都与报纸的影响力有关,与受众对报纸的关注度与使用情况相关,在受众持续离开报纸的大潮下,报纸的广告与发行效益在同时减少,报业利润正在持续下降。

2016年,湖北大多数报纸都在试水新的产业布局,总体来看,最显著的趋势是从单一走向多元化。报业涉及的产业种类较多：有的围绕新闻、出版"做文章"，如兴办文化创意产业、打造舆情服务产品；有的则完全是产业化的思路，如办会展、搞旅游、做动漫等；还有一些传统主流媒体利用媒体传播的优势推销珠宝、玉器、钻石、翡翠、农产品、土特产……以这些多元产业来支持传媒集团的营收。

湖北日报传媒集团加大对房产、酒店、文化创意园等多方面的投入，长江日报传媒集团加大对资源的整合，在品牌传播研究方面独辟蹊径，并拥有一系列成功案例。其中，隶属于湖北日报传媒集团的《三峡晚报》开始利用传统纸媒的优势，结合新媒体的形式，开展各种各样的线上线下活动，获得社会效益和经济效益的双丰收。

4. 急需一批符合需要的人才队伍

"工欲善其事，必先利其器。"传统媒体的融合发展，离不开全媒体人才的培养和储备，特别是战斗在报道一线的采编人才。2016年，全国范围内的传统媒体出现了离职潮，湖北的纸质媒体也不例外。在本报告研究的三家报纸中，一批经验丰富的资深报人开始流向新媒体、企业或自己创业，这无疑为传统媒体的转型升级提出了更大的挑战。这暴露出传统媒体的人才困境，也提出亟待解决的新问题：什么样的人才，才是当前媒体真正需要的人才？媒体该建立什么样的人才培养模式，才能真正留住人才？

在新的传媒产业格局下，卓越的新闻传播人才既是能够适应跨媒体传播的复合型、全能型人才，也是某一特定领域的专家型人才。具体来讲，他们不仅要具备扎实的传统新闻素养，如强烈的新闻敏感、突出的新闻采写编评业务技能等，而且要掌握新媒体理论知识和业务技能、跨学科的知识背景以及对信息的搜集、整理、分析、研判和再表达能力。

在本文研究的三家报纸媒体中，《长江日报》和《武汉晚报》除了原有的资深人才外，近十年招聘的人才多数为重点高校的应届硕士研究生，以新闻及相关文科类专业为主，《三峡晚报》近年的招聘特点也逐渐与此趋同。三家报纸面临着相同的人才断层：骨干人才又纷纷流向新兴媒体，传统媒体从业人员却难以补充新人，即便补充新人，也大多需要从头培养。

（二）不同点

1. 面临的压力大小不一

虽然湖北省内纸质媒体无一幸免地面临着内忧外患的双重压力，报纸发展面临着前所未有的挑战，但是，比较省会报纸和地市级报纸，它们的生存压力指数仍有一定的不同。相比而言，省会报纸比地市级报纸面临的生存压力更大，媒体转型的迫切程度更甚。

首先，报纸与报纸的竞争强度不同。从20世纪90年代开始到21世纪第一个10年的20年时间，是纸媒的黄金时期，武汉涌现了一大批都市报。目前，武汉地区共有7份报纸：《湖北日报》《楚天都市报》《楚天金报》《长江商报》《长江日报》《武汉晚报》《武汉晨报》。7份报纸均为日报，其中，有5份报纸都是同质化较为严重的都市类报纸。

网络普及之前，虽然竞争激烈，但7份日报还各自寻求市场，各有生存门路。但是自移动互联网普及以来，整个报业市场的盘子变小，原本竞争力就弱的报纸生存压力骤增。这5份定位趋同的都市类报纸几乎同时在竞争同一市场。而《三峡晚报》所处的宜昌市仅有3份日报：《三峡日报》《三峡晚报》《三峡商报》。其中，仅后两者之间存在同质化竞争。相比而言，省会城市的报纸面临更激烈的行业内部竞争。

2. 机构的整合力度不一

2016年，面临巨大的生存压力，湖北的报纸开始合并重组。有的是报社与报社合并，有的是部门与部门合并，有的则是通盘考虑重新洗牌。比较本文的三个研究对象，发现省会城市报纸与地市级报纸在机构整合的力度上也存在差异。

《长江日报》依托长期以来在武汉地区积累的影响力，以及武汉市委机关报的党政资源，在2016年进行了较大力度的机构整合。该报成立光谷编辑部、车都编辑部、临空港编辑部，立足于打造一支整合多方面资源的项目管理团队，成立传播研究院；立足于整合一支专注于政务购买、活动营销、品牌整合推广的创意营销团队；在此同时，扩大重大选题的部门合作范围，以"打群架"的联合作战方式,助力一支专注于优质内容生产的核心采编团队。

《武汉晚报》对其组织架构进行了创新和改变。2016年11月4日,《武汉晚报》《武汉晨报》与汉网合并,成立武汉晚报传媒有限公司。

三家媒体组建成传媒公司后,成为一个新的市场主体,开始实行企业化运作,人事、财务、考评、管理都开始参照企业运作模式。通过科学的岗位设置、公平的竞聘上岗、合理的人才流动与转型,以及保障员工切身利益的必要分流,来优化这一个既传统又新生的企业化运作团队,力图组合成一支能适应现实需要的、素质过硬的媒体生产与经营大军。

相比而言,《三峡晚报》的整合力度偏小一些,没有发生报社之间的整合,主要是报社采编部门与经营部门之间的整合。以报社教卫新闻部为试验田,将教育、卫生战线的采编人员和经营人员合并,探索出报社改革的新道路和新方向。

3. 媒体融合的呈现方式不一

2016年,湖北报业积极投身媒体融合发展,不断探索融合发展路径,大力发展新媒体业务,传统媒体与新兴媒体优势互补的态势日益凸显。本文三个研究对象虽然都在朝媒体融合的方向努力,但在具体的呈现方式上存在差异。

《长江日报》和《武汉晚报》首次尝试"中央厨房"运行机制。2016年9月,长江日报传媒集团承担了全国网络安全宣传周的新闻报道任务,在新闻生产方面,首次打破报社与报社之间、传统媒体与新媒体之间、各个部门之间的壁垒,从《长江日报》、《武汉晚报》、《武汉晨报》和汉网抽调120多人组成工作专班,采用"一次采集、多次生成、多元传播"的新闻生产流程,分成报道组、会刊组、新媒体组、画册组,统一调度生产,在新闻生产流程、新闻产品形态、新闻传播形式上融合创新。

三家报纸共投入版面75个,发稿400余篇,新媒体发稿1000余篇,总阅读量近2000万人次。据人民网人民在线监测分析,全国各主要新闻类网站、报纸、微博、微信、客户端,有关该届网安周的报道作品每日近万条,其中六成以上源自长江日报传媒集团。

在"中央厨房"的机制下,《长江日报》和《武汉晚报》的融合新闻生产能力明显提高。移动直播、H5应用等技术在采编、制作环节普遍采用,主流媒体发挥内容资源优势,加强融媒体内容创作生产,推出了一批"现象级"融媒体产品,形成了一批有影响力的新媒体品牌,培养和锻炼了一批全媒体人才。

《三峡晚报》暂未采用"中央厨房"的方式进行新闻生产,但其媒体融合也另辟蹊径,颇有特色。在保证报纸进行正常的新闻生产的前提下,着力打造微信公众号,采用线上和线下相结合、报纸与微信号良性互动的方式,迈出了媒体融合的第一步。

比如,《三峡晚报》将采编部门与经营部门进行一定程度的整合后,成立了教育健康事业发展中心,利用一年多的时间,安排专业团队着力经营微信公众号。这些微信公众号的主要功能除了转型报纸稿件、提供原创新闻信息外,更重要的是职能是为市民提供服务信息。目前,该中心已有两个微信公众号,成为宜昌地区活跃度较高的两个微信公众号,有效粉丝量的不断攀升随之带来经济效益与社会效益的双赢。

可见,《三峡晚报》借助传统报纸的优势,重新进行自我定位和创新,使得报纸较为丰富的内容资源在数字化时代能够创造出新的价值,力争在融媒体时代占据一席之地。

4. 产业多元化的形式不一

在市场份额不断被挤压的当下,湖北的纸媒正在利用纸媒的品牌影响力谋求多元化发展。不同的是,各纸媒会根据自身定位进行不同形式的多元化发展。

《长江日报》经过一轮机构重组改革,在2016年成立了光谷编辑部、车都编辑部和临空港编辑部,三大编辑部立足于所在的区域,整合资源,举办线上线下活动,成为广告经营的重要创新形式。以光谷编辑部为例,2016年年底,它成立不久便酝酿出一次较有影响力的活动——《长江日报》联合东湖高新区管委会启动"2016首届中国光谷新经济年度人物"

评选活动。在历时一个月的评选中,来自互联网、人工智能、AR、VR等多个新经济领域的企业踊跃参与,候选者从"90后"到"50后",既有行业中流砥柱,也有创业明星。这场活动让斗鱼直播、卷皮网、盛天网络、烽火科技等一批身在光谷却在全市甚至全国都叫得响的企业管理人推上舞台,获得较好的社会效益和经济效益。

同时,《长江日报》还成立传播研究院,承担各类政务宣传项目,将一些原本枯燥的宣传主题进行策划、包装和宣传,形成独特的品牌营销优势。

《武汉晚报》根据自己的读者群体特点,精准细分市场,挖掘老年用品的商业空间,如大力发展乐龄俱乐部,整合各种资源,为老年群体提供服务。仅在2016年年底,就举办乐龄活动50场,共有3300人次参加乐龄活动,送出名家手书春联1200副,推出31位老年之星,走进12个社区举办活动。活动的内容也在广泛征集老年读者的前提下制定,如去武胜社区教居民废物利用,制作保暖用品,用串珠做精美工艺品,携手武汉市六医院为老人体检,邀老人走进洪山区文化馆,参观明星老人的个人书画剪纸作品,征集节目举办《武汉晚报》乐龄春晚。

其中,"到海南找春天"吸引了众多子女为老人表达孝心。乐龄俱乐部旅居式候鸟体验营组织数十位老人齐赴海南过暖冬,沐浴海水、阳光,记者带队,名医、专家陪同,为乐龄老人传授健康养生的实用知识,获得较好的效果。

《三峡晚报》除了上述的挖掘主题宣传价值、用"传媒+演艺"探索多元经营等做法外,还充分利用微信公众号拓展业务。目前,报社教育健康事业发展中心共有两个微信公众号——"三峡晚报天天向上"和"天天好身体",分别是宜昌地区最活跃的教育、健康类公众号之一。一方面,宜昌利用这两个高人气的微信公众号收取广告费,将很大一部分教育、健康类的广告客户从传统的报纸转移到新媒体上;另一方面,2016年,《三峡晚报》联合《荆门晚报》等省内4家都市类媒体,举办新媒体培训班,每期3天时间,每位学员收费1800元。此外,利用这些微信平台的粉丝资源,举办线上线下活动,如发展小记者部,开展了一次家风家训征文大赛,号召全市的中小学生通过微信平台来投稿，通过这一活动，账号的粉丝很快从8万个涨到50万个。征文结束后，再将优秀作品出版售卖，一个活动可以产生多次盈利机会。

四 湖北报业的发展趋势

2016年，湖北报业正处在改革的风口浪尖上，媒体边界正在消融，竞争方式发生巨变，不可否认的是，一些新的产业生态已经逐渐浮出水面，透露出湖北报业的发展趋势信息。

（一）转型发展的平台化

无论是传统媒体还是新媒体，在发展过程中都面临一个无法回避的问题：在移动互联网的逻辑下，该在一种怎样的平台上进行转型与融合，发起传播和争夺，从而吸引受众，增加用户黏度。

所谓的媒体平台，是指媒介机构搭建的，以信息传播技术为支撑的，供媒介机构向受众传递信息的一种媒介形式。随着传播技术的不断发展和创新，媒体平台在不断发展、变化。在互联网出现之前，报纸的可替代性较小，互联网出现之后，倒逼出现了"互联网+传统媒体"的媒体融合样式，湖北几乎每一家报纸都有了官方网站、微博、微信甚至APP。但是，这种平台构建策略让传统媒体的发展陷入"亦步亦趋"的困境。相关数据显示，《人民日报》《南方周末》等领头羊在新媒体时代彻底丧失了其原本的平台价值的地位，纸媒的相关APP的下载量只占据到行业的3%。平台的丧失是致命的。

湖北已经出现了一些媒体平台构建的先行者。"长江云"是由湖北广播电视台打造的湖北官方新闻政务客户端，致力于打造一个集新闻、服务于一体的信息互动平台。客户端于2014年上线，经过两年多的发展，已经逐步成熟。

目前，湖北的20多个厅局的40个移动端产品已汇入"长江云"平台，

推出"全省政务通",汇聚全省政务微博、微信、APP等终端,致力于实现政务信息一键获取、政务微博和微信一键关注、政务APP一键下载,建立全面覆盖的政务服务平台入口,使之成为服务群众的便民"掌中宝"。

"长江云"还进行战略合作,在政务移动平台建设方案、政务微信开通、认证及平台搭建等方面,面向社会提供全方位、精细化的支持与服务。目前,"长江云"已拥有一支专业的内容和技术团队,可提供大型政务宣传的策划、包装、直播等全方位服务。

对于未来的湖北报业,传统媒体应该借助互联网平台,充分利用自己的"长板",针对"短板"寻求合作,在一个更为广阔的生活和市场空间中去搜索与自己匹配的相关资源,构成一个"强强合作"新生态,这样才能适应互联网条件下的"赢家通吃"的竞争需要。

目前,湖北各家报纸也在跃跃欲试——构建平台,如湖北日报传媒集团的"动向"客户端,长江日报传媒集团的"九派新闻"等,都在逐步探索和发展之中。

(二)机构运作的项目化

过去,报社内部的工作机制多采用"记者跑线"的方式,即一个记者分几个口线,对口联系,挖掘新闻,沟通信息。然而,随着报纸生存压力的加大、读者信息需求的不断提升、外部市场环境的日新月异,这种传统的新闻生产方式不再适应现实。

目前,湖北的不少报纸已经出现了机构动作项目化、团队化的趋势。如《长江日报》成立了法律工作室、"马哥说房"项目团队、"超级课堂"项目团队等,《武汉晨报》有公益律师圈等,《武汉晚报》有金融工作室等。各种各样的专业化项目团队逐渐增多,它们抓住了老百姓对房产、交通、理财、教育、医疗等方方面面的现实需求,利用媒体优势搭建平台,寻找新的增长点。

基于这些团队举办线下活动,属于较好的盈利渠道,线下活动的参与者可能是报业的潜在客户,也可能是一批忠实的线下粉丝。这些受众对报纸举办的活动的信任程度还是比较高的，说明他们还是会将媒体的品牌和知名度作为判断的标准和依据，这一点就刚好成为可以利用的无形资产。

未来几年，湖北的各家报纸将会出现更多的项目化、团队化组织，这将会推动媒体朝着一种更科学、更高效的方向前进。

在传统的媒体管理模式中，记者负责的各条战线是孤立的，各管理层次之间总是存在着等级和威望的鸿沟，在组织的工作单元之间也存在许多职能的鸿沟，形成一个个"操作岛"，没有形成有效融合与共享的工作机制，难以体现一个报社的资源整合与共享优势。然而，采用项目化运作方式，中间环节少、决策快、效率高，将一个个接地气、有实力的项目落地，让团队良性运转，真正将传统媒体多年来摸爬滚打积累的人脉资源转化为生产力。

（三）新闻生产的多元化

在传统媒体语境下，控制新闻生产的多为媒介组织机构而非个人。而在自媒体时代，新闻生产主体可以不再是庞大的组织机构，而是公民个体。公民个体可以凭借一台电脑、一部手机轻松发布新闻。公民新闻生产主体具有人数众多、身份多元、职能有所分工的特点。

梳理近年来的一系列网络热点事件会发现，新闻生产主体的身份呈现多元化趋势；这些新闻生产主体承担着不同的职能，如先由微博曝出一个线索，网民转发迅速发酵，网络名人转发、点评，主流媒体介入调查，同时微信、客户端等新媒体同步推动，多元化的主体各自起到一点作用，最后多种主体扭成合力，形成一个特定的舆论场，最终左右这一热点事件的舆论走向。

加强校媒合作，实现优势互补。湖北是科教大省，武汉更是全国在校大学生数量第一的城市，媒体应当利用这种优势资源，以项目、课题、重点报道等形式开展与高校的合作。

校园官方微信、微博应纳入报纸信息采集的范围。高校媒体在校园信息传播以及校园文化营造中的作用举足轻重。以校园报刊为例，它更肩负着活跃校园学术气氛、推动最深刻的文化传播的重要责任。应加强校媒合作，实现资源共享。

培养市民记者，走好群众路线。在媒体转型背景下，以"用户生成内容"为核心特征的参与式新闻，其传播主体的多元化弥补了传统新闻生产的不足，赋予新闻内容产品新的活力，架设起一座通往未来新闻的桥梁。未来，多元化主体共同办报的趋势将会更加明显。

（四）信息传播的数据化

近几年来，比较畅销的《大数据》一书曾讲到美国的交通史：1966年，美国有9400万辆汽车时，交通事故死亡5万人，但到了2009年，美国汽车达到2.4亿辆，交通事故死亡人数仅为3万人。汽车数量大幅度增加，死亡人数却大幅度减少，这是为什么？数据化管理起到了至关重要的作用。这对报纸带来了一定的启发。报纸最大的优势就是具备良好的信息筛选能力，面对浩如烟海的信息能够挑选出最具新闻价值、最符合受众口味的信息资源。为了让媒体不再只是一个信息收集平台，报纸可以为受众制订个性化的信息服务体验。

其中，舆情信息收集系统就是一个很好的尝试，针对不同的政府部门、企业，定制专属信息平台。利用微信、微博等现代化通信手段，增加信息收集和意见表达的渠道。

目前，湖北一些媒体已对此有所涉猎，如"九派新闻"和荆楚网，其定位逐步向大数据和舆情收集功能靠拢。当前及未来一段时期的媒体竞争，将不再仅仅是媒体与媒体的竞争，还有媒体与互联网的竞争。不管你的前身是什么，如果缺乏用户思维、互联网思维，将会寸步难行。

未来的湖北报业，其原有的信息传播功能将会进一步数据化，这是大势所趋，也是媒体寻找转型的一个优势突破口。未来，大数据新闻、可视化新闻将会具有更大的吸引力。

选题设置上的数据化。现在国内部分一线城市出现了新闻选题的上游机构，即在报社确定一个选题之前，会有专门的机构通过数据分析，获知读者"痛点"，开辟渠道与读者进行互动，实现编辑决策的公开化、透明化，有了反馈之后，再有针对性地进行新闻操作，这样生产出来的新闻，才更有关注度。

内容生产上的数据化。在新闻采写方面，大数据为新闻生产提供了更多的原料以及新的解析新闻方式、内容呈现方式，互联网用户可以贡献自己的内容，数据将会成为新闻生产领域的一项重要助力。

信息送达上的数据化。"今日头条"客户端的一大优势，就是可以根据用户的阅读习惯进行推送，这一做法对于保持用户黏度十分奏效，其实也是得益于大数据。此外，大数据会提升这一客户端的服务性。比如，发生一起火灾后，多数新闻客户端可能只会简单推送火灾发生的时间、地点及现场图片等，但有些融入了大数据技术的客户端可以立即告诉你交通绕行攻略，这就是传统信息传播和数据化之后信息传播之间的区别。

在互联网来袭的浪潮中、传统媒体与新媒体融合的大趋势下，湖北的报纸依然可以大有作为，只要不断探索，在媒体融合过程中乘势而为，不断提高自己的竞争力，就能在激烈的市场竞争中立于不败之地。

B.4
湖北出版产业发展报告（2016）

张琦 陈革*

摘 要： 2016年，湖北出版产业在两个效益方面取得了令人瞩目的成绩。随着融合发展时代的到来，湖北出版产业面临着较大的机遇与挑战。在经济新常态的背景下，如何根据湖北特色加强供给侧改革，补齐短板，成为未来湖北出版产业发展需要解决的重要问题。本文通过分析湖北出版产业2016年发展概况、存在的问题，以及发展的趋势，提出了湖北出版产业的精品出版、主营优先、产业链延伸、产业升级、多元化拓展、人才兴企六大发展战略建议。

关键词： 湖北出版产业 融合发展 精品出版 产业链延伸

一 湖北出版产业发展环境

当前，我国经济发展迈入新常态，经济增长方式由投资和出口驱动转向消费和创新驱动，人们对信息和文化的需求日益增长，出版传媒行业将成为拉动中国经济健康稳定增长的重要动力。湖北出版产业作为落实"四个全面"战略的重要组成部分，是意识形态的主阵地，是公共文化服务的主渠道，是文化产业的主力军，在传播党的声音、传承荆楚文化、培养民族精神、提升国民素质、满足群众需求、推动社会发展等方面起着越来越重要的

---

* 张琦，湖北大学文学院副教授，主要研究编辑理论与出版发行；陈革，湖北人民出版社编审。

作用。"十三五"时期是湖北省由新闻出版大省迈向新闻出版强省的关键时期。2016年,湖北出版产业在"互联网+"背景下加大供给侧改革力度,在打造全媒体产业链方面实现了跨越式融合发展。

(一)政策环境

1. 政策扶持引领出版导向,社会效益日益强化

2016年,湖北出版产业以习近平总书记系列重要讲话为指导,全面贯彻党的十八届三中全会、四中全会、五中全会、六中全会精神,以坚持马克思主义新闻观、坚持正确舆论导向、坚持正面宣传为主,围绕五大发展理念谋划发展,围绕"竞进提质、量质兼取"推进工作,围绕"十三五"规划落实任务,补齐短板,围绕群众期盼优化服务,围绕从严治党,在加强党的建设和作风建设方面取得了较大进展。

湖北出版产业通过政策扶持引领出版,围绕深化中国特色社会主义、中国道路、中国梦、社会主义核心价值观、中华优秀传统文化、"四个全面"、五大发展理念、"决胜全面小康"、"两学一做"、"建成支点、走在前列"、"一带一路"战略等重大主题,推出相关主题类出版物。强化重要时点的出版工作,湖北出版产业在纪念建党95周年、长征胜利80周年、孙中山先生诞辰150周年、辛亥革命105周年、西藏和平解放65周年等重大活动时点推出相关出版物,获得较好的社会效益和经济效益,出版企业承担了其作为文化企业的社会责任。同时,湖北省新闻出版广电局及相关部门全力推动"十三五"重点出版物项目进入国家项目行列,深抓规划项目的启动和实施,推进了《荆楚文库》等湖北地区的重大出版工程。

2016年,湖北省在政策扶持上加大力度,在内容创作和生产质量上实现双升。湖北省新闻出版广电产业的"8·20"精品生产工程初显成效,首次确定扶持打造20本图书、20种印刷精品、20部影视剧、20部纪录片(动画片)、20部网络文艺作品、20个综艺节目栏目、20个专版专栏以及20个网络视听节目精品,形成"储备一批、策划一批、生产一批"的良好创作出版态势。2016年,《湖北省新闻出版广电项目库》新增入库项目167

个，5个项目入选2016年"原动力"中国原创动漫出版扶持计划，入选数量位居全国第二；10个项目获中央财政重大项目扶持基金3750万元，占中央财政下拨湖北省文化产业发展总资金的61%。2016中国（武汉）期刊交易博览会、第15届华中图书交易会成功举办，会展交易、展会规模、社会与经济效益均创历史新高。湖北通过积极运用湖北省学术著作出版专项资金、湖北省公益出版专项资金、湖北省数字出版专项资金，加大对精品力作的扶持力度。通过政策导引，湖北出版产业在坚持文化企业提供精神产品、传播思想信息、担负文化传承使命、把社会效益放在首位、实现社会效益和经济效益协调发展等诸多方面取得了较大进展[①]。

2. 法律法规逐步完善，科学监管日益加强

2016年，湖北出版产业注重加强法治建设，研究制定全省新闻出版广电（版权）"十三五"立法工作规划和"七五"普法规划。湖北省新闻出版广电总局分别于2016年3月、2016年11月推出《网络出版服务管理规定》《湖北省出版物市场管理与服务办法》等法律法规。注重对互联网出版内容的监管，确保导向正确。加强图书、音像和电子出版物重大选题备案管理。促进图书质量检查工作专项化、常态化，建立检查结果信息定期发布机制，重点围绕少儿图书、教辅、辞书、地图、养生保健类图书、重大选题备案有关图书开展质量抽查。同时，加强新媒体管理及网络出版监管力度，引导网络作品健康创作、生产。

（二）经济环境

1. 全面深化改革，项目带动产业发展

2016年，湖北出版产业改革发展进程加快，深化"放管服"改革，继续推进简政放权，深化行政审批制度改革，清理并规范行政审批中介服务事项。推进国有出版传媒企业兼并重组，加大产业资源整合和结构优化力度，

---

① 湖北省新闻出版广电局：《2016年湖北省新闻出版广电工作要点》，湖北省新闻出版广电局湖北省版权局网，2016年3月1日，http：//www.hbnp.gov.cn/gk/jhgh/ndjh/19135.htm。

努力打造大型综合性新闻出版广电产业集团。积极支持并鼓励社会资本参与影视和出版经营领域，支持符合条件的影视、出版、印刷企业上市融资，增强产业发展市场竞争力。

2016年，湖北省大力实施项目带动战略，围绕《湖北省"十三五"时期新闻出版广电业发展规划》，实施"双百"工程，重点扶持100家企业，即30家龙头企业、20家示范企业、50家重点企业；重点扶持100个项目，即30个重大项目、20个示范项目、50个重点项目，通过项目引领、支撑和带动出版等文化产业的发展。

2. 全力推进融合发展，传统出版转型升级加速

根据国家关于新闻出版产业融合发展的要求，湖北省推出一系列相关文件，对融合发展等提供政策支持和指导。2016年11月，湖北省新闻出版广电局、湖北省财政厅联合发布《关于推动湖北省传统出版和新兴出版融合发展的实施意见》，提出了确保导向、立足传统出版、发挥内容优势、运用先进技术、走向网络空间、切实推动传统出版和新兴出版在内容、渠道、平台、经营、管理等方面深度融合，到2020年年底基本完成湖北省传统出版单位的数字转型的目标；在平台建设、产业基地建设、打造新型出版企业和数字出版创新主体方面都提出了具体的举措；同时，制定了加强组织领导、维护市场秩序、加大财政扶持力度、实行优惠政策、实施项目带动，以及加强人才队伍建设等保障措施。[①]

（三）社会环境

1. 全面促进全民阅读，营造良好文化氛围

湖北省于2015年在全国率先颁布了《湖北省全民阅读促进办法》，使我国全民阅读立法实现了零的突破。2016年6月，中共湖北省委宣传部、湖北省新闻出版广电局等部门联合发布《湖北省全民阅读三年行动计划》，

---

① 湖北省新闻出版广电局：《关于推动湖北省传统出版和新兴出版融合发展的实施意见》，湖北省新闻出版广电局湖北省版权局网，2016年12月30日，http://www.hbnp.gov.cn/gk/flfg/gfxwj/20114.htm。

提出利用三年左右时间提高全省人均读书量的基本目标，同时推出加大对实体书店政策扶持力度等举措，营造良好的文化氛围，通过农家书屋、职工书屋、社区书屋、机关图书室、工地书屋、励志书屋以及中小学图书馆推进湖北省全民阅读。

2016年，湖北省继续深入开展全民阅读工作，持续提高"书香荆楚·文化湖北"活动品牌在全国的影响力。深入实施《湖北省全民阅读促进办法》，加快全民阅读工作法制化、科学化进程，并以全民阅读活动十周年为契机，策划组织了"4·23"（世界读书日）、"9·28"（孔子诞辰日）等重大主题类活动，开展了"十进一创"等系列活动，持续推行书记荐书和专家荐书活动。通过抓"六个工程"，全面实施《湖北省全民阅读三年行动计划》；全力举办鄂湘赣三省联合"共读中华经典·同筑书香中国"全民阅读主题活动；培育和扶持5个以上国家级全民阅读项目、10~20个省级全民阅读项目；搭建全面反映和服务湖北省全民阅读工作大数据APP平台；做好大型电视纪录片《阅读的力量》及同名图书出版的宣传发行；推进全省市州县100个鸟巢图书馆建设，进一步建立和完善全民阅读工作制度[①]。通过全民阅读营造良好的文化氛围，为湖北出版产业的快速发展提供了机遇。

2. 加大版权保护力度，"扫黄打非"，优化社会环境

2016年，湖北出版产业加大版权执法监管力度。以"双打""剑网"等专项行动为抓手，严厉打击侵权盗版行为，保护版权创新创业成果。突出网络版权治理，开展对网络（移动客户端）文学、游戏、音视频等重点领域的专项整治。严厉打击网上、网下侵权盗版活动，集中整治盗版重大题材出版物、畅销出版物、教材教辅以及网络侵权转载新闻作品的行为。同时，强化版权社会服务功能，认真贯彻实施《国家知识产权战略纲要》和《国务院关于新形势下建设知识产权强国的若干意见》，促进版权产业发展，加强对华中国家版权交易中心的培育和管理。

---

① 湖北省新闻出版广电局：《关于印发〈湖北省全民阅读三年行动计划〉的通知》，湖北省新闻出版广电局湖北省版权局网，2016年8月29日，http://www.hbjgdj.gov.cn/bmgz/xczc/sxjg/201608/t20160829_70943.shtml。

2016年，湖北出版产业相关管理部门开展了多次专项行动。通过打防并举、标本兼治的方式进行综合治理，通过实施"清源2016""净网2016""护苗2016""秋风2016"等专项行动严厉打击非法出版活动。实施"四进二创一联动"[进社区、进乡村、进网格、进学校，创示范县（市）、创五防社区（村、镇），建立湘鄂赣"扫黄打非"联防协作机制]，推动"扫黄打非"工作全覆盖，为湖北出版产业的健康发展奠定良好的社会环境。

二 湖北出版产业发展概况

在国内经济新常态、新媒体快速发展对传统出版业带来巨大压力的背景下，湖北出版产业通过深化改革、加强融合，整体呈现良好的发展态势。截至2015年年底，全省共有图书出版社14家，音像、电子、网络出版机构31家。全省系统从业人员达185205人（新闻出版144809人、广播影视40396人），其中技术人员98381人，占53.1%；高级职称人员75064人（其中正高级1497人），占40.5%[1]。新闻出版广电意识形态主阵地的地位进一步巩固，湖北已成为新闻出版广电大省，新闻出版广电产业已成为湖北文化产业的主力军。

（一）传统出版稳步发展

1. 图书品种趋于稳定，供给侧改革取得成效

湖北出版产业2013年出版图书1.39万种，2014年出版图书1.59万种，2015年出版图书品种与2014年持平，为1.59万种[2]。2016年，在国家供给侧改革精神的指导下，"三去一降一补"工作逐步得到落实，在图书去库存、减少无效出版方面取得较大进展。其中，湖北长江出版传媒集团出版的

---

[1] 湖北省新闻出版广电局：《2015年湖北省新闻出版广电工作总结》，湖北省新闻出版广电局湖北省版权局网，2016年2月16日，http://www.hbnp.gov.cn/gk/jhgh/fzgg/19125.htm。

[2] 数据来源：2013年、2014年《湖北新闻出版广播影视统计年鉴》、2015年湖北新闻出版统计快报。

图书品种由 2014 年的 10000 种左右下降为 2016 年的 8500 种左右，重印率由 2014 年的 49% 提升到 2016 年的 69%①，品种规模扩张向质量效益转型取得了明显成效。通过加大去库存力度，实施精细化管理，旗下出版单位库存码洋不断减少，有效地控制了经营风险。

2. 社会效益成效显著，精品出版力度加强

近年来，在国家出台《关于推动国有文化企业把社会效益放在首位、实现社会效益和经济效益相统一的指导意见》，强化文化企业担负文化传承使命，始终坚持把社会效益放在首位、实现两个效益相统一的精神指导下，湖北出版产业深耕主题出版、精品出版，取得显著成效。2016 年，湖北省图书出版方面有 14 个项目入选国家出版基金资助项目，62 个出版项目入选"十三五"国家重点出版物规划；《荆楚文库》首批图书《老子》《楚辞》等 24 册正式出版；《中华大典》完美收官，以高分通过结项验收，获湖北省社科成果一等奖②。2016 年，湖北省有 8 种出版物获第六届"中华优秀出版物奖"。其中，图书奖正式奖 2 种，提名奖 5 种；音像游戏电子出版物奖提名奖 1 种。获图书奖正式奖的 2 种图书分别是武汉大学出版社出版的《秦简牍合集》（4 卷）和湖北科学技术出版社出版的"中国第一条长大高速铁路干线（武广高铁）技术创新工程丛书"（10 册）。图书类获奖数在全国排名（除北京外）与浙江、江西、山东三省并列第四③。

湖北长江出版传媒集团在精品出版方面加大扶持力度。2016 年，长江传媒精品出版基金额度由 2015 年的 2000 万元大幅提升至 5000 万元，全面推动公司重点出版项目、"一社一品"、重点产品线建设。2016 年，湖北长江出版传媒集团旗下出版单位的图书入选国家级出版奖项、基金项目及被推荐的有 60 种，入选省级及其他各类评奖项目及被推荐的有 120 余种；4 种出版物获

---

① 长江传媒：《长江传媒 2016 年年度报告》，东方财富网，2017 年 4 月 11 日，http://data.eastmoney.com/notices/detail/600757/AN201704100493059060，JUU5JTk1JUJGJUU2JUIxJTlGJUU0JUJDJUEwJJUU1JUFBJTky.html。
② 资料来源：2016 年湖北省新闻出版统计快报。
③ 《张良成同志在 2017 年全省新闻出版广电工作会议上的讲话》，2017 年 4 月 19 日，http://wgx.cnxiantao.com/zwgk/jfwj/201704/t20170419_222960.shtml。

第六届中华优秀出版物奖。长江传媒有9个项目入选2017年度国家出版基金资助项目，较2015年的3个项目、2016年的6个项目有了较大提升①。

（二）数字化转型逐渐深入

国家新闻出版广电总局出台的《关于推动新闻出版业数字化转型升级的指导意见》，为数字出版及出版业的数字化转型指明了方向。湖北出版产业在数字化转型方面努力探索、积极尝试，长江出版传媒集团、武汉大学出版社等6家企业入选国家数字出版转型示范单位，落实了湖北省专项资金6000万元，支持61个数字出版项目建设，项目绩效在省竞争性资金使用考核中评为全优。推进传统媒体与新型媒体融合发展，建成新媒体云平台"长江云""微信摇一摇"等②。

2016年，长江出版传媒集团建立"两课"平台，与人民教育出版社及黑龙江、云南、广西等地的教育出版社合作，被教育部评选为"全国优秀教育信息化案例"；建成数字产业园区（长江数字文化产业园）、三大基础信息化系统（数字内容资源库、协同编撰系统、ERP系统）、五大骨干数字创新应用平台（第一教育网、"多多社区"、长江幼教数字化云平台、湖北数字教育公共服务平台、大众数字阅读服务平台）的数字化创新运营体系；与小米公司、淘宝网展开战略合作，集团下属长江中文网与第一教育网获得"全国新闻出版业百强网站"称号。

（三）产业规模不断扩大

1. 经济规模平稳增长

面对经济下行压力及新媒体的冲击，湖北出版产业通过深化改革、加快

---

① 长江传媒：《长江传媒2016年年度报告》，东方财富网，2017年4月11日，http://data.eastmoney.com/notices/detail/600757/AN201704100493059060，JUU5JTk1JUJGJUU2JUIxJTlGJUU0JUJDJUEwJUU1JUFFJBJTky.html；长江出版传媒集团公司官网，http://www.600757.com.cn/list-11-1.html。

② 湖北省新闻出版广电局：《2015年湖北省新闻出版广电工作总结》，2016年2月16日，http://www.hbnp.gov.cn/gk/jhgh/fzgg/19125.htm。

媒体融合、促进企业转型升级取得成效，湖北出版产业的经济规模稳健增长。2013～2015年营业收入分别为498.18亿元、562.26亿元、614.84亿元；利润总额分别为49.30亿元、53.96亿元、57.90亿元。营业收入连续两年增长9%以上，利润总额连续两年增长7%以上[①]。2016年，湖北省新闻出版广播影视业实现总收入862.79亿元，较上年增长10.71%，其中新闻出版营业收入为741.52亿元，较2015年增长9.93%，再创历史新高[②]。

2. 龙头企业进步明显

2016年，湖北出版产业的主要企业长江出版传媒集团在经济规模和经营业绩上比往年有了较大提升，长江出版传媒集团公司2016年预计营业收入（汇总口径，下同）达到360.5亿元，2015年同期为137.47亿元，同比增长162.24%，2014年同期为59.47亿元，两年增长506.19%；预计净利润突破7.01亿元，2015年同期为4.21亿元，同比增长66.51%，2014年1.7亿元，两年增长312.35%。营业收入两年增长5倍，净利润（如果算上增加工资总额因素）两年也增长了5倍[③]。

2015年，长江出版传媒集团总体经济规模进入全国出版集团十强，比2014年上升一位。长江传媒股份公司连续两年营业收入在全国15家同类上市公司中排名第一，净利润排名提升至第七。旗下的长江文艺出版社、长江少儿出版集团、湖北美术出版社分别在文艺类、少儿类和美术类图书出版单位排名中位列第七、第七和第八；武汉出版集团平均资产总利润率排名第九，进入前十[④]。

（四）融合发展提速升级

1. 内容技术融合

2016年，湖北出版企业在促进传统出版的内容优势与新兴出版的技术

[①] 数据来源：2013年、2014年《湖北新闻出版广播影视统计年鉴》、2015年湖北新闻出版统计快报。
[②] 数据来源：2016年湖北新闻出版统计快报。
[③] 资料来源：长江出版传媒集团公司官网，http://www.600757.com.cn/list-11-1.html。
[④] 国家新闻出版广电总局：《2015年新闻出版产业分析报告》，百道网，2016年8月9日，http://www.bookdao.com/article/257206/。

优势融合方面不断进行尝试，取得了一定的进展。湖北长江出版传媒集团以融合发展为目标，围绕大众阅读开拓新业务，建立了网络出版、全民阅读、数字加工产品线。2016年11月，湖北长江出版传媒集团在2015年投资1000万元的基础上再投资1000万元实施"湖北草根作家培养计划"，对草根作家重点扶持，推行导师制；旗下的长江中文网设置"湖北草根作家培养计划"专页进行展示和推广；计划3年出版30~60部纸书，孵热1~2个IP，推出300部精品电子书，有声改编10部优秀作品，选择合适精品进行网络大电影拍摄。通过3年时间整合湖北草根作家资源，建立湖北省优秀草根作家作品数据库，并进行IP内容孵化，打造"文学鄂军"品牌。同时，长江出版传媒集团通过与阿里巴巴等互联网公司的战略合作，开展以"互联网+阅读+生活服务"为核心的全民阅读O2O模式的探索与实践①。

2. 资本运作融合

利用重组、并购实现资本融合逐渐成为出版企业发展壮大的一种重要方式。2016年，湖北出版产业的资本融合也在不断尝试。近几年，长江传媒加大力度推进主业并购、资本融合，通过跨地区、跨行业、跨所有制兼并重组，不断壮大出版主业，提高文化产业规模化、集约化、专业化水平。2016年长江传媒推进7家省内文化资源单位的并购，已完成期刊《统计与决策》《湖北安全生产》等并购项目。2016年3月，长江传媒和中央级文化企业金城出版达成战略合作框架协议，双方决定以1∶1的比例开展股权合作，重组西苑出版社有限公司，2017年1月13日正式签约。

3. 多元跨界融合

与全国其他地区出版产业实行跨界融合发展的路径类似，湖北的出版产业也在不断尝试利用多元化的经营方式进行跨界融合。长江出版传媒集团提出"做强主业，做大产业"的发展方向，实行跨界融合的多元化发展战略，经营涉足物质贸易、在线教育、文化创意、健康产业、地产开发、金融投资等诸多领域。其中2015年、2016年物质贸易的营业收入增长尤其迅猛，长

---

① 资料来源：长江出版传媒集团公司官网，http://www.600757.com.cn/list-11-1.html。

江传媒的营业收入已连续两年位列上市出版企业第一；2016年长江传媒也在平行进口汽车方面加大投入，逐步形成相关产业链；在金融投资方面也在不断探索。2017年2月9日，长江出版传媒集团实现对湖北省中国青年旅行社的划转，使旅行社与旗下的长江传媒国旅融合发展，拓展集团的旅游板块并延伸文化产业链，投入旅游服务市场，加快文化旅游的融合发展。长江出版传媒集团旗下公司湖北省新华书店集团推出武汉市首家24小时书店——九丘书馆，以"阅读+咖啡+沙龙"的复合经营模式探索跨界融合①。

（五）对外交流逐步推进

近年来，湖北出版产业依托国家"一带一路"和"走出去"的政策，积极向海外拓展。2016年，长江出版传媒集团在英国、非洲、中国香港等国家和地区成立了海外子公司，在英国伦敦、马来西亚吉隆坡设立了华文书店；与俄罗斯"孩子国际"公司签署战略协议；孟加拉包装印刷厂项目、尼泊尔中国出版文化城项目顺利推进；旗下湖北科技出版社非洲出版中心完成公司注册，5种图书面向全球发行。与此同时，对外版权贸易输出数量不断提升，"丝路书香工程"是出版产业唯一纳入国家"一带一路"战略规划的重大工程，长江传媒共有6个项目入选"丝路书香工程""经典中国出版工程"，旗下长江文艺出版社获得"全国版权示范单位"称号。

三 湖北出版产业发展面临的问题

2016年，湖北出版产业用经济工作的方式方法发展文化产业，在很多方面实现了突破。但总体来看，湖北出版产业的发展仍存在以下一些问题。

（一）文化影响力尚待提升，精品出版仍需加强

湖北出版产业近年来发展势头良好，在全国的文化影响力有所提高，但与出版发达省份相比，仍有较大差距。仅从中部六省出版产业的相关比较来

---

① 资料来源：长江出版传媒集团公司官网，http://www.600757.com.cn/list-11-1.html。

看，湖北的出版产业在文化影响力以及品牌建设方面仍需继续努力。在中部六省出版产业中，湖南出版、江西出版和安徽出版在全国出版界具有较强的品牌影响力，均连续八次进入"全国文化企业三十强"；中南传媒一直为中国上市公司价值百强榜前十强之一，入选财富中国500强，旗下5家出版社进入国家一级出版社。① 2016年的"全国文化企业三十强"里共有10家出版发行类企业，其中中部六省出版产业中有湖南出版、江西出版、安徽出版、河南出版的5家企业进入②（见表1）。

表1 2014~2016年"全国文化企业三十强"（出版发行类）名单

届别	企业名称
第八届"全国文化企业30强"名单(2016年)	江苏凤凰出版传媒集团有限公司 江西省出版集团公司 河北出版传媒集团有限责任公司 浙江出版联合集团有限公司 中国教育出版传媒集团有限公司 安徽出版集团有限责任公司 中南出版传媒集团股份有限公司 安徽新华发行(集团)控股有限公司 中国出版集团公司 中原出版传媒投资控股集团有限公司
第七届"全国文化企业30强"名单(2015年)	江苏凤凰出版传媒集团有限公司 湖南出版投资控股集团有限公司 安徽出版集团有限责任公司 中国出版集团公司 江西省出版集团公司 中国教育出版传媒集团有限公司 浙江出版联合集团有限公司 河北出版传媒集团有限责任公司 安徽新华发行(集团)控股有限公司 山东出版集团有限公司

① 中南传媒：《中南传媒2016年年度报告》，2017年4月25日，东方财富网，http://guba.eastmoney.com/news，601098，633140185.html。
② 张玉玲、李慧、严圣禾：《第八届"文化企业30强"发布》，《光明日报》2016年5月13日，第4版。

续表

届别	企业名称
第六届"全国文化企业30强"名单(2014年)	江苏凤凰出版传媒集团有限公司 山东出版集团有限公司 湖南出版投资控股集团有限公司 中国出版集团公司 江西省出版集团公司 安徽新华发行(集团)控股有限公司 浙江出版联合集团有限公司 中国教育出版传媒集团有限公司 安徽出版集团有限责任公司 河北出版传媒集团有限责任公司

资料来源:《光明日报》。

在2016年的"全球出版50强"排名中,中国共有5家出版集团进入,其中中南出版传媒集团和凤凰出版传媒集团进入了前十(见表2)。其他3家分别为:中国出版集团,排名第17位;浙江出版集团,排名第18位;中国教育出版集团,排名第20位。与这些出版产业发达的省份相比,湖北省出版产业的文化影响力以及品牌建设尚有待提升。

表2 2016年"全球出版50强"前十名单

排名	出版公司(集团或分支)	国家
1	培生	英国
2	汤森路透	美国
3	励德爱思唯尔	英国/荷兰/美国
4	威科	荷兰
5	企鹅兰登书屋	德国
6	凤凰出版传媒集团	中国
7	中南出版传媒集团	中国
8	阿歇特	法国
9	麦格劳-希尔教育出版集团	美国
10	霍兹布林克	德国

资料来源:吕迪格·魏申巴特《2016年全球出版业排名报告概述》,百道网,2016年8月26日,http://www.bookdao.com/article/268260/。

在精品出版方面湖北出版还需继续努力，湖北出版业通过实施精品战略、增加精品出版基金等多项举措来提升精品出版水平，取得了较为明显的成效，但总体来看与全国领先的出版集团尚有一定差距，如湖南出版集团旗下的中南传媒共有86种选题入选"十三五"国家重点规划，入选数量位居中部六省第一、全国第二；5个项目入选2016年国家出版基金；12个项目获中华优秀出版物奖；3种选题入选中宣部、国家新闻出版广电总局2016年主题出版重点选题；6个项目入选国家新闻出版广电总局"丝路书香"重点翻译和其他工程[①]。

2. 产业规模仍有提升空间，业务结构有待调整

近年来，湖北省新闻出版业产业规模逐年增长。2014年，湖北省新闻出版行业营业收入为562.26亿元，占全国新闻出版行业营业收入的比重为3.39%，在全国排第11位，而全国排名第一的广东省新闻出版行业营业收入为2162.07亿元，是湖北省的3.85倍（见表3）；湖北省新闻出版行业增加值为146.63亿元，占全国总增加值的比重为3.2%，在全国排第12位，全国排名第一的广东省新闻出版行业增加值为617.19亿元，是湖北省的4.21倍（见表4）。从总体上看，湖北出版产业的规模仍有较大提升空间[②]。

表3　2014年全国新闻出版行业营业收入排名

排名	地区	营业收入（亿元）	占全国总营业收入比重（%）
1	广东	2162.07	13.04
2	江苏	1751.04	10.56
3	山东	1657.14	10
4	浙江	1427.89	8.61
5	北京	1264.88	7.63
6	上海	1129.26	6.81
7	河北	797.43	4.81
8	福建	778.56	4.7

① 数据来自中南传媒官网。中南传媒：《中南传媒2016年年度报告》，2017年4月25日，东方财富网，http://guba.eastmoney.com/news,601098,633140185.html。
② 湖北省新闻出版广电局、武汉国家文化发展研究院编《2015年湖北省新闻出版广电发展报告》，武汉大学出版社，2016。

续表

排名	地区	营业收入（亿元）	占全国总营业收入比重（%）
9	江西	673.42	4.06
10	安徽	644.62	3.89
11	湖北	562.26	3.39
12	四川	506.14	3.05
13	湖南	453.6	2.74
14	河南	408.61	2.46
15	陕西	321.08	1.94
16	天津	316.04	1.91
17	重庆	287.89	1.74
18	云南	197.15	1.19
19	广西	193.16	1.17
20	山西	186.55	1.13

数据来源：《湖北新闻出版广播影视统计年鉴（2014）》。

表4　2014年全国新闻出版行业增加值排名

排名	地区	增加值（亿元）	占全国总增加值比重（%）
1	广东	617.19	13.47
2	北京	491.22	10.72
3	江苏	421.25	9.2
4	浙江	404.57	8.83
5	山东	355.69	7.76
6	上海	343.87	7.51
7	河北	203.14	4.43
8	四川	171.03	3.73
9	安徽	167.1	3.65
10	福建	150.35	3.28
11	江西	149.58	3.27
12	湖北	146.63	3.2
13	湖南	118.24	2.58
14	重庆	117.47	2.56
15	河南	112.61	2.46
16	陕西	97.37	2.13
17	云南	80.47	1.76
18	辽宁	55.84	1.22
19	天津	54.51	1.19
20	广西	49.97	1.09

数据来源：《湖北新闻出版广播影视统计年鉴（2014）》。

作为湖北出版产业主力军的长江出版传媒集团通过大宗贸易业务，其主营业务收入近两年大幅提升，旗下上市公司长江传媒2015年、2016年连续两年主营业务收入位居出版类上市公司全国第一。但在主营业务收入大幅提升的同时，净利润、净资产等指标的提升相对较慢，2016年上半年长江传媒净利润为3.01亿元，排出版类上市公司第7位，中部地区的中南传媒、中文传媒、皖新传媒、大地传媒等净利润水平均超过长江传媒（见表5）。

表5 出版类上市公司2016年上半年归属于上市公司股东净利润排名

排名	公司名称	2016年上半年净利润(万元)	2015年同期净利润(万元)	增长率(%)
1	中南传媒	84024.12	78793.93	6.64
2	凤凰传媒	74512.20	65564.28	13.65
3	中文传媒	63444.32	52209.82	21.52
4	皖新传媒	48005.63	46928.64	2.30
5	新华文轩	35002.34	34009.85	2.65
6	大地传媒	31676.28	33512.65	-5.48
7	长江传媒	30100.29	25121.36	19.82
8	时代出版	23473.80	23164.61	1.33
9	南方传媒	18893.80	17586.96	7.43
10	城市传媒	11771.87	10050.65	17.13
11	天舟文化	7226.85	8011.86	-9.80
12	出版传媒	5049.86	2654.10	90.27
13	读者传媒	3195.43	4195.51	-23.84
14	新华传媒	2585.88	3281.25	-21.19
15	中文在线	783.03	696.27	12.46

注：数据根据相关上市公司2015年、2016年半年度报告整理得到。

出版业务和发行业务是各出版传媒企业的主要业务，从各出版类上市企业2015年的出版业务、印刷业务和发行业务三项收入合计情况看，中南传媒、中文传媒、大地传媒的相应收入分别为112亿元、68亿元、63亿元，长江传媒为44亿元。长江传媒主营业务收入中的大部分来自物资贸易,其物资销售收入占比达65.66%,截至2016年上半年,物资销售收入占比进一步提高至74.65%,远高于其他几家公司。由于物资贸易的毛利率较低,仅为0.85%[1],同时,从经营角度看,存在一定的多元化经营风险,中南传媒、中文传媒、大地传媒的物资销售收入占比均不超过20%,且呈逐年下降趋势[2]。因此,从长期来看,相关公司的主营业务结构有待调整,出版主业以及新业态业务需要进一步增强。

3. 资本运营力度不足,产业链拓展有待加强

企业在发展壮大的过程中,需要不断利用资本运营,通过并购、重组、联合的发展方式实现高速成长。资本运营同样是出版传媒集团发展壮大的重要途径,国内发展较好的出版企业都在不断通过并购、重组实现产业链延伸。并购与重组是出版产业进行资本运营的重要手段。2016年,湖北出版产业在并购、重组方面做出了大胆尝试,沿产业链的延伸方面也取得了一定的进展,但与国内领先出版集团相比,湖北出版产业在并购、重组等方面仍存在以下一些不足。

一是兼并收购的规模较小。近年来湖北地区的长江出版传媒集团、武汉出版集团等出版企业实施的并购活动较少,并购的规模较小。而从全国看,仅2015~2016年,出版界的并购就层出不穷,且并购规模较大,如皖新传媒以1.575亿元并购国内著名原创财经出版商蓝狮子;中文传媒以26.6亿元收购智明星通100%股权,成为出版界最大并购案;奥飞动漫以9.04亿元收购有妖气100%股权;天舟文化以12.54亿元收购游爱网;中南文化以4.5亿元现金收购新华先锋;等等。

二是兼并收购的战略方向不清晰。湖北出版产业并购涉及出版企业、杂志社、旅游等不同领域,并购的战略定位不够明确、聚焦不够。相对而言,中文传媒收购智明星通、天舟文化收购游爱网等是通过明确的跨产业链收购

---

[1] 数据来自长江传媒2015年年度报告、2016年半年度报告。
[2] 数据来自相应上市公司2015年年度报告、2016年半年度报告。

战略，进军游戏、互联网等出版新业态；而中南传媒、皖新传媒则通过对业内知名民营出版机构的并购强化出版主业，实施由出版商向服务商的战略转型。

三是海外拓展规模相对有限。2016 年湖北出版业陆续拓展海外市场，先后在英国、非洲等国家和地区成立了海外子公司或书店，但相对规模有限。相比较而言，皖新传媒与中国国际图书贸易集团联合跨国并购法国凤凰书店，中南传媒以 8000 万美元跨国收购美国 PIL 公司童书业务，广西师范大学出版集团连续跨国收购澳大利亚视觉出版集团、英国 ACC 出版集团等，它们都通过海外并购完成国际化完整产业链布局，真正实现了"走出去"。

4. 出版转型尚在尝试，新兴业态亟待拓展

2016 年，湖北出版业在融合发展方面不断进行尝试，湖北出版在经营多元化的同时，以融合发展的模式拓展新兴业务，如在大健康业务里融入出版元素，在旅游业务里强化大文化概念等，但作为完整的新兴业态尚未形成明确的发展方向及规模，在主营业务收入中未做出相应贡献，转型较慢。而与此同时，全国领先的一些出版集团在新兴业态的拓展方面大力发展。传统出版与新兴出版在内容、渠道、平台、经营、管理等方面的融合不断深化，中文传媒、凤凰传媒、中南传媒和时代出版 4 家出版类上市公司 2016 年已将新业态业务列入主营业务，新业态业务收入实现大幅增长，占比显著提升。其中，最为典型的是中文传媒，其传统业态与新业态协同发展，诸多项目带来新亮点，"10 + N"工程、"新华矩阵"、电子书包、新媒体基金、互联网教育、O2O 项目等业态百花齐放。"行云 + 脑洞"打造 IP 聚合开发平台。至 2016 年上半年，中文传媒以互联网数字业务为主的新媒体新业态板块实现营业收入 25.02 亿元，同比增长 136.37%，业务收入中新业态占比已高达 41.03%。①

---

① 数据来自相应上市公司 2016 年半年度报告。

四 湖北出版产业发展的趋势与建议

（一）湖北出版产业发展趋势

1. "双效统一"改革将深化，社会效益引领发展

《中华人民共和国国民经济和社会发展第十三个五年规划纲要》提出了我国文化发展的目标，提出出版人要担负起内容生产和价值传播的使命，坚持正确的出版导向，生产和传播体现中国梦与社会主义核心价值观，提高全民思想道德、科学文化水平与法制意识等广大群众喜闻乐见的出版产品。推进"双效统一"相关的改革落地工作已被列入国家新闻出版广电总局2017年十大深化改革任务之一。"无论是内容创作生产，还是事业产业发展，都要坚持把社会效益放在首位，这是由文化企业的特殊属性决定的。总局已经全面出台了出版发行企业效益评价考核办法，2017年将逐步开始试点，奖优罚劣，对社会效益突出、履行社会责任作用明显的出版机构给予适当的政策倾斜。"[①]《湖北省"十三五"时期新闻出版广电业发展规划》则明确提出，在"十三五"期间将"建立健全两个效益相统一的评价考核机制，区分不同类型国有新闻出版广电企业功能作用，提升社会效益指标考核权重至50%以上，合理设置经济考核指标"。可以预期的是，在强化"双效统一"、社会效益优先的政策导向下，湖北省的相关政策也将陆续出台。其中，出版企业的社会效益如何进行量化考核，如何将社会效益考核与政治导向、社会影响等结合起来等相关政策都有可能进入实际操作阶段，并成为引领湖北出版产业未来发展的一种趋势。

2. 全民阅读将再掀高潮，推动出版产业快速发展

2016年2月，国家新闻出版广电总局公布《全民阅读促进条例》（征求意见稿），2016年3月《国务院2016年立法工作计划》把《全民阅读促进条

---

① 《2017年，出版的政策风向》，《中华读书报》2017年2月3日。

例》列入文化立法的预备项目，都标志着公共文化服务法制化进程加速，全民阅读将进入法制时代。湖北省高度重视全民阅读，于2015年率先在全国颁布了《湖北省全民阅读促进办法》。它既是湖北省第一部关于全民阅读的政府规章，也是全国首部全民阅读地方性政府规章。2016年8月，湖北省颁发了《湖北省全民阅读三年行动计划》，进一步具体明确了2016～2018年全民阅读计划的实施细则，提出了2018年力争实现湖北全省成年居民各媒介综合阅读率超过90%、成年居民人均纸质图书阅读量为6本以上的具体目标；提出公共图书馆馆藏图书超过360万册等提供公共阅读设施的目标；通过"书香荆楚·文化湖北"阅读品牌的建设，培育并扶持5个以上国家级全民阅读项目、10～20个省级全民阅读项目，全面推进湖北省的全民阅读工作。可以预见在未来几年，全民阅读将在荆楚大地形成一波热潮，这将大大有利于推动湖北出版产业的发展。出版产业作为公共文化服务体系的重要组成部分所起的作用越来越大。

3. 深化改革将全面推进，出版生产力得到进一步解放

2017年是实施"十三五"规划重要的一年，也是全面深化出版改革之年。2017年，国家新闻出版广电总局把国有文化企业的分类改革、非公有制文化企业参与对外出版业务的试点、出版传媒企业的特殊管理股试点、出版与制作分工的试点、出版传媒企业的股权激励，以及职业经理人的试点等工作作为新闻出版业深化改革的重点，将进行全面推进。[①]

《湖北省"十三五"时期新闻出版广电业发展规划》明确提出，将以"深化改革创新为动力，激发发展新活力"，将"按照国家有关规定，开展国有控股上市文化公司特殊管理股和股权激励试点"等工作。深化国有出版企业的改革，将在完善企业内部运行机制、出版传媒企业做强做优、完善国有出版传媒资产监管运营机制和评价考核机制、健全国有出版传媒企业干部人才管理制度，以及加强国有出版传媒企业党的建设和领导方面有重大突破。这将进一步解放新闻出版业的生产力，推动湖北省的出版产业快速健康

---

① 《2017年，出版的政策风向》，《中华读书报》2017年2月3日。

发展。

4. IP产业链逐渐成熟，网络文学成为出版业进军IP的抓手

2015年被称为"IP元年"，各路资金蜂拥而入。随着近几年超级IP的爆发所带来的巨大市场效应，对于IP的争夺已进入白热化状态。在这方面互联网企业拔得头筹，抢占了先机。根据易观智库的研究报告，相较于传统的纸质翻阅形式，当今社会快节奏、碎片化的生活模式需要更多渠道、平台以满足不同的阅读需求。其中，移动阅读作为一种新型消费形态及国民阅读的新趋势，是企业未来强势发力、精准卡位的目标所在。面对全新阅读环境所带来的机遇与挑战，以及首次超3亿户的庞大网络文学用户规模，作为目前IP产业最大的内容源头，阅文集团在产出优质内容的同时，力求在整个"泛娱乐"布局中大展拳脚、加强渗透，成为打通上下游产业链的平台。相较于过去单纯进行版权售卖的模式，阅文集团、中文在线等企业及时洞察了IP产业的可挖掘性、高价值性，寻找定位并调整商业模式，深度介入全产业链发展。

与此同时，各大出版集团也在加大对网络文学等IP产业链的渗透力度。长江传媒计划用三年时间整合湖北草根作家资源，建立湖北省优秀草根作家作品数据库，并进行IP内容孵化，打造"文学鄂军"品牌①。可以预见的是，未来各大传媒集团将会加大对网络文学的布局，以实现其IP全产业链发展。

5. 资本运营进一步深入，多元化发展渐成趋势

多元化经营是企业发展到一定阶段为了寻求长期发展而普通采取的一种经营战略。从出版行业的发展状况看，传统出版业务的增长已非常缓慢，新兴出版的冲击越来越明显，其他行业对出版业的渗透越来越深入，出版企业的多元化经营已成为未来可持续发展的一种必然趋势。

近年来，各大传媒集团纷纷采取多元化战略拓展发展空间。从未来发展趋势看，出版业的多元化会呈现出以下几种趋势。

---

① 卢欢、王承晨：《长江传媒投资1000万孵化草根文学》，《长江商报》2016年11月4日。

一是行业内的并购与联合进一步深化。通过并购在出版细分领域领先的民营企业迅速占领这一细分领域的拓展方式越来越受到国有出版企业的青睐。出版业务和发行业务是出版传媒类上市公司的主业，通过对出版业内企业的相关资本运作，特别是对发展领先的民营书业的多元化并购、联合，有效地延伸出版产业链，迅速强化主业的核心竞争力，拓展主业的发展空间，打造企业的品牌，将成为出版传媒企业未来经营多元化的一种重要方式。

二是通过进军游戏、影视等大文化产业链，实现快速扩张。对新兴业态的多元化拓展，特别是沿产业链延伸的方向不断扩张，逐步实现以IP为核心的泛娱乐融合战略，发挥出版业的优势，寻找新的发展机遇。

三是市场的多元化拓展。依托国家"一带一路"战略，大力促进"走出去"，积极拓展海外市场，在市场开拓方面实行多元化战略，从版权多元化到资本多元化。并购海外书企、到海外设立分社及书店等将成为出版传媒企业实现市场多元化的新方式。

四是通过跨界多元化经营壮大企业实力，然后反哺主业。长江传媒通过多元化跨界经营大宗贸易业务等，连续两年营业收入在全国出版传媒类上市公司中排名第一。2016年其营业收入中非出版主业的物资贸易等多元化业务对主营业务的贡献率高达74.65%，顺利实现营业收入和总资产的"双百亿"。在实力逐渐提高以后，长江传媒对出版发行主业进行大力扶持，2015年、2016年连续两年拨款5000万元奖励和资助精品出版，扶持力度全国领先；旗下出版单位全面实施"一社一品"工程；对进入长江传媒的"985""211"应届毕业生拨专款提高工资待遇，以吸纳人才。长江传媒在经过多元化经营具备了较强的经济实力以后，更进一步提高了其社会效益并强化了精品出版。

（二）湖北出版产业发展建议

当前，整个出版产业正面临着机制体制改革、产业转型升级、新兴出版与传统出版融合发展等重大机遇与挑战。湖北出版产业应该结合自身特色，

"讲好湖北故事",在国家融合发展的大政方针指导下,利用自身优势加速发展,从具体的举措看,建议采取以下六方面的发展战略。

1. 坚持内容生产优先,实施精品出版战略

湖北出版产业要按照国家出版方针及《湖北省"十三五"时期新闻出版广电业发展规划》的要求,在精品出版方面继续加大力度,以图书的内容生产为重点,坚持社会效益优先,着力打造精品出版。

第一,加大主题出版的力度。湖北出版企业应加强重大题材选题规划,鼓励扶持和传播符合当代中国价值观念、体现中华文化精神、突出中国改革发展成就、展现荆楚文化特色的"三性统一"的好作品,要形成"储备一批、策划一批、生产一批"的良好创作出版态势。通过加大奖励力度,创新主题出版方式,以主题出版强化湖北出版品牌在全国的地位。

第二,高度重视重大文化工程的建设。湖北出版企业应该在荆楚文库等国家、地方重大文化出版工程项目上下功夫,增强湖北出版在全国的文化影响力。通过用好省学术著作出版专项资金、省公益出版专项资金、省数字出版专项资金,推出更多精品力作。

第三,以畅销图书为着力点,促进"双效"图书的出版,不断增强湖北图书在全国的影响力。

2. 强化出版发行主业,实施主营优先战略

出版行业的主业是图书出版、印刷与发行业务。湖北出版业应进一步强化出版发行主业经营,提高主业实力,实施主营优先战略,以实现可持续发展。

第一,教育出版仍是出版业利润的核心来源。湖北出版业要加大对K12教育类出版的投入力度,并逐渐延伸到相关的教育领域,如高等教育、成人教育、职业教育等。

第二,二孩政策对于少儿类图书的发展提供了机遇。湖北出版业要以少儿、幼儿及青少年教育为依托,大力发展相关图书的出版发行业务。

第三,在发行主业上,应加速转型。可以通过对旗下新华发行集团的几百家门店进行升级改造,引入文创产品、时尚咖啡等文化因素,完善新卖场的阅读体验服务以及多元文化消费功能，打造融合时尚、创意、休闲、个性设计的文化综合体，降低运营成本，实现利益最大化。

3. 积极向大文化拓展，实施产业链延伸战略

由于出版产业与文化产业密不可分，由出版领域向文化领域拓展具有天然的优势，因而大型出版传媒集团都在加速向相关的文化领域拓展。在业务布局上多以IP为主线向影视、游戏等领域拓展。

湖北出版业要加快向大文化产业链的延伸发展：第一，要加快对优质IP核心资源产业链的谋划与布局；第二，在条件成熟的情况下建立专门的文化产业投资基金，加大对文化产业的投资力度；第三，加强与国内外大型企业的合作，增加对文化领域的战略投资。

4. 数字化引领融合发展，实施产业转型升级战略

在出版业融合发展加速的大方向下，湖北出版应该在出版数字化、网络化方面强化布局，进行产业升级。

第一，加强数字化产品尤其是教育类、少儿类相关产品的深度开发，实现在库资源覆盖小、初、高全学科和全学段并向全国拓展，积极布局智慧教育业务，打造体系完整、结构合理的智慧教育产业链。

第二，抓紧内容资源库的建设。内容资源是出版的核心竞争优势。湖北出版有自己独特的内容优势，如《中华大典》《荆楚文库》，以及湖北地域文化出版方面的国家级、省级文化项目等，还有如《狼图腾》《张居正》等畅销文艺类图书的丰富出版资源。要对优质内容资源进行整合、再造，加快内容资源库的建设。

第三，加强内部平台的数字化、网络化建设。以出版的信息化促进出版的现代化，创新内容生产和服务。将传统出版的专业优势、内容资源优势延伸到新兴出版，积极推进出版业务流程数字化改造，建立选题策划、协同编辑、结构化加工、全媒体资源管理等一体化内容生产平台，推动内容生产向实时生产、数据化生产、用户参与生产转变，实现内容生产模式的升级和创新。顺应互联网传播移动化、社交化、视频化、互动化趋势，综合运用多媒体表现形式，生产满足用户多样化、个性化需求和适应多终端传播的出版产品。以数字化转型带动产业升级。

5. 促进资本运作、并购重组，实施多元化拓展战略

湖北出版要以资本运作为依托，有效实施多元化拓展战略。

第一，要积极对外并购，加大资本运作力度。目前湖北出版产业实施的并购或投资的规模都不大，尚不能形成规模效应。湖北出版应该从战略的角度全面思考，通过详尽的分析制定相应的资本运作规划，加大资本运作力度，在条件成熟的情况下，建立专门的文化产业投资并购基金，以加大文化产业拓展力度。

第二，在实施多元化发展战略时要有明确的战略定位和方向，围绕战略定位进行有效拓展。多元化经营如果过于分散化，会影响资源的集中与优化，同时加大经营风险。湖北出版业的多元化战略定位一定要明晰而且可行。

第三，要注意妥善处理多元化与专业化的关系，逐步实现以出版主业为核心、沿大文化产业链多元化拓展的态势。一是要培养出版主业足够的品牌影响力，主业强大的品牌影响力会降低多元化经营的风险；二是多元化经营要与主业密切相关；三是多元化必须巩固和加强建立在主业基础上的核心竞争力。

6. 改革并理顺体制机制，实施人才兴企战略

通过对现有的体制机制进行改革，建立健全出版人才培养、选拔、引进和激励机制，形成良好的发展环境，聚集大量高素质的人才，实施人才兴企战略。

第一，人才引进方面的改革。在引进方向上，加大对适应"互联网＋"形势的人才引进力度，如对产品研发人员、产品生产加工制作人员、平台运营维护人员、新型市场营销人员、对外合作人员、数字出版管理人员，以及业内高端领军人才的引进，包括领军式经营管理人才、高水平的产品策划人才、复合型的数字出版开发人才、数字时代的市场推广人才、外向型的国际出版人才以及数字平台运营维护人才等。高水准的、具有国内甚至国际影响力的领军人才将有助于快速带领团队实现跨越式发展。

第二，人才培养与选拔。一是与设置出版专业或研究中心的高校开展合作以培养、培训员工。二是安排相关人员到互联网企业或者发展较为成熟的数字出版公司、领先出版社、电商平台、运营商 SP 等企业进行短期培训、实习或工作。三是通过提供更多的出国考察、培训机会，向欧美发达国家学习数字出版硬件终端制造、平台运营等，把国外先进经验带回来，缩短闭门探索的时间。

第三，人才激励机制。深化国有出版企业的改革，创新人才激励机制，形成能上能下、合理流动的氛围。一是实施优秀出版人才奖励制度，创造出版人才成长的环境。二是可以考虑以高于出版行业平均水平的薪酬吸引复合型人才。三是探索并尝试职业经理人制度和核心员工持股计划，给出版领军人物和关键岗位人才以股权或期权。

B.5
湖北广播电视产业发展报告（2016）

路俊卫　卢松林[*]

摘　要： 2016年是湖北由新闻出版广电大省向强省迈进的起步之年。面对经济发展的新常态和广播电视产业发展的新变化，湖北广播电视产业进一步加快传统媒体与新媒体融合的步伐，全年广播电视基础设施建设稳步推进，广播电视内容生产实现量质双升。但与此同时，广播电视产业总体发展水平趋缓、内容创新力不足、融媒体人才短缺等因素也制约着湖北广播电视产业发展。针对这些问题，本报告提出了相应的发展策略。

关键词： 广播电视产业　媒体融合　公共服务　内容创新

2016年是"十三五"的开局之年，也是湖北由新闻出版广电大省向强省迈进的起步之年。面对经济发展的新常态和广播电视产业发展的新变化，湖北广播电视产业进一步深化广播电视转企改制、资产整合、技术创新，加快传统媒体与新媒体融合的步伐，全年广播电视基础设施建设稳步推进，广播电视内容生产实现量质双升，广播电视产业在总体稳定的基础上呈现出新的发展态势。全省广播电视产业立足"围绕中心、

---

[*] 路俊卫，博士，湖北大学新闻传播学院副教授、硕士研究生导师，主要研究领域为广播电视与视听新媒体，目前为国家广电总局、湖北省广电局节目评议专家，20余部广播电视作品获湖北新闻奖、湖北广播电视新闻奖等奖项；卢松林，女，湖北大学新闻传播学院硕士研究生。

服务大局"的工作原则,也在不断增强主流媒体的传播力、引导力、影响力和公信力。

一 湖北广播电视产业发展概况

2016年2月19日,习近平总书记在视察三家中央媒体后,主持召开党的新闻舆论工作座谈会并发表重要讲话,对新形势下党的新闻舆论工作提出新要求。湖北广播电视系统深入贯彻和学习党的新闻舆论工作精神,着力加强舆论引导和正面宣传、唱响时代主旋律,着力加强精品创作、丰富群众文化生活,着力全面深化改革、推动事业产业全面繁荣,在广播电视基础设施建设、提升内容服务水平等方面取得显著成效。

(一)广播电视公共服务稳步推进

2016年,湖北省已基本形成卫星与地面、无线与有线、移动与固定、电子与纸质等多种形式混合覆盖、优势互补、多元服务、功能齐全的广播电视公共服务体系。在广播电视基础设施惠民工程方面,广播电视直播卫星"村村通"28.2万户任务全部完成;广播电视直播卫星"户户通"工程用户突破200万户;"村村响"(农村智能广播网)工程已覆盖1.3万个行政村,安装广播终端13万多个。全省广播电视台采编播设备全部实现数字化、网络化,基本实现高、标清播出。有线电视网络基本实现数字化,双向改造快速推进,投资1.42亿元完成60座高山无线发射台基础设施建设。

2016年,湖北省广播电视传输基础设施建设以"村村响""户户通"工程建设和有线电视网络的升级、改造和延伸为重点,继续稳步推进。全省有线广播电视网络干线网总长达到27.74万公里,比上年增长10.83%;网络覆盖有线电视用户数达到1060.75万户,全省有线数字电视用户达到1003.25万户,比上年增长1.94%。全省广播和电视综合人口覆盖率分别达到99.33%和99.15%,分别比上年增长0.25个百分点和0.17个百分点(见表1)。

表1　2011～2016年湖北广播电视网络建设发展趋势

指标＼年份	2011	2012	2013	2014	2015	2016
有线广播电视传输干线网络（万公里）	22.46	23.65	22.91	25.19	25.03	27.74
有线电视用户（万户）	987.75	1048.38	1045.31	1070.89	1067.80	1060.75
有线数字电视用户（万户）	674.84	824.69	872.14	906.31	984.18	1003.25
广播综合人口覆盖率（%）	98.18	98.72	98.80	98.90	99.08	99.33
电视综合人口覆盖率（%）	98.23	98.75	98.81	98.89	98.98	99.15

统计资料来源：湖北省新闻出版广电局统计年报。

从统计数据上看，湖北广播电视数字化发展成效显著，电视节目传输与接收的数字化程度持续加深。在互联网冲击下，有线电视用户也在逐渐流失。但是全省有线数字电视用户数量呈现上升趋势，用户数量比上年增长1.94%，全省有线数字电视整体转换率达到94.58%。数据说明互联网对传统广播电视的分流效应明显，传统广播电视转型发展迫在眉睫。

（二）广播电视创优生产量质双升

"十三五"期间，湖北广播电视产业确定"8·20"精品生产工程。湖北在广播电视方面有20部影视剧、20部纪录片（动画片）、20个综艺节目和栏目、20个网络视听节目，以促进湖北广播电视内容创作生产繁荣发展。培育6～8家有实力、有影响力的新闻出版和影视制作单位，打造湖北新闻出版和广播影视创作生产联合"舰队"，叫响新闻出版广电"鄂军"品牌。

在"十三五"规划方针指导下，2016年，从广播电视节目播出来看，全省有广播电视台77座，其中省级广播电视台1座、市级广播电视台7座、县级广播电视台69座。全省共开办公共广播频道88套、公共电视频道112套。全省全年共播出广播节目48.13万小时，比上年增长0.79%；共播出电视节目67.40小时，比上年减少0.32%。全省广电系统2016年制作广播节目25.74万小时，比上年增加4.53%；全年制作电视节目9.84万小时，与上年基本持平。

与此同时，在制播分离的趋势下，民营制作公司的节目生产能力得到提高。2016年，纳入统计的全省民营广播电视制作机构和经营机构共99家，比上年增加6家。全年共制作电视节目1.15万小时，制作电视剧15部，从业人员为3200多人。民营制作公司已经成为湖北广播电视产业发展的一支生力军，给湖北广播电视带来更丰富的节目内容。

2016年，从全省广播电视行业内容产品生产情况来看，全年制作广播节目26.71万小时，比上年增加8.45%；制作电视节目10.99万小时，比上年增加1.98%。全年制作电视剧17部613集，制作动画节目1779小时。

以上数据说明，2016年湖北广播电视系统在节目内容生产方面总体保持平稳（见表2）；在电视节目精品化方针指引下，电视节目生产更偏重质量而不再盲目追求数量增长。

表2 2011~2016年湖北省各类广播电视节目年播出时间

指标\年份	2011	2012	2013	2014	2015	2016
广播节目播出（万小时）	44.7	46.13	47.07	47.34	47.76	48.13
电视节目播出（万小时）	67.35	68.68	68.39	68.40	67.62	67.40

资料来源：湖北省新闻出版广电局统计年报。

2016年湖北广播电视内容产品创优出精呈现一些亮点。全省备案电视剧19部706集，完成10部427集，其中《海棠依旧》《东方战场》《宜昌保卫战》等一批优秀电视剧在央视一套、省市卫视黄金时间播出。《汉江》《2015中国农民春节联欢会》《福星八戒之"大年小怪"》3部作品获第24届电视文艺"星光奖"纪录片、综艺节目、动画节目提名奖。纪录片《江难记忆》获得第22届中国电视纪录片十佳长片和年度收藏两项大奖，成为"国家典藏·2016中国纪录片精品工程"优秀作品。

总体来讲，2016年湖北广播电视行业紧跟时代步伐，弘扬时代主旋律，依托本地区特色资源，开发出具有本地特色的影视文化产品，增强了湖北广电产业在文化市场上的吸引力和竞争力。

（三）广播电视经济效益增势疲软

作为地方主流媒体，广播电视在为观众提供丰富的信息产品服务的同时，所创造的经济效益也为其事业发展提供强有力的支撑。但是在新媒体时代，随着视频网站、社交媒体、移动应用等媒体新形态的出现，传统广播电视以广告收入为核心的盈利模式面临新挑战。

湖北广播电视产业总收入来源于财政收入、广告收入、网络收入以及其他收入，主要来源于广告收入和网络收入。但随着新媒体背景下广播电视的产业转型，2016年湖北广播电视产业收入中广告收入为23.62亿元，比上一年度减少3.11亿元，广告收入总额呈现下滑趋势，但在总收入中的占比比上一年度增长3.46个百分点；2016年湖北广播电视产业收入中网络收入为38.81亿元，比上一年增长3.47亿元，在总收入中的占比比上一年度增长13.88个百分点；其他收入为3.68亿元，比上年度减少24.35亿元，在总收入中的占比比上年度减少22.23个百分点，呈现大幅下滑趋势（见表3）。

表3　2011~2016年湖北省广播电视系统总收入分类情况表

收入年份	总收入（亿元）	财政收入		广告收入		网络收入		其他收入	
		总额（亿元）	占比（%）	总额（亿元）	占比（%）	总额（亿元）	占比（%）	总额（亿元）	占比（%）
2011	65.18	7.03	10.79	23.07	35.39	25.69	39.41	9.39	14.41
2012	77.98	7.95	10.19	25.84	33.14	29.14	37.37	15.05	19.30
2013	82.02	7.98	9.73	26.61	32.45	29.51	35.98	17.91	21.84
2014	103.59	12.46	12.03	35.85	34.61	33.37	32.21	21.91	21.15
2015	104.83	14.73	14.05	26.73	25.50	35.34	33.71	28.03	26.74
2016	81.55	15.44	18.93	23.62	28.96	38.81	47.59	3.68	4.51

资料来源：湖北省新闻出版广电局统计年报。

总体数据显示，湖北广播电视产业2016年总收入下滑趋势明显，主要在于湖北广播电视广告收入、其他收入的减少。近六年来湖北广播电视收入情况的数据显示，因受到网络视听新媒体广告业务分流等因素的影响，传统电视广告收入呈现下滑趋势；但在广播电视融媒体发展的趋势下，网络收入稳定增长，其他收入创收空间开发不足，收入增长的多元化比例失调。同时，这一发展趋势也进一步说明，传统广播电视广告市场体量在不断缩小，发展后劲已显不足，这也加剧了广播电视媒体内部竞争的必然性和严峻性。传统广播电视媒体过度依赖广告收入的盈利模式已经显示弊端，广播电视新媒体的转型发展不仅在于传输与接受的转型，而且在于产品营销和创收模式的转型。

二 湖北广播电视产业发展特点

（一）广播电视技术稳步发展，媒体融合全面推进

自2014年起，湖北提出全面推进广播电视"三网融合"工程，加快建设承载"三网融合"业务的宽带网络基础设施，以数字化、网络化为抓手，主动迎接技术变革，融合发展、创新发展和可持续发展深入推进。截至2016年，依托大数据、云计算技术，湖北广播电视产业初步建立起各类基于互联网技术的内容制作、分发、运营、互动平台，抢抓"宽带中国""智慧城市""智慧乡村""智能家庭"建设和发展机遇，进一步拓展了服务领域和发展空间。

依托"三网融合"工程，湖北广电系统不断推出增值业务，抢夺市场份额。目前广播电视网络公司利用自身网络优势进入宽带业务领域，与电信公司形成竞争。除了基础平台建设和升级外，湖北省广播电视网络股份有限公司与业内先进的互联网公司展开技术合作，联合推进互联网服务与数字电视服务的融合，在电视搜索、电视游戏、智能语音等方面开展业务合作，不断将新媒体与传统广播电视相融合，逐步实现"智慧广电"建设。省广播电视台IPTV集成播控平台已成为全国"三网融合"试点地区第一家与中国网络电视台签约的播出机构，实现了对IPTV节目内容的统一集成和播出控制。与腾讯合作的"微信摇一摇"全新电视互动模式在湖北卫视全国首发，

实现"中国电视第一摇"。

湖北省广播电视台在向新媒体融合的业务中,为用户提供特色视听服务和多项增值业务。目前湖北省广播电视台通过IPTV和"长江云"APP开展"互联网+教育""互联网+民生""互联网+商务""互联网+智慧家庭"等系列"互联网+"应用服务。省交通音乐广播移动客户端"路客"注册用户达30万,下载量突破65万,湖北经视"摇摇乐"注册用户有50多万,下载量达到250万。2016年,湖北广电成立"长江云"融媒体新闻中心,以"中央厨房"式内容生产来增强传播影响力,全台10套电视频道、10套广播频率的新闻节目和新媒体端口的新闻产品打通运作。通过总调度中心的"中央厨房"来融通和聚合各频道、频率的新闻信息源渠道,统筹报道策划,整合新闻资源,调度采访力量,协调技术支持,实现策采编播一体化运行。

湖北省各地广播电视播出机构资源和实力虽然比不上省级台,但各地因地制宜,结合本地特色探索发展,也取得了一定成效。目前,各地市也已基本完成数字电视双向网络改造、数字信号平台搭建等工作,特别是随着农村市场城镇化发展,未来几年将会有更多的农村家庭用户逐步接通数字信号,数字电视的覆盖率和渗透度将会有更大的提升空间。

(二)广播电视融媒体转型加速,融媒体报道初显成效

科技创新应用的发展,能为更好的产品服务提供平台。为加快湖北广播电视融媒体转型,2015年9月10日,国内首家真正意义上的Web 3.0技术平台革命性产品"长江云"(湖北新媒体云平台)首次在武汉发布,首批50多个政府部门、媒体和企业入驻该平台。湖北新媒体云平台"长江云"是由湖北广电长江新媒体集团与国内知名互联网公司联合研发的区域新媒体运营平台。2016年,湖北广电建成了立足于全台、面向全省各市州媒体的"中央厨房""长江云"——融媒体新闻生产中心。在采编分离的背景下,湖北广电改变过去分时段、分终端、台网分离的信息接收方式,以"长江云"APP为切入点,打破台内新旧媒体之间的隔阂,整合各频率、频道的采编资源,系统接收记者的稿件、图片、音频和视频,实现台内资源共享。

"长江云"利用云计算、大数据技术，对传统媒体的"采、编、播、存、用"进行流程集约化、数字化、智能化改造，将新闻生产全流程统一"上云"管理，以互联网思维建立"云+网"的协同制播模式，为传统媒体和新兴媒体的深度融合、一体化发展提供全流程的基础技术支撑平台。这使得记者可以从技术上获益于媒介融合，脱离烦琐的投稿流程。同时，全省市州的媒体都可以从"长江云"采编平台中自由选择所需的文字、图片、音频和视频，编辑成更适合各自终端的新闻产品，以满足不同终端的受众，实现增值服务。另外，"长江云"设置了多级审片功能，确保了在这个连通多方的云平台上新闻生产的可管可控。

"长江云"平台是具备"3+2+N"全面创新定位的省域生态级融合平台，定位为"新闻+政务+服务"云平台。"3"是指三个云平台，即媒体融合与舆论引导云平台、政务信息公开与移动政务云平台、网上群众路线与民生服务云平台；"2"是指两个入口，即"智慧湖北"的入口、"世界看湖北"的入口；"N"是指N个产品，即建设和支撑省市县三级党政机关、群团组织、新闻媒体、公共服务部门、高校和企事业单位的N个新媒体产品。"长江云"平台链接了全省各个级别的传统媒体，整合了所有资源，构建了共建共享的"媒体云"生态圈。

2017年年初的两会期间，湖北广电依托"长江云"的融媒体报道初显成效。两会期间，湖北广电将"长江云"全面升级，不仅搭建了北京全媒体演播室，而且组建了包括近百名编辑、记者和技术人员的"两会超级报道团"。全台10套电视频道、10套广播频率的新闻节目和新媒体端口的新闻产品打通运作。除了融合湖北广电内部采编力量外，"长江云"还联动三大"国家队"——人民日报、央视、新华社，以及腾讯、今日头条等社交平台，形成"云联动"，形成全覆盖的矩阵式直播通道，多角度报道两会。两会期间，湖北广电联动这些媒体开展了36场视频直播，单平台直播时长超过500分钟。湖北广电两会报道记者首用"八爪鱼"式多屏直播装备，通过这款多屏移动直播云台，现场记者发布的直播信号可以同时在央视新闻移动网、新华社"现场云"、今日头条直播等各大平台进行同步报道。新技

术助推了不同区域的媒体深度融合,增强了传播影响力。

"两会"期间,湖北广电融媒体中心精准聚焦,开展了极富特色的"两会"报道:每天湖北卫视《湖北新闻》及"长江云"平台以"奋进在中国"为主题,推出两会特别报道,并开设多个子栏目,其中"奋进的声音"截取湖北代表、委员们在讨论现场的发言,展示他们务实履职的诤言良策;"两会一年间"聚焦生态转型、保障民生等方面的问题,展示一年来湖北在各项改革中取得的成就;"动感湖北"聚焦新能源、机器人、大数据等,凸显湖北的新科技发展情况。在这些报道中,数据可视化、动漫图示等的大量运用使得两会中的数据、规划等内容更加直观、生动。同时,湖北广电还通过"长江云"客户端打造 19 款两会内容的新媒体产品,其中"您有六位亲友来电""客官,请上船!你有一张四省通用提货券"联动湖南、广东等其他省份,以多省方言传达两会声音,形成多地受众的互动传播态势;湖北广电独家出品的"奋进中国,我为你点赞!""两会'带言'人""给我你的名字,为你点绿长江"等多个互动 H5 产品,在全国两会期间发布,总点击量达到 1.1 亿次,单产品转发量均突破 500 万次。这些新媒体产品以简洁有力的内容、热烈奔放的情怀、简明生动的互动方式,实现了媒体主题传播到用户主动传播的转变。

(三)广播电视体制改革取得突破,管理创新不断深化

湖北省新闻出版广电局成立于 2013 年 5 月,在全国率先完成新闻出版(版权)和广播影视两局合并,是新一轮机构改革中我国第一个省级新闻出版广电局。截至 2016 年,全省各市州基本完成新闻出版与广电行政管理部门的整合。全省有线广播电视网络成功整合上市,实现全省一网。

为进一步理顺管理体制,湖北深化机构改革和职能转变,简政放权,形成有利于事业产业发展的体制机制。2015 年,湖北省新闻出版广电局相关行政审批实现"三集中",开通"网上政务大厅",确定 25 项许可、81 项权利,构建了分工明确、权责一致、执行顺畅的行政管理体制。与此同时,新闻出版广电综合监管体系趋于完善,建成全国首座省级监测监管大楼,搭

建了全国首个集传统媒体和新媒体监测监管于一体、技术先进、功能齐全、反应快捷的省级综合监管平台,实现了对全省广播电视节目监管平台、互联网出版和视听节目监管平台、无线覆盖监测平台、农村电影放映监管平台、IPTV监管平台、移动监测平台、安全播出指挥调度平台的有效整合。湖北在全国率先成立了新闻出版审读中心,组建了上下结合、专兼结合、系统内外结合"三位一体"的审读队伍。

湖北创新广播电视宣传管理机制,强化宣传管理手段,切实抵制了内容生产的低俗之风,扭转了唯发行量、唯收听收视率、唯票房是从的错误倾向,建立了完善科学的内容产品评价体系,促进了广播影视节目栏目的生产制作。非时政类节目制播分离成效显著,影视节目和动漫制作市场主体实现多元化。2016年,全省纳入统计的社会广播电视制作机构和经营机构共99家,比上一年增加6家,其全年总收入为13.86亿元。

为全面深化新闻出版广电改革,湖北广电通过人事收入分配制度改革和人才队伍建设管理制度的建立,营造人才队伍发展的良好氛围,完善新闻出版广电从业人员及互联网媒体从业人员职业资格准入、退出机制和关键岗位持证上岗制度。全省广电系统从业人员有36793人,比上年减少795人,减少了2.21%。其中,硕士及以上学历的从业人员有888人,本科及大专学历的有23206人,共占总人数的65.49%,比上一年减少0.69个百分点。在全部专业技术人员中,高级职称的有1604人,中级职称的有6828人,初级及以下职称的有19486人。从人员结构数据来看,从业队伍的年轻化、合理化、专业化进展缓慢,湖北广电系统人才引进工作尚需进一步改进。

为进一步提升广电人才队伍的整体素质,2016年湖北广电加强新业务、新技术、新知识培训,提升从业人员业务能力,实施全省新闻出版广电"两个一百"人才培养工程。湖北搭建全省系统远程培训平台,通过面授及网络培训等方式,实现了点与面、质与量、供与求"三结合",省局全年举办各类培训班42期,面授培训6000余人次,并成功在英国举办"传统媒体和新兴媒体融合发展高级研修班"。这些培训措施对解决目前人才结构中存在的缺失问题起到了一定的作用。

三 湖北广播电视产业发展存在的困境

（一）总体发展水平趋缓，影响力有待提升

近年来，湖北广播电视产业规模在逐年扩大，传统媒体与新兴媒体的融合发展也在进一步深化，但从总体来讲，湖北广电总体实力和竞争力不强。从《2015年湖北广播电视产业发展研究报告》来看，湖北广播电视产业在中部六省中实力暂居第二，2015年广播电视业总收入仅次于湖南，但湖南广电总收入为湖北广电总收入的2倍，差距较大。从发展速度看，中部六省排名在湖北之后的安徽、河南、江西、山西等总收入增长率都高于湖北。总体来讲，湖北广播电视产业发展水平趋缓。而从全国范围来看，与第一梯队发达地区的广播电视产业相比，湖北广播电视产业在总资产、总收入和增长率等方面仍存在较大差距，湖北应寻找突破口从而努力改变这一现状。①

湖北广播电视产业在推动融媒体转型发展方面有了一定的突破，取得了令人瞩目的成绩。融媒体发展需要体制、内容和技术的支撑，而传统广播电视系统僵化的事业型体制机制的延续难以避免，使得现有资源无法在融媒体发展中发挥最大效用。湖北广播电视融媒体发展过程中的主要问题表现在：在经营理念上缺乏互联网推广思维，新媒体产品不仅需要有吸引人的传播内容，有效的推广和营销方式也至关重要；传播内容没有形成自己的符号特色，在纷繁冗杂的新媒体传播环境中难以占据一席之地；新媒体平台仅仅是内容发布渠道，没有运用大数据技术分析用户的相关数据，切实掌握用户的真实需求，与用户的互动只停留在发表读后评论上，并没有深度介入新闻的选题、策划、制作之中，难以满足用户需求。

从湖北省地市级广播电视产业资产和收入情况来看，地市级之间差距不

---

① 湖北省新闻出版广电局、武汉大学国家文化发展研究院组编《2015年湖北省新闻出版广电发展报告》，武汉大学出版社，2016，第60页。

大，但与省会城市武汉市相比，资产和收入水平都较低。资源分配不均衡也会导致湖北广播电视产业资源分散，无法集中资源打造具有影响力的广播电视网络和产品。如何借助全省广播电视融媒体发展这一形势，突出各地特点，合理配置资源，也成为当前湖北广播电视融媒体发展中值得研究的问题。

（二）内容创新能力不足，缺乏现象级精品力作

2015年1月，极具影响力的"一剧两星、一晚两集"政策正式执行，卫星电视频道电视剧播出由以往"一剧四星"变为"一剧两星"，每晚黄金时段电视剧播出由三集变为两集。2016年，"一剧两星"政策对电视市场的影响力仍在持续：首先，一线强势平台加强了对优质剧的垄断，继续推行独播、首播；其次，电视台差异化定位、渠道资源优化、屏幕丰富性提高成为趋势。总之，新政改变的不仅是电视剧生态，整个电视的编排市场也被重新洗牌，电视台黄金时段原来两个广告插播段位变成一个，时段价值提升，电视广告生态也发生变化。很多频道积极探索"920节目带""730节目带"为晚间收视争夺看点。除此之外，"季播""周播"节目也成为电视媒体收视的重要突破口，有利于创造节目的可持续发展空间，产生持续的品牌影响力。

湖北广播电视受这一政策的影响，电视剧行业发展缓慢，缺乏精品力作。主要原因在于：湖北省影视产业发展缺乏强大的生产创作综合团体，虽然现有影视创作生产企业126家，但生产能力非常有限，在内容制作和选取中缺乏创新意识，影视创作企业之间缺乏合作，又缺少国内优势团队的参与，难以打造出有影响的精品力作。

此外，在电视节目制作方面，湖北广播电视系统在发展中尚未形成有影响力的品牌，制作的电视节目没有专业的受众市场定位，缺乏精准的市场调研，对观众需求没有详细掌握；尤其在新媒体时代，没有注意到社交媒体时代电视节目的受众市场变化，缺乏对多屏背景下节目的推广与营销意识，因而制作的电视节目对观众的吸引力较小，难以激发观众的消费需求，品牌影响力和核心竞争力不强。

(三)融媒体人才短缺,难以满足转型需求

湖北广播电视融媒体转型发展加速,相应的人才需要也在增加,但从当前湖北省广播电视人才结构来看,传统型人才居多,高层次、新媒体技术型人才缺乏。首先,从人才比例结构来看,在全部专业技术人员中,拥有高级职称的有1604人,而其中有不少高级职称人才年龄偏大,甚至接近退休年龄,广播电视高层次人才、领军人才青黄不接,名主播、名记者、名编辑以及既懂得经营又懂得管理的新媒体复合型人才、高新技术人才严重不足。其次,人才成长激励机制不完善,没有形成利于人才成长的良好环境。对高层次、有特殊贡献人才还没有给予特殊待遇,与普通职工收入差距不大,高层次人才的主观能动性无法调动起来。而全省基层广播电视系统普遍存在人才"引进难、留不住"的问题。受地区和薪酬待遇的限制,市县广播电视媒体难以引进专业院校毕业生,从业人员多是半路出家,从业人员素质参差不齐;而成长起来的人才往往也很难留住,市县广播电视媒体成为省级和其他发达地区广播电视媒体的人才培养摇篮。

广播电视融媒发展以及实现融媒体记者的转化和人员资源的整合,要将具有较高政治素质的传统媒体记者培养成具有全媒体战略眼光的全媒体记者,这样才能更好地为新媒体产品服务。另外,打造信息生产和汇聚的"中央厨房",实现内容生产的共享互通,需要各部门嵌入式的深入合作,进行人才资源的整合。吸引融媒体人才成为湖北广播电视融媒体发展的当务之急。

四 湖北广播电视产业发展应对策略及趋势

(一)把握正确舆论导向,建设主流舆论阵地工程

"十三五"期间,湖北广播电视产业将紧紧围绕中心,服务大局,唱响主旋律,打好主动仗,牢牢把握舆论引导的话语权、主动权,提高价值引导

力、文化凝聚力、精神推动力，形成立体多样、技术先进、传输快捷、覆盖广泛的全媒体传播体系。

为巩固和壮大主流舆论阵地，湖北广播电视将开展主流舆论阵地壮大工程建设。这些工程主要包括建设中国东湖广播影视媒体内容基地，建成包括多套广播节目、电视节目的广播影视内容生产基地。以上基地兼具广播影视人才培养、影视社区、广播影视观光旅游、城市文化主题公园等功能。推动湖北广播电视台垄上频道上星，通过上星播出，建成在全省乃至全国有影响力的对农节目服务平台，将先进的科学种植养殖知识传播到农村，提高农村百姓的科学文化素养，为新农村建设提供支撑，助力"三农"协调发展。通过做大做强宣传主渠道、主阵地，加强媒体基础设施和传播能力建设，提高新闻报道特别是重大突发事件报道的快速反应能力。创新媒体发展思路和运行机制，构建具有多样传播形态、多元传播渠道、多种平台终端的立体传播体系和舆论引导新格局。

同时，进一步完善现代媒体管控机制。建立并完善科学、先进、高效的新闻出版广电综合监管系统和检验检测平台，以云计算、大数据为技术基础，建立纵向延伸到县市，横向业务全覆盖，集广播电影电视监测、互联网相关信息监测、安全播出指挥调度、办公自动化、资产管理、行政审批、数据统计分析、决策支撑等功能于一体的省级综合管理平台，提高工作效率和公共服务能力，保障事业产业健康有序发展。通过深化改革，积极探索媒体内部组织结构的重构再造，逐步建立顺畅高效、适应市场竞争和一体化发展的内部运行机制。

（二）大力推进品牌创优，实施精品生产工程

湖北广播电视系统以学习和贯彻习近平总书记在文艺创作座谈会上的重要讲话为主线，以创作、生产优秀作品为中心，推出更多"思想性、艺术性、观赏性"高度统一、"思想精深、艺术精湛、制作精良"的好作品，弘扬主旋律，传播正能量。

通过新闻出版广电项目库建设管理，发挥《湖北省新闻出版广电项目

库》引导示范作用，做好相关新媒体融合和电影电视剧（动画片）精品项目，重点支持一部分市场前景好、经济效益和社会效益俱佳项目的发展，带动全省新闻出版广电项目在改革发展与创新中不断发展壮大。规划"8·20"精品生产工程，即每年重点谋划20部影视剧、20本图书、20部纪录片（动画片）、20个综艺节目和栏目、20个专题版面和专栏、20部网络视听节目、20个印刷质量精品、20部网络文艺作品，不断实现精品生产工程新突破。改进、完善和发展节目内容及形式，推出人民群众喜爱、有影响力和感染力的精品节目和栏目。进一步推进影视剧精品战略，深度挖掘湖北文化资源，从题材选择、剧本创作、拍摄制作、发行放映等环节加大扶持力度，引导好、扶持好影视剧精品创作生产，促进广播影视文艺大发展和大繁荣。

推进新闻出版广电"走出去"战略。通过新闻出版广电业参与"一带一路"建设，夯实湖北作为国家实施"一带一路"战略和长江经济带战略的重要枢纽地位，发挥湖北省广播影视桥梁作用，大力实施精品力作"走出去"战略，以"丝绸之路影视桥工程"和"丝路书香工程"为重点，实现与丝绸之路国家和地区的新闻出版广电资源互联互通、内容共同发掘、渠道共享共用，促进文化交流和贸易合作。通过荆楚文化"走出去""461工程"，大力推动国际版权合作和版权输出，积极参加各类文化展示交易活动，每年重点资助4部影视剧（动画片）、6种出版物和1家新闻出版机构"走出去"，支持《特别关注》《知音漫客》等国际化传播，提高荆楚文化的影响力。

（三）推进媒体传播创新，构建融合发展新格局

湖北广播电视将以先进技术为支撑，以内容建设为根本，推动新闻出版、广播影视与新兴媒体在内容、渠道、平台以及业务开发、经营管理、体制机制等方面深度融合，实现优势互补、一体化发展。

进一步贯彻落实"互联网＋"行动计划，依托湖北广播电视台建设和运营"长江云"大数据中心，整合全省大数据资源，构建湖北省"政务云""媒体云""产业云"平台。通过移动互联网、云计算及大数据技术，实现

政务服务、媒体资源与新兴技术的有效融合，打造以双向互动为特征的新型传播、服务、运营平台。打造湖北广电互联网全业务融合平台，以DVB+OTT为核心，按照"立足广电、拥抱互联网"的要求和"云、管、端"战略进行建设，聚合广电频道频率节目和互联网音视频内容，加强全省广电网络双向化改造。通过广电大数据、云计算和云平台建设，大力发展电视教育、医疗、养老等"互联网+"和"电视+"的业务应用，推进数字家庭和智慧城市建设。

"十三五"期间，湖北构建现代新闻出版广电传播体系。推动新闻出版广电媒体和企事业单位与信息、互联网、数字技术、金融等相关企业合作，创新内容生产方式，拓展产品分发渠道，搭建多元共享平台。加快转型升级，打造一批形态多样、手段先进、具有竞争力的新型主流媒体和新型媒体集团。着力打破政策壁垒、行业壁垒、部门壁垒、地区壁垒，推动书报刊、广播影视及其他关联产业的融合取得突破性进展。实施三网融合，加快推进广播电视网络双向改造和智能终端改造，加快建设下一代广播电视网（NGB）。积极推动大数据、云计算技术应用，提升新闻出版广电数据存储、处理、灾备、应急管理服务能力，增强新技术条件下的核心竞争力。

（四）完善公共文化服务体系，不断提高能力或水平

积极推进新闻出版广电公共文化服务体系创新，着力抓好新闻出版广电精准扶贫工作，基本实现文化小康。按照国家和省的统一要求，全面建成覆盖全省所有行政村的农村智能广播网，实现智能广播村村响。建成省、市、县、乡、村五级平台，实现互联互通并与国家应急广播网对接，确保信息传输畅通。完善管理，建立运行维护长效机制，确保"村村响"长期响、优质响。充分利用现有无线台站资源，对全省无线数字电视台站、频率频道进行统一规划，争取在2020年年底前基本建成全省地面数字电视广播覆盖网，地面数字电视综合覆盖率基本达到现有模拟电视覆盖水平，地面数字电视接收机基本普及，通过高、标清方式为城乡广大人民群众免费提供多套高质量的节目。根据国家关于切实加强县级广播电视台管理，着力落实县级广播电

视台影视剧播出规范化、正版化的要求,确保湖北省县级广播电视台统一供片覆盖率达100%。推进统一供片工作的全市场化运营,在确保公益服务的同时实现盈利,更好地推进县级广播电视台发展壮大,提升广播电视主流媒体的行业形象和社会公信力,更好地服务于加强基层思想文化建设的大局。

总之,通过大力推进贫困地区"村村响"、"户户通"、IPTV、广播电视节目无线数字化和广播电视网络等公共服务工程建设,不断提高服务质量。着力推进有线电视与广播电视直播卫星户户通、广播电视节目数字化和IPTV进村入户工作,力争贫困地区电视入户率达到95%。建成并完善天上卫星、空中无线、地面有线"三位一体"的新一代广播电视公共服务传输覆盖体系,为人民群众提供更加丰富、多样化、高质量的广播电视收听收看选择。

借助湖北省良好的广播电视传输覆盖网资源以及湖北农村智能广播网的全面建设,建设全时段、全天候、全方位、调度灵活、覆盖全面、指挥便捷、安全可靠的湖北国家应急广播平台。发挥应急广播不可替代的独特作用,提升对重大突发公共事件的应急处置能力和水平,减少人民群众生命财产损失,维护社会稳定。全面完成农村智能广播网和广播电视"户户通"、广播电视无线数字化覆盖网等工程建设,完善各级广播电视台、发射台(站)、监测台(站)基础设施,提升广播电视服务能力和水平。

(五)优化广播电视产业结构,不断增强市场竞争实力

"十三五"期间,湖北广播电视将积极推动有实力的企业实现资源整合、并购重组、上市融资,培育一批具有市场竞争力的龙头企业、品牌企业,构建多元开放的产业发展格局。通过实施新闻出版广电产业"双百工程",大力实施扶持30家龙头企业、20家示范企业、50家重点企业的百家企业扶持工程,大力实施扶持30个重大项目、20个示范项目、50个重点项目的百个项目扶持工程。积极推动湖北长江垄上传媒集团上市,发挥垄上传媒体制、品牌和模式优势,实施股份制改造,进行战略投资,彰显"频道+渠道"的垄上模式在资本市场中的价值,在战略新兴板上市。不断围

绕"三农"拓展产业链条，建设"传媒+农业"的复合型产业平台，打造50亿元市值的复合型产业集团。

同时，统筹规划并建设一批主业优势明显、综合效益突出、辐射带动作用强、特色鲜明、功能齐备的产业园区（基地），实施一批对新闻出版广电产业发展和结构调整全局带动性强、产业效果显著的重大工程与重大项目，促进文化资源向优势企业集聚，在重点领域取得跨越式发展。这些产业园区包括中国（武汉）数字音频广播产业基地、太子湖文化数字创意产业园、智慧湖北创客产业园、"三峡之星"广播电视旅游观光塔、五峰土家文化广电创意园等，利用湖北广电的网络技术、传播、人才优势，打造广电事业产业互动发展和"文化+科技+金融"融合发展的示范产业园。

依靠科技进步和创新驱动，全面推进新闻出版广电实现技术、内容、业务、形态、功能等各个方面的转型升级。参与实施"宽带中国""智慧城市""智慧乡村""智能家庭"战略和农村信息化建设，促进"智慧新闻出版广电"发展，打造"农家百事通"。积极开发网络广播电视、互动电视、交互式网络电视（IPTV）、手持终端等多种业务形态，组织建设大型示范平台和面向多种终端的分发网络，为不同用户提供丰富多彩、高质量的内容服务，提供个性化、差异化信息服务。按照"三网融合"和下一代广播电视网的要求，尽快建成云融合综合业务平台和云数据处理中心，升级干线传输宽带为600G以上。加快有线网络双向化改造，建成互联互通、全程全网、安全可靠的广播电视有线网络，建设安全可靠并具有内容管理、节目播控、电子节目指南（EPG）、版权保护、鉴权认证、用户管理等功能的集成播控平台，形成统一运营、可控可管、科学合理的全业务运营支撑体系。

B.6 湖北电影产业发展报告（2016）

刘丽[*]

摘　要： 2016年，湖北电影市场继续保持增长的态势，产业规模和存量加速递增，年度电影产量和年度电影票房均创下新高。产业在大幅攀升的同时，也暴露出一些不容忽视的问题。如何提高影片文化内涵，以质取胜，吸引更多观众，规范国内电影市场秩序，是湖北电影产业发展中亟待解决的难题。本文分析了湖北电影产业发展中出现的几个比较突出的问题，并就如何加快湖北电影产业发展提出具体的解决对策，最后结合湖北经济发展现状对湖北电影产业发展进行了前景展望。

关键词： 模式创新　电影产业　结构调整

从2004年到2015年，中国电影票房实现了从15亿元向440亿元的飞跃，年复合增速高达35.9%。2016年全国电影总票房为457.12亿元，同比仅增长3.73%。短短13年，中国电影经历了市场复苏、市场膨胀和市场震荡时期。我们在反思产业政策建构和资本市场运作的同时，也要关注消费者属性、内容制作、发行流通等方面的新态势，积极寻求电影产业供给侧结构性改革的破局之道。

---

[*] 刘丽，湖北大学新闻传播学院讲师，主要研究影视艺术与视听新媒体传播。

一 湖北电影产业发展环境

湖北省新闻出版广电局发布的数据显示，2016年湖北省内共有院线22条，新增影院52家，新增银幕302块，新增座位44261个；其中县级影院23家、银幕110块、座位15441个。目前，全省有影院309家、银幕1711块、座位250756个；电影票房达22.45亿元，同比增长6.75%，位居中部省份第一、全国第七；观影人数达到7544万人次，同比增长13.57%；放映场次达333万场，同比增长37.79%。在中国电影产业整体大繁荣的态势下，湖北省电影产业和电影市场也得到了快速、良好的发展：电影票房稳步增长，电影市场规模逐步扩大，城乡电影市场结构逐步合理，县级数字影院建设（改造）全面完成，电影产业的市场竞争力逐步提升。

（一）政策环境：释放政策红利，引导市场理性繁荣

从2009年《文化产业振兴规划》出台以来，文化产业上升为国家战略性产业，并逐步成为国民经济的支柱性产业，电影产业更是被视为中国经济多元化发展的新增长点。中央及湖北省政府在政策层面持续发力，从行业监管到资金扶持，一系列政策相继出台，助推湖北电影产业进入快速发展期（见表1）。

表1 2014年以来电影产业有关政策

时间	有关政策	要点	涉及部门
2014年3月	《关于深入推进文化金融合作的意见》	深入推进文化与资本合作，鼓励金融资本、社会资本、文化资源相结合	文化部、中国人民银行、财政部
2014年6月	《关于支持电影发展若干经济政策的通知》	加强电影事业发展专项资金的管理；加大电影精品专项资金的支持力度；通过文化产业发展专项资金，重点支持电影产业发展；对电影产业实行税收优惠政策；实施中西部地区县级城市影院建设资金补贴政策；加强和完善电影发行、放映的公共服务和监管体系建设；对电影产业实行金融支持政策；实行支持影院建设的差别化用地政策	财政部、国家发改委、国土资源部、住房和城乡建设部、中国人民银行、国家税务总局、新闻出版广电总局

续表

时间	有关政策	要点	涉及部门
2014年8月	《关于大力支持小微文化企业发展的实施意见》	聚焦小微文化企业发展，加强创新培育和人才扶持	文化部、工业和信息化部、财政部
2014年11月	《关于"全国校园电影院线"会商备忘录》	启动建设全国校园电影院线	教育部、新闻出版广电总局
2015年3月	《湖北省贯彻国家支持电影发展若干经济政策的实施意见》	加强电影事业发展专项资金的管理，加大电影精品生产资金支持力度，推进电影产业重点项目建设，加快实行电影产业税收优惠政策，实施县级城市影院建设资金补贴政策，建设完善电影发行放映的公共服务和监管体系，加快实施电影产业金融支持政策，实行支持影院建设的差别化用地政策。明确提出2015~2019年，省财政每年安排不少于2000万元资金支持电影产业发展	湖北省财政厅、湖北省发展和改革委员会、湖北省国土资源厅、湖北省住房和城乡建设厅、中国人民银行武汉分行、湖北省国税局、湖北省新闻出版广电局
2015年8月	《国家电影事业发展专项资金征收使用管理办法》	将征收电影专项资金用于奖励优秀国产影片制作、发行和放映，同时将适用范围扩大至重点制片基地建设发展和资助文化特色、艺术创新影片的发行和放映	财政部、新闻出版广电总局
2015年9月	《分账影片进口发行合作协议》	进一步推进中美合拍电影项目、制作和播出中国纪录专题片以及迪士尼主题公园中国馆环球银幕电影等合作项目	中国电影集团与美国电影协会
2015年10月	《中共中央关于繁荣发展社会主义文艺的意见》	加强文艺阵地建设，建好用好剧场、电影院、基层综合性文化服务中心等各类文艺阵地	中共中央
2015年10月	《关于推进基层综合性文化服务中心建设的指导意见》	鼓励基层电影院建设，以及基层放映活动的展开，实现服务与设施相配套，为城乡居民提供大致均等的基本公共文化服务	国务院办公厅
2015年10月	《关于转发〈电影院票务系统(软件)管理实施细则〉的通知》	打击"偷票房""幽灵场"等票房造假的不规范行为	国家电影事业发展专项资金管理委员会
2016年3月	《关于奖励放映国产影片成绩突出影院的通知》	按自然年度计算，国产影片票房收入占全年票房总收入2/3（即达到全年票房总收入的66%）以上的影院将获得国产影片票房收入上缴到中央电影专项资金部分的50%的奖励	国家电影事业发展专项资金管理委员会

续表

时间	有关政策	要点	涉及部门
2016年5月	《2016年全国打击侵犯知识产权和制售假冒伪劣商品工作要点》	针对网络(手机)文学、音乐、影视、游戏、动漫、软件等重点领域,开展第十二次打击网络侵权盗版"剑网行动";加强文化市场技术监管与服务平台应用,组织查处违法违规互联网文化产品和经营单位等	国务院办公厅
2016年11月	《中华人民共和国电影产业促进法》	该法为"中国电影第一法",涉及政策扶持、简政放权、降低门槛、加强监管、规范审查,对于我国电影产业化的全面推进提供了必要的保障	全国人民代表大会常务委员会

(二)经济环境:宏观经济转型,文化消费蔚然成风

湖北省统计局和国家统计局湖北调查总队联合公布的数据显示(见图1和图2),2016年湖北省实现地区生产总值32297.91亿元,位居全国第七,按可比价格计算,同比增长8.1%,比全国高1.4个百分点。其中,第三产业完成增加值14423.48亿元,增长9.5%。三次产业结构由2012年的12.8∶50.3∶36.9调整为2016年的10.8∶44.5∶44.7(见图3)。全省城镇常住居民人均可支配收入为29386元,增长8.6%;农村常住居民人均可支配收入为12725元,增长7.4%。全省居民消费价格(CPI)上涨2.2%,高出全国平均水平0.2个百分点,居全国第12位。其中,农村上涨2.2%,城市上涨2.1%。分类别看,教育文化和娱乐价格上涨2.2%。文化产业发展迅速,全省共有电影放映管理机构96个、放映单位1558个。

2016年湖北省经济发展逆势赶超的竞进态势日趋明显,经济结构不断优化,产业结构调整升级,居民收入稳步提升,对文化消费的需求逐步增加,这些都预示着电影市场的潜力巨大。

(三)技术环境:技术壁垒消融,引发产业生态变革

随着电影技术的普及化,新建成的影院多厅化、高端化、品牌化成为标准,不管是数字拷贝密钥和卫星传输系统的普及,还是放映端的放映设

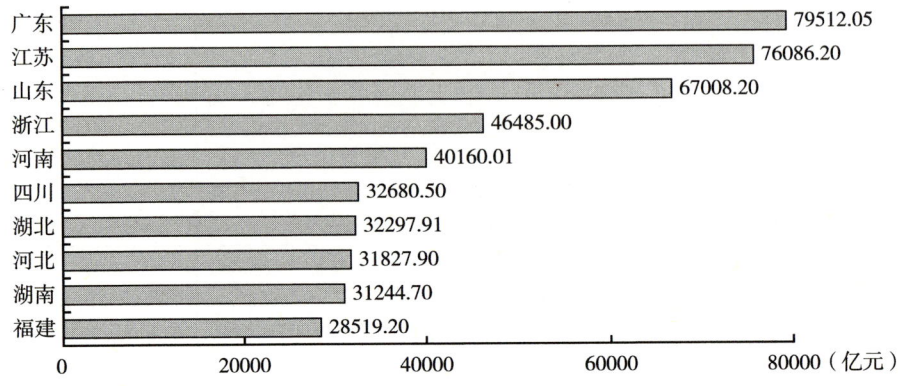

图1 2016年各省地区生产总值排名

数据来源：国家统计局。

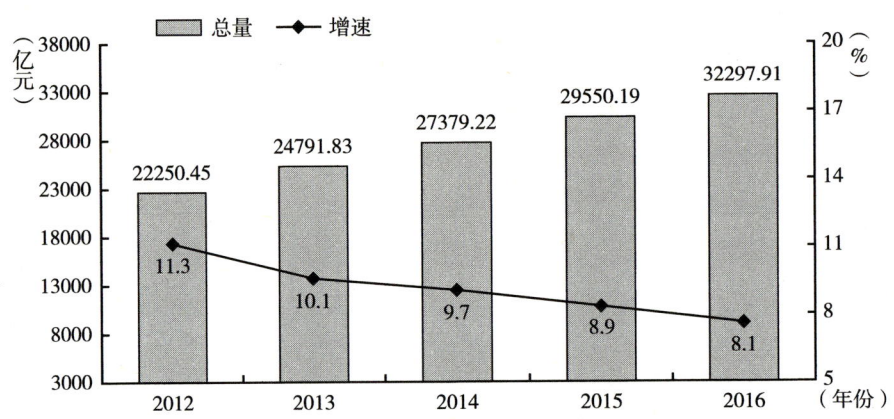

图2 2012~2016年全省地区生产总值及增速

数据来源：湖北省统计局。

备、销售端的购票渠道的升级换代，国内电影产业正式迈入数字化，三四线城市与一线城市的电影院之间原有的技术壁垒正在消融。以BAT为首的大体量互联网资本、电影产业基金、天使投资、风险投资、互联网众筹等多路径的投融资方式的出现，也在不断刷新传统电影的生产规律。互联网与电影产业的深度融合横跨技术和资本，电影产业生态将进行结构性重组。

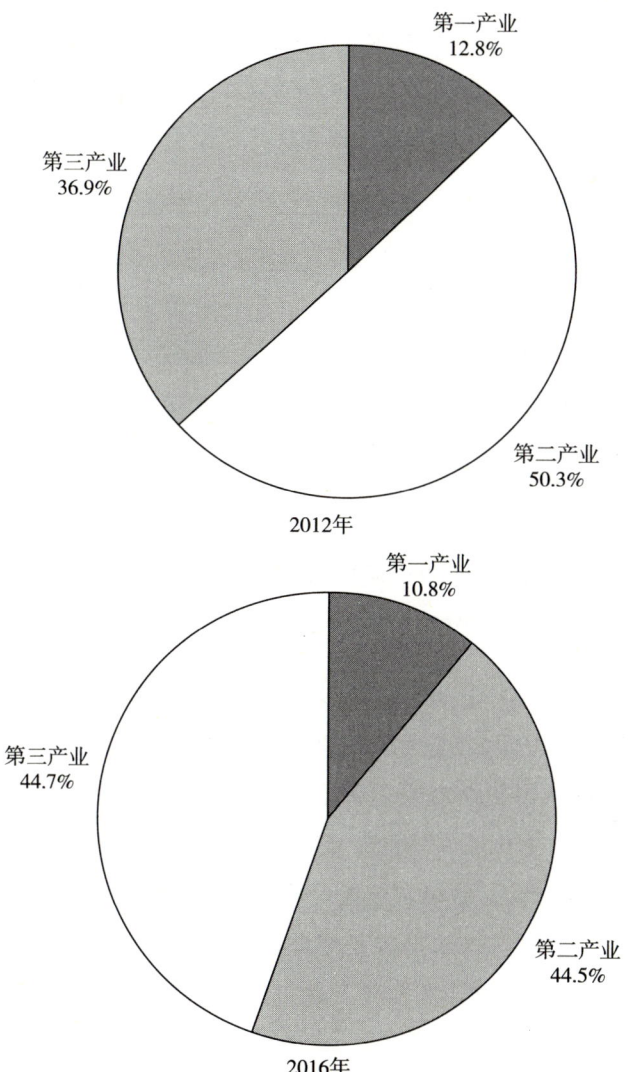

图 3　2012 年与 2016 年三次产业增加值占全省生产总值的比重

数据来源：湖北省统计局。

（四）社会环境：观影习惯养成，市场发展重心下沉

电影在人们文化娱乐生活中占据重要位置，近年来总观影人次和人均观影人次均保持增长态势。2009～2016 年，是消费者形成观影意识和养成观影

习惯的时期。总观影人次从2.04亿人次涨至13.72亿人次，年人均观影次数也从0.3次涨至1次，全民观影习惯逐步养成已是不争的事实（见图4）。

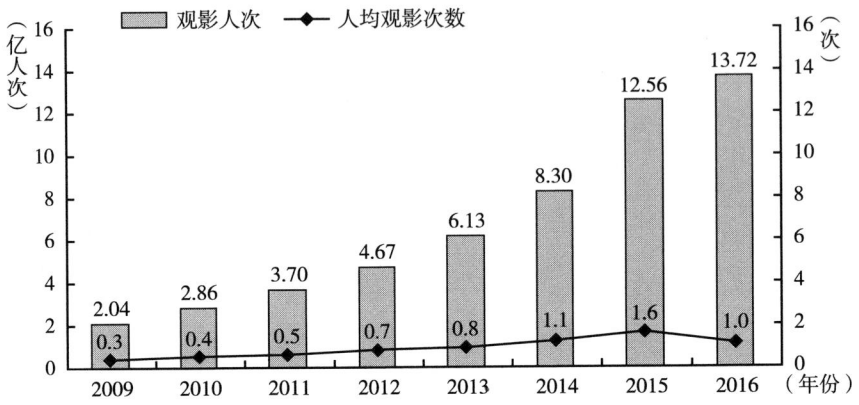

图4　2009～2016年中国内地观影情况

数据来源：微信公众号电影资讯数据营销平台。

同时我们看到，中国二线及以下城市观影频次明显低于一线城市。一线城市人均观影次数约为2.54次，深圳市以3.22次居榜首；二线城市人均观影次数约为1.49次，武汉市以3.07次居榜首；三线城市人均观影次数约为0.66次，珠海市以2.91次居榜首。随着城市建设和经济发展，2016年我国城镇化率达到57.35%，城镇常住人口达到7.9亿人，参照世界发达国家城镇化率平均在80%左右的水平，我国城镇化还有很大空间。未来中国电影市场的发展，除了提高观影人次外，还可以通过加强乡镇影院建设来带动。

二　湖北电影产业发展概况

（一）电影市场综述

2016年，湖北省实现电影票房22.46亿元，继续位居全国第七、中部第一。广东省实现电影票房66.6亿元，位列全国第一，江苏省、浙江省、上海市、北京市、四川省电影票房分别位列全国第二至第六，分别实现电影票房41.86亿元、34.57亿元、30.37亿元、30.28亿元、25.26亿元（见表2）。武汉市实现电影票房127248.95万元，占全省电影票房的56.7%，同时在全国城市票房过10亿元的八个城市中排名第六。

表2　2016年各省份电影票房排名

单位：万元

排名	地区	票房	排名	地区	票房
1	广东	666320.30	17	江西	92636.90
2	江苏	418628.90	18	广西	89419.00
3	浙江	345733.10	19	黑龙江	81179.59
4	上海	303674.20	20	云南	69745.52
5	北京	302756.50	21	吉林	70297.32
6	四川	252551.20	22	天津	69441.15
7	湖北	224564.40	23	山西	61191.98
8	山东	174275.10	24	内蒙古	49889.89
9	福建	159775.00	25	贵州	49213.34
10	河南	159637.30	26	甘肃	42824.04
11	辽宁	156658.90	27	海南	37713.81
12	安徽	133458.30	28	新疆	27973.96
13	湖南	129033.00	29	宁夏	17272.24
14	重庆	126517.20	30	青海	12115.65
15	陕西	115088.00	31	西藏	5311.80
16	河北	105263.10			

数据来源：新传智库。

2016年，在全国电影票房增速明显放缓的形势下，湖北省电影票房仍保持近7%的增长（见图5），高出全国3个百分点，主要原因有以下几点。一是审批程序的进一步简化，客观上提升了影院运转效率。严格按照国家的要求，湖北取消了加盟院线的批复程序，同时编构编制、UK制作一般在半个工作日内完成并交给影院。二是影院补助资金的及时拨付，有效地缓解了影院的资金压力，2016年共补助275家影院，补助资金1.43亿元。三是电影市场环境的不断净化，减少了恶意竞争。2016年为电影市场规范年，针对市场上出现的偷漏瞒报电影票房行为，湖北省充分发挥市县两级电影行政主管部门的积极性，对电影市场进行了全面的整治并取得了较大成效。

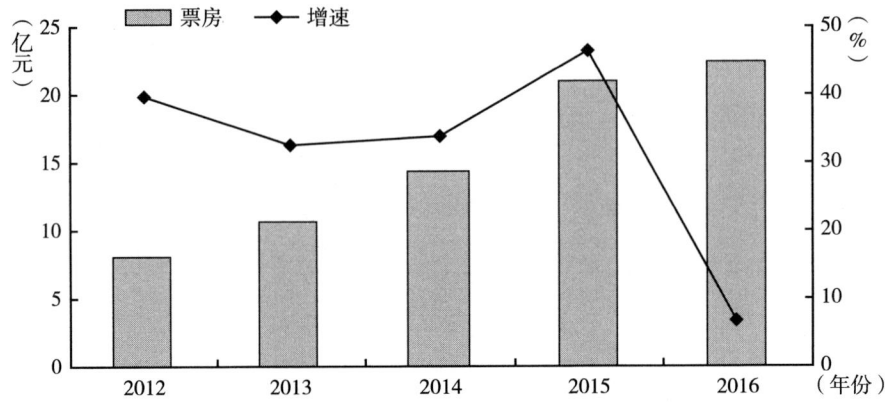

图 5　2012~2016 年湖北省电影票房变化情况

数据来源：湖北省新闻出版广电局。

（二）创作生产

"十二五"期间，湖北电影市场发展迅速，民营影视机构在湖北电影市场中的主体地位越来越突出。据统计，全省现有影视制作机构 166 家，民营影视制作机构占比为 95% 以上，近 5 年共拍摄各类题材电影故事片 46 部（科教片 4 部）。2016 年全省备案电影 54 部，完成 9 部。其中，武汉华旗影视公司与湖北省电影总公司联合出品的电影《人在囧途》、黄冈数字网络股份公司出品的《青春派》均取得了近 5000 万元票房。《人在囧途》获得了北京大学生电影节最佳喜剧故事片奖，《青春派》《全城高考》获得了中国电影华表奖、中宣部"五个一工程"奖，《我的渡口》获加拿大蒙特利尔第 37 届国际电影节人道主义精神奖和平壤第 14 届国际电影节最佳导演奖、最佳男主角奖和最佳音乐奖，科教片《虾蟹混养技术》获得中国电影华表奖，动画片《民的 1911》获第 15 届中国电影华表奖最佳动画片提名奖。由武汉银都文化投资拍摄的电影《全城通缉》在全国院线公映，收获近 5000 万元票房，网络版权收入达 900 多万元，并出口到韩国、新加坡、马来西亚、印度尼西亚等 18 个国家和地区。2016 年，国有电影企业湖北长江电影集团陆续推出多部影视作品：电影《漂洋过海来看你》2016 年 6 月在北京国际电影节中日电影周展映,2016年10月获第29届东京国际电影节金鹤奖,是湖北电影在国际A类电影节上的突破,同时被列为中国2016年十大最新人气电影之一,即将于2017年6月12日上映;与江通动画公司合作的动画电影《四渡赤水》已于2016年10月14日在全国7000多家影院上映;与八一电影制片厂合作的影片《血战湘江》以及与博纳影业集团合作的影片《荡寇风云》即将在2017年上映。

(三)院线发展

湖北省内共有22条院线,其中本土院线有湖北银兴院线影业有限责任公司和武汉天河影业有限公司。湖北银兴院线是以武汉为中心,辐射本省中小城市,地跨北京、上海、天津、重庆、深圳等18个城市的发行放映网络。旗下有影院108家、银幕612块,有5家影院的观影人次排名进入全国一百强。其中,武商摩尔国际电影城观影人次位居全国前三。2016年,银兴院线影业实现电影票房9亿元,居全省第一,其中省内票房5.86亿元,全国排第17位。武汉天河影业实现电影票房6.05亿元,其中省内票房3.07亿元,全省排名第三,全国排第21位(见表3)。

从院线排名的成因来看,新加盟(新建)影院的数量和质量从某种程度上决定了院线票房的排名。2016年,全省共新增52家影院,其中广东大地电影院线有限公司新增11家影院,因此票房增速最快;而湖北银兴院线影业有限责任公司仅新增6家影院,武汉天河影业有限公司仅新增5家影院,增速垫底。由此可见,院线与影院休戚与共。

表3 2016年湖北省全省院线票房前五名

	银兴	万达	天河	大地	金逸
票房(万元)	58621.12	33040.11	30661.23	24344.37	17741.73
占全省票房比例(%)	26.13	14.73	13.67	10.85	7.91
同比增长(%)	0.8	5.98	-10.61	16.33	1.71
观影人次(万人)	2019.07	994.14	1014.99	873.11	586.04
同比增长(%)	6.67	19.54	-6.23	19.56	14.12
放映场次(万场)	85.08	32.45	36.06	55.06	21.05
同比增长(%)	29.5	43.86	16.85	47.05	33.97

数据来源:湖北省新闻出版广电局。

（四）影院发展

1. 城市影院

湖北省票房过千万元的影院有76家，全省前十名影城电影票房大部分有所下降，仅有两家影院票房呈增长趋势，分别为华谊兄弟武汉光谷天地影城和武汉武商众圆摩尔国际电影城（见表4）。影院票房下降的主要原因：一是高质量影片不多，与2015年相比，2016年过10亿元的影片寥寥无几；二是新媒体技术的普及使观众观影有了更多更便利的通道；三是影院建设难以满足观众的多样化需求，以爱奇艺为代表的个性化影院的出现就是市场新需求的反映。另外，影院所处地域和营销服务质量也影响观影人次。排名前十的影院基本集中在武汉市中心商圈，且这些影院放映及服务设施档次较高，服务水平和质量也优于其他影院。

表4　2016年湖北省全省影院票房前十名

排名	影城	票房（万元）	同比增长（%）	平均票价（元）
1	武汉武商摩尔国际电影城	4947.87	-25.16	31.62
2	光谷巨幕影城	4384.24	-22.03	32.98
3	武汉中影天河影城	4346.50	-25.47	29.73
4	武汉武商众圆摩尔国际电影城	4213.02	6.12	29.70
5	湖北武汉市万达影城汉街店	4185.37	-13.92	36.45
6	湖北武汉市万达影城江汉路店	3476.88	-13.25	29.36
7	湖北武汉市万达影城菱角湖店	3347.21	-16.15	34.16
8	武汉金逸影城	3121.86	-16.71	31.94
9	华谊兄弟武汉光谷天地影城	3081.61	9.96	35.63
10	武汉横店影视电影城	3007.95	-10.35	26.44

数据来源：湖北省新闻出版广电局。

2. 市州影院

2016年，湖北省拥有电影院313家，较2015年同期增加了52家。其中武汉市有影院99家，票房占全省的57%（见图6），排名全省第一，但是票房同比下降0.52%。全省其他市州票房除神农架林区外同比均有增长，其中咸宁市电影票房增长48.17%，恩施州电影票房增长47.67%，黄冈市电影票房增长46.49%，这些地区票房的增长主要得益于影城数量的增加。

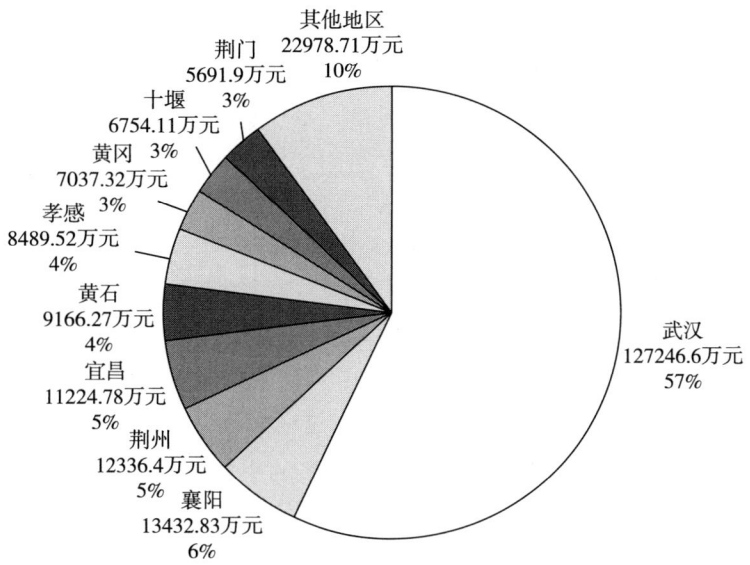

图6 2016年湖北省各地区电影票房及占比

数据来源：湖北省新闻出版广电局。

3. 县级影院

2016年湖北省县级影院整体表现良好，电影票房过千万元的影城达到10家。其中荆州市荆州区万达影城武德路店以2900万元票房居全省县级影院首位；武汉市新洲区摩尔影城实现票房1415万元，位列第二；华谊兄弟影院武汉黄陂店实现票房1388万元，位列第三。近几年县级影院获得了长足的发展，不仅完成县级数字影院的建设改造，实现了每个县都有一座电影院的目标，而且发展相对健康。但是湖北省县级影院存在发展不均衡、区域结构不合理等问题，既有年收入千万元的县级影院，也有年收入9万元的县级影院，有些县级城市影院达到8家，竞争压力巨大。

（五）影片放映

2016年湖北省影片市场同全国票房市场一样可以用"大起大落"来形容。第一季度的高产出让人惊叹，尤其是2月份，《美人鱼》《澳门风云3》《西游记之孙悟空三打白骨精》三部大片累计了近3亿元票房，占湖北省全年票房的13%。但其红利在接下来的月份中被逐渐消耗殆尽,全年共有7个月份出现了负增长(见图7)。而在月度票房冠军中,进口片占七席,国产电影略显尴尬。创造了近1.7亿元票房的《美人鱼》毫无疑问为湖北省2016年度票房冠军;而进口片票房冠军则由《魔兽》夺得,总票房6500万元。年度票房榜单前十中国产片达6部,超进口片表现(《功夫熊猫3》按国产片统计)。

在档期方面,春节档的霸主地位越来越稳固,但国庆档、暑假档等传统票房高地在2016年并未有太多的产出,表现令人失望。其主要原因还是进入院线的影片质量不高,市场上缺乏真正的超级大片支撑票房的高速增长。

2016年新上映影片总数达到468部,过亿元影片达到86部,但影片上映数量的增速和票房增速呈反比,越来越多的小片不得不面临"影院一日游"的命运,有大量影片甚至无法在院线公映。

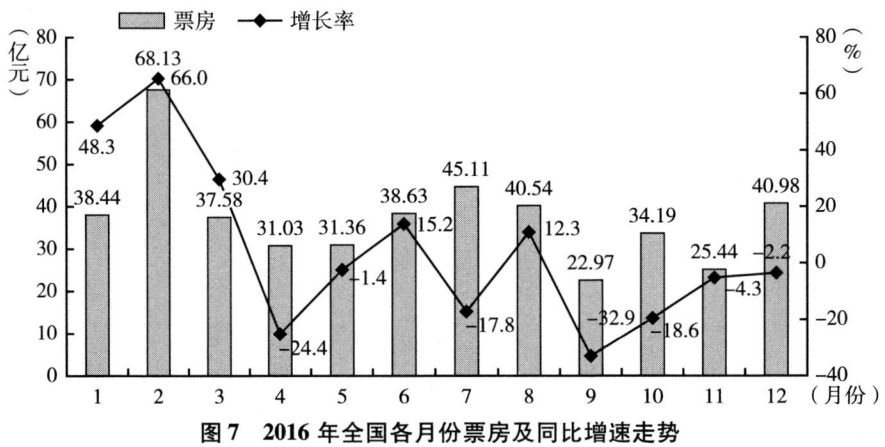

图7 2016年全国各月份票房及同比增速走势

数据来源:新传智库。

三 湖北电影产业发展特点

(一)面向城市观众,推动电影产业的商业化模式创新

随着商业的发展,武汉综合购物中心的业态在不断升级,作为其中重要

构成部分的电影院，这几年也在逐渐变化。截至2016年年底，武汉影院数量达到87家，选址集中于繁华商圈。武广商圈和光谷商圈是武汉人流量最高的两大商圈，同时也是影城最密集的地段，其中单是光谷片区就已入驻武汉中影天河影城、巨幕影城（武汉光谷广场资本大厦店）、CGV星聚汇影城（武汉光谷店）、华夏国际影城（鲁广店）、华谊兄弟影城（武汉光谷店）、幸福蓝海国际影院、武汉光谷正华银兴影城、武汉耀莱成龙影城（光谷店）等10家影城。从传统意义上讲，购物中心整体的商业气氛以及逛街人流是处于商场深处的电影院赖以生存的资本。但是近几年，随着互联网的发展和网络购票的兴起，这两者之间的关系大有颠倒之势。微影数据研究院显示，商场业绩与电影院票房相关性系数值达到了0.7，属于较强关系，即电影院票房越高，商场的业绩也就越好，这一点充分说明电影产业具有强大的商业价值。

在院线品牌方面，除了万达、银兴、金逸、百脑汇、橙天嘉禾、天河、大地院线在武汉有较为可观的布局之外，法国卢米埃、百丽宫影城等新兴高端影城也被渐次引入武汉市场。2016年9月17日，壹方购物中心开业，华中首个20米LUXE巨幕影厅——百丽宫影城正式入驻武汉。百丽宫影城主打"高亮度、工业风、体验感"。LUXE巨幕配备RealD XLWDP系统，银幕亮度较普通3D提升了40%，整体装修为抽象工业风格。李安导演的新片《比利·林恩的中场战事》最高精度版本为120帧+4K+3D版，百丽宫影城放映的60帧+4K+3D版是湖北省内最高版本。2016年年底伴随着中山大道回归，武汉首家UA Cinema落户凯德新民众乐园。UA院线是香港主要院线之一，为立基控股有限公司成员，成立于1985年，首家影院开于香港沙田，曾率先将美式综合影院引入香港。越来越多的数据和迹象表明，多点布局和硬件升级成为武汉城市电影院线发展的共识。

除此之外，诸如4D、5D之类私人影院在繁华商圈内也正在悄然兴起。有统计数据显示，光谷、鲁巷、江汉路、街道口、徐东、菱角湖等消费高地均出现私人影院，总量已超过20家。私人影院以小众、私密、可点播为特点，是一种新潮的观影模式。此类私人影院虽然满足了观众的个性化观影需求，但在版权和治安问题上都存在隐患。2015年12月，湖北省黄石市文化新闻出版广电局依法对汇梦影视茶吧进行检查，发现该茶吧向顾客放映盗版《寻龙诀》等电影。2016年1月，店主被依法移送至公安部门。该案是我国首例影院盗录并通过网络传播电影作品的刑事案件。2017年4月27日，国家新闻出版广电总局发布《关于点播影院、点播院线经营管理工作的通知》，大大提高私人影院的准入门槛，有效规范私人影院乱象，维护电影产业的健康发展。

随着电影产量的爆发式增长，电影营销也变得越来越重要。早在2005年《千里走单骑》上映时，张艺谋曾非常形象地将导演和营销人员比喻成"种萝卜"和"卖萝卜"。他认为，电影宣传和推广将成为中国电影产业化未来的发展方向，营销将比电影制作更关键。的确，市场上的"萝卜"越来越多，观众欣赏水平提高，如何把"萝卜"卖出去变成了一个艺术和技术相结合的难题。2016年11月，湖北银兴院线采用"人气明星+本土作家+校园话题"的商业策略，策划了电影《我不是潘金莲》在武汉地区的点映宣传，引发了社会热议。之前他们还与制片方合作完成了《寒战》《捉妖记》《北京爱上西雅图2》的宣发工作，受到观众的好评。

在当前中国电影的商业大潮中，关注艺术影片的呼声从未间断。其中混合着对艺术纯洁性的坚持、对影片多样性的强调、对新锐电影人的关注和对产业发展的反思。相比成熟、健全的商业片营销，艺术片显得势单力薄。仅就电影产业发达的北京而言，全市影院约为169家，业界和社会认可的艺术院线仅有3家，即中国电影资料馆、百老汇电影中心和尤尼斯当代艺术中心，因中国电影资料馆分设百子湾和小西天两家影院，影院数量占比只有2.4%；3条艺术院线银幕总数为12块，只占北京银幕总量的1.1%。艺术院线数量稀少，行业放映端结构严重失衡。湖北的艺术院线目前尚未建立，但是作为科教文化重镇的湖北，其艺术片的观影群体颇具规模，各商业影院应不定期推出艺术影展以飨市场。2016年5月，卢米埃凯德1818影城举办法国电影周；2016年6月，武汉天地CGV星星影城举办香港电影周。湖北致力于打造以艺术银幕为起点，以真正热爱电影的特定观众为目标人群，以各影院灵活、多元化的营销策略为保障,以彰显影片文化价值、丰富电影多样性、激发艺术创新潜能、培养迷影文化、引导观影意愿、弱化商业盈利为价值取向的具有实验性的小众放映平台。湖北省艺术影院的市场探索,对中国电影产业的均衡发展意义深远。

湖北地貌丰富,人文气息浓郁,不少电影曾在鄂取景,如《桃花灿烂》《人在囧途》《白蛇传说》《全城通缉》《浮城谜事》《万箭穿心》《麦兜响当当》《失孤》《黄金时代》《山楂树之恋》《刺客聂隐娘》《妖猫传》《影》。这些影片的公映,不仅为湖北省培育了观众和市场,而且引来了众多投资者。近年来,湖北省的影视基地建设也逐渐呈现"抱团"趋势。湖北省电影家协会的资料显示,湖北省目前挂牌的"影视创作拍摄基地"已经近10个,湖北襄阳唐城影视基地、枣阳市中国汉城·汉宫景区、大洪山地质公园影视创作拍摄基地、沙湖湿地公园影视创作拍摄基地、红安七里坪影视创作拍摄基地、兴山昭君故里影视创作拍摄基地、荆州古城影视创作拍摄基地等遍布全省。其中颇具特色的是主打民国老武汉风情的中央新影华中影视文化产业园,该项目总投资65亿元,占地规模为5300亩,建成后将成为华中地区规模最大、功能最齐全、专业水准最高的影视文化产业基地,具备影视剧筹拍、后期制作、影视旅游、休闲度假等完备的全产业链功能。

(二)面向乡镇观众,完善电影产业的公共文化服务

近年来,为丰富农村精神文化生活,满足农民看电影的需求,湖北省积极开展"送电影下乡"活动:枣阳市"送电影下乡"宣传农村干部好家风,红安县安全常识宣传片进校园,恩施市法治电影进校园,鹤峰县免费电影进校园、情暖留守儿童,黄冈市建设校园爱国主义教育影厅。湖北省已搭建全省农村公益电影数据平台,由市、县两级新闻出版广电局加强督办,推进农村固定放映点建设,努力实现农村公益电影放映从室外到室内、从流动到固定的转变,让老百姓从看得到变成看得好,进一步提升全省公共文化服务质量。

湖北省在"十二五"期间提出试点建设17家乡镇影院，目前已建成12家。为了更好地推进乡镇影院建设，湖北省新闻出版广电局电影电视处联合中国电影科研所、武汉大学、长江电影集团、深圳定军山科技公司和垄上频道5家单位，重点研究乡村智能综合影院的建设运营模式，为全面推进乡村影院建设摸索经验。2017年1月20日，全国第一家乡村智能综合影院在荆州市公安县南平镇正式开业，该影院不拘泥于固定式排片形式，可随时点播，影片及时更新，内容题材丰富。除了普及电影文化外，乡村智能综合影院本身也是一个以电影放映为桥梁的乡镇综合服务平台，借助于先进的互联网技术，可以满足基层群众的各项需求。乡村智能综合影院建设坚持市场运作、政府推动，积极深化农村电影公共服务与商业运营有机结合的可持续发展新模式，实现"送电影下乡"到"送电影到乡村"的结构转型，让群众更多地享受公共文化建设成果，实现文化小康。

（三）面向海外，提高湖北电影的国际影响力

在电影产业的对外推广方面，湖北省近两年也有积极尝试。例如在吉隆坡举办"2016马来西亚湖北新闻出版广电传媒周"，湖北长江电影集团与在马来西亚的战略合作伙伴南马集团达成深远合作协议。湖北电视艺术家协会与亚洲文化共同体艺术基金会、双龙兄弟影视有限公司就中马百部微电影合作拍摄项目进行签约。2017年4月26日，由德国巴伐利亚州经济部影业发展顾问约瑟夫·班德麦尔率领的巴伐利亚州电影文化产业代表团到襄阳市唐城影视基地参观考察，选址拍摄电影《一封来自中国古代的信》。

四　湖北电影产业发展的挑战与对策

（一）以政策为标尺，规范市场发展

近年来，湖北电影产业发展一直保持稳步推进，但与东部经济发达省份以及电影发展较快的省份相比，在管理理念、市场开发、资本运作、人

才培养等方面还比较落后，电影发展的政策体系有待进一步加强和完善。上海和浙江电影产业的繁荣发展均得益于各项政策的支持：上海出台过《关于促进上海电影产业繁荣发展的实施意见》《关于促进上海电影发展的若干政策》《〈关于促进上海电影发展的若干政策〉实施细则》等政策。特别是《关于促进上海电影发展的若干政策》从金融、税收、人才引进等七个方面加强了政府对电影产业的扶持力度。浙江出台了《关于浙江省横店影视文化产业实验区管理委员会主要职责内设机构和人员编制规定的通知》《浙江横店影视产业实验区"十二五"发展规划》《关于设立浙江省横店影视文化产业实验区提升影视文化产业发展水平的意见》《关于进一步加快横店影视产业实验区发展的若干意见》等，从资金扶持、税收优惠、人才引进、投融资、行业管理、企业服务等方面促进浙江电影产业的发展。

未来湖北省电影产业政策的顶层设计要进一步解放思想，加大扶持力度，明确扶持对象。湖北不仅要打造本土电影企业和电影作品，而且要重点扶植本土电影导演。另外，对于目前资本充分活跃的电影市场来说，制定奖惩分明的规范性政策更为重要，这是激发电影市场活力、优化电影市场秩序、保持电影市场可持续和良性发展的重要前提。

（二）以文化为依托，提升内容品质

湖北具有丰富的文化资源和深厚的文化底蕴，文化生态多样，文化层次多维，如神农、天仙配等神话系列，炎帝、三国等历史系列，首义、红安等革命系列，王昭君、李时珍等名人系列，巴土、长江、码头等地域系列，南水北调、长江三峡等现实系列。这些独特的文化可以成为湖北电影创作的题材库，以打造湖北电影的文化IP品牌。

近年，中国影视行业涌现出一批具有湖北背景的青年优秀编剧、导演和演员，比如袁子弹、范立欣、王凯、吴倩，这和湖北发达的文化教育体系密切相关。惟楚有才，湖北是中国三大科教文化基地之一。湖北省教育厅公布的信息显示，2015年全省有普通高等学校126所，其中中央部属高校8所、

省属本科院校39所、高等专科学校3所、高等职业学校56所、独立学院20所，另有成人高等学校14所。全省具有研究生培养资格的单位有56个，其中高等学校28个、科研机构28个。这些高校开设了文学、艺术学、媒体设计等相关专业。统计数据显示，2015年全省高校普通本科在校生中文学专业的有70688人，艺术学专业的有104348人；全省高校普通专科在校生中，文化教育大类的有40121人，艺术设计传媒大类的有22881人。未来湖北应加快影视人才库的建设，优化教育资源和社会资源配置，以影视行业为依托，以市场为导向，以项目为纽带，充分发挥"行、企、校、研"各自的优势，互惠互利、共同发展，打造高水平的电影艺术创作队伍，实现电影内容生产的提质升级。

（三）以经济为动力，激发产业活力

"一带一路"和长江经济带战略使湖北迎来巨大的国际性发展机遇，以黄金水道为纽带带动湖北经济全面发展也成为湖北战略性部署的重点。湖北省委常委会专题研究文化产业工作，要求"既要作为朝阳产业、绿色产业去发展好，又要彰显和体现湖北文化的软实力，文化产业既要做大做强存量，更要做大做强增量"。

湖北电影产业的发展要借力经济发展的历史机遇，进一步开放市场，招商引资，贯彻"产业第一、企业家老大"的服务方针，尽可能为企业提供一站式服务，打造经济高成长、投资高收益、环境高安全、商务低成本的投资环境。

湖北电影产业的发展要借力经济发展的历史机遇，优化产业布局，大力发展传统的制片、发行、院线、影院等核心产业，同时要积极拓展电影产业链。比如：携手湖北自贸区计划，吸纳互联网投资、风险投资、信贷投资等新兴的投资主体；融合旧城改造和特色小镇战略，开发电影主题公园、电影文化产业区等衍生产业；借助互联网和大数据，通过DVD销售与租赁、有线电视、网络电视、手机电视、在线播放与视频点播、网络购票、用户定制等技术，拓展电影的发行与营销渠道。

（四）以观众为目标，调整产业结构

2015年11月，习近平总书记首次提出"供给侧结构性改革"的概念，"在适度扩大总需求的同时，着力加强供给侧结构性改革，着力提高供给体系质量和效率，增强经济持续增长动力"。供给侧如何改革？最终还是得立足于对需求侧的研究。在电影产业当中，供给侧结构性改革就是要顺应时代发展的新趋势，根据目标观众的文化水平、心理需求、行为模式、地域属性等因素，调整产业结构，满足他们个性化、多样化、体验性和社交性的新需要。

B.7 湖北广告产业发展报告（2016）

黎明 舒翔*

摘　要： 湖北广告产业是湖北文化产业发展的重要一环，本文的研究重点为湖北广告产业发展概况，特别是新媒体背景下广告产业形态及媒介融合形式。而随着移动互联网时代的到来，新媒体广告形态迥异于受到地域、空间、时间等一系列客观条件限制的传统媒体广告形态，具有互动性强、覆盖面广、推送精准的网络新兴媒体的特殊优势。新媒体广告成为广告产业中的宠儿。同时由于新媒体的形式极为多元、不同媒体之间开放性、连接性强，新旧媒体融合之路变得更加不确定。"十三五"期间，通过加快结构调整，加快移动互联时代大数据、人工智能相关产业的布局，湖北广告产业未来将呈现良好的发展趋势。

关键词： 广告产业　媒介融合　移动互联网　新媒体

---

* 黎明，传播学博士，美国孟菲斯大学访问学者（2016年），湖北大学新闻传播学院传播系主任、副教授、硕士研究生导师；主要研究领域为广告与媒介经济，在《湖北大学学报》《当代传播》上先后发表论文20余篇，其中1篇被《新华文摘》全文转载，获武汉市社会科学优秀成果奖，主持多项纵横向课题，出版学术专著1部，参编4部教材，其中2部为国家规划教材；指导策划作品多次荣获全国大学生广告艺术大赛、中国大学生广告艺术节学院奖等赛事的全国奖项；2003年以来，先后为房地产、汽车、传媒等行业客户提供品牌传播与营销推广服务，近年来专注于旅游策划和城市营销，多次为相关政府机构和企事业单位提供战略咨询与智力支持。舒翔，湖北大学新闻传播学院硕士研究生。

改革开放以后,我国文化产业开始快速发展,目前已上升至国家重要的发展战略目标之一。广告产业作为文化产业的重要领域,地位无法撼动。经过多年的发展,广告产业从最初的单一到多元,见证了消费者广告意识的觉醒到广告观念的升级,融合多种产业形态并促进其共同发展。2016年受宏观环境的影响,中国广告产业总体有下降趋势,而湖北作为中部重要的省份之一,广告产业发展总体趋同于中国广告市场。尤其是传统媒体广告的投放,市场份额下降尤为明显,相反,互联网广告市场却依然保持较高速的增长。与此同时,户外广告表现一枝独秀,依然强劲。在移动互联时代,以微信、微博为主体的社交广告深受广告主青睐,即时娱乐互动的视频直播平台迎来黄金期,互联网具有信息传播的长尾效应,赋予用户结构单一、内容垂直的网络平台更多的机会,多平台分发模式成为广告投放趋势。

一 湖北广告产业发展环境

(一)行业政策环境

2015年,国家推出了供给侧改革的国家性战略决策,希望通过创新推动不同行业内部过剩产能的输出和体制的革新,促进产业更加灵活,满足消费者的个性化需求。产业的结构性重塑成为经济新常态下最具活力的关键词。近几年来,随着国家文化产业的政策利好,我国文化产业发展超过预期,逐渐成为国家支柱性产业;同时,文化产业也面临着资源使用效率不高、创新力不足、文化精品匮乏等一系列问题。在产业转型升级的大潮中,如何利用供给侧改革的大趋势,让文化产业在这场产业变革大潮中涅槃,锻造产业本身强健的筋骨,发挥产业融合的优势,生产出更多符合市场胃口的产品,从而满足移动互联网情境下消费者多样化的需求,成为文化产业的重中之重。

2016年国家工商总局出台了《互联网广告管理暂行办法》,自2016年9月1日起正式施行,其中对于广告产业影响较大的是将"推销商品或服务

付费搜索广告"列入五项互联网商业之一。随着《广告法》的颁布和实施,广告领域行政审批基本取消,行业发展壁垒逐步瓦解,广告监管监测体系进一步完善。广告市场秩序的规范化是广告市场繁荣的保障,同时能够促进广告产业释放更多的活力,意味着广告产业将拥有更加公平的竞争环境。

湖北广告产业动作不断,依据《国家工商总局　湖北省政府关于推进湖北广告业发展的战略合作协议》《广告产业发展"十三五"规划》《湖北省"十三五"规划纲要》《省政府关于加快全省广告业发展的意见》,以及其他相关文化产业发展的框架规定,湖北省政府因地制宜制定了极具湖北特色的《湖北广告产业发展"十三五"规划》。

"十二五"时期,湖北经济总量提升,经济社会发展成效显著,国家、省、市各级广告发展政策措施出台,为广告业发展营造了良好的发展环境、奠定了坚实的基础。市场主体发展迅速、品牌推广需求旺盛、社会消费持续增长以及供给侧改革为广告业创意和发展提供了巨大的市场空间。广告法制建设日趋完善,广告监管体系更加科学,为广告市场公平秩序的建立和广告主体的良性竞争提供了有力的制度保障。广告业应该抢抓发展机遇,坚定发展信心,推动湖北广告产业在"十三五"期间做大做强。

(二)经济环境

2016年,我国服务业在三次产业中依旧占据最大份额,同比增长速度比第二产业高出1.7个百分点,比2015年增长了7.8个百分点,其实际增加值为384221亿元。服务业占GDP的比重已上升至51.6%,与2015年相比,依然提高了1.4个百分点,并比第二产业高出11.8个百分点。服务业对国民经济增长的贡献率达58.2%,比2015年提高了5.3个百分点,比第二产业高出20.8个百分点。2016年,互联网相关行业继续向好,发展势头迅猛,从而引领产业链中相关行业飞速发展。仅1~11月,互联网和相关服务业营业收入增长比例高达40.0%,高于2015年同期增速;占服务业营业收入总体的3.5%,比2015年同期提高0.9个百分点;行业利润同比增长45.5%,增速远高于全部规模以上的服务业。随着"宽带中国"战略的进一步实施,移动互联网行业将保持高速增长,1~11月移动互联网接入流量累计达82.1亿G,同比增长124.1%。

相较于全国服务业整体较为平稳的发展态势,"十二五"时期,湖北省服务业发展水平高于全国平均水平,成为区域经济发展的中坚力量。同时,服务业的增长在一定程度上带动了湖北省广告产业的增长。"十二五"期间,广告产业被纳入国民经济和社会发展规划体系。省政府顺势而为,与国家工商总局签署战略合作协议,并推出了《关于加快全省广告业发展的意见》,对产业内部和外部进行整合与升级,增强广告行业整体竞争优势,使广告产业成为湖北省服务业中的关键一环。截至2015年年底,全省广告产业经营总额为146.4亿元,较2014年增长4.8倍;广告从业单位也出现井喷现象,从5415户增长到17571户,创造了大量的就业岗位,从业人员数量翻番;有中国一级广告企业21家、二级广告企业77家;新增武汉汉阳国家广告产业园、5家省级广告产业园和28家广告基地,为湖北广告产业夯实基础架构。

全省广告产业逐渐形成以武汉为中心,以宜昌、襄阳为两翼,辐射武汉城市圈、鄂西生态圈文化旅游圈的发展格局。广告产业园、广告基地分布在全省15个市县,广告企业数据库、广告发展项目库、广告领军人才库、广告作品库在省市县三级逐步建立。广告教育和社会化职业培训发展迅速,行业内交流合作更加紧密,组织和参与国内外活动更加活跃。湖北近年多次获"黄河奖""长城奖"的金奖、银奖,引导广告业发展的能力和水平进一步提高。

(三)技术及社会环境

CNNIC《第39次中国互联网络发展状况统计报告》显示,截至2016年12月,中国互联网用户总量蹿升至7.31亿户,仅2016年新增用户数量达4299万户。普及率已过半,在上一年的基础上提升了2.9个百分点。其中,移动互联网用户数量迎来高爆发期,规模已达6.95亿户,比2015年增加了近7550万户。使用移动终端智能设备的用户占比由2015年的90.1%提升5

个百分点。湖北地区互联网用户规模达 3009 万户，普及率与全国持平，居全国各省份互联网用户排行榜的第 18 名。另外，由于湖北这几年高度重视互联网等高新产业的发展，用户增长速度高于全国平均水平，湖北互联网发展生机蓬勃，同时促进了网络技术环境的改变。

网络技术环境变化最典型的案例是 VR 和 AR 的发展。VR 和 AR 近几年随着互联网以及硬件技术的成熟吸引了大量的投资基金进入，同时带来了技术不断的迭代升级，慢慢进入了家庭应用阶段。2016 年被称为 VR 元年，部分成熟的虚拟现实产品开始切入大众的消费场景，并被应用到大众的日常生活之中。湖北省 VR 发展紧跟趋势。以广电为例，湖北广电选择了相对而言较为成熟的 VR 作为尝试，自 2016 年 4 月对 VR 的产业链条上下游开始全面布局，成立了威睿科技，将其打造为引进、研发、整合应用 VR 或 AR 技术的核心平台。相对而言，广电在视频内容生产以及推广方面具有天然的优势。VR 广告能够补充传统视频广告的短板，带给用户的视觉冲击以及全方位的交互方式使得广告的效果不再停留在内容层面上，通过技术优势实现内容对用户的影响呈级数增长。特别是 VR 广告在特殊场景下的运用，如家庭电影、游戏竞技等植入性广告，更是达到广告用户的体验极致。通过声响、画面、内容的精心制作，用户可以全身心进入视频情节、游戏设定、广告剧情，从旁观者到参与者甚至到生产者，用户对于广告的接受颠覆了传统广告场景的设定。未来随着 VR 设备的进一步升级，用户体验将会更加超乎想象，但是可以预知，广电的全面布局将会在后期赢得先机，拥抱新技术成为广告产业升级的一把利器。

二 湖北广告产业发展概况

CTR 媒介智讯数据显示，2016 年中国广告产业总体降低 0.6 个百分点，较 2015 年 2.9 个百分点的降幅稍有回升。传统广告产业份额下降低于 6 个百分点，对产业整体仍有明显的下拉作用。其中电视广告份额同比下降 3.7 个百分点。与此相对，新兴媒体增幅稳定，对市场增长的带动作用进一步增强,特别是电梯电视、电梯海报、影院视频、互联网。2016年电梯电视广告增长了22.4%;电梯海报广告同样取得了不错的成绩,增幅为24.1%;影院视频广告依据电影市场的强势,增幅为44.8%;同时,在移动互联网井喷态势之下,互联网广告增长18.5%,为广告产业注入一针强心剂。与全国广告产业趋势相似,湖北广告产业整体表现平稳,传统广告市场份额下降,而互联网媒体在用户快速增长的背景下,互联网广告市场份额攀升明显。

(一)传统广告的整体状况

1. 报纸杂志

随着互联网宣告信息大爆炸时代的来临,人们的生活以及社交方式发生了改变,获取信息的场景、方式也随之发生改变,越来越多的人通过浏览网页、新闻客户端、微信、微博等社交平台获取信息。《楚天都市报》《楚天金报》《知音》等传统报纸杂志由于其内容形式的陈旧以及逐渐消失的阅读场景,逐渐失去年轻群体的关注,发行量直线下降。而且由于报纸杂志的印刷以及渠道分发成本相对较高,报纸杂志的单位广告成本也相应较高。与此对应,互联网平台动辄数以万计的流量级别非传统报纸杂志所能匹敌,并且互联网广告因为不受时间的限制,可以进行多次分发,相应的广告成本会比报纸杂志低很多,所以越来越多的广告主青睐于互联网广告,报纸杂志的广告市场份额进一步受到互联网的打压。但是,报纸杂志的内容生产经过多年的沉淀,能力毋庸置疑。以《知音漫客》为例,它积极拥抱互联网,在各大文学网站、综合门户网站上进行内容分发,在线上培养了一批忠实的粉丝。通过线上线下的互动,在报刊江河日下的情境下,《知音漫客》逆势成为现象级的刊物,凭借自己的内容生产能力继续保持竞争力。而且,报刊经过多年的发展,具有纸质阅读习惯的群体依然存在,为报纸杂志媒体的转型提供有限的时间和空间。

2. 广播电视广告

2016年上半年,湖北广电产业进行一系列的调整升级,改革已初具成效，总体平稳发展，比2015年同期有一定幅度的增长，有线广播电视和数字电视用户数均有小幅度增长。2016年上半年实现总收入37.47亿元，同比增长13.31%；实际创收收入为32.96亿元，同比增长0.52%；广告收入为9.49亿元，同比减少16.98%；网络收入为18.20亿元，同比增长7.44%。与2015年同期相比，广播电视收入构成也发生了一些改变，互联网成为广告产业结构调整的主因，传统广告收入的比重由34.86%下降至28.80%，网络收入由51.66%上升至55.22%，这两项所占比例之和由86.52%下降至84.01%。据统计，2016年上半年全省有线广播电视用户数为1030.96万户，比2015年同期增长2.14%，其中，数字电视用户为1007.55万户，较2015年上半年增长7.83%。

3. 户外广告

随着国家新型城镇化战略的实施，户外广告重新回归广告从业人员的视野。由于我国城镇化程度偏低，城镇化为户外广告带来巨大增量。同时，城镇市场是广告主最倚重的市场。改革开放以来，一二线城市的户外媒体市场已经趋近饱和，而三四线城市户外媒体市场必将成为市场新的宠儿。例如房地产、旅游娱乐等产业已开始对三四线城市进行战略布局，围绕三四线城市资源的竞争刚刚拉开帷幕，新市场的开拓离不开本地媒体资源的支持，因此三四线城市的广告资源具有重要战略意义，并且随着新型城镇化推进和广告主市场下沉，围绕三四线城市的资源争夺必将进一步白热化。

户外广告作为传统的广告形式之一，具有自身独特的地域优势，而且能够很好地与其他广告形式相辅相成，在互联网背景下重新受到广告主的青睐，媒体价值开始回升。户外广告因其持久性以及发布不受时间影响，覆盖人群广泛，并且能重复进入目标人群视野，在正常工作的白领阶层固定的上下班路径中，户外广告能够持久地产生影响。其相对而言低廉的发布费用备受广告主的青睐，这也是最近几年户外广告成为分众营销策略中重要一环的原因。随着视频内容的异军突起，屏幕已成为广告营销中不可忽视的力量，户外广告相应也具有一定的竞争力和影响力。

（二）互联网广告的发展概况

2016年，湖北网民规模为3009万人，互联网普及率高于全国平均水平，已初步形成了良好的互联网生态。近几年互联网广告份额的明显攀升，也意味着互联网广告将成为广告产业发展和创新的新动力。随着移动互联网的普及，更多围绕手机平台的广告开始得到市场的重视，例如手机支付平台广告投放，通过将支付场景从线上转移到线下，加强了平台广告的渗透。由于越来越多的用户开始在不同消费场景下使用手机支付，广告主通过与支付平台的合作，覆盖精准的消费人群，实现广告即时精准推送。基于手机可移动性，广告信息能及时有效到达，并能实时捕捉用户信息形成用户画像，精准传播广告；更重要的是，广告主与消费者互动交流能够提升传播效果和用户体验。

三 湖北广告产业面临的挑战

2016年，由于政府的资金投入，湖北创意产业园集群建设趋于成熟，在一定程度上促进了广告产业的总体发展。由于互联网形态下广告产业不断进行更迭，新媒体继承互联网技术的基因，依然势不可当，传统媒体与新媒体延续了此消彼长的发展趋势。互联网媒介平台的高速更新迭代、多样化的内容以及更好的用户体验给传统媒体造成了巨大的杀伤力。传统媒体内容生产方式以及盈利模式在互联网的冲击下，已经失去了优势。传统媒体如湖北日报集团、湖北广电集团等纷纷开始进行媒介融合以及产业变革，互联网扁平化的特点颠覆了几乎所有产业的运营模式以及商业逻辑。随着用户内容需求和接受场景的变化，内容形式和传播渠道也需要发生相应的改变。另外，随着互联网广告的强势崛起，数量可观的广告份额被蚕食，传统媒体的广告市场进一步被消解，互联网带来了更丰富、新奇的广告呈现方式，同时通过内容与技术的整合带给用户更好的体验，也给广告行业带来更多的想象空间。但是，竞争激烈的市场背后有更多的不确定性，资本的快速扩张也带来了诸多的问题，可能会给广告产业已有的规则带来冲击。

（一）传统媒体与新媒体融合之路依然艰辛

长江日报集团、湖北广电等传统媒体经过多年的发展，积累了大量优质的内容以及媒介渠道，培养了一批优秀的专业媒体人，有一套完善的内容生产流程及广告盈利模式，固有的组织结构和媒体广告经营理念已经深入人心。随着移动互联网时代的到来，整个社会的生活场景以及信息传播方式发生了翻天覆地的变化，社交场景的虚拟化、群体的聚合方式不再受制于时间和空间。而信息的传播方式打破了传统的自上而下的传递路径，信息的传播变得越来越扁平化，互动性增强，反馈更加及时。传统的组织结构和广告盈利模式单一且缺乏活力，旧有的内容生产方式不能满足互联网原住民的阅读习惯。随着科技的不断创新，用户接受信息的场景也发生了很大变化，新的媒体平台层出不穷，更加垂直和多元化的媒体生态成为主流，平台特征和内容分发的复杂性使得传统媒体在改革路上只能蒙眼狂奔，摸着石头过河，媒体融合之路依然充满艰辛。

（二）新的媒体平台频出，挑战传统的整合营销观念

随着移动互联网的出现，新的媒体平台不断被开发出来，其中最具代表性的是短视频和知识付费平台的出现。传统的整合营销更多考虑到的是传统媒体之间的传播渠道选择。而随着新媒体的地位不断上升，企业和广告公司不得不重新去探索新媒体情境下的整合营销策略。不同媒体平台往往具有不同的特征和属性，社交媒体更多的是信息的沟通以及满足用户社交的需求，而移动资讯平台更多的是提供丰富的符合用户胃口的资讯，各种垂直功能型平台则是满足用户某一些方面的功能需求，比如购物、美食、出行等。不同平台的用户群体以及黏性也不一样，因此只有充分认识媒体平台自身的内容和平台属性，才能依据其特征做出相应的营销策略。内容的垂直细分和平台功能的多样性，给整合营销传播效果的评估带来了更多的复杂性。同时，大数据和云计算的出现也给互联网时代带来更多的想象空间，可以预见由于移动互联网的出现，传统的整合营销理念需要根据技术和媒介的变革而进行不

断更新，这要求广告从业人员不断更新自己的营销知识和能力，保持对新生事物的敏感度。

（三）新环境下的监管挑战

随着新技术的不断出现和新业态的变革衍生，互联网催生了不同形态的平台和内容，新的平台和业态在野蛮生长中对传统游戏规则构成了冲击和挑战，旧的规则已经不能适用于新的互联网生态，在新的生态中建立规则迫在眉睫。

以视频直播为例，视频直播平台具有的即时性、便捷性让更多的普通人依靠自己的专长或者才华生产优质的内容，从而实现内容的商业变现。新生平台往往会争夺原有视频平台的用户，新生平台初期脆弱的根基往往要求它们自身不断跑马圈地，巩固自己的商业生态。快速扩张往往带来各种各样的问题，视频拍摄和传播的低门槛导致内容优劣难辨，对社会舆论监督造成极大的挑战，引发了社会舆论广泛关注。尽管有传统媒体对于特定的网络事件的持续关注以及相关部门的整顿，各种问题依然不断涌现。2016年视频直播行业乱象丛生，为了争夺用户资源，平台直播内容公然涉及黄赌毒。7月27日，国家网信办、发改委、工信部就《国家信息化发展战略纲要》有关情况举行发布会，在发布会中三部门透露，国家将加强对互联网舆情进行监管，对于类似直播平台的自媒体内容生产进行规范，对所有从事新闻信息服务、具有媒体属性和舆论动员功能的网络传播平台进行管理。可以预见，网络视频直播业态将进入新的发展阶段。

新的技术往往带来新的机遇和变革，可称之为破坏式创新，当然也会给广告产业带来新的机会。新的技术催生的新媒体将会在与传统媒体竞争中体现自身的优点以及不足，依据新媒体的传播特点和场景，建立适当的规则和法规成为新媒体情境下的重大课题。

（四）产业薄弱，机遇与挑战并存

湖北广告产业近几年虽然取得一定的发展，但是与发达地区相比还有较大差距，主要体现在三个方面。第一，产业规模偏小，湖北广告产业起步较晚，相关配套服务体系不齐全。第二，创新能力不够，核心竞争力不强，科技含量不高，重点体现为在广告产业中的大数据和智能挖掘等互联网科技发展薄弱。第三，上下游产业联系不紧，行业内外、新旧业态之间融合交流不够，广告人才流失严重，产业政策落实不到位，部门协作乏力，广告市场自律机制不健全，广告市场诚信度需要进一步提升。总之，湖北广告产业发展的质量和效益总体上还处于较低的水平，与当前湖北经济、社会和文化发展的要求还有一定差距，经济发展新常态下的挑战更加严峻，竞争更加激烈，广告产业的创新发展任重而道远。

四 湖北广告产业发展的对策建议

（一）媒介创新：基于互联网平台的跨媒体沟通与广告形态创新发展

在互联网媒介出现之前，最常见的媒介接触方式就是阅读报纸、收听有声电台以及观看电视和电影，每种媒介的核心功能简单、突出。虽然各种媒介之间略有交集，但其相互难以取代，每种媒介都在发挥自己的特点，通过不同的生产方式生产新闻内容，从而形成不同的媒体，依附不同的组织进行运营。然而随着互联网时代的到来，互联网媒介高效地继承了传统媒体文字、图片、声音、视频的内容生产方式，能够将传统媒体的功能完全取而代之，但这种替代不是完全取缔。因为互联网媒介是基于技术产生的，它的传播路径同样基于技术，所以这种取代指的是互联网媒介吸收传统媒体的内容生产方式，并且通过技术的手段使其变得更加多样化和多元化，从而在某些方面能够取得比传统媒体更好的传播效果。在多角色化和分工精细化所形成的融合性生产关系下，各种融合于终端的媒介角色具有各自不同的特点和属性，所以在面向共同捕获到的广告受众时，传统媒介和互联网媒介应该各自发挥自己的长处和特点，尤其应发挥互联网媒介高度的包容性和强大的连接能力。基于互联网平台的跨媒体沟通的核心就在于场景。在移动互联网语境下，大众生活以及工作场景发生了翻天覆地的变化，现实与虚拟并存。随着互联网时代沟通方式的去中心化以及扁平化，消费群体开始分化成不同兴趣的垂直群体，通过互联网的方式跨越空间和时间联系在一起。大部分人每天主要的场景从现实场景变成了现实与虚拟场景的频繁切换。人们在工作和生活中可以与亲人、同事面对面交流，而通过网络，拥有不同兴趣爱好的朋友可以聚到一起，有些甚至未曾见面。网络能对个体产生不可忽视的影响，比如人们在线上分享电影、美食、观点评论，甚至集体发声形成小范围的舆论场。因而，在互联网背景下，广告营销方式也发生了改变，由传统媒体的单向度传播转变成更加丰富的互动式传播，通过整合媒介平台，在用户可能出现的场景中与用户不断发生连接，甚至产生交互式的信息传递，通过不同场景的强化，加深用户体验。从整个营销市场看，场景营销对传统营销概念产生了颠覆。传统营销更多的是将优质内容通过更好的媒体平台去影响消费者的决策，而用户体验则受限于传统营销的内容制作形式；场景营销通过互联网技术能够更好地对消费者群体进行细分和定位，从而进行更加精准的推送。跨屏技术的发展实现了移动互联网场景更加便捷的切换，而且通过大数据技术的运用，广告主能够更好地追踪用户的喜好和习惯。场景营销的连贯性增强，从而增强了用户体验。未来随着人们对互联网的认识进一步成熟，不再迷信单一的线上神话，线下将会重新获得市场重视，场景营销将会成为线上线下整合的催化剂。

除了利用互联网进行多媒体整合传播外，基于互联网自身特质，创新发展与其相匹配的新广告形态也是广告发展的重要趋势。目前，这一领域最大的热点是程序化购买（Programmatic Buying）。程序化购买指的是通过数字平台本身进行广告购买和投放的方式。与之相对的是通过人的决策进行购买的方式。程序化购买的实现通常依赖于需求方平台DSP，它包括RTB实时竞价模式和non-RTB非实时竞价模式。艾媒咨询数据显示，2016年全国DSP广告投放总额达235.0亿元。随着互联网技术以及大数据的完善、对于用户的浏览以及习惯的追踪更加精准，以及广告主思维的转变，DSP广告必将出现井喷，拥有广阔的市场前景，预计到2018年市场规模将会达到471.9亿元。而近年

来随着互联网技术催生的大数据以及云计算的应用，移动DSP广告得到进一步发展。2016年移动DSP广告市场规模预计达到130.0亿元，占据DSP广告一半多。随着移动手机市场增速的放缓，移动DSP增速也随之放缓。

（二）内容创新：优质内容驱动流量与广告内容在新媒介环境下的匹配创新

随着广告形式和接受场景的变迁，以及信息时代的到来，用户获取优质内容的时间成本变得越来越高。优质内容往往能够通过用户口碑瞬间形成爆品，从而获得大量的关注。最近这两年，各大社交、视频网站围绕IP和头部内容的争夺进入白热化，优质内容成为各大互联网平台的生命线。优质内容能提高参与度：50%的移动互联网用户在社交平台阅读日常资讯，大多仅做短时间停留；23%的移动用户对于优质线上内容则愿意付出更多的时间，其中精心制作的视频广告内容往往更容易受到用户的青睐。而通过社交平台推出的纯粹视频内容比在优质内容中插入广告视频的阅读率低。在占据用户时间方面，用户明显更加青睐优质内容，优质内容能在一定程度上提升视频广告的阅读率，并且有效拉动消费者的消费欲望。内容营销将成为广告产业的趋势，通过优质内容吸引大量的流量和关注，为广告带来更好的营销效果。在移动互联网背景下，人们对于优质内容的分享意愿强烈，所以，内容仍然是广告产业营销策略的重要一环。内容营销人员可以围绕产品写好的故事、拍摄精美的图片以及制作大量视频，重视移动端消费，增加内容推广开支，将好的内容通过多平台分发，利用科技获得营销优势，获得更大的利润。

相对于互联网时代信息传播方式的快速更迭，传统媒体在信息传播上依然有着自己独特的优势。优秀的内容制作团队、丰富的行业资源以及充足的资金支持，这些都是传统媒体在新媒体环境下能够弯道超越的不二砝码。而这些都基于传统媒体能够去积极拥抱新媒体，深度理解互联网时代的信息传播方式，理解文字、图片、视频的传播属性，依据新媒体平台特点以及受众接收信息的场景来制作和编辑内容，对于相同的内容依据分发渠道的特点进行重新编辑，比如微信、微博等社交媒体。由于受众更加青睐于趣味性更强的碎片化信息，传统媒体可以依据受众的喜好，将内容编辑成短句、精美图片或者短视频，方便用户在休息的时间进行阅读。以湖北报刊产业为例，随着新媒体的爆发式增长，传统报业都开始构建自己的新媒体矩阵。例如，截至2016年12月，《楚天都市报》的官方微信平台粉丝数量突破90万，在清博WCI指数（清华大学）、新榜指数（复旦大学）排行榜上，均进入全国报业十强，为华中第一；QQ公众号用户量已达30万。《楚天都市报》在腾讯天天快报、今日头条等新兴自媒体平台上均创建了自媒体账号，并将《楚天都市报》的内容进行整合和分发，不同平台均取得骄人成绩。

（三）产业创新：内部与外部的融合

湖北广告产业基础较为薄弱，加强产业内部要素之间的融合发展、拓宽广告产业内部资源流通渠道、串联广告产业链上各个环节显得尤为重要。鼓励和支持传统媒体与新兴媒体深度融合，整合资源、优势互补、创新模式、拓展业务，打造形态灵活、技术先进、具有竞争力的新型现代传媒集团，拥抱新技术与新平台，利用技术与平台优势进行产业升级改造。以"互联网＋广告"等形式，推动湖北云计算、大数据、物联网等互联网技术在广告相关产业链条中的应用，实现新旧媒体形态的优势互补。通过规范数字广告程序化交易管理，建构围绕大数据、人工智能的数字广告生态。鼓励广告产业以"互联网＋广告"为核心，实现新旧媒体、技术、管理体系的融合。

广告产业融合不仅涉及产业内部，而且推动广告产业与其他产业的融合发展也极为关键。随着近几年跨界融合概念的提出，推动广告产业与其他产业进行跨界融合，依托其他产业自身特点进行优势互补，成为产业调整改革、打破产业自身壁垒的试金石。广告产业与其他现代服务业、文化产业的融合发展先试先行，重点关注广告产业跨行业、跨领域整合，构建区域新型广告产业生态，以国家"一带一路"和长江经济带战略为契机，以文化为纽带，以经济为后盾，以互联网技术为动力，结合湖北在区域中独特的优势和定位，通过区域广告产业与其他产业的融合，最终形成具有湖北特色的广告产业形态，最终孕育出独特的湖北广告文化。

B.8
湖北演艺产业发展报告（2016）

胡晓亚　梁艳萍*

摘　要：　2015~2016年湖北演艺产业持续发展，政策环境、财政投入、考量标准、市场环境不断优化。湖北各地演艺产业差异化发展，形成了富有地域特色的演艺文化。湖北整体艺术生产能力强劲，演出场所多元化，小剧场演出有声有色，民营院团基本实现自给。融合逐渐成为演艺产业的新常态，艺术融合、行业融合为产业转型升级奠定了基础，演艺产业精耕细则与综合商业模式并行不悖。同时，旅游演出的同质化、演艺产业链的不平衡等问题依然存在，分类改革、分类指导、整合资源、加强原创仍然是湖北演艺产业需要加强的地方。

关键词：　演艺产业　差异化发展　艺术生产能力　融合

艺术表演是文化产业的重要组成部分。2015年湖北演艺产业[①]在多项利好政策的支持下，积极在经济效益和社会效益的两个评价体系中寻求平衡。政府对演艺产业的政策、资金扶持力度进一步加大，演出补贴的规定更加科学合理。小剧场大舞台，演出层次更加清晰，演出场次稳步提升，演艺产业

---

* 胡晓亚，硕士，武汉市文化局中级经济师（人力资源管理），主要从事演艺管理与研究；梁艳萍，湖北大学文学院教授。
① 本行业报告所分析的演艺产业，是以舞台和现场表演为主要方式的艺术行业，主要以实体演出为主，如话剧、音乐剧、儿童剧、旅游演出等。以2015年数据为主，包含部分2016年、2017年行业发展动态。

逐步形成。原创作品丰富及跨界融合渐成趋势，演艺企业积极探索资源共享、利益共享的综合商业化运作模式。

一 湖北演艺产业发展环境分析

由于国家大力支持文化产业发展，演艺产业的政策环境、财政补贴、评价标准和市场环境不断优化，为演艺产业的繁荣奠定了基础。

（一）扶持政策密集出台

2015年10月15日，是习近平总书记在北京主持召开文艺工作座谈会上讲话一周年的日子，为贯彻落实习近平总书记讲话精神，国家出台了一系列扶持政策，加大对文化事业、文化产业的扶持力度，特别是对传统戏曲院团的扶持力度（见表1）。湖北省文艺创作和演出精品频现，艺术表演团体演出情况总体平稳。同时国家层面通过全面清理整顿文艺评奖、成立国家艺术基金，逐渐改变政府扶持文化事业、文化产业的模式，探索文化发展的长效机制。

表1 2015～2016年与湖北演出行业相关的政策

时间	相关政策
2015年2月16日	《国家艺术基金2015年度资助项目申报指南》
2015年4月27日	文化部全面清理整顿文艺评奖
2015年5月5日	《国务院办公厅转发文化部等部门关于做好政府向社会力量购买公共文化服务工作意见的通知》
2015年5月6日	《文化部艺术司关于开展"三个一批"戏曲剧本创作扶持的通知》
2015年7月11日	《关于支持戏曲传承发展的若干政策》
2015年7月14日	《文化部关于开展全国地方戏曲剧种普查工作的通知》
2015年8月11日	《文化部办公厅关于开展"中华优秀传统艺术传承发展计划"民族音乐舞蹈专项扶持工作的通知》
2015年10月19日	《中共中央关于繁荣发展社会主义文艺的意见》
2015年11月16日	《文化部办公厅关于开展戏曲剧本孵化计划项目申报工作的通知》
2015年12月9日	《固本浚源弘扬中华优秀传统文化 延续根脉推动戏曲艺术振兴发展——李鸿忠在省戏曲艺术剧院调研》
2016年6月23日	《全省戏曲振兴发展暨戏曲进校园工作会要求 创全省戏曲发展事业新局面》

续表

时间	相关政策
2016年5月19日	《省政府办公厅关于支持湖北戏曲传承发展的实施意见》
2016年5月21日	《省委宣传部、省文化厅关于印发湖北省戏曲发展振兴计划(2016~2020年)》《湖北省京剧发展振兴计划(2016~2020年)》
2016年4月29日	《省委宣传部等关于开展戏曲进校园活动的指导意见》
2016年6月7日	《省委宣传部关于印发〈湖北省"戏曲进校园"工作落实方案〉〈湖北省大中专学校戏曲工作"八个一"〉〈湖北省中小学戏曲工作"八个一"〉的通知》
2016年4月14日	《省委宣传部关于做好2016年湖北艺术职业学院定向招生工作的通知》
2016年6月21日	《省文化厅关于全省戏曲院团进一步做好戏曲进校园演出活动的通知》
2016年10月12日	《武汉市人民政府办公厅关于印发〈支持我市戏曲传承发展振兴武汉戏码头〉的通知》
2016年5月7日	《武汉市人民政府关于在公共服务领域推广运用政府和社会资本合作模式的实施意见》

(二)财政投入持续增加

2016年5月,国务院办公厅转发的《文化部等部门关于做好政府向社会力量购买公共文化服务工作意见的通知》提出,将公益性舞台艺术作品的创作、演出与宣传,以及民办演艺机构面向社会提供的免费或低票价演出列入政府向社会力量购买公共文化服务的目录中。

2013年湖北省财政厅、省文化厅印发了《湖北省演艺集团公益性演出补贴管理暂行办法》,2015年湖北省组织修改了《湖北省地方戏曲保护与发展专项资金管理办法》和《湖北省专业艺术表演团体送戏下乡补贴专项资金管理办法》,努力发挥好专项资金的扶持作用。2015年全省财政对艺术表演团体和艺术表演场馆的投入达到5.5亿元,比2014年增加8%。以武汉市为例,通过演出补贴的形式,市民可以到设施一流的琴台音乐厅、大剧院以200~300元的价格欣赏世界级乐团的演出,也可以花20~30元去小剧场看传统艺术"周周演"。2015年举办的第四届琴台音乐节历时19天,引进了国内外15个高水准演出团队,包括德累斯顿国家管弦乐团、英国BBC爱乐乐团等国际一流乐团。但在演出票价上,百元以下的低票价依然占到总票房的三成,平均票价比往年下调了30%。受邀的德累斯顿国家管弦乐团相继在国家大剧院和琴台音乐厅演出,相隔两天,演出阵容和曲目一样,但武汉的平均票价比国家大剧院的平均票价低了100元[①]。交通的便捷性、环境的舒适性、形式的多样性、票价的亲民性让武汉的演出市场越来越热闹,武汉成为中国的演出重镇。

(三)社会效益成为文艺作品的重要考核标准,传统戏曲受到重视

习近平总书记在文艺座谈会上提及,文艺不能在市场经济大潮中迷失方向。一部好的作品应该将经济效益放在首位。文化部召开了新闻发布会,介绍了文化部学习贯彻习近平总书记重要讲话和近期繁荣文艺创作方面的有关情况;指出我国文艺评奖制度将改革,将出台艺术创作社会效益具体评价考核的标准;提出要设立一个关于艺术评论体系构建和引导的计划。会议主要提及评论人才的培养、评论实践的开展、评论阵地的建设、评论的行业管理评比和表彰等工作[②]。

2016年全国戏曲进校园经验交流会在武汉召开。湖北省出台了《湖北省地方戏曲保护与发展专项资金管理办法》《省政府办公厅关于支持湖北戏曲传承发展的实施意见》等政策文件,制订了戏曲发展、京剧发展五年振兴计划,提出了大中专学校、中小学戏曲工作的"八个一"要求,对全省17个地市州、2个省直单位下达了8000场演出任务,并遴选优秀剧目开展2016年校园戏曲展演活动。

2016年武汉市人民政府办公厅出台《支持我市戏曲传承发展振兴武汉戏码头的通知》,从非遗保护研究、戏曲理论、戏曲作品生成、戏曲人才培养、演出设施等多个层面给予扶持。"十三五"期间,政府计划每年购买1000场由专业戏曲院团开展的"戏曲进校园"活动(含演出、讲座、辅导等),其所需经费列入年度财政预算。

---

① 杨文丽:《第四届琴台音乐节看点全解析——史上最强阵容》,《艺坛》2015年第6期。
② 《文化部:文艺作品将定社会效益评价、考核标准》,http://news.qq.com/a/20141021/002776.htm。

（四）演出市场环境不断优化

文化是文化产业的内核。经济社会的发展、居民消费水平的提高、城市交通的便捷、科技手段的日新月异、市民文化素养的提升，为演出市场的繁荣奠定了基础。

2015年湖北省人均GDP达到5.07万元，首超全国平均水平。这一年武汉市经济总量实现历史性跨越，突破1.1万亿元。2015年12月28日，武汉地铁6号线开通，设琴台站，与琴台大剧院、琴台音乐厅无缝对接。以"流水知音"为设计主题的琴台站与地铁4号线钟家村站"高山"主题遥相呼应，为优化演出市场环境奠定基础。在地铁开通前，从后湖片区到琴台大剧院搭车需要转2趟车，预留2个小时，出租车的费用在50元上下；地铁开通后，花3元钱、40分钟就可以抵达剧场。按照武汉城市交通布局，湖北剧院、武汉剧院、中南剧场、琴台大剧院、琴台音乐厅、武汉杂技厅、天一戏院、美成戏院等剧场都将与地铁对接。城市交通的便捷、城市文化素质的提升，让出门看戏可以成为一种生活习惯。城市圈、城市群建设力度进一步加大，以武汉为核心，湖北省内已形成了4小时城市圈。湖北省艺术节、地方戏曲节、琴台音乐节都邀请地市州相关人员来武汉观看演出，演出市场在扩大，观看演出的成本也在降低。

在大数据时代，技术的更新也为文化消费的便捷提供了基础。目前，湖北剧院、武汉剧院、琴台音乐台、琴台大剧院、武汉杂技厅、都市茶座等剧场已开通微信售票平台。汉剧《宇宙锋》在斗鱼网全球直播，科技的创新在一定程度上打破了地域和时空的限制。

湖北演艺产业（剧团）也在积极尝试"走出去"战略。2016年，中南六省（区）演出工作交流会暨演出洽谈会在武汉召开，会议通过了《中南六省（区）演出合作倡议书》。广东南方文化发展有限公司、英国精髓国际文化艺术传播有限公司、湖南省歌舞剧院等10家演出经营单位展示了演出项目，洽谈了10余个演出项目。

二 湖北演艺产业发展现状分析

（一）产业规模稳中有升，各地区差异化发展

2015年院团、剧场数量都有所增加，财政投入进一步增加，演出活动频繁，产业规模稳中有升，但国有专业艺术表演团体的经费自给率为11.5%，低于全国平均水平，与北京、上海、广东、浙江等地仍有差距。

数据显示，2015年湖北省艺术表演团体比2014年增加了9个，达到282个，其中国有艺术剧团86个，财政补贴艺术团体85个。艺术表演财政补贴收入5.07亿元，同比增长10%。演出收入1.61亿元，与2014年相比有小幅下滑。演出收入上百万元的艺术表演团体有17个。2015年艺术表演场馆有58个，其中国有艺术表演场馆有48个，比2014年增加5个。艺术演出收入0.67亿元，同比增加72%，占全年总收入的33%。其中，国有艺术表演场馆艺术表演收入0.26亿元，同比增加23%，占全年总收入的29%。娱乐场所有1921个，营业收入为14.5亿元，在全国排第11位。其中歌舞娱乐场所有1377个，营业收入为13亿元；游艺娱乐场所有528个，营业收入为1.5亿元。演出经纪机构有33个，在全国排第20位，营业收入为8941万元。

北京、上海、广东、浙江作为中国经济、文化重镇，在艺术演出产业方面走在了全国前列。2015年文化部数据显示，浙江省表演团体达到了1617个，湖北省在31个省、自治区、直辖市中排第13位；在艺术表演团体演出收入方面，浙江省达15.8亿元，湖北省排第17位。

武汉市作为文化产业集聚区，成为演出产业的高地。武汉市素有"戏码头"之称，上百年间，形成了法租界大舞台、新市场大舞台，美成、长乐剧场，天声、天仙剧场，茶园，街头五个不同档次的产业梯队[①]。目前得

---

① 何祚欢：《大武汉既是戏码头更是戏窝子》，《湖北日报》2016年2月14日，http://news.163.com/16/0214/05/BFOUHP8400014AED.html。

益于人、财、物的优势，武汉市作为湖北省艺术演出行业的龙头，其国有艺术表演团体演出收入为2066万元，占全省国有艺术表演团体演出收入总量的28%，专业技术人员占总量的36%。

旅游与演艺产业相结合。以十堰市中国武当功夫团为例，该团充分结合自身旅游资源和文化特色，把武当道教秘传内家功融会于舞台表演之中，合理编排出既不失传统又具有艺术价值的节目，武艺并重，雅俗共赏，赢得了市场。该团现有从业人员192人，资金自给率达到36.9%，高于全省艺术表演团体平均水平。

小剧场大舞台。以襄阳市为例，2015年投入60万元改造原市豫剧的旧剧场，让艺术小剧场成为襄阳市京剧、豫剧、曲剧、襄阳花鼓戏、湖北越调、黄梅戏以及音乐剧、儿童剧、歌舞、器乐、曲艺等各艺术门类的综合展演场所，通过常态化、多样化的演出吸引观众、留住观众。襄阳艺苑作为民营的小剧场，突出襄阳特色，在传统相声的基础上，添加了网络语言、襄阳美食、襄阳风情等内容，让更多襄阳人了解相声，喜爱上这门传统艺术。

（二）民营院团基本实现自给，儿童剧类演出市场潜力巨大

民营院团资金基本实现自给。2015年民营艺术院团演出收入0.89亿元，支出0.82亿元，资金自给率为108.5%，2014年资金自给率为97%。财政补贴收入为160万元，同比降低31%。话剧、儿童剧、滑稽剧类演出市场的收入在各类演出门类收入中遥遥领先。2015年演出收入为1807万元，同比增加45%，资金自给率为30%。随着国家全面开放二胎政策，儿童剧市场潜力巨大。京剧、地方戏曲类艺术表演团体的演出收入也有所增加，分别同比增长23%、22%。但是京剧类艺术表演团体的资金自给率仍然很低，仅为3.7%。歌舞、音乐类、杂技类、曲艺类、综合性表演团体的演出收入都有不同程度的下降。

（三）艺术生产能力强劲，全国排名第三

2015年湖北省艺术表演团体原创首演剧目有96个，在31个省、自治

区、直辖市中排名第三，仅次于江苏的117个、福建的114个。其中地方戏曲原创首演剧目有77个，位居全国第一。地方戏曲类原创首演剧目有43个，占总量的45%。近年来，湖北相继推出歌剧《八月桂花遍地开》《高山流水》《神女》，京剧《美丽人生》，汉剧《程婴夫人》，楚剧《万里茶道》，音乐剧《黄四姐》等原创剧目，并在中国歌剧节、中国京剧节等专业比赛中斩获多项荣誉。自国家艺术基金成立以来，2014年、2015年湖北省资助项目分别为11项和24项，其中大型舞台剧目共计资助10项，涉及歌剧、京剧、话剧、杂技剧、交响乐、花鼓戏、黄梅戏等9个艺术门类。

武汉京剧院通过"汉口女人三部曲"奠定了汉派京剧高地。2008年，武汉京剧院首次将池莉的小说《生活秀》改编为京剧搬上舞台；2011年，将京剧《水上灯》搬上舞台（改编自方方的小说《水在时间之下》）。2014年，武汉京剧院邀请戏剧导演王筱迪，再次将作家方方的小说《万箭穿心》改编为京剧《美丽人生》，将其在2015年5月搬上舞台。戏曲作为传统艺术，当代戏的创作难度是最大的。而武汉京剧院在排演了《三寸金莲》和《贵妇还乡》等创作剧目后，又连续推出三部当代题材的创作剧目，得益于"不做第一但求唯一"的思路。"汉口女人三部曲"经过京剧艺术节走向全国，其独树一帜的题材和鲜明的地域特色引发了全国京剧界的关注。三部剧作均有创新，不仅为观众塑造了鲜明的艺术形象，而且缔造了刘子微、关栋天这一对黄金搭档，培养了程亮等青年人才。

（四）演出场所多元化，产业梯次逐渐形成

湖北演出场所多元化，场所定位逐步清晰，小剧场、专业剧场的地位不断突出，产业梯次逐渐形成，"演艺集聚区""驻节演出模式""3.0演出创新模式"得到发展。

2015年湖北艺术表演场馆有58个，多种类型的演出阵营逐渐成熟，形成产业梯次。以琴台大剧院、琴台音乐厅、湖北剧院、武汉剧院为第一梯队，它们承担了大量国内外的高层次演出。2015年，4家艺术表演场馆的艺术演出场次达629场，占总量的19.3%。湖北先后引进德国德累斯顿国家管弦乐、荷兰 LICKS&BRAIN 乐团音乐会等知名演出,并通过湖北艺术节、琴台音乐节、戏曲艺术节等驻节演出模式,产生聚集效应,扩大影响。

一些独具特色的小剧场发展势头良好,以亲民、灵活的表现形式活跃在演出市场上。汉口以中山大道为轴,有都市茶座、武汉人民艺术剧院、楚乐戏苑等各具特色的小剧场,小剧场常年坚持演出、培育观众。近两年,襄阳也涌现了文博艺苑、汉风馆音乐厅、襄江剧场等一批各具特色的小剧场,"其中不仅有热衷于艺术的企业家、艺术家,也有刚毕业的'90后'热情地投入小剧场的事业中"。① 小剧场的形成和繁荣让戏剧进一步向专业化发展,推动了演出行业的精耕细作。

在经营模式方面,武汉剧院推出"3.0演出创新模式",尝试打造"剧团+剧场+传媒"的新模式。武汉铁人团队零演出费、武汉剧院零场租、武汉晚报社零宣传费,剧团、剧院和媒体作为演出产业链上相互关联的三个环节,共同投入、共同承担、共享利润。更为重要的是,在此基础上,武汉剧院也积极尝试打造"3.0演出创新模式"的升级版——复合剧场、艺术庭院、生活方式,这与现代复合型商业模式不谋而合。②

三 湖北演艺市场的创新特点及趋势分析

(一)原创作品层次丰富,地域特色明显

湖北演艺市场依托地方特色和人才优势,大制作、小精品不断涌现,原创作品在演出市场中占据了重要地位。香港舞剧团、湖北省演艺集团与襄阳市艺术剧院有限责任公司共同打造的武侠舞剧《射雕英雄传》在琴台大剧院演出。武汉汉剧院新编汉剧《程婴夫人》。武汉说唱团持续推出方言贺岁

---

① 张亚婷:《小剧场、大梦想》,襄阳日报网,http://www.hj.cn/html/201512/22/2269342812.shtml。
② 王斌:《艺术产品与剧院营销的创新模式》,中国文化传媒网,http://www.ccdy.cn/wenhuabao/wb/201603/t20160314_1200927.htm。

喜剧《鬼子进了城》，引爆江城。武汉人民艺术剧院立足小剧场，推出儿童剧《金鱼和渔夫》、都市谍战剧《屌丝英雄》。湖北京剧二团院推出原创少儿神话京剧《梁子湖的传说》。仙桃市花鼓剧团创排的荆州花鼓戏《汉王陈友谅》。湖北省实验楚剧团创排的现代楚剧《弯树直木匠》、襄阳市花鼓戏剧团推出的抗战题材大戏《长山壮歌》、随州花鼓艺术剧院创作的大型革命历史剧《不下马的将军》、湖北省民族歌舞团创作的土家音乐剧《黄四姐》、丹江口市人民艺术剧院创排的郧剧《风雨塔灯岩》，这些原创作品艺术门类丰富，既吸收了国内外知名艺术家的指导，也充满了地域特色，让观众在耳目一新的同时也倍感亲切。

湖北原创作品的繁荣主要得益于三个方面：一是国家层面的大力支持。大到斥资几百万元的大型舞台剧，小到一个节目，物质和精神领域的支持为原创作品创造了条件。2014年，国家艺术基金资助项目歌剧《高山流水》、京剧《美丽人生》、楚剧《山乡网恋》、舞蹈《汉正街的娘子军》、杂技《飞轮炫技》纷纷被搬上舞台。二是地方政府的高度重视。湖北省通过组织艺术节、地方戏曲节、展演等活动，为原创作品演出提供平台。武汉市每年安排1000万元的资金支持精品剧目创作。成建制保留的8个艺术院团，每年推出一部精品大戏和若干特色小品。三是"引进来、走出去"的艺术融合模式。国家化的艺术视野、现代科技舞美技术、传统的地域文化、浓郁的时代气息，让原创作品迅速进入"3.0全球化时代"，团队能力快速提升。

（二）融合成为演艺产业新常态，行业亟待转型升级

在信息扁平化的泛娱乐时代，融合逐渐成为演艺产业的新常态。艺术融合、行业融合为产业转型升级奠定了基础。

1. 艺术融合（国际艺术视野+本土地域文化、传统+现代、东方+西方）

艺术融合含义丰富，从古至今不断演变，赋予不同艺术作品新的生命和特征。湖北演艺产业在转企改制、深化改革的大背景下继承、吸收、裂变，有的昙花一现，有的涅槃重生，在差异化发展的同时，也推动了产业的转型升级。

武汉说唱团邀请台湾导演陈立华、本土编辑李冰、本土方言喜剧演员创造的方言贺岁喜剧模式已运行了5年，先后推出了《海底捞月》（荣获第21届曹禺剧本奖）等9部剧作，演红了"岔巴子"（田克兢）、"嘎巴子"（陆鸣）、"灾麦子"（李道南）等一批角色，口碑与票房齐飞，让一个30多人的地方曲艺院团在演艺市场中摸索出一套具有国际艺术视野的本土地域文化运营模式。香港舞剧团、湖北省演艺集团、襄阳艺术剧院联合打造的舞剧《神雕英雄传》，由香港著名编舞大师梁国城执导，并且邀请了国内外知名编导团队，作品整体提档升级，团队整体水平提高。

2015年湖北演艺行业在"文学+舞台""传统+现代"等融合方面也做出了不少尝试。京剧《美丽人生》改变自方方的小说《万箭穿心》，这是京剧院改编现代文学作品"汉口女人三部曲"的收官之作，在京剧界独树一帜；在"东方+西方"的艺术融合方面，改编自莎士比亚的名剧《驯悍记》以汉剧的讲述方式在英国上演；土家音乐剧《黄四姐》在"民歌+音乐剧"的模式方面做了积极的尝试。

对于艺术作品本身，融合也变得频繁多样，如杂技与舞蹈、杂技与戏剧、戏曲与歌曲、戏曲与歌剧、戏曲与舞蹈。艺术门类在继承发展的基础上，也在积极探索融合的创新。

2. 行业融合（科技+艺术、旅游+演艺、影视+演艺）

行业间的跨界为不同领域的纵深发展提供了平台。科技与艺术的融合突破了舞台艺术的时空局限，旅游与演艺的融合整合了旅游与文化两个市场。演艺市场有了新的契机，行业界限变得模糊。

科技和艺术作为社会发展的两翼，推动着演艺产业相时而动。3D高科技影像技术在京剧《美丽人生》、动漫杂技剧《凤舞九天》中得到运用。"互联网+"的概念逐渐深入演艺产业的创作、宣传、运营环节。琴台音乐厅、大剧院率先运用在线票务平台，实现线上线下融合，特别是利用移动互联网，打开了年轻观众市场。2015年，琴台音乐厅、大剧院实现收入2156万元，其中演出收入为604万元。本土网络平台斗鱼网积极融入主流文化，汉剧《宇宙锋》在斗鱼网实现直播。

2015年，湖北省各地区依托本土自然、人文资源，积极吸引资金，探索"旅游+演艺"的融合产业模式，为旅游市场带来新的经济增长点。万达投资70亿元打造世界顶级文化产业项目：汉秀剧场和电影乐园。中国传统"红灯笼"的剧场造型成为武汉新的地标，引领旅游演艺市场。中国武当功夫艺术团在武当山风景区将道教功夫融于艺术表演，赢得市场与艺术的双丰收。利川市腾龙洞旅游景区打造土家民族舞蹈激光秀以吸引游客。

影视、动漫作为现代文化市场的宠儿，占据文化产业的资金、人才、传播优势。湖北演艺市场通过"影视（动漫）+演艺"模式，积极增强影响力。2015年动漫杂技剧《凤舞楚天》将动漫、3D投影元素引入传统杂技表演，讲述湖北历代名人的故事。2016年楚剧青年演员余维刚与台湾歌手彭佳慧联手闯关央视音乐节目《叮咯咙咚呛》。武汉汉剧院青年演员王荔亮相2017年春晚。2017年汉剧青年演员王莉将与任贤奇混搭，唱响2017赛季中甲联赛开幕式。京剧电影《三寸金莲》积极筹备拍摄。

（三）演艺输出持续发酵，资源整合优化市场配置

演出是剧目价值实现的唯一途径。为减少获奖即停演的现象，国家艺术基金对每个项目都提出了演出场次要求，并专门设立了传播交流推广项目，京剧《建安轶事》、汉剧《红色娘子军》受到此项目资助。武汉杂技团多年来坚持出国演出，2015年全年演出455场，其中国外演出240场，演出收入为269万元。同时该团以人才输出的模式，积极与迪士尼合作，驻演上海迪士尼乐园。汉剧《红色娘子军》、儿童音乐剧《尼尔斯骑鹅历险记》与琴台大剧院合作，通过商业化运作，在全国巡演。

不同城市间也通过演出联盟的方式加强交流合作。武汉、长沙、南昌、合肥四城市达成《长江中游城市群"3+1"演出联盟——武汉共识》。剧团与剧场深度合作，通过驻节演出、全国巡演等模式，进一步整合演艺资源。琴台音乐厅、"打开艺术之门"等节庆活动先后与武汉汉剧院、武汉人民艺术剧院合作，实现汉剧《红色娘子军》、儿童音乐剧《尼尔斯骑鹅历险记》全国巡演。中南剧场连续举办中南国际戏剧节，引进国际崭露头角的小制作

戏剧，以降低成本、提升影响。武汉剧院的"3.0演出创新模式"进一步整合剧团、剧场、媒体的资源，实现利益共享、风险共担。

（四）演艺产业精耕细作与综合商业模式并行不悖

2016年万达电影乐园息影，汉秀剧场开业时的热闹一去不复返。资本化运作并没有带来演出产业的利润最大化，演艺行业仍然按照其艺术规律行进。现行的国有院团运行模式虽然一直受诟病，但是也非通过短期的资本市场可以取代。无君子不养艺人，演出产业的繁荣、艺术人才的培育、观众消费习惯的养成，没有精耕细作是不可能实现的。以武汉小剧场演出为例，它在作品呈现、消费人群、宣传渠道上都实现了细分，专业化程度更高，目标更为明确。天一戏院、楚乐戏苑、人民剧院以传统戏曲为主，用20~30元的票价培育了一批老票友；都市茶座坐落于汉口最繁华的中山大道胜利街内，既有传统曲艺，又有插科打诨，观众以中青年市民为主，雅俗共赏，票价为50~100元；中南剧场、D5空间位于武汉高端楼盘融科天城与地铁1号线之间，既有儿童剧也有原创的都市话剧，通过会员卡的销售方式，吸引了一批"70后""80后"家庭消费。

2014年，武汉福星惠誉群星城开业，成为武汉徐东商圈的新地标。在主题设计上，群星城通过开放、半开放的森林设计，将商业办公、文艺娱乐、教育运动、商务招待、选购物品有效融合，是武汉商业综合体的典型代表。以徐东商圈为例，从销品茂（SHOPING MORE）到群星城，商业综合体逐渐成为城市品牌与生活方式的标志区。各种消费需求都可以通过"消费功能+模式+商业空间"模式完成，这也是武汉剧院希望打造的复合剧场、艺术庭院。

四 湖北演艺产业现存问题和发展建议

（一）演艺产业问题分析

1. 文艺院团改革不等于市场化

企业追求利润的最大化。企业存在的根本原因是交易成本的节约。艺市场的意识形态功能和审美价值取向使其无法与经济效益直接画等号。用市场化概括文艺院团的改革情况既不准确也不全面。演艺机构兼具经营性和公益性的双重特征。完全的公益化和完全的市场化都不符合演艺市场的生产规律。

湖北文艺院团大都在2012年实现了转企改制。湖北省京剧院、武汉汉剧院等部分院团作为文化事业单位得到保留。湖北省歌舞剧院、武汉市京剧院等一大批院团转为企业。2015年，从资金自给率看，转企单位资金自给率并不高，并相继出现了人才流失、艺术门类断档等问题。而一些保留了事业单位身份的单位又出现了市场化运作与身份体制不相适应的问题，不利于演艺市场的培育和发展。同时，一些地区院团演出基本上是免费赠票，不利于消费习惯的培育。虽然民营剧团基本上实现了资金自给，但是在营业能力上处境仍然十分尴尬。一些低端的娱乐场所，如蓝天歌舞剧院，也在激烈的市场竞争中销声匿迹。

2. 旅游演出同质化，缺乏持续的吸引力

旅游产业与演艺产业的融合，为旅游增添了内涵和新的经济增长点，因此湖北多个旅游景点纷纷上马。利润的最大化追求让演出的同质化不可避免。在内容上主要是本土旅游特色与科技噱头，文学内涵简单，艺术呈现形式粗糙。在人员队伍上，主要是固有的班底，鲜有变化。最典型的就是汉秀，红灯笼建筑设计并没有使演出产业红红火火。过于强调现代高科技、声光电带来的视觉刺激，反而忽视了艺术内容的设计，内容空洞乏味，缺乏文化内涵。

除旅游产业化外，演艺产业本身也存在同质化的风险。高昂的人工成本、时空的局限，让演艺产业本身很难像影视行业一样快速复制或更新。

3. 演艺产业链不平衡，顶层设计仍显不足

湖北演艺产业不乏佳作和拔尖人才，但产业链整体不平衡（见表2），拳头产品缺乏，整体效应不高，人才结构不平衡。

（1）结构不平衡，缺乏拳头产品，整体效应不高

演艺产业链的前端、中端、末端的互动、转换有限。汉秀剧场依靠雄厚

表2 湖北演艺产业链结构

产业链层次	内容	范围	特点
演艺产业链前端:第一层次	国内外知名音乐、戏剧作品	琴台音乐厅、琴台大剧院、汉秀剧场	市场化程度高,盈利能力强,数量少
演艺产业链中端:第二层次	原创、传统艺术作品	国有艺术剧团、剧场	市场化程度低,盈利能力弱,数量多
演艺产业链末端:第三层次	旅游休闲娱乐作品	民营院团、娱乐场所	市场化程度高,盈利能力弱,数量多

的资金实力和地理、宣传优势迅速抢占市场,但缺乏人才、技术的支撑,也没有与产业链中端和末端实现资源整合,后续乏力。琴台音乐厅、琴台大剧院依托保利文化的先进管理方式和资源,在盈利能力上走到了前列,同时与武汉市政府建立了合作关系,得到了政府在财政资金上的支持,但是与产业链中端和末端的合作仍然有限。产业链中端依靠政府扶持和良好的基础实现差异化发展,但市场化程度整体不高,与产业链末端鲜有互动。民营院团、娱乐场所作为湖北演艺产业的末端,数量多但体量小,盈利能力有限,整体动力不足。

在整体效应上,湖北演艺产业链缺乏拳头产品。目前,很多省份在演艺产业上已经形成了自己的特色。北上广作为一线城市,在演出产业上也走在全国前列。2015年北京、上海演出音乐剧1548场,全国占比之和为74%。北京2015年全国票房收入高达15.49亿元,演出场次为24238场,稳居全国市场份额首位。① 除此以外,各地也走出独特的发展道路。云南以《云南印象》为代表;浙江的民营戏剧发达,农村演出市场繁荣程度在全国位居前列;湖南娱乐性演出在全国影响巨大;辽宁以"刘老根大舞台"为代表;天津的相声以及四川名人大型演出等都在全国有一定的影响力。而湖北省演艺团体力量仍然十分分散,没有形成资源共享和产业整体效应。

(2)人才不平衡,高端编剧、营销、舞美设计人才匮乏

湖北艺术表演团体从业人员有8999人,其中专业技术人员有5182人,

---

① 北京演出行业协会:《2015年北京市演出市场统计与分析报告》,2016年1月5日。

占比为57.6%。具有高级职称的有802人，占专业技术人员的比重为15%。高层次的编剧人才、市场营销人才和舞美设计人才非常匮乏，很多需要从国外引进，与原创大省的地位不匹配。在人才培养上，目前专业的艺术院校除武汉音乐学院外，主要是中等职业技术学校，以培育演员为主，对编导创作人才的培育明显不足，逐渐成为制约原创作品产生的瓶颈。湖北缺乏专业的营销人才。一个剧团往往只有1~2个营销人员，并身兼数职，也非营销专业出身。整体的营销模式仍然停留在口耳相传的一次元时代，与现代市场营销的要求相去甚远。

（二）演艺产业发展建议

演艺产业类别多样，市场情况参差不齐，同时受影视、互联网娱乐行业的冲击。演艺产业一方面需要政府的扶持和引导，另一方面需要积极探索市场，找准目标人群，扩大宣传，树立品牌。

1. 分类改革，分类指导

繁荣文艺事业，促进文艺产业发展，是文艺院团改革的目的。深化文艺院团改革不意味着文艺院团全部市场化。演出行业要根据所承担的职能和市场需求进行分类。对于市场前景好的、市场化程度高的文艺院团，建立现代化企业管理制度，加强政策的延续性，保障其平稳发展。对于市场化程度低、承担传承与保护文化的文艺院团，加强文化事业管理，同时根据演艺市场需求，打破体制机制限制，积极探索文化产业的发展方向。对于小微型演艺企业，加强引导，同时纳入政策支持、政府采购公共服务、技能培训等的范畴，鼓励其与大中型演艺企业合作，形成产业集聚效应，促进其抱团式发展，为产业链的形成奠定基础。

2. 整合资源，打造拳头产品

文化产业是当下经济发展的热词。湖北省中部崛起、武汉市跨越式发展战略，也让湖北的演艺产业迎来新的机遇。无论是"旅游+演艺"的模式，还是小剧场大舞台的模式，抑或国际化团队合作模式，资源整合成为大趋势。资源整合涵盖行业间的融合，也包含了行业间的合作。在行业融合的大

背景下,政府层面要出台相关政策,保障一定资金,鼓励创新和探索。特别是在艺术与科技的融合上,要坚持内容为王、科技为艺术服务,避免内容的粗制滥造。在行业间的融合上,要积极吸纳社会资金,探索众筹、基金化运作等筹资模式,发挥湖北演艺产业优势,结合湖北文化特点,形成拳头产品,实现资源共享、利益共享。

3. 注重原创,提炼本土特色

原创是艺术作品的立身之本。通过原创作品既培养了人才,也锻炼了队伍,为作品输出、人才输出奠定了基础。湖北是鱼米之乡,地产丰富,有神秘浪漫的荆楚文化,有原始彪悍的巴人文化,文化特色鲜明、内容丰富。演艺产业对传统文化的挖掘和提炼,是原创作品生产的源泉和动力。政府一方面要在政策上扶持和鼓励原创作品;另一方面要加强制度、资金、人才等方面的支持,特别是在人才培养上,既要邀请国内外知名艺术家,也要锻炼和培养自身的艺术表演队伍。原创作品可大可小,既要有体现时代脉搏的作品,也要有与民同乐的作品;既要吸引本土观众,也要有国际化的艺术水准和表现形式。

B.9 湖北动漫产业发展报告（2016）*

牛旻**

摘　要： 湖北动漫产业立足结构转型，"大动漫"全产业链初具规模，成为文化产业的核心驱动力之一，进入IP（知识产权）运营时代。产业规模稳步提升，漫画期刊、绘本发行量领跑全国。市场需求量大，服务外包环境优越，播出平台齐全，展览展会活跃。与此同时，企业整体规模偏小，编剧、营销人才有缺口，产业链条结构需调整。在下一阶段，湖北应加快全年龄段动漫转型，走在知识产权时代的前列，注重品牌培育、维护和增殖，注重产业链开发的完整性与延续性。

关键词： 全产业链　"大动漫"　品牌运营　融合

动漫产业是21世纪的重要经济增长点，也是美国、日本等文化强国输出价值观、在全世界形成广泛文化认同进而占据文化市场的核心竞争力之一。

随着《中共中央关于繁荣发展社会主义文艺的意见》等一系列重要纲

---

* 本报告是湖北省教育厅2017年人文社科项目"湖北动漫产业'不平衡'业态及对策研究"（17Q070）阶段性成果。
** 牛旻，湖北工业大学艺术设计学院讲师，湖北文化创意产业化设计研究中心研究员；主持多项教育部人文社科基金、省教育厅人文社科项目；参与国家艺术基金、国家社科基金、湖北省政府智力成果重点招标项目、省教育厅哲学社科重大专项等省级以上课题7项；出版纪实文学《板门店谈判》（与赵勇田合著），任纪录片《中央饭店》编剧，在《包装工程》《资政建言》等期刊和内参刊物上发表文章10余篇。

领的出台，以及中国文化产业开始进入 IP（Intellectual Property，知识产权）运营时代，湖北动漫产业已迎来减量增质、注重文化和品牌价值维护与增殖、与新技术及新媒体深度融合的新常态，与游戏产业一起，并称为"动漫游戏产业"。

2015年，湖北动漫产值规模位居全国前十和中部第二。截至2016年第三季度结束，湖北规模以上动漫、游戏企业共计139家（动漫企业有72家，游戏企业有67家），从业人员逾5万人，动漫企业实现主营收入97.94亿元，游戏企业实现主营收入84.17亿元，共计182.11亿元，相比2009年的年产值10亿元，实现了跨越式增长。

与此同时，湖北动漫也存在集约化程度低、产业链发展失衡、融资渠道不畅等问题。

一 湖北动漫产业发展环境

（一）政策环境

在国家大力推动社会主义文化繁荣发展、加强文化产业建设的时代背景下，湖北动漫产业在"十二五"期间迎来了转型与发展的良机。

在"十二五"初期，湖北省确立了"通过5~10年的努力，使湖北成为中部地区的动漫产业强省，力争跻身全国动漫产业第一方阵"的发展目标。湖北要按照繁荣和发展社会主义先进文化、构建社会主义和谐社会的要求，促进弘扬中华民族优秀文化、具有荆楚文化特色、内容积极健康、形式丰富多彩的动漫产品的创作和生产，不断满足人民群众日益增长的精神文化需求；按照发展社会主义市场经济的要求，落实产业政策，增加产业投入，优化资源配置，促进产业升级，逐步形成产业特色鲜明、技术水平领先、市场竞争有序、经济效益显著的动漫产业发展格局。

湖北省第一部动漫产业发展指导性文件《关于推动全省动漫产业发展的意见》规定，自2010年起连续3年，省财政每年安排2000万元作为扶持动漫产业发展的专项资金；对符合国家规定条件的小型微利动漫企业，减按20%的税率征收企业所得税。以贴息、补助、奖励的方式重点支持动漫企业研发具有自主知识产权的动漫图书、报刊、电影、电视、音像制品、舞台剧和基于现代信息传播技术手段的动漫新品种。

在一系列利好政策的支持和指引下，湖北动漫产业在"十二五"期间取得了长足发展（见表1）。

表1 相关政策文件

时间	相关政策
2009年9月	《关于推动全省动漫产业发展的意见》
2013年12月	《湖北省扶持动漫产业发展专项资金管理办法(试行)》
2014~2016年	《组织实施弘扬社会主义核心价值观动漫扶持计划》
2015年3月	《关于做好2015年"国家动漫企业项目资源库"有关工作的通知》
2015年5月	《2015年扶持成长型小微文化企业工作方案》
2015年5月	《关于组织做好2015年"原动力"中国原创动漫出版扶持计划项目申报工作的通知》
2015年9月	《动漫企业认定管理办法(试行)》

（二）经济环境

"十二五"期间，湖北动漫产业立足结构转型，由数量规模型增长转向质量效能型增长，注重构建全产业链，"大动漫"产业生态体系建设初具规模。

在"互联网+"的时代背景下，动漫因其直观形象、易于传播的特质，迅速地和各种新媒体、电商进行了融合，以"大动漫"的泛文化形态，逐渐成为文化产业（尤其是流行文化）的核心驱动力之一，对影视改编、早教科普、电子游戏等多个产业起到了良好的串联和促进作用。

因此，资本对动漫的关注与投入力度进一步加大，湖北动漫产业规模稳步提升，年产值稳定在全国前十位，介于全国第一方阵与第二方阵之间；以《知音漫客》为代表的漫画期刊、绘本发行量与产业规模领跑全国，优势明显。

（三）技术环境

"十二五"期间，在省委、省政府的指引下，湖北动漫产业确立了"互联网时代新兴文化产业创新发展"的新思路，重视与新科技、新媒介的融合。

湖北拥有国家光电信息产业基地、软件产业基地，武汉则是国家信息化工程重点城市，以光谷为核心，在数字技术、通信技术、软件开发等领域发展迅猛，新媒体时代的动漫生产与传播优势得天独厚。

（四）社会环境

"十二五"期间，湖北动漫产业进入IP运营时代。由于知识产权成为产业转型升级的核心驱动力，湖北开始重视动漫的品牌价值，尝试塑造具有完整价值观念、深刻文化内涵的优秀动漫故事与形象。

经历了"十二五"时期的产业升级与转型，湖北动漫产业开始进入减量增质、调整产业结构、充分实现其多重社会功能的转型时期，动漫企业开始重视创造自主文化品牌，使动漫成为国家文化与核心价值观的优质载体。

各城市根据自身特色，避开同质化发展陷阱，走上了差异化发展动漫产业之路，如荆州的对外动漫文化产品开发、孝感的数字考古与文物修复、阳新的非遗传承与民俗文化保护。

在读图时代的大背景之下，全媒体平台对图形符号的依赖达到了空前的程度。无论是政治宣传、文化传播，还是科学普及、文化教育，动漫都发挥了日益重要的社会功能（例如日本政府使用哆啦A梦等著名的动漫角色作为申奥大使）。2015年，通过手机APP、门户网站等新媒体平台，楚天尚漫全年发布原创新闻漫画作品3500余幅，打造"尚漫出品"，取得了良好的经济效益和社会效益。

因此，在人民群众文化需求、科普文教需求、城市建设需求等多种因素的共同作用下，动漫已经开始深度介入社会精神文明建设。湖北省各政务机构，如交通管理、工商等，均大量采用动漫形象进行政策宣传；大批由动漫改编的影视剧、游戏成为文化市场主流；借助手机、电脑等自媒体平台，动漫在传播文化、图解时代精神等方面发挥着越来越显著的作用。

二 湖北动漫产业发展概况

（一）"全产业链"初具规模，以动漫为核心，涵盖游戏、影视、文学、服装、工程、文物修复、工艺品设计等的"大动漫"业态渐成规模；知识产权（IP）运营开始普及，进入 IP 运营时代

1. 与新技术、新平台融合，"大动漫"业态初具规模

"十二五"期间，按照省委、省政府发展文化创意产业、推进产业结构升级、转变发展方式的战略，基于"开放、融合、创新、共赢"的理念，湖北动漫产业深入推进"以影视动画为核心，原创漫画为依托，新媒体动漫为先导，网络游戏、应用动画、衍生产销、外包服务、人才培训为支撑的'大动漫'产业生态体系"建设，并呈现出一系列全新业态特征。

第一，与网络新媒体融合。随着新媒体迅猛发展，各种网络视频网站、自媒体平台、手机 APP 成为动漫产业的重要载体与平台。基于大数据分析与运营，新媒体动漫得以掌握用户的行为数据、动漫消费习惯偏好，从而实现动漫产品的个性化定制服务，由此开辟了动漫产业发展的新路径，手机与新媒体成为动漫产业新高地。

"十二五"期间，湖北新媒体动漫异军突起，全面登陆新媒体平台。动画《闯堂兔》《爆蛋精英》《疯味英雄》《淞沪风云》等先后与爱奇艺、搜狐、乐视、优酷等主流新媒体平台合作；一系列原创漫画在腾讯等平台连载，漫画《银之守墓人》（两点十分公司）网络点击量超过 7 亿人次（截至 2016 年 12 月），并有望与日本动画公司合作，改编为相关动画；博润通《UP 喵》动漫形象成为广受认可的动漫 IP，被制作成百度、搜狗输入法表情及皮肤。《银之守墓人》和《UP 喵》动漫形象双双入选 2015 年度"国家动漫品牌建设和保护计划"。

由于抓住发展良机，充分发挥光谷等平台的技术优势，一批熟悉新技术开发、新媒体规范、新媒体用户特点的动漫制作与运营企业涌现，并得到了长足发展，如楚天尚漫、两点十分、博润通、玛雅动漫、银都传媒等。

第二，与移动游戏产业融合。动漫与游戏合作开发，共享知识产权，是日本、美国等文化产业发达国家的成功模式之一。随着我国文化产业与新技术的进一步交叉融合，"动漫＋游戏"产业模式已逐渐成为湖北省动漫产业模式的新主流。

2015年，湖北游戏产业以手机游戏开发运营为主体，全年10余部游戏新作上线。拇指通公司的休闲类棋牌端游《赖子山庄》全年收入近2500万元；超级玩家、渲奇等公司运营的页游项目稳定发展；银都文化本来是以动漫杂志为主营业务的公司，在积极从纸媒转型到虚拟现实产业后，其基于虚拟头显设备的游戏《唤梦之旅》成功上线，是湖北VR（虚拟现实）游戏的开山之作。

第三，与文学产业融合。以《今古传奇》、知音集团的《漫客·小说绘》等青少年文学期刊为依托，湖北动漫构筑了完整的"漫画—动画—游戏"产业链条。

凭借完善的创作机制以及有效运营，知音、今古传奇吸引了以江南、蔡骏、沧月等为代表的国内知名青少年文学作家，以及以颜开等为代表的知名漫画家，以工作室形式入驻，产生了一批优秀的文学、漫画和动画作品，初步构成了"ACGN"（动画、漫画、游戏、小说）产业链。

例如，《漫客·小说绘》刊载的知名小说《龙族》《斗破苍穹》等，先后被改编或绘制为漫画、动画，在全国产生巨大反响，继而被制作成手机游戏、电脑网页游戏等，产生了巨大市场价值。

第四，与新技术融合。以光谷等高科技产业园为有力依托，湖北工程动画年产值突破2000万元；虚拟技术开始广泛应用于城市规划、工程建设、模拟仿真、数字教育和数字娱乐等领域，全年产值预计超过5亿元。

2015年，影视动漫专业音频服务全年完成配音、配乐、混音作品10部。知音漫客、海豚传媒等动漫企业年销售收入都为上亿元。

第五，与多种产业和领域协同创新。湖北动漫在政宣、公益、科普、文教、娱乐、城市规划、影视等多个领域发挥日益显著的作用。

"十二五"期间，湖北以动漫为核心，初步构建了相关影视改编、青少年文学、电子游戏、工程动画、衍生产销、外包服务、人才培养互为支撑的"大动漫"产业生态体系。

2. 知识产权（IP）成为产业转型升级的核心驱动力，本土品牌开始涌现

随着省政府一系列鼓励企业版权运营的政策出台，湖北动漫产业开始重视动漫的品牌价值（见图1），尝试塑造具有鲜明艺术特征、完整价值观念、深刻文化内涵的优秀动漫故事与形象，以此增强文化建设与产业转型的核心驱动力。

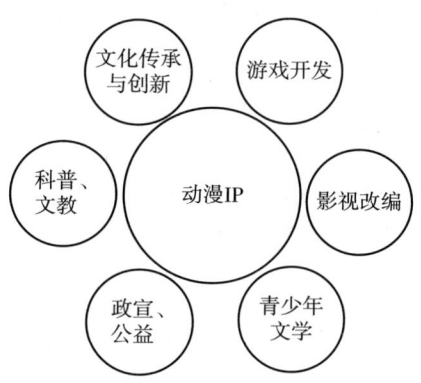

图1 动漫 IP 功能概念

"十二五"期间，湖北动漫加速转型，从以外包、仿制为主的模式，转化到以建立自主品牌、创造拳头产品的生产运营模式。饼干警长（江通动画，2009年）、闯堂兔（玛雅动画，2011年）等标志性动漫形象（见图2），经过"十二五"期间的市场化运营、推广，逐渐成为具有一定品牌价值的重要湖北本土IP。

自2015年起，湖北实行著作权免费登记制度，为动画企业的原创提供了有力支持。以江通动画（国家动画产业基地）为例，每年可节约数十万元经费。凭借其原创动画《饼干警长》在央视热播，江通动画的一系列衍生产品（如文具、玩具等）取得了良好经济效益；江通动画以版权作为抵押，获得2000万元银行贷款，并得到了50%的财政贴息，在2015年获评

"全国版权示范单位"。

2016年6月,以"打造湖北首个全国性动漫IP"为目标,武汉大型商业体群星城举办了"饼不简单"主题展,通过玻璃钢展示、饼干烘焙体验教室、警长穿越世界名画创意画廊、"饼肩作战"互动游戏等多个商业推广与互动环节,主题展首日吸引人流2万人次,当日销售额较往年同期提升了11%。《饼干警长》巡展将在北京、广州、上海等地持续进行。

实体商场通过与动漫IP结合,融入动漫文化元素,从而有效彰显企业文化、体现企业特色,这已成为实体经济应对电商冲击的有效策略。

以IP建设为核心,将有效整合各行业资源,加快推动动漫生产策划、传播发行、市场播放、衍生产销、人才培养、融资投资间的相互协作与转化,构建起多种产业资源紧密协作的动漫产业新业态。

(二)产业规模稳中有升,在全国第五位至第十位之间浮动;以武汉市为产业高地,各地谋求差异化发展

1. 湖北省动漫产业规模介于全国第一方阵、第二方阵之间;与浙江、北京、上海等地有一定差距

2009年,湖北省第一部动漫产业发展指导性文件《关于推动全省动漫产业发展的意见》出台,提出自2010年起,每年拨付专款用于扶持动漫产业发展。在一系列相关政策的扶持下,2009~2013年,湖北省动漫产业年均增长逾30%;2014~2015年渐趋稳定;2016年,随着产业结构转型初步完成,以及斗鱼等一批游戏企业与动漫产业深入融合,动漫产业年产值大幅提升。

2009年,湖北省动漫游戏年产值为10亿元。

2010年,动漫游戏年产值为16亿元,有3部原创动画连续剧在央视播出。

2011年,随着全国动画产业规模达到高峰(年产量为26万分钟),湖北动漫游戏年产值接近30亿元,动画片年生产能力达到1.2万分钟,动漫企业有150家,从业人员约为1万人。

2012年，动漫游戏年产值逾40亿元，原创动画片生产1.3万分钟，制作能力突破4万分钟，产值位居全国第五。

2013年，动漫游戏年产值达50亿元，开始进入减量增质阶段。

2014年，湖北动漫游戏行业总产值约为60亿元。7部动画电视剧登陆央视，创造年度在央视播出作品数量最高纪录。制作完成动画影视作品17部、总片长5397分钟。其中动画电影《闯堂兔2》全国点映，票房总收入2086万元，创湖北动画电影纪录。

2015年，随着全国动画转型升级成功，中国动画年产量已稳定在13万分钟。湖北动漫也成功完成减量增质，动漫年产值超过50亿元，位居全国第六、中部第一。

2016年，湖北动漫年产值大幅增长。截至第三季度，动漫企业营业收入为97.94亿元，游戏企业营业收入为84.17亿元，合计为182.11亿元（见图2）。产值规模位居全国前十、中部第二。

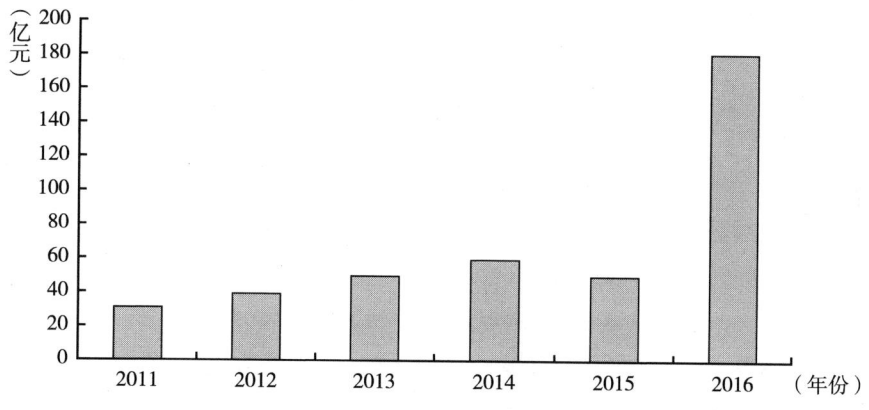

图2　2011~2016年湖北动漫和游戏产业年产值

注：2016年数据为前三季度数据。

2016年，湖北省规模以上动漫、游戏企业共139家（其中动漫企业72家、游戏企业67家），从业人员突破5万人。湖北拥有的国家认定动漫企业数量居全国第12位，现有1家国家动画产业基地、3家国家重点动漫企业、6家国家文化产业示范基地、36家湖北文化产业示范基地。从2013年开始，相继有4家动漫或游戏企业集中登陆新三板，实现资本市场融资2亿元。

但湖北动漫产业整体质量依然有待加强，缺乏拳头产品和优质品牌。

优质动画作品依然欠缺。在文化部2012年"重点动漫产品名单"中，产业规模位居全国第五的湖北仅有两项上榜，分别是《小鼠乒乓》（海豚传媒）、《阿特的奇幻之旅》（盛泰文化传媒）。在各类国家级动画项目、获奖、衍生品市场等方面，湖北动画与上海、北京、浙江、广东等地的差距较为明显。

湖北动画片产能与全国先进水平存在一定差距（见图3）。2014年，湖北省全年生产动画电视、电影5397分钟，与排名全国前五的省份差距较为明显。

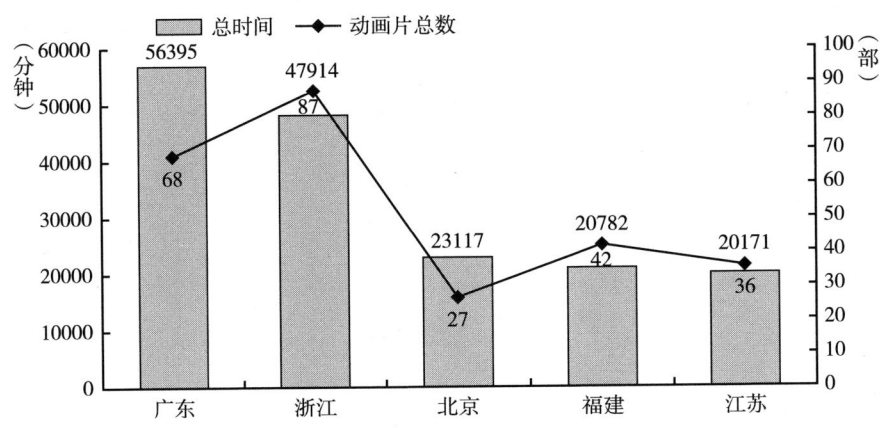

图3　2014年中国动画片产量前五的产能情况

资料来源：崔保国主编《传媒蓝皮书：中国传媒产业发展报告（2015）》，社会科学文献出版社，2015。

漫画及绘本出版发行量稳居全国第一。以《知音》《今古传奇》等大型传媒集团为阵地，湖北省在各类漫画期刊、绘本、图书的创作、出版发行方面保持了全国领先。

2012年，发行量全国第一的《知音漫客》杂志月发行量创650万份的新高，成为世界第二（第一为日本的《周刊少年JUMP》）。

2015年，湖北漫画期刊、绘本的年发行量达1亿册，销售收入近10亿元，占全国漫画期刊发行总量的50%以上，其中《知音漫客》月发行量最高达到750万册，连续5年位居中国第一，是中国原创漫画当之无愧的领头羊。

2. 武汉市成为全省动漫产业高地

武汉市拥有技术、人才、市场等一系列优势，导致湖北省动漫产业主要集中于武汉；而以光谷为中心的动漫产业园和企业集群拥有湖北省70%以上的动漫企业和游戏企业，承担了全省90%以上的动漫创作任务，年产值占全省80%以上。2013年，光谷动漫游戏产值已逾30亿元。以光谷动漫企业为核心，2009~2013年，湖北省动漫产业年均增长超过30%。从2014年起，随着全国性的动漫减量增质，湖北动漫年产值稳定在近60亿元的水平上。

以江通动画、博润通等为代表的动画企业，以《知音漫客》等为代表的漫画品牌，以及拇指通科技、卓艺时代软件等动画游戏企业，成为"十二五"期间武汉乃至湖北动漫产业的领头羊。

产业规模居国家前列。目前，武汉动漫游戏行业已拥有国家动画产业基地1家、国家文化产业示范基地5家、国家重点动漫企业3家、国家级动漫企业23家、湖北省文化产业示范基地及园区33家、武汉市文化与科技融合示范企业和园区19家。入选湖北省国家现代服务业综合试点的有1家，首批入选武汉市文化和科技融合示范企业和园区的有19家。2015年，武汉市新增省文化产业示范基地企业3家、市文化科技融合示范企业2家、市现代服务业领军企业2家。截至2015年年初，武汉市拥有21家经国家相关条例认定的动漫企业，占湖北省总量的70%（2015年年底，全国通过认定的动漫企业累计数量达到730家，其中重点企业43家）。

2015年，武汉动漫游戏行业新三板上市企业累计达4家，实现资本市场融资2亿元，领军企业成为武汉动漫游戏产业创新发展的有力支撑。武汉动漫、游戏企业集聚度和行业总体发展水平位居全国前列。

立足新技术，产业稳步转型、升级，年产值稳步上升。武汉动漫产业的年产值在2012年达到40亿元，2013年为50亿元，2014年约为54亿元；经历全国性减量增质之后，在2015年产值也超过50亿元。

2013~2016年，武汉动漫（包括与游戏相关的动漫）年产值占湖北动漫产值的约90%。湖北动漫产业规模稳居全国第六至第十位，但与杭州、上海、北京等城市相比，在产业化水平、优秀产品数量等方面差距较大。

2010年，随着国家、省政府的相关补贴与扶持政策出台，武汉市动漫产业规模开始快速扩大（见图4）。2010年，动漫企业数量达到130家，年产值为12亿元，年产动画片3200分钟。2011年，动漫企业约有150家，年产值为26.8亿元，年产动画片1.25万分钟。2012年，动漫企业约有150家，年产值为40亿元，年产动画片1.3万分钟。2013年，年产值达到近50亿元，同比增长25%，完成23部原创动漫作品，时长8971分钟，位居全国前十。2014年，年产值为54亿元，动漫企业约有200家，生产动画电视片17部近0.6万分钟，漫画期刊出版发行总量超过1亿册，继续保持中国第一的地位。《知音漫客》月发行量为750万册，连续5年位居中国第一。

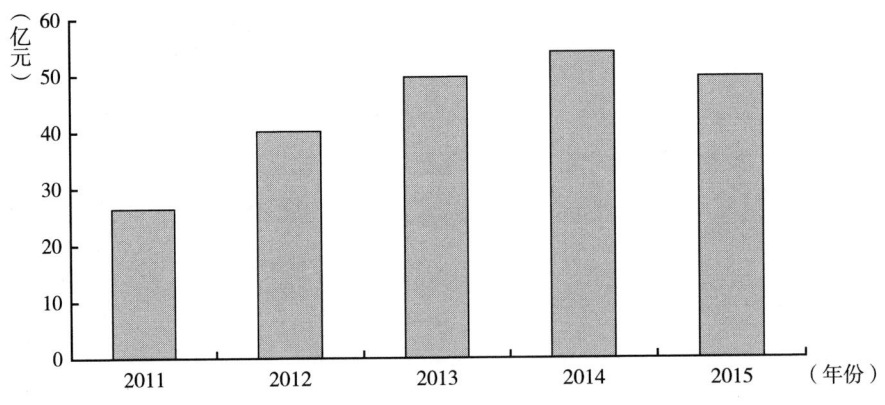

图4　2011~2015年武汉市动漫游戏产业年产值

由于拥有光谷等高新技术平台，武汉动漫在虚拟技术、新媒体传播、工程动画等领域具有得天独厚的优势，新技术成为产业转型的强大驱动力。

2015年，武汉动漫完成影视和新媒体动画20余部（集）近3000分钟，正在制作的动画作品24部约4500分钟。服务外包规模开始回升，年产值为

6537万元,开发模式已从企业自主开发转向委托与制作相结合。

总体而言,在经历了全国性的减量增质和结构转型之后,武汉动漫的企业数量、从业人员数量、动画年产量有所降低,但优秀作品数量、产值则稳中有升(见表2)。

3. 其他城市走上差异化发展之路

经过"十二五"的布局与发展,以荆州等地为代表的城市均根据自身文化特色、市场特点和文化产业规划,避开同质化发展陷阱,走上了差异化动漫产业发展之路。

表2 武汉动漫产业结构变化(2014~2016年)

各项指标	2014年	2015年	2016年
动漫、游戏企业	逾200家	150家	增大游戏企业规模,计划扩展动漫和游戏企业到350家
动画片产量	6000分钟	3000分钟(已播出)4500分钟(制作中)	
动画播映	7部动画登陆央视。《闯堂兔2》票房逾2000万元,创湖北本土动画票房纪录	9部影视动画在央视、全国地方频道及新媒体平台播放,4部动画电视登陆央视	11部动画作品在2016年完成制作
漫画期刊、绘本出版发行	1亿册,发行总量为全国第一	近1亿册,发行总量为全国第一,年销售收入为10亿元	
新媒体动漫	70%的动漫作品进入互联网和手机终端新媒体,产值约1亿元	年销售收入近1亿元	

对外文化产品开发。以荆州为例,2007年,湖北首个动漫研发基地在荆州开发区成立。根据规划,该基地与当地高校(长江大学)艺术学院签订战略合作协议,合作进行动漫文化创意产品研发。从初期的四格漫画、汉语教材,到后续推出玩具、手模、布艺皮具等产品,各种产品主要面向海外市场。

考古与文物修复。以孝感为例,以致信礼邦公司等为代表的新技术企业与武汉大学、华中科技大学、湖北工业大学等高校联合研发,在数字动画的考古、文物还原、修复等方面取得了一系列实践成果,已完成武当山景区的

数字修复与还原等重大项目。

非遗传承与民俗文化保护。以阳新为例,传统技艺阳新布贴面临人才严重流失,当地政府与艺术界已尝试将阳新布贴与动漫艺术结合,通过引入动漫符号元素和以布贴的形式进行多平台、多维度的动漫推广,并吸引青年艺术人才加入传承与创作队伍,使传统艺术形式得到创新发展。

(三)产业规模增大,但产业链结构仍不平衡,前期转化路径不明晰,后期衍生推广缓慢

在日本,动画(animation)、漫画(comic)、游戏(game)和小说(novel)被并称为"ACGN",被视作完整的产业链。在新媒体、新技术日益改变当今文化产业格局的全球背景之下,这种"大动漫"产业理念也得到了各国普遍认可和采纳。

其中,漫画作为产业链的第一层次,负责创造优质动漫符号形象、文化价值(即知识产权,或曰优秀IP);动画作为产业链第二层次,负责将优秀IP从纸媒移植到电视媒体、影视院线、新媒体等平台,培育并放大品牌价值;衍生品(包括游戏、小说、影视改编、艺术品设计等)作为产业链第三层次,负责扩展动漫的社会功能,增大动漫的市场价值与文化价值。

1. 产业链第一层次:漫画产业虽然拥有拳头品牌,但转化路径不清晰,从漫画到动画、影视等其他环节缺乏衔接策略,形成瓶颈

(1)漫画、绘本刊物发行量领跑全国

经过"十一五"期间的转型与发展,湖北漫画形成了知音动漫、海豚传媒、银都传媒、楚天尚漫等期刊、绘本企业的集团优势,其中《知音漫客》的发行量已连续5年位居全国第一。

《知音漫客》创刊于2006年1月,是我国第一本全彩原创漫画周刊,其系列子刊包括《漫客·星期天》《漫客·小说绘》《漫客·童话绘》《锐周刊》《幻周刊》《萌周刊》《燃周刊》等十余类,共同组成了知音传媒漫画刊群(见图5)。

2015年,武汉市全年漫画期刊和绘本出版发行量近亿册,继续位居全

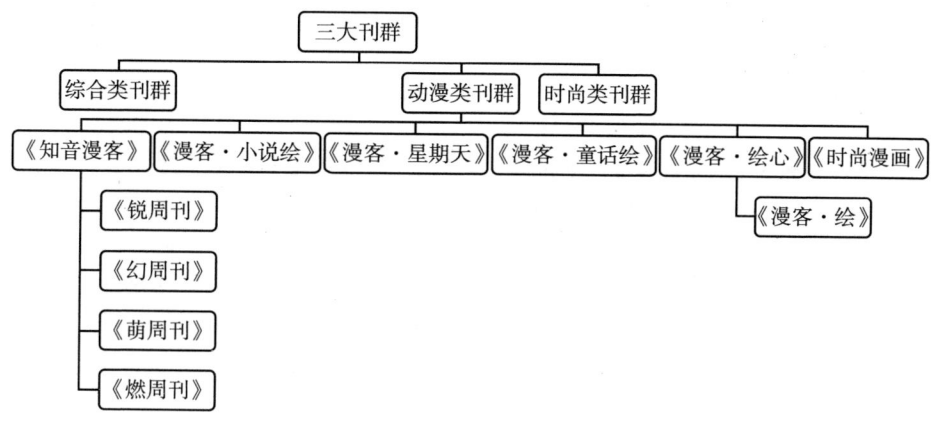

图 5　知音传媒三大刊群及动漫刊群

资料来源：郝冉《〈知音漫客〉办刊特色研究》，硕士学位论文，河北大学，2014。

国第一。其中，《知音漫客》获评"全国优秀少儿报刊"，其期刊、图书、新媒体漫画销售收入近5亿元，稳居全国第一。

作为国内规模最大的少儿教育漫画图书策划、制作、出版商之一，海豚传媒以图书出版发行和动漫产品策划、制作及销售为主业，呈现规模较大、品种较多、效益较好、快速上升的发展趋势，2015年漫画图书销售总额为2.85亿元。

（2）"互联网+动漫"成为行业趋势，传统纸媒衰落，积极谋求转型

新媒体阅读平台普及，使传统纸媒受到颠覆性冲击（见表3）。一方面，新浪、腾讯、有妖气等网络漫画平台急速拓展在线漫画阅读业务，汇集大陆、港台、日韩、欧美漫画资源；另一方面，传统漫画刊物也积极布局在线平台，适应新业态。

以《知音漫客》为例，2010年其月发行200万册；2011年，月发行500万册；2012年，月发行650万册，成功达到世界第二，仅次于日本传统漫画期刊《周刊少年JUMP》。2013年，《知音漫客》月发行700万册，当年销售收入超过《知音》，占知音集团总营收的60%以上。

随着新媒体对大众文化格局的全面颠覆与重构，漫画传播发行阵地向互联网的数字平台转移，全世界漫画纸质读物发行量均出现明显下滑。不仅《知音漫客》（2015年未公布数据）销量大幅下滑，多年稳居世界发行量榜

首的《周刊少年JUMP》的月发行量也从1994年的峰值620万册跌至2015年的不足240万册。

表3 《知音漫客》净利润逐年递减（2013年至2016年9月）

单位：万元

项目	2013年	2014年	2015年	2016年1~9月
资产总额	1000.370115	1000.377572	1005.405461	1005.395311
负债总额	6.996866	6.996866	11.996866	11.994366
所有者权益	993.373249	993.380706	993.408595	993.400945
营业收入	41899.91961	31268.9231	23973.17128	13218.29974
利润总额	9110.53695	4858.785708	3996.497283	2532.85433
净利润	7045.381111	3869.999252	3258.676653	2032.678176

数据来源：搜狐网动漫频道。

为平稳渡过转型阵痛期，向新媒体转型，各大漫画期刊纷纷积极布局线上网站和各种微信、微博公众号客户端，探索虚拟货币、读者打赏、点赞等多种新媒体营销模式。

《知音漫客》的受众定位为11~20岁的青少年，与中国核心互联网用户年龄基本吻合，为其顺利向数字化漫画、漫画网站的建设与转型提供了保障。《知音漫客》通过书、刊、网络与手机等多媒体整合，建设了以"漫客网"为核心阵地的新媒体漫画平台，并积极应用大数据等新技术，以期实现更科学、精确的市场定位和运营发展，使之成为能整合动漫资讯、衍生品营销、公益、娱乐等多种功能的综合性平台。

成立于2012年12月的楚天尚漫科技有限责任公司，被誉为"中国第一新闻动漫原创基地"。楚天尚漫以新闻动漫为核心产品突破口，立足新媒体，与地方政府、行业协会合作，拓展公益动漫等业务渠道，以及建立一系列动漫文化产品项目，"楚天尚漫新闻动漫大赛"已举行了三届。2015年，通过手机APP、门户网站等新媒体平台，楚天尚漫全年发布原创新闻漫画作品3500余幅，打造"尚漫出品"，取得了良好的经济效益和社会效益。

（3）转化路径不清晰，漫画优势未能转化为动画优势

美国、日本等国的漫画创作与发行环节已臻完善。它们的企业通过精确

的前期市场调研、编辑部门与作者的深入沟通协作、漫画作品连载过程中有效收集读者反馈信息、及时调整创作方向、严格的筛选淘汰机制、种类丰富的各种动漫文化推广活动等，生产了大量能经得住市场考验的优秀漫画，形成了被受众广泛认可的优秀IP。因此，当它们的漫画被改编制作成动画、影视、游戏时，就已具备了强大的先天优势。

正是基于"漫画—动画"的产业转化链条，美国和日本成功塑造了超人、蝙蝠侠、美国队长、阿童木、哆啦A梦等世界性的动漫形象和符号，通过动画和影视改编、衍生品销售、文化推广等形式，产生了难以估量的巨大文化价值与经济价值。

目前，湖北省虽然拥有全国销量第一的漫画期刊《知音漫客》，但漫画向动画转化的路径依然不够清晰。

一方面，我国动画市场依然以低龄受众为主，无论是《喜羊羊与灰太狼》《熊出没》，还是湖北出品的《饼干警长》《闯堂兔》，都遵循着围绕低龄儿童进行创作并规划相关衍生品的产业模式。虽然意识到全年龄段动漫的重要性，但相关改革的推进尚需时日。因此，对以10~20岁青少年为主要读者群体的漫画期刊而言，难以在现阶段与国内动画生产链条（以学前低龄儿童为主）进行有效对接。

另一方面，由于长期受日本漫画造型设计、创作思路等影响，我国绝大部分漫画期刊都偏向日本风格。无论是画风、角色设计，还是故事结构、情节构思，甚至价值取向、文化内涵，都还处于对日本漫画的直接模仿阶段。

因此，尚未走上自主之路、以模仿为主的湖北漫画乃至中国漫画，尚不具备大量生产优质本土IP的能力，尤其是针对较高年龄段的青少年受众群体，还难以量产既有时代气息又有深刻文化与价值内涵的本土作品，由此导致了"漫画—动画"的产业转化链条受阻。

2. 产业链第二层次：动画产业成功转型，由依赖政府补贴转为寻求自主创新之路

（1）减量增质，产业结构合理转型；电视动画片产量理性回落，平稳走低

"十二五"期间，湖北动画初步完成了从高产量到高质量的转型。

2005年,《关于促进中国动画创作发展的具体措施》实施,规定在动画片收视黄金时段,国产动画片的播出总量不得少于60%;各地政府纷纷出台政策,对国产原创动画给予每分钟800~3000元的补贴。

政府扶持与高额补贴在极大地促进中国动画产业发展的同时,也使一些企业本末倒置,以追逐政府补贴为根本目的,求平台、买时段、分补贴,甚至强行增加动画时长,恶意抄袭国外动画以降低成本,例如中国动画《高铁侠》对日本动画《铁胆火车侠》的抄袭事件引起了国内外的广泛关注。

在国产动画稳定占据电视播出时间、成功争取大批国内低龄观众后,政府开始对急速膨胀的中国动画产量进行调控。中国动画在2011年迎来产量高峰(年产26万分钟,同年日本动画产量为9万分钟)后,随即开始了全国性的减量增质转型。2015年,全年备案公示的国产电视动画片剧目数量为399部29.8万分钟,分别同比增长-6.12%和9.95%;全国制作完成的国产电视动画片共13.40万分钟,比2014年下降3.30%,为2009年以来的最低纪录。

湖北动画的年产量也由峰值13.3万分钟降低并稳定在6000~7000分钟,为峰值的约50%;产值则保持稳定,2013年以来均稳定在50亿~60亿元;湖北动画开始产出精品,《饼干警长》《闯堂兔》等老牌本土动漫形象均经过了市场考验,其品牌价值逐渐彰显,文化与产品体系稳步建立。

在"十二五"初期,为有效推动动漫产业起步,省委、省政府实行了省、市、高新区动漫产业专项扶持资金政策,对在各级电视台播出的动漫按照每分钟1000~3000元的额度进行补贴,由此吸引了大量动漫企业、从业者。湖北省动画年产量从2009年的2000分钟增至2014年的约6000分钟。

但动漫企业竞相追逐政府高额补贴也形成了一部分粗制滥造、恶性竞争、同质抄袭等负面效应,少数企业有意延长作品长度以谋求高额补贴,频繁抄袭以降低创作成本,从而阻碍了湖北省动漫产业向更高阶段升级转型。

因此,省政府积极适应市场主体变化,出台了一系列新措施如减税以支持精品、鼓励原创等。优秀动漫企业可以享受2年免征、3年减半征收企业所得税的待遇,并将减税所得资金大量投入原创动漫的开发创作。

(2)精准扶持初见成效,原创动画产品数量和质量大幅提升

"十二五"期间,湖北动画在减量增质转型的同时,注重挖掘并打造优秀动画品牌,确立了明确的精品意识。

湖北动画屡获奖项。《家有浆糊》(银都文化)获第26届中国电视金鹰奖优秀动画片奖(2013年),《民的1911》(江通动画)获中国首届动漫奖最佳创作团队入围奖(2011年),《饼干警长》《小鼠乒乓》《蔬菜不寂寞》《闯堂兔》等多部动画片分别获四川电视节"金熊猫"原创动画大奖、厦门动漫节"金海豚"最佳电视动画系列片奖。

湖北动画积极推进海外推广。互联网连载漫画《银之守墓人》(两点十分公司),点击量超过4.4亿次,在参加东京动漫节时,与日本企业达成合作意向,将由日本动画公司将其改编成动画。两点十分公司也因此获得了千万元融资。

湖北省充分利用各大国际动漫节等相关活动,有力地推动了本土动漫品牌的传播。三维动画电影《闯堂兔》除了在全国1200家影院点映外,还进入美国、英国、韩国、日本、印度尼西亚等国;《家有浆糊》等动画出口泰国,在当地电视台播映。

3.产业链第三层次:衍生品开发滞后;动漫文化概念逐步形成,动漫被普遍应用于政宣、公益、科普、文教等事业

衍生品开发滞后。2009年,湖北本土动画《天上掉下个猪八戒》(江通动画公司,26集),被央视以260万元购买了51%的版权,并获得"美猴奖",在全国范围内获得了高度关注,具备了打造优秀IP的条件。但该IP在后续运营、推广、衍生环节缺乏有效推进,其市场占有率已被"喜羊羊与灰太狼""熊出没"等外省IP完全挤占。《天上掉下个猪八戒》从2005年2月在中央一台播放到2006年5月"猪八戒"的5款衍生产品的推出,历时一年多(而且还是迫于沿海城市盗版衍生品的压力,才加快了推出进度),这充分说明湖北省动漫产业链转化能效低于广东等地。

时至今日,湖北动漫着力打造的几个重点IP,如"饼干警长""闯堂兔"等,其衍生品的开发、推广依然较为滞后,市场占有率依然不高。

衍生品开发的滞后,一方面是因为适合进行衍生品开发的本土优秀动漫

品牌稀缺，产业链前端和中端提供的动力不足；另一方面是因为湖北本土的衍生品市场尚不成熟，产、供、销链条还不完整。

动漫文化被广泛应用于各类文化事业。党的十八大以来，以交管、卫生、教育等为代表的政务机构普遍热衷于采用动漫符号、网络流行语等活泼亲切的文化元素，通过官方微博、微信等平台开展政务工作，在提升形象、增进与民众沟通、增强公共服务效能等方面效用明显。

三 湖北动漫产业的优势与制约因素

（一）湖北动漫持续发展的有利条件

1. 文化资源优势

湖北省文化资源丰富，特色鲜明。

湖北省是文化大省，历史悠久，人文精神特质显著，具有丰富庞大的文化体系。一方面，传统文化精华需要凭借新媒体、动漫等新形式进行阐释、创新与传承；另一方面，动漫产业亟须从传统文化中挖掘价值观、文化元素，由此创造出具有深厚文化价值、能激励和引导人的优秀动漫作品。

荆楚文化中的炎帝神农文化、楚国历史文化、三国文化、三峡文化、近现代红色文化等内容，以及神农氏、楚庄王、王昭君等历史文化符号，都对湖北人民乃至中国人民具有深远的影响，充满了浪漫气息、瑰丽想象、奋斗精神，适合用动漫形式进行诠释的文化素材。

2. 新技术、新媒体优势

当下，微信、微博、社交网站等以社交元素为基础的网络平台为强化互动性和用户黏性，普遍使用动漫符号。2013年，腾讯举办了原创表情大赛，在QQ、腾讯微博、微信等平台推出了一系列优秀动漫形象。

湖北省拥有国家光电信息产业基地、软件产业基地（武汉市是国家信息化工程重点城市），以光谷动画制作公共平台为核心，在各种数字技术、通信技术、软件开发等领域发展迅猛，为新媒体时代的动漫生产与传播提供了得天独厚的优势。

基于已达到相当规模的湖北省信息产业,动漫产业能在通信、软件、数字电视等产业的支持下得到迅速发展。

3. 人才与市场优势

湖北省人口多,高校密集,技术与创作人才丰富,动漫产业的青少年消费者群体庞大,尤其是新媒体、网络文化的市场大,市场需求量大。以武汉大学、湖北美术学院、湖北工业大学等为代表的高校均开设了动画或数字媒体专业。

以动画市场为例,全国省级、副省级电视台如果按国家规定全部开通少儿频道,其动画年播出量将达到180万分钟,其衍生品收入将超过100亿元。作为人口和文化大省,湖北省不但拥有庞大的本土市场,而且应向全国其他省份积极拓展。

在动漫专业人才的培养方面,湖北省已经走在全国前列。2015年,湖北省在"全国第五届职工职业技能大赛动画绘制员竞赛"中获得了团体第五名。

4. 服务外包环境优越

武汉市是中国服务外包示范城市,在中部崛起战略的引领与驱动下,为各类国际服务外包产业营造了良好环境,已吸引了惠普、法国电信等一大批跨国离岸外包企业落户湖北。

由于我国动漫产业还处于以服务外包为主向以自主创新为主的转型阶段,服务外包还是动漫产业的主要组成部分,需要大力发展。

5. 动漫播出平台齐全,展览、展会活跃

武汉电视台少儿频道、教育频道和湖北电视台教育科技频道等直接为动漫产品播出提供平台。

湖北积极举办各类动漫文化展演。2015年,武汉市动漫协会组织并承办了首届中国新媒体动漫游戏产业博览会暨亚洲动漫嘉年华活动,在活动规模水平、高峰论坛主题、业态融合展示等方面创造了多个中国第一。该协会与武汉海昌极地海洋世界合作,成功主办极地海洋世界"动漫奇妙夜"、中

国（武汉）首届亲子博览会、万达电影乐园樱花祭、第二届亚洲动漫游戏嘉年华等活动。

湖北动漫企业重视对外交流与合作，参展频繁。近年来，湖北动漫企业连续参加中国杭州国际动漫节、中国国际动漫产业交易会等重要展会。光谷创意产业基地还与日本手冢株式会社等企业举办中日动漫产业沙龙等交流活动，对湖北动漫的国际化起到了积极推动作用。

（二）湖北动漫发展的制约因素

1. 动漫企业整体规模偏小，强势企业、拳头品牌不足

湖北省绝大多数动漫公司、团队是小规模企业（10~20人为主），难以承担大型、长篇动漫创作，除江通动画等少数几家大型企业之外，鲜有能承接服务外包的企业。大批小型动漫企业往往在市场热点、短期盈利目标的导引下，扎堆进行同质化生产，容易引发恶性竞争，也易导致企业出走、外流。

湖北省虽然拥有江通动画这一全国知名的大型动画企业，也拥有《知音漫客》这一全国发行量最大的期刊，但整体制作水平不高，从事原创开发的企业数量有待提升。

与奥飞娱乐（广东）等国内领军动漫企业相比，湖北省动漫企业的规模与产值差距较为明显。

2015年，奥飞娱乐营收25.89亿元，同比增长6.56%，净利润为4.89亿元，同比增长14.26%；而江通传媒提交全国股转系统的资料显示，江通动画在2015年的营收约为3904万元（见表4、表5）。

表4　江通动画2014~2015年营收

财务指标	2015年	2014年
营业收入（万元）	3903.96	2444.03
营业利润（万元）	211.38	251.90
净利润（万元）	212.69	203.67
毛利率（%）	36.74	44.73

数据来源：东方头条网，http://mini.eastday.com/a/160705104001722.html。

表5　国内主要动漫概念上市公司 2015 年财务报表

财务指标	奥飞娱乐	光线传媒	骅威文化	美盛文化	长城动漫
主营业务收入(万元)	258917.00	152329.00	59057.30	40810.10	35740.80
主营业务利润(万元)	135445.00	51119.90	26866.20	15109.80	11537.40
营业利润(万元)	50802.90	43330.80	12574.00	13633.90	-1218.77
投资收益(万元)	10361.30	7568.60	536.91	7062.39	—
营业外收支净额(万元)	4149.79	2075.23	-375.05	2699.98	4711.08
利润总额(万元)	54952.70	45406.00	12198.90	16333.90	3492.31
净利润(万元)	48904.00	40208.60	12034.90	12640.80	1838.65

注：数据根据各上市公司披露信息（http://stock.qq.com/）整理。

2. 高端人才不足，编剧、营销人才尤为匮乏

湖北省绝大多数动漫企业都是中小规模企业，人力资本有限，人员不足（一般为10~20人），其创作团队分工协作往往捉襟见肘，导演、编剧、制作人员难以专精，缺乏专门的动漫编剧人才，更缺乏彰显中国市场特色与满足受众审美需求的编剧经验与理论体系，造成了动漫产业链的源头弱势。

湖北省开设动漫专业的高校众多，但在培养动漫专业人才时，往往注重中期制作环节，缺乏对前期创作人才、规划管理人才的培养，导致从业者以美术、计算机专业背景为主，缺乏受过戏剧影视、营销管理专业训练的专门人才，由此形成了湖北省动漫技术强、内容弱的瓶颈。

因此，具有湖北省地方文化鲜明特质的原创动漫品牌极为稀缺，模仿多于创新。对美国、日本动漫形象、创意、故事、价值观的模仿甚至抄袭只能停留在追逐动漫文化热点层面，已不能适应我国青少年受众对本国价值观、文化内涵等的审美需求。

3. 产业链条结构不平衡，衔接不畅，漫画产业优势未能充分转化

中国动漫产业主要借鉴的是美国以动画影视开发为核心、相关衍生品运营为辅助的产业模式；而且中国动漫产业正处在从传统的以低龄动漫为主进行开发到全年龄段动漫开发的过渡转型期，因此各省份均存在漫画（动漫产业链前端）生产与动画改编缺乏有效衔接、转化不顺畅的问题。

《知音漫客》是我国发行量最大、结构最健全、运行机制最好、创作能力最强的漫画期刊，是国内漫画期刊的领头羊，在从纸媒转型到网络动漫、新媒体动漫的过程中也步履稳健。但到目前为止，《知音漫客》尚未产生能称得上国内一线品牌的、成功转化为动画及衍生品的标志性IP。

曾在全国热播的《天上掉下个猪八戒》以及重点打造的"饼干警长""闯堂兔""木灵宝贝"等动漫品牌，也因为后续衍生品开发、动漫文化推广的相对滞后，而在与"喜羊羊""熊出没"等外省动漫品牌的竞争中相对落后。

产业发展的不平衡导致了湖北动漫产业链"前端转化不畅、中端亮点不多、末端推广不力"的现状（见表6）。

表6 湖北动漫产业链不平衡特征

产业链环节	特征
产业链前端（漫画）	有全国最大的原创漫画平台、全国第一的漫画期刊发行量；但仍以模仿日、美为主，原创能力有待加强
产业链中端（动画）	动画产量高，外包、代工规模大；缺少拳头产品
产业链末端（衍生品及文化推广应用）	IP推广、品牌增值与维护乏力；缺乏具有深厚文化内蕴、价值观导向的典型动漫元素与形象

4. 动画题材狭窄，集中于低幼受众

受传统观念及市场旧有结构束缚，湖北省乃至全国动漫的题材狭窄，90%以上的电视动画片是低龄动画片（主要是针对低幼的益智教育和亲子类节目）。

2016年4月5日，《人民日报》刊文《要做"全年龄"的动画电影》，指出："没有哪个动画强国是靠低龄化作品立身的，成年观众对动画电影的接受和消费是衡量一个国家动画产业发展水平的重要指标。"

相比低幼群体，成年观众具备更强的消费能力和口碑宣传能力，因此，全年龄段动漫与低龄化动漫相比，无疑拥有更为广阔的市场。在历年主要动画电影中，《疯狂动物城》《功夫熊猫》等票房与口碑俱佳的优秀作品，均是具有完整、深刻的价值与文化内涵，适合全年龄段受众观影的作品。这也是美国、日本等动漫产业强国主攻全年龄段动漫的根本原因，也是我国动漫继续前行的必经之路。

四 湖北动漫产业发展对策

"十三五"期间，湖北动漫产业将全面迎来知识产权时代。主动适应知识产权时代的新特征，主动驾驭新常态，与新技术、新媒体深度融合，与全产业深入交叉，系统化构建以地方特色文化和时代精神为基础的动漫文化，充分发挥动漫的社会功能与市场功能，将是推动湖北动漫产业进一步转型升级、走向国际化的关键。

（一）加强政府有效引导与扶持，形成动漫产业经济与动漫文化效应的双赢

应继续消除、避免我国动漫产业普遍存在的三种"虚火"现象：一是动漫基地过热，即享受政策福利，业务重心并非动漫；二是动漫节展过热，即加重政府负担，效果甚微；三是动漫企业过热，即追逐政府补贴，粗制滥造。

政府和文化管理部门应继续做好基础设施建设，不仅仅局限于动漫产业基地和园区建设，而是加强与动漫相关的基础设施建设，如美术、戏剧、音乐教育等，从源头加强动漫人才培养，营造动漫文化氛围。

避免过度市场化，避免唯市场论，对具有重要文化价值的动漫作品进行合理扶持，鼓励本土原创。

进一步规范动漫市场规则，保障动漫产业健康发展。由于尚处在建设期，中国动漫在价值观引导与约束、分级分类管理等方面还存在大量缺失与空白，例如《喜羊羊与灰太狼》《熊出没》等知名动画，均存在情节过于追求热闹、好笑，而对暴力情节缺乏限制的失范现象。对于此类现象，我国的相关管理方法与规则尚未及时跟进。湖北省相关管理部门应加快完善相关法规、政策，使政府的扶持与补贴能落到实处，产生实效。同时，要调动动漫

协会、文化企业、机构、协会的积极性，进一步设立并规范各类奖项设置，形成长效机制与良好的文化效应。

（二）彰显漫画生产优势，率先加快全年龄段动漫转型，力争建成国内领先的动漫产业高地

由于我国动漫产业主要借鉴的是美国模式（以动画电视片、电影为核心），各省份均对动漫产业链的第一层次（漫画产业）不够重视，普遍将政策扶持、资金支持集中在产值高、制作周期短的动画上，造成了动漫产业链前端动力不足，经过市场检验的优质动漫形象、故事、文化稀缺。

由极为重视漫画的日本动漫可知，只有经过了漫画阶段千锤百炼的市场调研、层层筛选、严苛淘汰、读者反馈、反复修改完善，以及在漫画连载阶段积累的市场认可度，才能在优秀漫画作品被改编为动画、真人影视、游戏等形式时得以规避市场风险，减少各种资源浪费，一旦进入动画环节和衍生品环节，往往能顺利产生巨大价值。

湖北省的漫画产业优势十分明显，有《知音》《今古传奇》等贯通了通俗文学、漫画、动画、游戏（ACGN）的大型文化品牌，漫画期刊、绘本、图书的发行量居全国第一。尤其是以《知音漫客》等为代表的一批知名漫画期刊，已通过精准布局对10~20岁的读者进行了细分，并根据相应的年龄段、题材创立了不同期刊（如《知音漫客》下属的《锐周刊》《幻周刊》《萌周刊》《燃周刊》等）。

目前，全国各省份的漫画产业还以面向低幼受众的生产创作模式为主，导致各省份的漫画生产创作难以与动画产业对接（漫画的受众群体更广，不适合低幼受众；制作周期更长；短期盈利更少），由此导致各省份的漫画生产水平都相对滞后，要过渡到《人民日报》所呼吁的全年龄段动漫尚需时日。

发展全年龄段动漫不仅是美、日等动漫强国的成功模式，也是我国动漫发展的必由之路。2012~2014年，我国动漫衍生品市场规模分别为220亿元、264亿元、310亿元。衍生品产值占动漫产业的30%，与动漫强国的

70%相比差距明显，与以低龄化动漫为主的动漫产业模式有直接关系。

好的动漫作品除了需要优良的制作技术和成功的市场营销之外，还要具备深刻和完整的价值内涵体系、鲜明深厚的本土文化积淀、符合文化市场规律的审美旨趣。只有这样，动漫作品才能成为符合我国"繁荣社会主义文化"时代要求的优秀作品。

因此，湖北省以《知音》和《今古传奇》为代表的漫画期刊集群，其题材范畴远远大于动画，在人才、机制等方面具有明显优势。随着我国下一轮向全年龄段动漫转型的改革启动，无疑将为湖北动漫的转型带来先机。

（三）走在知识产权时代前列，杜绝盲目开发IP，注重品牌培育、维护和增殖，注重产业链开发的完整性与延续性

知识产权（即IP）开发，已经是我国动漫游戏产业的大势所趋。成功的IP开发，可带来动漫、游戏、影视、文学、衍生品等一系列产业的共同繁荣。

但在现阶段，全国乃至世界范围的动漫与游戏企业已呈现出过度开发、盲目透支IP价值的恶劣趋势。大量手机游戏、网页游戏为求短期获利，往往"拉郎配"，生硬套用知名的动漫符号，通过制造短期噱头、挤占市场等行为得到短期获利，一个游戏的生存周期往往只有几个月，其中充斥着大量的粗制滥造、恶意抄袭、打色情暴力擦边球的现象，例如围绕着日本著名动漫《火影忍者》，就有诸多厂商在未购买版权的情况下制作发行了《忍者来了》《口袋忍者》《火影OL》《忍将》等一系列山寨游戏。

反之，优秀的IP开发将带来巨大的文化价值与商业价值。以日本长篇动漫《圣斗士》《航海王》为例，这些持续连载或播出超过20年的世界级IP拥有庞大的受众群，遍布各年龄段，并形成了相关的亚文化圈。仅以其衍生品的产销为例，因为涵盖了具有自主消费能力的中青年群体，这类动漫的消费、宣传、传播能力比低幼动漫强得多。

过热的IP开发已造成了一系列市场乱象。因此，政府和动漫协会势必要对优质IP进行保护与引导，加强版权运营与保护，避免对IP竭泽而渔、

杀鸡取卵，要重视IP的维护与增殖，不能任由无序的企业逐利行为导致优秀IP的符号价值被消解，导致受众对优秀动漫符号、游戏产品的好感减弱。

目前，湖北省已初步打造出"饼干警长""木奇灵""闯堂兔""银之守墓人"等具有一定市场认可度的动漫IP。如何通过完善版权保护法规、规范市场秩序、科学扶持保护，避免优秀IP被借鸡下蛋、竭泽而渔，而使其不断增殖，实现可持续发展，将是政府文化管理部门和动漫协会亟待解决的关键问题。

B.10 湖北文化旅游产业发展报告（2016）

李志飞 喻 珍*

摘 要： 近年来，湖北省文化旅游产业发展势头较好，文化旅游逐渐成为人们主要的消费领域。纵观湖北的文化旅游业发展历程，虽然取得了许多可喜成绩，但也存在着品牌不够突出、基础设施不太完善、企业竞争力整体不强、经营管理体制尚不健全等问题，有待进一步完善。本报告对湖北的文化旅游产业发展概况及问题进行了梳理和分析，在此基础上提出要打造特色突出的文化旅游品牌、完善文化旅游基础设施、提升文化旅游企业竞争力、加快推进文化旅游体制改革与技术创新等建议，有助于拓展湖北文化旅游产业的发展空间，提高文化旅游产业的竞争力和融合度。

关键词： 湖北文化旅游 文化产业 旅游产业

文化是旅游产业向前发展之动力和灵魂，旅游则为文化传承与发扬之重要依托。推进文化与旅游的深度融合，既是实现文化旅居生活、构建和谐社会的途径之一，又是促进文化产业与旅游产业转型升级的关键一步。文化旅

---

* 李志飞，湖北大学商学院旅游系教授，北京大学博士后（2008~2010年），美国北亚利桑那大学访问学者（2014~2015年），2014年入选国家旅游局青年专家人才计划，湖北省旅游学会常务理事；主持国家社科基金、教育部人文社科基金等课题10余项，在APJTR（SSCI）、《旅游学刊》等国内外权威期刊上发表学术论文20余篇，担任多地旅游规划评审专家和旅游产业发展顾问。喻珍，湖北大学商学院旅游系旅游管理专业硕士研究生。

游产业是为了满足旅游者学习、教育、体验、休闲等方面的需求而提供的一系列旅游活动,其范畴较为宽泛。历史文化旅游(如文物、史记、古建筑等)、现代文化旅游(如现代文化与艺术、科研创新、技术成果、体育赛事等)、民俗文化旅游(如居民生活习俗、饮食文化、节日庆典、祭祀、婚丧、衣饰等)均可纳入文化旅游的范围。由此可见,文化旅游的宽广范畴使得它与一般意义上的旅游区别不大,因此旅游行业的一些数据也适用于文化旅游产业。

一 湖北文化旅游产业发展概况

湖北省具有通南济北之区位优势,且历史悠久,荆楚文化源远流长,加之政府实施的中部崛起、长江经济带、"两圈一带"等重大战略,因此湖北旅游发展具有丰富的文化资源、有利的区位优势、给力的政策环境,为其产业化、现代化、国际化发展打下了坚实的根基。

2015年,湖北旅游业发展处于稳步增长时期,游客人数不断攀升。据湖北省旅游发展委员会官网数据披露,湖北省2015年共接待国内旅游人数50668.24万人次、入境旅游人数311.76万人次,分别同比增长12.68%和12.52%,实现旅游总收入4308.76亿元,相比2014年增长近14.84%。作为促就业、扩消费、惠民生、减贫困的战略性支柱产业,旅游业在湖北省社会经济中的地位和作用不言而喻。文化旅游产业作为文化与旅游高度融合、相映成趣的产业,其发展地位和作用也在不断提高和增强,逐渐成为旅游业的翘楚。

(一)文化旅游产业宏观环境良好

自进入新常态时期以来,国家在旅游发展方面出台了不少利好的宏观政策,各地政府也纷纷积极响应和落实,充分释放了各地投身旅游业的热情,市场活力更加充沛。2015年国家和省政府发布的与文化旅游产业有关的重大利好政策(见表1),极大地促进了文化与旅游的深度融合,为湖北省

"大旅游、大产业、大发展"良好局面的形成和发展提供了政策保障以及有利条件。

表1 2015年出台的与湖北文化旅游产业有关的重大政策

政策	内容及意义
《关于进一步促进旅游投资和消费的若干意见》	提出要加强旅游基础设施建设、加强重大旅游项目建设、不断拓展旅游发展领域、大力发展乡村旅游、落实和优化休假制度、加强旅游市场监管、倡导绿色和文明旅游,加大政策支持力度,促进旅游投资和消费
《关于支持旅游业发展用地政策的意见》	提出要积极保障旅游业发展用地,依法实行旅游业用地分类管理制度和旅游服务用地监管,明确了旅游新业态用地政策,为推动旅游消费和培育发展引擎起到了积极作用
《省人民政府关于促进旅游业改革发展的实施意见》	省委、省政府将旅游业发展纳入湖北发展整体战略,提出深化旅游业改革,实施规划引导与项目带动,鼓励和引导各类资本投资旅游业,推进旅游与文化的融合,建设文化旅游产业发展聚集区
《湖北省旅游条例》	全面实施依法治旅、依法兴旅;深入开展旅游市场秩序专项整治活动,规范旅游经营行为,提高旅游行业服务水平;建立健全综合协调机制,促进旅游业融合发展;以人为本,着力保障旅游者的合法权益

资料来源:国家旅游局官网、湖北省旅游发展委员会官网。

由此可见,国家和地方政府都十分重视文化旅游产业的发展,在宏观环境上为文化旅游产业的发展创造了极为有利的条件,政策支撑力度不断提升,拓宽并改善了文化旅游产业的发展前景,使之迈向繁荣。

(二)文化旅游市场持续升温

从近十年湖北的旅游行业数据来看,其旅游总收入和国内旅游收入稳步增长(见图1),湖北的入境旅游人次也呈逐年增加之势(见图2),旅游国际化的程度和影响力在不断提高。随着我国经济形势的向好、带薪休假制度的落实、居民可支配收入和闲暇时间增多,人们的出游意愿强烈,同时由于国家供给侧改革战略的实施,旅游市场供需两旺。据《湖北省旅游业发展"十三五"规划纲要》展望,预计到2020年,全省旅游总收入将突破15万亿元,旅游人次将超过10亿人次。从旅游行业的数据和表现来看,文化旅游市场有着良好的发展前景和巨大的发展空间,人们的文化旅游消费不断增加，文化旅游市场热度持续提高，成为主要的消费领域，呈现出"刚性需求"的特征。

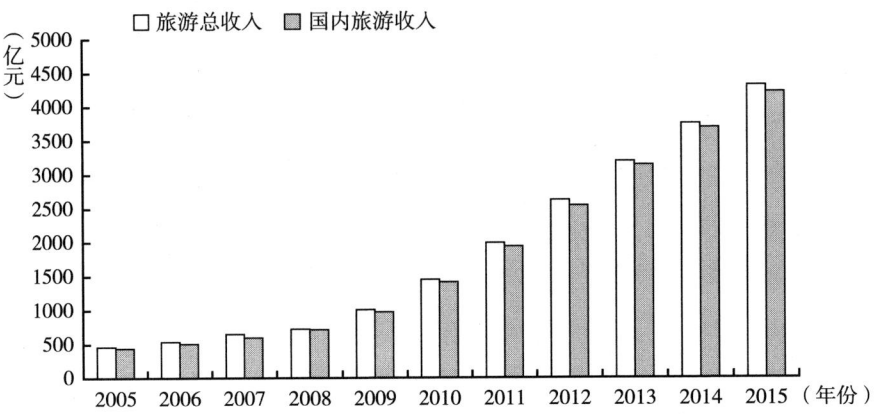

图1 湖北近十年旅游总收入和国内旅游收入情况

数据来源：《湖北统计年鉴（2016）》。

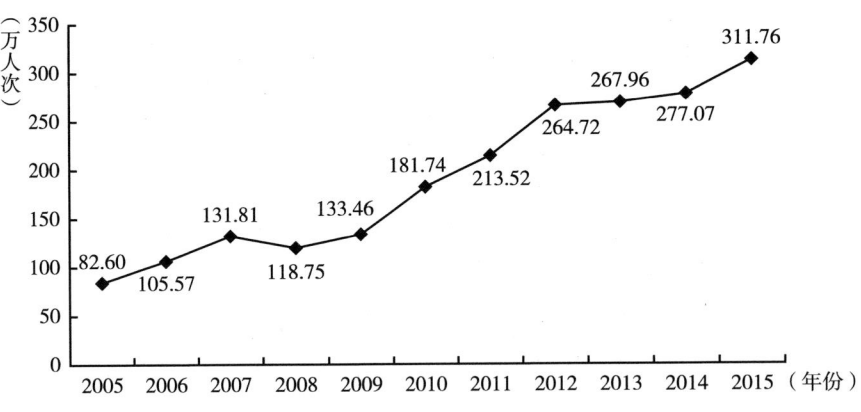

图2 湖北近十年入境旅游人次

数据来源：《湖北统计年鉴（2016）》。

（三）文化旅游消费产品异彩纷呈

2015年，随着上述重大利好政策的出台和实施，尤其是促进旅游投资和消费的举措更加刺激了文化旅游产业市场上各类消费产物的出现，以满足人们多元需求为导向诞生的各类文化旅游消费产品逐渐成为市场上的亮点、经济的新增长点、产业发展的新动力。湖北市场上的文化旅游消费产品更是不断涌现,温泉滑雪游、民风民俗节庆游、乡村古镇游、自驾车房车游、研学修学游、健康养生游消费产品内容丰富、层出不穷,成为湖北文化旅游消费的"六朵金花"(见图3),受到人们的喜爱和追捧,在引领热门消费和拉动经济增长方面发挥着航标作用。

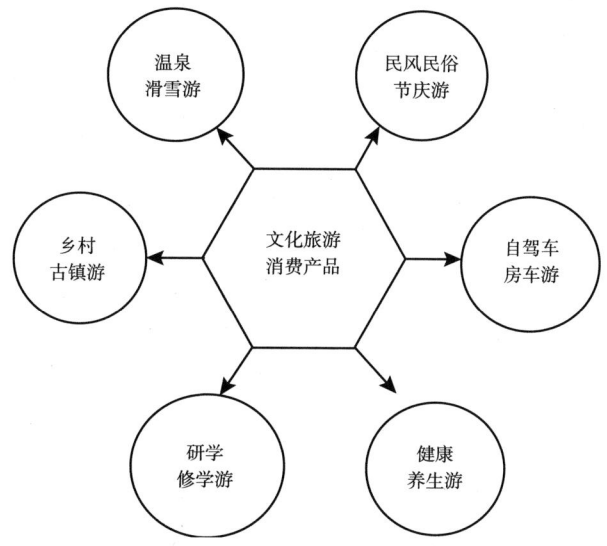

图3 湖北文化旅游主要的消费产品

此外,湖北还积极拓展旅游发展新领域,延伸旅游产业链,培育了一大批新兴旅游业态,乡村旅游、红色旅游、生态旅游、工业旅游等旅游业态如火如荼,体育旅游、邮轮旅游、自驾车房车游、健康养生游等新兴旅游产品异军突起,旅游产业发展领域更加广阔,文化旅游消费产品门类繁多,人民群众多元化的精神文化需求不断得到满足。

(四)文化旅游产业发展布局渐趋合理

湖北文化旅游产业发展布局借力国家"一带一路"、京津冀协同发展、长江经济带、鄂西生态文化旅游圈、武汉城市圈等战略的发展契机，按照"点—轴—圈"式的发展过程，努力构建"一元多层次"的战略体系，整合省内多方资源，形成了产业联动发展、布局渐趋合理的喜人局面。

分市州来看，湖北省17个市州旅游产业发展普遍表现较好，旅游发展指数排名前十的市州分数差距并不大（见图4），武汉、宜昌、十堰等旅游先发地区在长期发展、变化过程中对旅游产业巩固提升，始终保持着较好的增长趋势，恩施、襄阳、咸宁等旅游后发地区发展劲头十足，成长为省内新的旅游增长点，反映了湖北省旅游产业总体空间布局趋向均衡、合理。

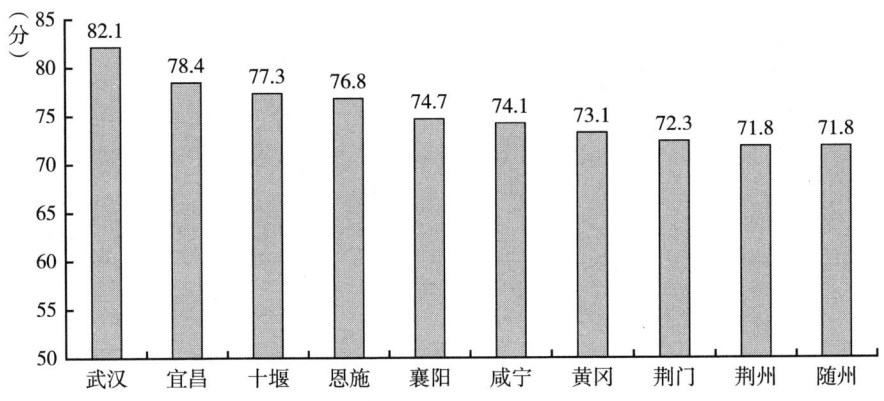

图4　2015年湖北旅游发展指数排名前十的市州

数据来源：清研智库。

从客源分布来看（见表2），2015年湖北最大的国际客源市场为亚洲，其中占据鳌头的国家是日本和韩国，欧洲为第二大客源国，美洲、大洋洲紧随其后，从中可以看出湖北国际旅游客源格局趋向多元化，来鄂旅游的国际客源市场拓展潜力巨大。而国内旅游客源市场相对稳定，各地区来湖北的旅游人数均保持着持续增长的态势。华中地区稳居湖北省国内旅游客源市场第一位，其他地区客源市场半径也逐步扩大，充分说明湖北省国内客源格局趋向优化。

表2　2015年湖北国际和国内旅游客源分布（按地区分组）

	客源地	旅游人数(人次)	增长率(%)
国际旅游	亚　洲	914605	31.69
	欧　洲	695838	2.95
	美　洲	567094	-2.20
	大洋洲	153857	29.41
	非　洲	24282	-18.65
	其　他	42216	24.14
国内旅游	华中地区	33897.05	66.90
	华东地区	4306.80	8.50
	华南地区	3485.97	6.88
	华北地区	3176.90	6.27
	西南地区	3161.70	6.24
	东北地区	1393.38	2.75
	西北地区	1246.44	2.46

数据来源：湖北省旅游发展委员会官网。

总体来说，相比过去旅游发展仅靠武汉和宜昌两个地区以及仅依赖周边客源国、客源地的局面，2015年湖北文化旅游产业在发展结构和空间布局上向均衡、合理又迈进了一步。

（五）文化旅游产业发展趋势较好

在湖北省政府的正确领导和积极行动下，全省人民鼓足干劲、凝心聚力、积极创新、热情高涨、活力迸发，投身旅游业建设。2015年是"大众创业、万众创新"全面推进的第一年。在此政策支持和精神号召之下，湖北涌现出一批吃苦耐劳的大学生、专业技术人员、农民工返乡创业，文化旅游产业中的创客数量、创客空间或基地迅速增加，目前已在民宿、农家乐、电商等领域取得不错的收获。同时，国家也给予许多金融扶持，鼓励民间资金、社会资本投向旅游业，还通过旅游产业融资担保体系、旅游专项资金、旅游项目贷款贴息补贴办法、旅游创业奖励措施等政策倾斜加大对旅游发展的投入，旅游产业的发展形势喜人。

随着呈高歌猛进之态的互联网持续向纵深发展，新一轮的科技浪潮正在给湖北旅游业带来翻天覆地的变革，"旅游+互联网"的融合发展已势不可当。以互联网助推文化旅游产业发展，融智慧化建设于一体，推动旅游产品创新、旅游方式转变、服务效能提升，运用互联网、物联网实现旅游产业线上线下联动发展，将是湖北今后激发旅游潜力和活力、培育新业态、调整旅游产业结构的重点发展方向。

进入"十三五"时期，湖北文化旅游产业大有可为。在时代影响和国家"一带一路"战略的引领下，今后"丝绸之路旅游"将继续引领中国文化旅游的主题，湖北的文化旅游产业也将融入"一带一路"以及其他重大战略的建设，借力、借势加深对外合作。

总之，湖北顺应"大众创业、万众创新"以及科技和产业变革的浪潮，发挥"互联网+"、人才、文化资源等要素优势，紧绕国家重大战略机遇和时代背景，文化旅游产业的发展趋势势必向好。

二 湖北文化旅游产业发展存在的问题

湖北文化旅游资源存量丰富、种类多样，为其发展奠下了坚实根基。据不完全统计，湖北拥有各类文化遗产8000多处（项），其中有以武当山道教建筑群、明显陵以及唐崖土司城等为代表的世界文化遗产3处，还有国家非物质文化遗产51处、省级非物质文化遗产56处，涵盖自然生态文化、历史名人文化、饮食文化、宗教文化等多种，文化旅游发展的基础雄厚。过去的2015年，虽然湖北在文化旅游产业上取得了许多进步，但仍然暴露了诸多问题，例如文化旅游品牌特色不够突出、基础设施不够完善、企业竞争力整体不强、经营管理体制不健全等，不利于湖北文化旅游产业的长远发展。

（一）文化旅游品牌特色不突出

特色突出的品牌是拉动消费、推动文化旅游产业发展的生命力。从总体上看，湖北文化旅游产业发展中迫切需要解决的问题便是没有特色凸显、优势明显的文化旅游亮点品牌。一是由于旅游开发和消费总体上仍停留在浅层次的观光和休闲度假上，缺少对湖北文化旅游资源内涵、本质和地域价值的深度挖掘和创新糅合，造成不少景区文化主题雷同，未能有效地将湖北的文化旅游资源优势转化为突出的品牌优势和巨大的经济效益。游客来了只觉"有点说头、没得看头"，无法深度体验和参与，也感受不到独特的文化，真正让游客回味和留恋的东西不多。二是由于全省缺少特色鲜明的文化旅游核心吸引物，未能形成强势的文化旅游品牌，与国内其他旅游发达地区存在明显差距。一个地方打造强势旅游品牌的根基离不开独具特色的核心吸引物，而湖北没有叫得响的文化旅游品牌，尽管有武当山、神农架、长江三峡等一批重点旅游资源，但既没有如九寨沟、张家界、黄山那样闻名遐迩的旅游景区品牌，也没有像青岛啤酒节、西双版纳傣族泼水节、哈尔滨冰雪节那样影响较大的旅游节庆品牌。无论是从餐饮、住宿、商品等方面，还是从市场规模、旅游收益、旅游形象等方面来看，湖北的文化旅游品牌在知名度、富有度和效益上仍需要进一步提高。

（二）文化旅游基础设施不完善

自进入大众旅游黄金时代以来，人民群众的文化旅游消费需求日益增长，但湖北落后的旅游基础设施跟不上步伐。水电系统、排污系统、道路交通系统、医院、银行、治安管理机构等基础设施的建设相对薄弱，降低了游客的满意度。另外，不同区域的基础设施建设情况差距较大，尤其是山区景点和偏远乡村的基础设施建设更为滞后，反映了湖北的文化旅游基础设施还不够完善和健全。完善的基础设施、优美的生态环境、健全的服务网络是文化旅游产业快速发展的基石，而湖北的文化旅游基础设施还非常薄弱，显然不能够满足快速增长的游客需求，这会制约湖北文化旅游产业的进一步发展，影响旅游经济的提高，湖北迫切需要在此方面进行完善和优化。

（三）文化旅游企业竞争力不强

据湖北省旅游发展委员会官网2016年发布的统计数据：2015年全省共

有旅行社1037家，其中出境旅游组团社74家、国内旅行社963家。全省星级饭店总数为541家，其中五星级21家、四星级92家、三星级266家。从其数据分析不难发现，湖北旅行社和饭店的质量整体偏低，旅游企业小、弱、散、差的现象比较严重，缺乏大型的、高档次的、综合竞争力高的旅游企业，导致游客的接待人数受到限制，旅游经济难以形成规模效应。究其原因，一是文化旅游产业相关从业人员不仅数量少，而且素质参差不齐，导致企业整体竞争力偏弱。人才是企业生存的根本，湖北不仅缺少精通历史文化和旅游创意的复合型人才，而且缺乏懂经济、善管理的拔尖人才，懂文化的未必懂旅游，懂经济的未必会管理，复合型、创意型、高层次人才的匮乏深刻影响着湖北文化旅游企业的竞争力和创造力。二是很多旅游企业自身的发展模式、企业制度、经营管理等方面存在诸多弊端，比如管理目标肤浅、经营模式低效、缺少市场竞争意识和主动营销意识，阻碍了企业的健康、长远发展，难以适应冷酷而惨烈的企业竞争环境，旅游企业内部亟待革新改制以提高竞争力。

（四）文化旅游经营管理体制不健全

文化旅游产业涉及的领域相当宽泛，涵盖"食、住、行、游、购、娱"六大要素，产业关联性和带动性极强，因此对农林、交通、文化、环卫、治安等相关部门的协调要求非常高。文化旅游经营管理体制主要涉及政府管理和旅游企业管理两个方面。就湖北省现有管理体制来看，政府管理稍有松懈，主导作用不到位，企业管理困难重重，难以发展壮大。虽然有省旅游局统筹和协调全省旅游管理工作，但由于湖北省文化与旅游的融合度不高，管理和经营体制尚不健全，仍然存在文化、旅游两个部门各自为政的现象，地区条块分割、相对封闭的弊端严重，缺乏步调、目标一致的宏观调控，由此可见其管理体制较为混乱，势必会对其健康发展产生不利影响。在文化旅游产业的经营管理上，湖北缺乏严格的行业标准和政策法规，许多企业打擦边球，服务意识不强，服务规范不严格，经常引起游客的不满甚至投诉，这对湖北文化旅游产业良好形象的塑造是一个巨大的挑战，因此企业的经营管理、服务能力、行业规范亟待进一步提高。同时，湖北现有许多文化旅游企业仍为事业建制，功能定位模糊，政企边界、权责边界尚不明晰，给文化旅游经营管理体制改革和法律法规制度适用带来了难题。

三　湖北文化旅游产业发展的对策建议

针对上述湖北文化旅游产业发展中存在的主要问题，笔者认为可从如下几个方面对症下药。

（一）打造特色突出的文化旅游品牌

首先，要实施品牌创新战略，重点培育和建设一批竞争力强、水准高、富有特色的旅游企业、景区、目的地、节庆赛事等品牌，先以打造精品品牌和强势品牌为首要任务，让其点上开花，再由点及面，以精品景区和项目的吸引力、影响力和震撼力扩展和辐射周边地区，打造以品牌为引领，以旅游目的地和龙头项目为支撑的旅游格局。其次，湖北拥有一批优秀的文化旅游资源，但分布不集中，没有进行统一开发、统一宣传，跨区资源处于分割状态，因此湖北的文化旅游资源还需要进行联合宣传、统一开发，投入一定的营销资金，着力提升整体的良好形象，将整体塑造成特色鲜明、形象突出的品牌推出市场，同时要切实提高全民的主人翁意识、旅游意识、服务意识，让每个公民都成为当地文化和旅游的讲解员与推销员，自觉宣传和维护当地旅游形象。最后，还需要对湖北文化旅游资源的内涵本质和地域价值进行深度挖掘，利用差异化竞争策略，避免雷同和单一枯燥的产品，打造出地方特色明显、品位级别高、荆楚文化内涵丰富的旅游名牌产品，可以将群众普遍喜爱的庙会、诗会、歌会、元宵舞龙与灯会、清明赏花与踏青、端午龙舟与美食、中秋赏月、重阳登高等传统、经典活动提档升级成重点旅游文化活动，还可根据富有浓郁湖北地域特色的曲艺、戏曲、杂技、民俗故事、舞蹈表演、文化巡游等活动创造出一批艺术水准高、市场潜力大的旅游演艺节目，以此来为湖北文化旅游产业特色打造锦上添花。旅游产业的文化关联性极强，旅游品牌的塑造核心就在于文化灵魂的开拓和挖掘，使其凸显文化特色，这样便有可能使之成为众多文化旅游品牌中的佼佼者，在残酷的市场竞争中独占鳌头。

（二）完善文化旅游基础设施

文化旅游基础设施的建设以及完善，可从如下几个方面考虑和扎实推进：一是要在道路交通、景区综合配套设施、环境建设和接待设施等方面进一步升级改造，特别要抓紧旅游厕所、网络通信设施、医疗和环卫设施等提升人们满意度的公共文化和服务设施建设，提高其管理效率和使用效率，将湖北建设成为华中地区功能健全、环境优美、设施完善的知名旅游目的地；二是要基本完善城镇和乡村的水电气供应系统、网络通信和标识系统、垃圾和污水处理系统等配套设施，保障和改善民生，为游客及本地居民提供便利；三是要加强旅游集散功能，解决运载设施不足的问题，全面改善旅游交通运输条件，完善旅游信息服务体系、旅游导引系统，提高并扩大旅游接待质量和规模等，力图实现旅游强省的目标；四是要发展一批相应配套的休闲度假、商务会展、娱乐、体育等活动场所，为游客提供多选择的、富足的活动场所；五是需要加快推进景区景点的生态绿化和旅游厕所建设工程，进一步完善旅游区域的绿化、美化、硬化建设。

（三）提升文化旅游企业竞争力

毋庸置疑，人才是每个企业的生存之根，提升文化旅游企业竞争力的关键是靠人力资源的培养和开发利用，为此湖北省需要进一步建立健全现有的旅游人才培训机构、培养体系、培养机制，遵照市场需要多方位地培养与利用综合型的旅游人才。对于境外人才，要鼓励他们到湖北省就业，并为其提供相应宽松和便利的环境，另外对于文化旅游产业发展非常有用的、稀缺的专业技术型人才、复合型人才、高层次人才要采用引进与培养并重的方案，从旅游企业的后方人才供应上为提高企业整体竞争力建立支撑和保障体系，同时要继续加强企业领导班子的建设，以人为本，激发企业创造力、竞争力和活力。此外，提升文化旅游企业的竞争力也离不开企业自身的努力和内部革新，在企业的基础建设、内部管理、市场营销方面要优先考虑企业的核心价值和品牌塑造，在企业结构改革和制度建设方面要不断进行调整和优化，以适应复杂多变的市场环境，在企业文化的建设上要注重统一性和凝聚力，贯彻落实优秀的企业宗旨和经营哲学。

（四）加快推进文化旅游体制改革与技术创新

要想实现文化旅游产业体制改革与技术创新向前加速推进，须做到以下几点。一是政府需要适度放权，充分把握工作的松弛度，但对于重大文化旅游项目，则需要从领导、管理、运作、开发等重要环节抓起，实行"一套班子"，加大统一、协调管理的力度，然后充分调动各相关部门和老百姓积极参与其中，沟通并协调解决问题，真正实现政府来提供平台、企业唱主角戏、老百姓最后受益的良好局面。除了政府和地方各部门共同配合、积极引导和扶持外，还需要多方努力。二是要加强企业的主体意识，政府起到对企业的监管和体制改革工作的指导作用，引导企业建立适应新时期、新形势的新体制、新机制，企业本身则要转变发展方式，将目前的经营管理结构进行调整和优化，借鉴国内外成功的改制经验与管理策略，建立并适应现代化的企业制度与管理模式，以顺应市场潮流和规律，帮助企业实现最佳效益目标，这对推动文化旅游体制改革卓有成效。三是要完善文化旅游产业的有关法律法规，健全其制度体系，遵照依法治旅、兴旅的最高原则和重要举措，明确各监管主体的治理边界和各利益相关者的权责关系，依法查处扰乱市场秩序、有损文化旅游产业形象的各种违法行为，并在文化旅游产业内将跨行业、跨部门的综合执法机制落实到底，以清正严明的法律环境保障经营管理体制的完善，为文化旅游产业树立诚信标杆。四是要完善文化旅游投资融资渠道，建立科学合理的投融资机制，努力激活民间资本和市场活力，为文化旅游产业的招商引资创造有利条件。五是要推动科学技术创新。科学技术的创新和发展是人类历史发展进步、文化旅游活动产生之源泉，反之文化旅游活动又进而对科学技术提出新的要求，二者相互促进。科技成果转化的结果就是以其快捷、安全、舒适的通信、交通、服务等设施设备为文化旅游产业吸引更多的客源。总之，湖北文化旅游产业的发展需要以良好的制度保障、过硬的技术支撑、创新的思想来促进文化旅游产业互融与市场培育，最终做大做强湖北文化旅游产业。

B.11 湖北休闲体育产业发展报告（2016）

史文文*

摘　要： 本文围绕政策环境、场地环境和特色项目等方面对湖北省休闲体育产业发展环境进行分析，在介绍湖北休闲体育产业统计数据和居民休闲体育参与情况的基础上，分析湖北休闲体育产业存在的问题，并对湖北休闲体育产业未来发展提出对策建议。

关键词： 休闲体育产业　品牌战略　优势互补

一　湖北休闲体育产业发展概况

（一）湖北休闲体育产业政策法规

体育产业相关政策的陆续出台为湖北休闲体育产业带来了重要的发展机遇。休闲体育产业要实现健康、稳定发展，需要充分发挥政策的支持和引导作用。尤其在休闲体育产业发展的起步阶段，相关政策的支持程度将影响休闲体育产业的发展规模和发展速度。体育产业新政策指明了休闲体育产业的发展方向，各级体育部门也制定了相应的配套政策和措施。从2010年到2016年国家和地方先后出台的休闲体育产业相关政策法规如表1所示。

---

* 史文文，博士，湖北大学体育学院副教授、硕士研究生导师，湖北休闲体育发展研究中心办公室主任，研究方向为休闲体育消费；主持省部级和厅局级课题六项，出版专著两部，在体育学核心期刊上发表论文十余篇，其博士学位论文2014年获评湖北省优秀博士学位论文。

表1　2010～2016年出台的休闲体育相关政策法规

年份	政策法规
2010	《关于加快发展体育产业的指导意见》
2011	《全民健身计划(2011～2015年)》《体育产业"十二五"规划》《湖北省全民健身实施计划(2011～2015年)》
2013	《国民旅游休闲纲要(2013～2020年)》
2014	《关于加快发展体育产业促进体育消费的若干意见》《湖北省体育局关于全面深化体育改革的指导意见》《湖北省体育局全面深化体育改革总体方案(2014～2016年)》
2015	《湖北省人民政府关于加快发展体育产业促进体育消费的实施意见》
2016	《"健康中国2030"规划纲要》《全民健身计划(2016～2020年)》《国务院办公厅关于进一步扩大旅游文化体育健康养老教育培训等领域消费的意见》《国务院办公厅关于加快发展健身休闲产业的指导意见》《体育发展"十三五"规划》

（二）湖北体育场地

体育场地设施是体育产业发展的重要基础和依托。第六次全国体育场地普查数据公报显示，截至2013年12月31日，湖北省共有符合场地普查标准的各类场地79347个，用地面积为1.06亿平方米，建筑面积为533万平方米，场地面积为7473.7万平方米。其中，室内体育场地有7113个，场地面积为227.7万平方米；室外体育场地有72234个，场地面积为7245.9万平方米。以2013年年末全省人口总数5799万人计算，平均每万人拥有体育场地13.68个，人均体育场地面积为1.29平方米。

（三）湖北休闲体育赛事

湖北省体育局公布的数据显示，2016年省级资助全民健身项目243个，援建农民体育健身工程6000个，举办省级全民健身赛事超过100场，直接参与人数超过100万人次（见表2）。松滋洈水基地成为全国首个命名的五星级体育露营营地，以武汉马拉松为代表的湖北概念马拉松风生水起，宜昌户外运动、荆州水上运动、荆门航空运动、黄石休闲运动、神农架冰雪运动红红火火。

表2 2016年湖北省举办的部分休闲体育赛事

赛事名称	赛事时间	赛事地点	参与人数
国际田野马拉松赛	2016年4月	湖北省远安县	5000人
国家登山健身步道联赛	2016年4月	湖北省黄石市	700人
全国河钓大赛	2016年4月	宜昌市夷陵区	336人
大型群众体育健身舞蹈培训活动	2016年4月	武汉新华路体育中心	500人
咸宁市首届微型马拉松赛	2016年4月	湖北省咸宁市	6000人
2016年武汉木兰草原杯国际风筝邀请赛	2016年4月	武汉市黄陂区	200人
2016年荆门国际马拉松赛	2016年5月	湖北荆门	15000人
湖北2016年荆楚露营大会	2016年5月	湖北省黄冈市麻城	1500人
2016年全国徒步大会第三届江夏徒步大赛	2016年5月	武汉市江夏区	50000人
2016年全省老年人钓鱼比赛	2016年5月	武汉市江夏区	60人
2016中国山地自行车公开赛	2016年5月	湖北蕲春	800人
荆州市第二届"鱼禾园休闲垂钓节"	2016年5月	湖北荆州市	100人
2016年中国山地马拉松系列赛	2016年6月	湖北利川市	2000人
钟祥市第三届群众广场舞展演比赛	2016年6月	湖北省钟祥市	600人
湖北省神农架首届广场舞比赛	2016年7月	湖北神农架	290人
2016年湖北体育舞蹈公开赛	2016年8月	武汉市武钢体育中心	4900人
2016年第四届挺进大别山中国漂流总决赛	2016年8月	湖北省黄冈市	60支队
2016年全国姚记万盛达扑克大赛	2016年10月	武汉市新华路体育中心	108人
2016年宜昌马拉松赛	2016年10月	湖北省宜昌市	20000人
第七届北京国际山地徒步大会神农架分站赛	2016年10月	湖北省神农架	1000人
湖北恩施建始县首届钓鱼大赛	2016年10月	湖北建始县	80人
湖北省体育舞蹈公开赛	2016年11月	湖北省宜昌市	3500人
中国当阳湖北钓鱼锦标赛	2016年11月	湖北当阳	312人
木兰山登山节	2016年12月	湖北黄陂木兰山	7000人
孝昌县鸿源杯2016年广场舞大赛	2016年12月	湖北省孝昌县	18支队
2016年黄石慈湖国际半程马拉松	2016年12月	湖北省黄石市	14950人

（四）湖北居民休闲体育参与情况

1.湖北居民参与的休闲体育项目

调查显示，湖北居民参与最多的休闲体育项目是徒步，占比56%；其次是羽毛球，占比33%；登山排到了第三位，占比25%；随后分别是骑行、棋牌、游泳、乒乓球、广场舞和垂钓等休闲体育项目。蹦极、舞龙舞狮、潜水、滑冰滑雪和高尔夫这五个休闲体育项目的被选择率最少,仅占了所调查人数的2%(见表3)。

表3 湖北省居民参与的休闲体育项目的情况(N=16087)

休闲体育项目	频数	比例(%)	休闲体育项目	频数	比例(%)
徒步	9059	56	户外拓展	1295	8
羽毛球	5232	33	武术与健身气功	1089	7
登山	4079	25	漂流	721	4
骑行	3545	22	体育舞蹈	690	4
棋牌	3528	22	攀岩	683	4
游泳	2524	16	蹦极	348	2
乒乓球	2471	15	舞龙舞狮	348	2
广场舞	2299	14	潜水	343	2
垂钓	2141	13	滑冰滑雪	339	2
健身操	1584	10	高尔夫	296	2
网球	1366	8	其他	781	5

湖北居民将"徒步"作为首选项主要可能有以下两点原因:一方面,徒步的运动负荷可以根据自己的身体条件和需要进行自我调整,对运动场地的要求较低,运动时间、运动频率不受外界影响。另一方面,徒步不受场地限制,所以社区、校园、公园等地都能作为居民徒步的运动场地,而且这些场地都是免费向社会开放的,居民不需要花钱就可运动健身。

羽毛球虽然有一定场地、器材的限制,但是上手简单并有趣味性,现在已经是比较大众化的休闲体育项目。山地约占湖北省总面积的55.5%,丰富的山岳旅游资源为湖北居民的登山运动提供了更多选择机会。然而像蹦极、潜水、滑冰滑雪、高尔夫这些休闲体育运动项目对场地、经费支出、个人技术等均有较高要求,所以居民的选择较少。舞龙舞狮作为湖北的传统民俗项目,有一定的地域性,而且大多以烘托节日气氛为主,因此在调查中被选择率较低。

通过月经济收入与体育项目的交叉分析发现，低收入者主要选择的休闲体育项目有徒步、登山、骑行、棋牌、武术与健身气功、广场舞等。而高收入者主要选择的休闲体育项目有滑冰滑雪、高尔夫、网球、蹦极、潜水、羽毛球等。

2. 参与休闲体育项目的地点

在对湖北居民参与休闲体育项目的地点的调查中发现，公园广场是最受湖北居民欢迎的参与地点，占比47%；其次是校园和社区体育设施，分别占到了被调查湖北居民的23%和22%；有14%的人选择在室内参与休闲体育活动，单位体育设施和营利性健身场所作为休闲体育的参与地点被选择的比例都是10%（见表4）。

表4 湖北居民参与休闲体育地点的情况（N=16087）

参与休闲体育的地点	频数	比例(%)
公园广场	7516	47
校园	3750	23
社区体育设施	3461	22
室内	2274	14
单位体育设施	1683	10
营利性健身场所	1597	10
其他	769	5

从该结果可见，多数居民选择免费的体育场地作为休闲场所，健身路径、小篮板等社区、广场的体育设施由于亲近市民、无偿使用受到社会的欢迎。但调查发现，使用一段时间后，这些公益性体育设施出现了不同程度的损耗，这不仅影响了正常使用，而且有相当大的安全隐患。由于无偿投放、无偿使用，公益性体育设施的后期维护由谁承担、由谁负责自然成为问题。

3. 参与休闲体育的频率及时间

调查结果显示，坚持每天参与休闲体育活动的人占被调查人数的17.86%；每周仅有1~2天参与休闲体育活动的人占被调查人数的47.8%；每周有3~4天的时间参与休闲体育活动的人占到了被调查人数的22.54%；每周进行5~6天休闲体育活动的人数最少，占被调查人数的11.76%。

参与休闲体育活动时间的结果显示，每次参与休闲体育活动的时间超过2个小时的人数最少，仅占被调查人数的4.51%；有9.83%的人每次参与休闲体育活动的时间为90~120分钟；有16.63%的人每次参与休闲体育活动的时间不足半个小时；有25.27%的人每次参与休闲体育活动的时间为60~90分钟；每次参与休闲体育活动的时间为30~60分钟的人数最多，占被调查人数的43.77%。

休闲体育活动参加的必要条件是拥有一段相应的自由时间。由于生产方式的改变，现代科学技术彻底改变了现代生产方式，劳动密集型产业向技术密集型产业转变，生产效率大幅度提高，社会物质财富充足，劳动力被自动化器械所替代，更多的劳动力转入第三产业或者闲置起来。社会生产不需要许多劳动力就能够生产比过去多出几倍乃至几十倍、几百倍的物质产品，因此减少人的劳动时间也就成为必然，劳动时间的减少也就意味着自由时间的增加，人们有更多的机会可以参与到休闲运动中来。中国人民大学教授王琪带领的生活实践分配课题组透露，中国城市居民的平均日工作时间为5小时1分钟，个人生活必需时间为10小时42分钟，家务劳动时间为2小时21分钟，自由时间为5小时56分钟，分别为每天全部时间的21%、45%、10%和24%。由此可以看出，总体来说湖北居民对于休闲体育的时间投入并不是很多。

4. 休闲体育消费情况

如图1所示，湖北居民休闲体育消费水平多集中在100元以下、101~300元、301~500元，分别占32.28%、27.04%和18.28%，整体休闲体育消费水平偏低。随着消费水平的提高，人数比例呈下降的趋势。

休闲体育消费水平是指居民休闲体育消费所达到的并能维持的一种状态，是以货币购买表示的人均休闲体育消费资料和劳务的数量，它直接反映了居民体育消费状况。湖北居民休闲体育消费水平多集中在500元以下，整体休闲体育消费水平较低，说明湖北居民的休闲体育消费意识有待提高，也

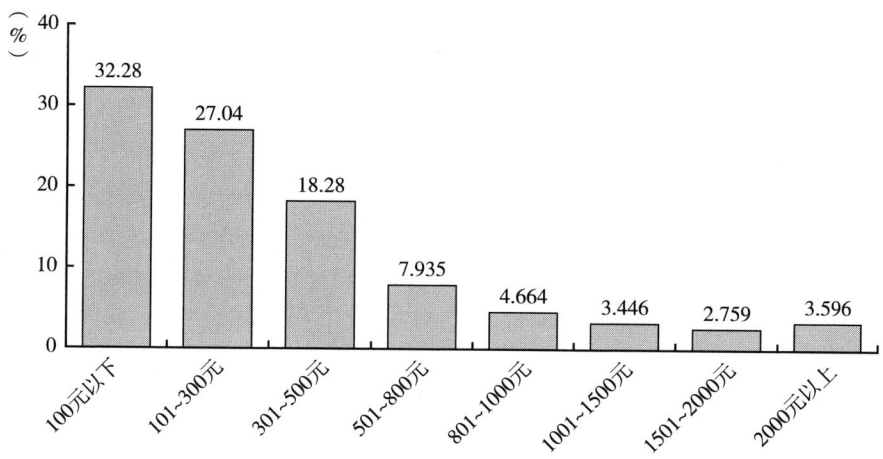

图 1　湖北居民休闲体育全年消费比例

表现出湖北居民的休闲体育消费有着巨大的潜力。

5. 参与休闲体育活动的目的

如表 5 所示,有一半以上的人参与休闲体育活动有增强体质的目的,占到了被调查人数的 58%;36% 的被调查者参与休闲体育活动有愉悦心情的目的;28% 的被调查者参与休闲体育活动有缓解压力的目的;有 26% 的被调查者抱着减肥塑身的愿望参加休闲体育活动;也有一部分人参加休闲体育活动的目的是锻炼意志、追求运动乐趣、结交朋友;以宣泄不良情绪、学习运动技能、获取体育知识为目的参与休闲体育活动的人相对较少,分别占被

表 5　湖北省居民参与休闲体育的目的情况（N=16087）

参与目的	频数	比例(%)	参与目的	频数	比例(%)
增强体质	9392	58	结交朋友	1963	12
愉悦心情	5812	36	宣泄不良情绪	1258	8
缓解压力	4443	28	学习运动技能	1089	7
减肥塑身	4227	26	获取体育知识	907	6
锻炼意志	3427	21	其他	249	2
追求运动乐趣	2592	16			

调查人数的8%、7%和6%；还有2%的被调查者参与休闲体育还有其他的目的。

对湖北居民参与休闲体育活动目的的调查结果显示，一方面，湖北居民的健康意识很强；另一方面，休闲体育活动的功能不断被人们认识和发现。值得一提的是，在众多的目的当中，选择"愉悦心情"的占被调查者的36%，这个比例排列在第二位。这说明，湖北居民除了追求身体的健康之外，开始更多地把休闲体育活动当成丰富生活、享受生活的手段。

6.影响参与休闲体育活动的因素

通过对影响湖北居民参与休闲体育活动的因素调查统计发现，在表6的13项因素中，被调查者认为影响程度从大至小依次为：首先是空余时间，占54%；其次是个人兴趣，占40%，第三是身体健康状况，占35%；第四是工作状况，占27%。显然，空余时间、个人兴趣、身体健康状况和工作状况已经成为影响湖北居民参与休闲体育活动的四大主要因素。另外，有17%的被调查者选择了同伴和场地器材的因素。从理论上讲，人们是否参与休闲体育活动都存在自身的原因，对影响人们参与休闲体育活动因素的调查能更好地把握和了解哪些因素阻碍了居民参与休闲体育活动，同时可以理清这些因素中的内在因素和外在因素。

表6 影响湖北居民参与休闲体育活动的因素（N=16087）

影响因素	频数	比例(%)	影响因素	频数	比例(%)
空余时间	8702	54	同伴	2741	17
个人兴趣	6456	40	场地器材	2723	17
身体健康状况	5554	35	运动技能水平	1400	9
工作状况	4267	27	本地体育发展	1315	8
家庭负担	3328	21	健身指导	762	5
经济条件	3256	20	其他	224	1
健身效果	3173	20			

二 湖北休闲体育产业发展存在的问题

（一）大型休闲体育赛事缺乏与相关产业的融合

近年来，湖北各城市频繁举办大型休闲体育赛事，扩大了各城市的影响力，对当地的旅游、房产、酒店、餐饮等产业的发展有明显的推动作用。但是湖北在产业延伸以及赛事拓展方面的能力仍有待提高，较为突出的问题是大多数休闲体育赛事在运作过程中多是针对赛事本身，而在部门间的融合上互动偏少，赛事资源与旅游资源、城市文化资源的整合还有待提升，赛事的定位和运作国际化程度不高。

（二）体育场地设施资源不足与场馆运营困难

第六次体育场地普查结果显示，虽然体育场地数量和面积较"五普"调查结果都有所增加，但现阶段湖北体育场地设施资源的存有量以及场馆运营等方面的问题有待解决。一是湖北各区域的场地设施资源分布不均衡，武汉市作为湖北的省会城市，体育场地的数量和规模都远远超过其他城市，其他城市如宜昌市和襄阳市的体育场地数量和规模也排在前列，但经济发展较为缓慢的城市在体育场地资源的投入上严重不足。二是体育场馆运营成本过高导致运营困难，体育场馆在运营过程中需要缴纳的税费、人力成本、场馆租赁等方面的费用使得体育场馆的总体运营成本较高。

（三）休闲体育产业总体规模有待提高

2016年，湖北地区生产总值为32297.91亿元，同比增长8.1%。服务业占地区生产总值的比重为44.7%，比2015年提升1.6个百分点，自2004年以来首次超过第二产业。湖北城镇常住居民人均可支配收入为29386元，增长8.6%；农村常住居民人均可支配收入为12725元，增长7.4%。湖北省体育局公布的数据显示，2016年体育产业总产值达848亿元，较2015年增长17.89%。湖北体育产业总规模、增加值占地区生产总值的比重等指标处于中部省份前列，但与发达国家的水平相比，湖北体育产业对其经济发展的贡献还偏小，发展潜力巨大。

三 湖北休闲体育产业发展策略

（一）制定休闲体育品牌战略，打造特色休闲体育产品

休闲体育品牌是休闲体育产品或劳务特有的名称、术语、象征、记号或设计及其组合。湖北休闲体育产业发展拥有开展产品品牌化的资源优势。例如，在竞技体育方面，湖北拥有黄石国家乒乓球训练基地、国家体操训练基地、武汉东湖皮划艇训练基地、红莲湖水上训练竞赛基地等。在休闲体育产业方面，武汉城市圈覆盖了各类体育健身会所、网球场、高尔夫球场、水上乐园、垂钓园、跆拳道馆、武术馆、赛马场、温泉、滑雪等休闲娱乐设施。

因此，结合湖北的特色休闲体育产品，制定休闲体育品牌战略是未来发展规划中的重要措施之一。在长期发展过程中，湖北应立足品牌建设，以特色体育旅游产品为载体，形成产品与品牌的互动以共同拓展市场。例如，湖北可以通过举办武汉国际渡江节、仙桃体操节、武汉网球公开赛、武汉马拉松等一些特定的、有知名度的赛事来推动休闲体育产业发展，可以制作精良的宣传海报、画册等宣传资料，或者是通过互联网直接向广大市民宣传品牌休闲体育赛事，展现休闲体育的独特魅力，使品牌赛事成为湖北休闲体育业的一张亮丽名片。

（二）充分利用地理资源优势，开发休闲体育项目

推进赛事管办分离改革，整合赛事组织资源，积极吸纳民间组织参与休闲体育赛事的承办工作，加快湖北休闲体育赛事的市场化建设。通过赛事引导市民体育消费，推动湖北休闲体育产业的发展。

依托湖北的地理环境和自然景观，着力培育"运动+旅游"市场，将

品牌赛事、观赛旅游和体育休闲主题旅游融为一体。如利用东湖水资源的优势开发和规划的休闲体育项目有沙滩足球、划船、潜水、滑翔、冲浪、沙滩排球等。利用东湖磨山的地理特征和地质资源优势开发与规划的休闲体育项目有登山、攀岩、蹦极、岩降、山地自行车等。利用鄂西北地区的山地资源，积极拓展汽车房车露营、山地与公路自行车、攀岩、攀树、漂流、温泉、徒步穿越等富有特色的户外休闲体育活动。

重点打造具有地方特色的休闲体育赛事，着力培育湖北休闲体育竞赛与表演市场。如重点打造武汉马拉松、武汉网球公开赛、武汉国际渡江节、武当国际武术节、宜昌国际龙舟节、神农架国际山地徒步大会、襄阳国际航空热气球公开赛、磁湖户外运动节等品牌休闲体育赛事的培育工作，将湖北省打造成高端品牌休闲体育赛事区。

（三）加强城际休闲体育资源整合，实现优势互补

建立湖北各城市间的有效沟通机制，构建城际无障碍休闲体育大平台。首先，武汉市作为湖北的省会城市，需要发挥带动作用，带动其他城市的休闲体育产业发展。其他城市也可依托武汉市的核心作用，借助现代化的交通和信息网络，实现联动发展。其次，湖北各地市州可以建立联合宣传的休闲旅游模式，确立统一的休闲旅游形象，联合制作休闲旅游宣传手册，举办休闲旅游推广会，联合参与全国性的旅游交易会等。最后，湖北各地市州的体育主管部门应加强合作与交流。体育主管部门应审视休闲体育产业合作与发展的机遇和条件，从发展战略的高度出发，达成合作共识，按照"资源共享、互惠互利、优势互补、共同发展"的原则，大力推进武汉城市圈的休闲体育产业全方位、高水平的交流与合作。

（四）加强公共体育场馆建设，培养复合型休闲体育人才

加大公共体育设施建设投入，明确公共体育设施是城市公共财政支出的重要组成部分，要坚持以政府投入为主的方针。加强公共体育场馆的管理工作。第一，要保证公共体育场馆的开放率、完好率。武汉城市圈的政府相关

部门应共同制定全市公共体育场馆管理办法,明确由政府投入建设的公共体育场馆的维护经费纳入公共财政支出项目。第二,要保证公共体育场馆的公益性。公共体育场馆应当向社会开放并公布开放时间。公共体育设施的收费要充分考虑市民群众的经济承受能力,要对学生、老年人、残疾人给予方便和优惠。第三,要处理好公共体育设施的公益性和产业化间的关系。在充分发挥公共体育场馆在培养后备人才和开展群众健身方面的重要作用的同时,发掘体育场馆的经济价值,使公共体育场馆的经营成为发展体育产业的一条途径。

此外,培养复合型专业人才对休闲体育产业的发展具有举足轻重的作用,湖北休闲体育发展需要兼备专业能力、服务能力、管理能力和指导能力的复合型人才。如攀岩、攀树、潜水、漂流、高尔夫、冰雪运动、户外露营等休闲体育项目,都需要专业人员的指导。这就要求工作人员的指导必须专业,只有经过专业训练的人才能够胜任。

专题报告

Special Reports

B.12
湖北文化产业投融资分析（2016）

徐俊武　黄若云*

摘　要： 文化产业投融资是文化产业健康发展的助推器，也是推动资本运作与文化产业结合的孵化器。在快速推进的同时，湖北的文化产业投融资一方面呈现出自身特色，比如融资形式在不断丰富、融资产品的技术含量在不断提升等；另一方面表现出了一些问题，比如融资渠道不畅、投融资规模不足、外资利用程度不高等，这些都影响了湖北文化产业的发展壮大。造成这种矛盾体存在的原因，既有市场机制的不健全，也有产业政策的不完善。对此，本报告提出要把市场的"无形之

---

* 徐俊武，湖北大学商学院副教授、经济学博士、硕士研究生导师、经济学系副主任，湖北省经济学会秘书，湖北省外国经济学说研究会理事；主持国家级研究项目一项、省级研究项目两项，在《统计研究》《财经研究》等核心期刊上发表学术论文十余篇。黄若云，湖北大学商学院西方经济学专业硕士研究生，主要研究方向为环境经济学。

手"与政府的"有形之手"结合起来,共同解决湖北文化产业投融资的瓶颈问题。

关键词: 文化产业 投融资 融资渠道

文化是衡量社会文明程度和发展水平的重要标志,不仅是地域特色的体现,而且是民族的象征。在经济全球化的浪潮下,外来文化不断入侵,发展和弘扬民族文化、将文化产业不断做大做强已成为各地区研究的课题。现阶段文化产业的发展已经步入资本运作时代,通过体制机制的创新,实现文化与资本的融合,最大限度地调动文化产业内在的活力,是湖北省深化文化体制改革、完善文化产业政策的重要内容。对此,湖北省提出,到2020年将湖北建成长江流域具有重要影响力的区域文化中心,迈入文化强省行列,实现文化小康的目标。

一 湖北文化产业投融资现状

文化产业作为21世纪的朝阳产业之一,具有无污染、高回报、可重复利用等特点,文化产业投融资为文化产业的发展壮大提供了强有力的物质保证。

(一)全社会对文化产业固定资产投资

通过表1横向比较来看,"十二五"期间,全社会对文化、体育和娱乐业的总体投入在不断增加,从2010年的107.17亿元到2015年的314.06亿元,增加了约207亿元,年均增长23.99%,增长幅度非常大。其中,在对各行业的投入中,广播、电视、电影和音像业与新闻出版业虽然年投入量不断增加,但相比2010年只增加了3.87亿元和0.91亿元,并且年均投入增长幅度较小,分别只增长了8.08%和7.43%,远远低于文化、体育和娱乐业的投入速度，传统行业在一定程度上面临着危机。对文化艺术业、体育业和娱乐业的资本投入量高于传统行业，文化艺术业在"十二五"期间的投入量增加了 100.55 亿元，年均增长了 33.3%，是 2010 年的 4.21 倍，超过了文化、体育和娱乐业的增长速度；体育业虽然在 2011 年的投入只有 5.36 亿元，但在 2014 年的投入达到 59.49 亿元，增长幅度相当大，到 2015 年仍然达到 53.89 亿元，年均增长 24.49%；娱乐业的上升势头一直保持良好，从 2010 年的 47.63 亿元激增到 2015 年的 113.25 亿元，增加了 1.38 倍，年均增长 18.91%，增长速度比较明显。

表1 各文化行业固定资产投资基本情况

单位：亿元

年份	2010	2011	2012	2013	2014	2015
文化、体育和娱乐业	107.17	119.73	175.68	194.01	280.95	314.06
广播、电视、电影和音像业	8.14	10	10.43	7.47	9.04	12.01
新闻出版业	2.11	1.57	2.65	4.01	0.92	3.02
文化艺术业	31.33	33.05	71.56	69.96	102.9	131.88
体育业	17.95	5.36	22.09	34.04	59.49	53.89
娱乐业	47.63	69.75	68.96	78.54	108.6	113.25

数据来源：历年《湖北统计年鉴》。

通过图 1 纵向比较各行业在文化产业投入中所占的比重来看，广播、电视、电影和音像业和新闻出版业在每年的文化投入中所占的比重波动幅度都比较小，并且所占比重也较小，存在进一步被压缩的可能。文化艺术业和娱乐业一直是投资的重点，大量的资本进入这两个领域，每年所占的比重比较大，两者的比重之和基本维持在 80%。体育业的投入比例存在一定幅度的变化，2011 年只有 4.48%，2014 年达到 21.17%，但近三年的投入维持在 17% 以上。

从上面的分析中可以看出，传统行业不管是投入的绝对增长量还是其所占文化产业的比重都要远远低于新兴行业的发展速度。

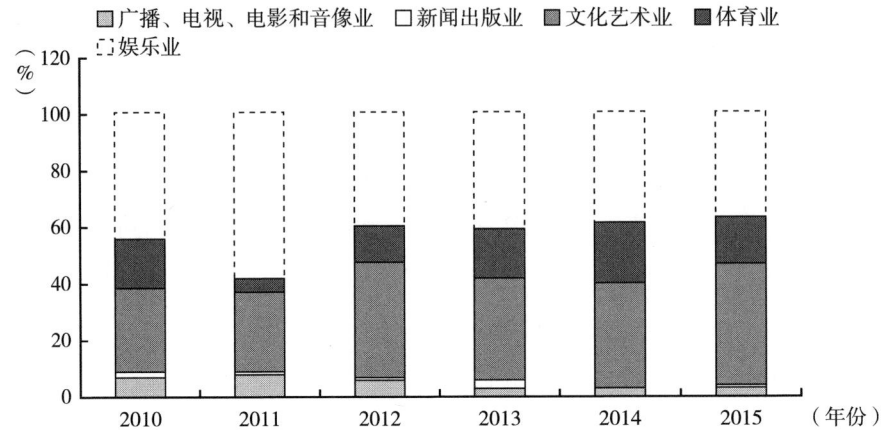

图1　各文化行业投资在文化产业投入中所占的比重

数据来源：历年《湖北统计年鉴》。

（二）财政性投融资

从图2可以看出，从财政投入的绝对量来说，湖北省地方财政对文化、体育与传媒的投入力度逐年增加，从2010年的36.67亿元到2015年的84.03亿元，增加了约1.3倍，年均增长18.04%，远远高于同期省内地区

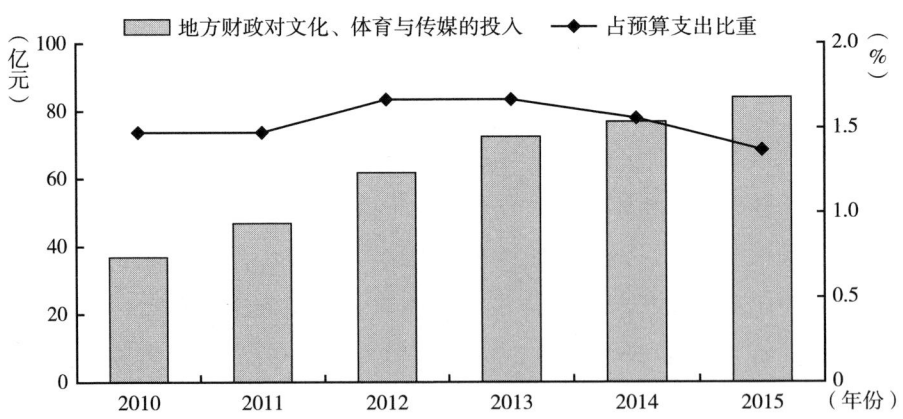

图2　地方财政对文化、体育与传媒的投入及占预算支出的比重

数据来源：历年《湖北统计年鉴》。

生产总值的增速；从其占财政预算支出比重来看，其基本围绕1.5%的水平小幅度波动，所占比重要低于地方财政对就业保障、节能环保等方面的投入比重，并且近年来文化产业所占比重有下滑的趋势，财政性投融资存在进一步被压缩的可能。

（三）金融机构贷款

"十二五"时期，诸多银行金融机构纷纷寻求与文化企业"联姻"（见表2）。一方面，银行与各地政府进行合作，政银携手发展文化项目，例如2015年平安银行与咸宁市政府签订战略合作协议，通过设立旅游产业基金，投资100亿元发展咸宁文化旅游业①；同年，武汉市委宣传部与汉口银行设立"武汉市文化企业信贷风险池基金"，投入4亿元，化解小微企业融资难题。另一方面，直接为中小型文化企业提供融资贷款服务，例如2015年民生银行武汉分行为华中文交所提供最高为200亿元额度的授信支持，优先为华中文交所优质客户及会员提供融资绿色通道②；2015年电影《全城通缉》的出品方武汉银都文化传媒股份有限公司为拍摄该影片获得汉口银行200万元的"文化贷"支持；2011年湖北第一部三维动画电影《闯兔堂》成功上映，汉口银行功不可没，为武汉玛雅动漫有限公司贷款1000万元，为后续

表2 部分银行对湖北文化企业投融资情况

时间	银行	项目	融资额(亿元)
"十二五"期间	汉口银行	文化产业	100
2015年	民生银行武汉分行	华中文交所	200
2015年	汉口银行	武汉银都传媒股份有限公司	0.02
2015年	平安银行	咸宁战略合作协议	100
2014年	浦发银行、武汉农商行等	文化创意企业	1.39

---

① 汪明、饶红斌、王定涛：《咸宁与平安银行战略合作》，《湖北日报》2015年4月27日，http://news.cnhubei.com/xw/hb/xn/201504/t3243677.shtml。
② 艾启平、王洪伟：《华中文化产权交易所获民生银行200亿元授信支持》，中国新闻网，2015年7月26日，http://www.cankaoxiaoxi.com/finance/20150726/865712.shtml。

拍摄、制作等提供了资金支撑①。过去几年，银行金融机构与政府和企业的合作为湖北文化产业的发展壮大提供了有力的支撑。

（四）民间资本投资

文化产业不仅要做大而且要做活，这离不开民营资本的投入。近年来，一些民间资本纷纷投资文化产业（见表3）。2017年，总投资达到28亿元的卓尔·赤壁羊楼洞系列文化旅游项目的花亭茶溪运动休闲旅游区项目正式开工建设，将打造集户外茶禅文化广场、青年创意村等为一体的文化旅游区；2016年，湖北鄂旅投投资50亿元打造"天下祖庭、国际禅都"的黄梅禅文化旅游区，将与道教圣地武当山遥相呼应，形成"东禅西道"的文化旅游格局②。湖北文化产业的发展吸引了省内企业投资，与此同时一些外地企业也看好湖北文化产业的发展前景而进行资本投资，例如2017年远洋集团投资300亿元的归元文化片区，将打造古色古香的历史宗教文化与现代商业气息完美融合的智慧城市；2016年深圳华强集团投资120亿元的荆州华强文化主题园，应用VR技术将致力打造传播楚文化、华夏

表3 部分民企对湖北文化产业投融资情况

年份	企业	投资额（亿元）	项目
2017	卓尔集团	28	卓尔·赤壁羊楼洞系列文化旅游项目
2017	远洋集团	300	归元文化片区
2017	复地集团	32	长江数字文化产业园
2016	鄂旅投	50	黄梅禅文化旅游区
2016	深圳华强集团	120	荆州华强文化主题园
2015	中央影视集团	65	影视文化产业基地
2015	深圳大中艺文化集团	50	滨江文化城

---

① 朱凯、王莎莎：《武汉信贷基金 本土文企获得200万元"文化贷"》，《湖北日报》2015年11月25日，http://www.hubei.gov.cn/tzhb/touzi/lxhbtzdt/201511/t20151125_754569.shtml。
② 陈熹：《黄梅禅文化旅游区投资50亿元》，《湖北日报》2016年3月25日，http://www.hbci.gov.cn/zs/201603/t20160325_66704.shtml。

文化的重要平台①。诸多民间资本对湖北文化产业进行投融资，激发了文化产业的活力和创造力。

（五）招商融资平台

招商大会往往成为中小型文化企业投融资的重要来源。2016年全国文化产业展会举办数量超过百场，其中湖北参加了大多数的文化产业招商大会，取得了丰硕的成果。例如，2017年在北京举办的武汉文化产业招商推介会现场签约13个项目，投资金额达到258.55亿元②；在2016年的中国文化产业峰会上，湖北现场签约20个项目，涉及娱乐、影视、体育、出版业、文化生态旅游等，投融资金额达到138亿元（见表4）。2015年以来，湖北文化产业通过五轮定向招商，签约项目113个，落地98个，投融资金额超过900亿元③。通过文化产业招商大会，深入洽谈一批，成功签约一批，开工建设一批，为湖北文化产业发展奠定坚实基础。

表4 部分招商大会对湖北文化产业的投融资情况

年份	名称	项目量(个)	投融资额(亿元)
2017	武汉文化产业招商推介会	13	258.55
2016	深圳文博会	20	209
2016	中国文化产业峰会	20	138
2015	文化产业招商洽谈会	10	87.6
2015	长三角文化产业招商洽谈会	25	150
2015	环渤海招商会	36	356
2014	深圳文博会	15	202.1

---

① 郭晓莹、李天然：《荆州华强文化主题公园开工总投资120亿元》，中国新闻网，2016年8月20日，http://www.hb.chinanews.com/news/2016/0820/257831.html。

② 张楚：《湖北文化产业招商推介会在京举行》，湖北文化产业发展网，2017年3月16日，http://www.hbci.gov.cn/zs/201703/t20170316_73213.shtml。

③ 张文逸、聂刘峰：《2016中国文化产业峰会：湖北20个项目签约合同金额138亿》，湖北网，2016年12月21日，http://news.hbtv.com.cn/p/427678.html。

（六）投融资政策

文化产业是政策性导向很强的产业，文化产业政策是文化产业做大做强的重要保障。在"十二五"时期，国家颁布了多部发展文化产业的法律法规或部门规章，湖北省委、省政府及地方各级政府积极响应，出台了多部相关的政策文件，将文化产业作为经济发展的支柱性产业发展。2014年，湖北省就出台了文化与金融相结合的实施意见；特别是2017年湖北省委、省政府颁布的《湖北省"十三五"文化产业发展规划》，从非遗、戏曲的传承到广电、动漫的发展，从文化产业园区的搭建到文化市场体系的建设，对文化产业的各个行业都做了详细的规划；财政厅、文化厅印发的《湖北省扶持文化产业示范园区及基地发展专项资金管理办法》，对文化产业属性的各行业做到专款专用，重点扶持演艺业、娱乐业、文化旅游业、艺术品业、工艺美术业、创意设计业、网络文化业、数字文化服务业、文化创意和设计服务与相关产业融合等领域。同时，各地政府为传承本地文化，将本区域内的特色文化资源与旅游相结合，对资金的使用、创意产业的发展等也做了细致的规划（见表5）。

表5　省级和地方部分文化产业投融资政策

级别	年份	政策文件
省级	2017	《湖北省"十三五"文化产业发展规划》
	2016	《湖北省扶持文化产业示范园区及基地发展专项资金管理办法》
	2016	《湖北省重点文物保护专项资金管理办法》
	2016	《湖北省体育产业发展引导资金使用和管理办法（试行的）》
	2014	《湖北省文化产业发展战略规划》
	2014	《关于深入推进湖北省文化金融合作的实施意见》
地方	2017	《宜昌市人民政府关于促进文化创意产业发展的意见》
	2016	《武汉市非物质文化遗产保护条例》
	2016	《孝感市本级文化产业发展专项资金管理办法》

二　湖北文化产业投融资特色

湖北省文化产业发展虽然存在诸多问题，但经过近20年的发展以及改革措施的不断出台，文化产业的发展仍然形成了特色，这对于发展民族品牌、形成区域特色具有重要意义。在现有基础上，走出一条具有湖北自身特色的文化产业之路应该是今后的重点。

（一）融资产品丰富多样

湖北有着丰厚的文化资源、多姿多彩的文化生态系统、浓郁厚重的历史文化品格。2015年，湖北有国家级文化产业示范园区和基地6个，获得国家级文化奖项4个；在160余家省级以上文化产业园区、基地中，有30余家是综合性的特色文化旅游产业园区和基地，这种地方特色与产业聚集相融合的模式是湖北省文化产业发展的亮点。

湖北现有"中国民间文化艺术之乡"21个、"湖北省民间文化艺术之乡"65个。按照全省实施的"一县一品"工程，众多特色文化之乡的创建促进了特色文化产业发展。如独树一帜的安陆水墨漫画，因其气韵生动的境界，多次在国外展出并获奖；黄梅县黄梅挑花工艺年产值已达5000万元，出口额近千万元，入选国家重点出口文化项目；随州利用一年一度的"世界华人炎帝故里寻根节"，吸引政界、商界、文化界的知名人士集聚一堂，炎帝神农故里景区成功申报国家5A级景区；仙桃贝雕原来每年产值40多万元，现在每年可创收近200万元。除此之外，孝感雕花剪纸、京山根雕、云梦皮影、阳新布贴、屈原故里端午文化节、襄樊诸葛亮文化节、曹禺文化节、恩施女儿会等各类特色文化节庆活动丰富多彩，已经成为当地文化产业发展的重要内容。与此同时，湖北省正努力构建以"一江两山"（长江三峡、武当山、神农架）为战略重点的结构布局，以文化为魂塑造"灵秀湖北"形象，打造民俗风情游、红色文化游、绿色农业游等多元化旅游线路，开发符合现代生活方式的特色旅游产品，形成一批具有荆楚特色的旅游品牌。

通过开发、利用本地独特的历史文化资源，形成特色文化产业，这些已成为湖北省对外展示的窗口和宣传湖北文化的名片。文化产业项目相继实施，有效带动了旅游、影视、餐饮、娱乐等相关产业的发展，有力地促进了文化的繁荣和地方经济的发展。

（二）融资产品的技术含量提升

在传统媒体势力不断弱化的趋势下，湖北省内传媒业纷纷与科技"联姻"，寻找新的发展空间。2016年，在湖北省兴起的"长江云"平台将传媒与数字进行了无缝对接，通过"3+2+N"的方式，即3个平台（全省新媒体产品生产汇集平台、全省媒体融合云平台、全省新媒体管理平台）、2个入口（智慧湖北和世界看湖北的超级入口）和N个产品（建设省市县三级党政机关、群团组织、新闻媒体、公共服务部门、高校和企事业单位的N个新媒体产品），支撑传媒发展的新格局。按照要求，到2016年年底，将实现全省117个以云上系列命名的官方客户端省市县三级全覆盖；所有省直单位群团组织、省属高校和省属国有企业将完成政务微信账号、微博账号的全入驻。

湖北广播电视信息网络股份有限公司与杭州当虹科技合作推广的广电VR节目，形成"内容+技术+服务"的模式，促进广电VR产业生态链的快速形成；湖北日报新媒体通过手机、电子阅报栏、超大电子屏等多种形式将湖北手机报、楚天尚漫、楚天神码等产品呈现给用户，实现在新三板的成功上市；长江日报报业集团"好医网"则以"互联网+服务"的模式，已入选全国媒体融合创新案例12强，其同期主打产品九派新闻客户端也成为全国五大新闻客户端之一；十堰日报社的"小蜜蜂"、襄阳日报社的"智慧襄阳"、荆州日报社的"梦工厂"、孝感日报社的"槐荫论坛"等，已取得良好效益。

通过围绕"互联网+文化"，大力发展新兴文化业态，推动文化与科技深度融合，依托云计算、大数据、物联网、4G网络、3D打印等现代科技，实现传统媒体的升级换代。

（三）融资形式不断创新

文化企业由于其文化价值不易评估，特别是中小型文化企业主要靠创意、剧本这些"看不见、摸不着"的无形资产和能力来赚钱，有些连股权、商标专用权这些用于质押的权利也没有，更没有用于抵押的房产和设备，再加上缺乏第三方担保,使得文化企业难以得到银行信贷资金的支持。

但湖北省信贷机构的"智慧思维"改变了这一困局。2011年,汉口银行突破传统的思维模式,在对融资企业的整体经营情况进行调查分析和对发展前景进行评估之后,同意融资企业以美术作品的著作权质押,提供投融资贷款。除了著作权质押以外,该行还相继推出了订单贷款、商标权质押、专利权质押、股权质押等方式,共为包括武汉广播电视集团、大连万达集团、归元禅寺、黄鹤楼公园、江通动画股份有限公司等在内的338家文化企业,以及汉口江滩、琴台大剧院、首义园广场、楚河汉街等文化产业项目提供了60多亿元的信贷支持。2014年,"湖北日报产业发展基金"在湖北181创意产业园率先推出"租金换股权"的创新孵化器运营模式,形成孵化器、天使和VC投资一站式的项目培育链条[1]。2015年,汉口银行又进一步提出"文化贷"金融服务方案,并进一步推出"股权融资+债权融资""引资+引智"的金融服务,并签署了"武汉市文化企业信贷风险池基金"战略合作协议,助力武汉文化产业大繁荣;同年,武汉市版权局联合文产办和财政局制定了《武汉市著作权质押贷款贴息暂行办法》,进一步破解投融资困难;浦发银行、汉口银行、武汉农村商业银行与武汉7家文化创意企业签订了版权质押贷款融资协议,总金额达1.39亿元[2]。

经过近几年的发展,文化企业普遍缺乏版权价值运用能力的局面得到改善,将版权、创意、商标等作为投融资抵押的企业逐渐增多,同时从文化产业投资基金、信托等机构获得的金融支持也逐渐丰富。

三 湖北文化产业投融资面临的问题

"十二五"时期,湖北省的各文化行业取得了重大发展,文化产业体系

---

[1] 艾凌璐、罗婉:《湖北日报传媒集团涉足文化金融 发起5亿元产业基金》,荆楚网,2014年12月15日,http://news.eastday.com/eastday/13news/auto/news/china/u7ai3152476_K4.html。

[2] 徐超、王永娟、付成荣:《武汉启动文化创意版权质押贷款》,《中国文化报》2014年3月28日,http://news.xinhuanet.com/politics/2014-03/28/c_126329572.htm。

初步形成,投融资政策不断完善,市场环境逐渐优化,但是也存在诸多不容忽视的问题。主要表现在以下几个方面。

(一)融资渠道单一

努力形成多元化的投资主体、拓宽多种投融资渠道是推动文化产业发展的根本动力。融资渠道是否多元化,也是衡量一个地区投融资体制机制水平高低的一个重要标志。

"十二五"时期,湖北在文化产业上的投资主体不断增加,融资渠道也在不断拓宽,但过于依赖私人和国有投资。从表6可以看出,在融资渠道中,国有资本和私人资本的投入量不断增多,并且国有资本的投资力度已赶超私人资本的投资力度,到2015年接近145亿元。从投资资金来源看,集体控股的发展比较稳健,从2010年的9.6亿元到2015年的26.71亿元,逐步攀升。在文化产业资金来源中,港澳台商控股和外商控股的资本投入相当少,在2010年两者只有0.01亿元和0.56亿元,两者资金投入量不超过1亿元,即使在2014年两者投入之和也仅有1.15亿元,投资力度非常小。

表6 文化产业投资资金来源

单位:亿元

资金来源	2010年	2011年	2012年	2013年	2014年	2015年
国有控股	5.22	50.54	93.65	87.37	112	144.55
集体控股	9.6	14.32	8.24	10.9	12.88	26.71
私人控股	44.77	52.74	72.5	79.95	136.24	124.79
港澳台商控股	0.01	1.86	0.79	0.11	1.09	
外商控股	0.56	0.27		1.2	0.06	

数据来源:历年《湖北统计年鉴》。

从上面的分析可得,目前的融资主要来源于国有控股和私人控股,二者已成为文化产业发展的主要资金来源;外商和港澳台商控股对文化产业影响较小,还需进一步增强资金来源力度。

（二）财政投入不足

虽然财政对文化产业的投入在不断增长，但对于湖北的8933家文化经营机构来说，仍显得力度不够。表7反映的是政府文化事业费占财政支出的比重。从中可以看出，在"十二五"期间，湖北的文化事业费占财政支出的比重基本维持不变，保持在0.36%左右，低于全国平均水平，在全国排名中位于下游。与东部城市相比较，北京的文化事业费占财政支出的比重达到0.6%，远远高于湖北的比重；与中部省份山西相比较，湖北的支出比重也较低。

表7 文化事业费占财政支出的比重

单位：%

地区	2010年		2011年		2012年		2013年		2014年		2015年	
	比重	位次	比重	位次	比重	位次	比重	位次	比重	位次	比重	位次
北京	0.60	2	0.55	3	0.62	4	0.59	4	0.55	3	0.48	8
湖北	0.46	10	0.34	21	0.37	20	0.35	21	0.34	24	0.38	22
山西	0.40	15	0.47	8	0.48	9	0.47	8	0.46	12	0.53	4
全国	0.36	—	0.36	—	0.38	—	0.38	—	0.38	—	0.39	—

数据来源：《中国文化文物统计年鉴》。

表8反映的是人均文化事业费，从中可以看出，湖北省在"十二五"时期的人均文化事业费呈上涨趋势。从2010年的近20元上涨到2015年的40元以上，翻了近一番。但湖北人均文化事业费要低于全国的平均水平，2015年全国的人均文化事业费接近50元，多出湖北9.41元。2010年北京的人均文化事业费已达到82.44元，2015年已超过127元，湖北与北京存在很大的差距。与中部省份山西相比较，也低于山西人均文化事业费9.4元。

从上面的分析中可以看出，湖北文化事业费占财政支出的比重及人均文化事业费都要低于全国平均水平，更是与东部发达省份存在较大的差距，反映了湖北在文化事业上的财政支出力度不够。

表8 人均文化事业费

单位：元

地区	2010年		2011年		2012年		2013年		2014年		2015年	
	人均	位次	人均	位次	人均	位次	人均	位次	人均	位次	人均	位次
北京	82.44	1	88.71	2	110.55	2	115.66	2	115.91	3	127.08	3
湖北	19.98	20	18.77	24	24.00	25	26.58	24	28.89	25	40.27	21
山西	21.84	17	31.13	16	36.34	14	38.86	16	38.63	19	49.67	16
全国	24.11	—	29.14	—	35.46	—	38.99	—	42.65	—	49.68	—

数据来源：《中国文化文物统计年鉴》。

（三）外商资本利用程度较低

外商资本利用程度是衡量一个产业兴旺发达的重要标志之一，因此充分利用外商资本是发展文化产业的重要途径。如表9所示，外商对湖北文化产业的直接投资额呈上涨趋势，但湖北对外商资本并没有充分利用。

在"十二五"时期，湖北与外商签订的文化合作项目数并没有表现出上涨的趋势，而表现出下滑的态势，在2011年和2012年签订的项目数最多，达到4个，之后几年为1个或2个，说明湖北文化对外缺乏强有力的竞争力，文化影响力不强。在直接投资中，湖北整体表现出对外资的利用并不充分。2010~2015年，合同外资的总金额为5116万美元，但实际投资只有4714万美元，两者存在402万美元的缺口。2012年和2015年的合同外资分别达到1366万美元和1635万美元，但实际投资只有245万美元和74万美元，实际利用率仅有17.9%和4.5%，两者之间存在相当大的差额，说明了对资本的利用程度较低，还存在被进一步挖掘和利用的可能。

表9 外商对湖北文化产业直接投资额

年份	2010	2011	2012	2013	2014	2015
项目（个）	3	4	4	1	2	1
合同外资（万美元）	576	705	1366	228	606	1635
实际投资（万美元）	346	736	245	579	2734	74

数据来源：历年《湖北统计年鉴》。

（四）上市融资数量不足

上市融资是企业快速融资的方式之一，经常受到企业的青睐。但湖北规模以上文化企业数量较少，有知名度的文化企业数量更少，导致企业投融资困难。如表10所示，截至2017年4月，在深圳交易所上市的文化企业全国共有28家，而湖北只有湖北广电1家在深交所上市，仅占3.57%；全国共有21家文化企业在上海交易所上市，而湖北仅有长江传媒和武汉当代2家企业上市，占9.52%；在新三板市场进行做市或协议的文化企业全国共有243家，湖北仅有银都传媒、和韵文化等6家文化企业，仅占2.47%。北京的文化企业在深交所、上交所和新三板上市的企业数量分别为5家、2家和95家，分别占17.86%、9.52%和39.09%，湖北的文化企业通过上市进行投融资的数量与北京还存在很大的差距。从整个文化企业上市情况来看，湖北只有9家上市企业，仅占全国上市企业数量的3.08%；而北京共有102家，占比达到34.93%，要远远高于湖北。因此，湖北的文化企业通过上市进行投融资的数量和融资规模还有待进一步加强。

表10　湖北文化企业上市情况

单位：家

地区	深圳交易所	上海交易所	新三板
湖北	1	2	6
北京	5	2	95
全国	28	21	243

数据来源：上海证券交易所、深圳证券交易所和全国中小企业股份转让系统。

（五）风险（私募）投资基金匮乏

文化产业投资基金越来越成为中小文化企业投融资的重要渠道，但目前湖北的文化产业投资基金还比较匮乏。如表11所示，湖北在2011年成立了由华彬国际集团设立的基金总规模为200亿元的"华彬中国文化旅游产业创新发展基金"，用于支持湖北文化事业和文化产业发展[①]；2014年由湖北日报传媒集团与协同创新基金共同发起设立的第一支首期募集基金规模为5亿元的创意文化产业投资基金——"湖北日报产业发展基金"。经过近几年的发展，文化产业基金的数量有所增加，募集规模有所增大，逐渐涌现出像由鄂西生态文化旅游圈、国开证券等设立的基金规模为100亿元的"湖北省文化旅游产业发展基金"和由平安银行设立的募集规模为125亿元的"文化产业发展基金"等大的基金项目[②]。但是对比东部沿海省份，2006年上海就已经成立首期募集1亿元的"上海东方汇金文化产业投资基金"；2007年北京成立了募集规模为10亿美元的"'铁池'电影私募基金"等投融资基金项目[③]。相比较而言，湖北的文化产业投融资基金项目存在起步较晚、发展较为缓慢、融资规模不强等问题，这些因素制约了中小型文化企业进一步投融资的发展。

表11 湖北部分基金项目情况

年份	投资方	基金名称	规模（亿元）
2017	三峡集团	文旅产业发展基金	10
2016	武汉非遗文化传播有限公司	中国非遗基金	30
2016	盛世华韵	盛世汉阳文化产业投资基金	2
2015	鄂西生态文化旅游圈、国开证券等	湖北省文化旅游产业发展基金	100
2014	湖北日报传媒集团、协同创新基金	湖北日报产业发展基金	5
2011	华彬国际集团	华彬中国文化旅游产业创新发展基金	200

四 提振湖北文化产业投融资的举措

文化产业不仅是国民经济发展的重要支柱性产业，而且是事关整个社会

---

① 程芙蓉：《200亿文化旅游投资基金落户湖北》，《中国旅游报》2011年11月26日，http://www.toptour.cn/detail/info50515.htm。
② 束继泉、黄士峰：《百亿发展基金 撬动我省文化旅游产业》，《楚天都市报》2011年12月25日，http://news.ifeng.com/a/20151225/46835902_0.shtml。
③ 数据来源于《2010年中国文化产业年鉴》。

精神文明建设和人文思想建设的一项长远事业。因此，需要全社会共同努力来改善湖北文化产业的投融资环境。从本质上讲，实现上述湖北文化产业特色之路的基础在于市场"无形之手"的调节，但在文化产业由弱到强、由小到大的发展过程中，政府的"有形之手"具有重要的扶持作用。

（一）提供政策扶持

文化产业的发展离不开政府的大力支持，因此政府需要在文化产业方面加大投入力度。首先，增加对文化产业的财政支出。在现阶段财政支出金额和比重过低的情况下，对一些中小企业而言，政府财政可能是其唯一的融资渠道。其次，通过减免税收、项目补贴、奖励等手段，来大力鼓励新兴的文化产业项目以及文化产业技术改造升级项目等。最后，政府相关部门要将专项文化产业发展资金做到专款专用，改变过去挤占、挪用文化建设财政预支的现象。[①] 只有政府从政策上给予扶持，未来几年湖北的文化产业才能真正成为国民经济的支柱性产业。

（二）优化融资渠道

在融资渠道不断拓宽的情况下，如何快速、有效地进行融资，是文化企业面临的一个问题，需要形成各方面合力来加以解决。表12反映的几种常见的融资方式及其缺点，对此可从以下几方面着手。首先，简化审批流程。银行等公共服务机构在保持原则的前提下，对文化企业的贷款融资应尽量简化手续、化繁为简，提高办事效率。其次，创新抵押贷款方式。中小文化企业的固定资产较少，但其在文化版权、著作、专利等方面享有优势，因此鼓励企业以著作权、版权等方式进行抵押融资。再次，充分发挥投资基金的作用。目前湖北仅有湖北日报产业发展基金、盛世汉阳文化产业投资基金、鄂旅投文化旅游产业基金等少数几支基金。从目前的发展趋势来看，未来的投资基金将是湖北文化产业的重要融资渠道。它不仅能够为文化企业、文化项

---

① 耿毓泽：《河北省文化产业投融资效率分析》，硕士学位论文，河北经贸大学，2014。

目提供资金,而且其产生的示范效应会吸引大量的机构投资者和个人投资者,甚至是境外投资者来鄂投资文化产业。最后,可以设立文化产业投融资担保联盟。如果某文化企业由于缺少担保品而无法从银行等金融机构获得贷款,在符合担保联盟的有关条件时,担保联盟作为第三方可以为该企业提供信用保证,使其获得所需资金。

表12 几种常见的融资方式及缺点

方式	缺点
政府拨款	资金不足、财政负担加重
上市融资	门槛高、资质审核复杂、降低事务处理弹性
风险投资	透明程度差、短期行为严重、风险系数较高
银行贷款	缺乏信用担保、申请手续繁杂、时间长
债券融资	信用评级体系缺失、定期支息财务风险高

(三)鼓励外商和民营资本进入

文化产业的发展壮大不仅要靠政府和相关部门的投入与支持,而且需要外国资本以及民间资本的介入。湖北文化产业的外商投入力度不大,并且对资本的利用程度较低。因此,湖北省政府应出台相应的有利于引进外资的文化产业政策,鼓励和引导外商直接或间接投资、项目合作以及融资等多样化形式,使其渗透到文化产业发展中去;同时对其管理方式和投融资理念进行学习和借鉴。民营资本势力弱小,抗风险能力不强,但其在市场上能调动文化产业活力。因此,要发挥民营资本对文化产业发展的促进作用,一方面,逐步有序地放开文化市场,降低其进入门槛;另一方面,民营资本应在"精、准、狠"上下功夫,提高资金的利用效率。

(四)加强品牌建设和文化输出

随着全球化与中国对外开放的不断推进,湖北与外界的联系日益紧密,未来文化产业竞争不仅仅是物质资本的竞争,更多的是无形资本(人才、品牌和技术）的竞争。因此，对于湖北文化产业来说，从物质资本融资扩展到无形资本融资已成为必然发展的趋势。湖北文化企业要抢抓机遇，在湖北省委、省政府的大力支持下，发展壮大自己的品牌，一方面，大型文化企业比如湖北广电、武汉当代等上市企业要积极"走出去"，在国际上打出荆楚文化的招牌；另一方面，中小型企业要提高产品质量，通过好的质量获得好的口碑和声誉，扩大企业的影响力。除此之外，还需与国际知名企业进行合作，比如利用巡回展、中法文化交流会等契机积极展示地方特色文化，增进世界对湖北文化的了解。

B.13 基于DEA分析的中部六省文化产业发展比较研究*
——兼论湖北文化产业发展的对策建议

邹 荣**

摘　要： 中部六省文化产业历经十余年的高速发展后，整体上处于行业内第二发展集团，其间各省发展速度不一且同质化竞争态势明显，尚未形成集团性发展优势。本文意在聚焦于中部六省文化产业比较研究，理性分析六省文化产业各自发展的优劣，探讨现阶段湖北文化产业发展中存在的问题和机遇，提出一些应对措施，从而为推动湖北文化产业成为支柱性产业提供理论支持。

关键词： DEA　中部六省　湖北文化产业

经过"十一五"和"十二五"的高速发展后，国内各省份文化产业大多从初级发展阶段进入了中高级发展阶段，形成了"东快西慢"的差序发展格局。湖北在第一轮区域文化发展的竞争中缺乏先行优势，在中部六省的竞争中亦处于落后位次。"十三五"时期，在全国各省份千帆竞发、百舸争

---

* 本文系2016年湖北省社会科学基金"中部六省文化产业发展比较研究"（立项号：2016147）和2016年湖北省社会科学基金重点项目"加快湖北文化产业发展研究"（立项号：ZD2016WT012）的阶段性成果。

** 邹荣，湖北省社会科学院马克思主义研究所助理研究员，武汉大学信息管理学院博士后，主持湖北省社科基金、湖北省委圈批课题等3项，出版学术专著1部，在《江汉论坛》《学习与实践》等核心期刊上发表论文10余篇。

流的大背景下，湖北文化产业发展将要面临比前 10 年更加复杂的发展环境，与此同时也有新的发展机遇，如何充分利用发展机遇提出一些因应策略成为本文重点探讨的内容。

一 中部六省文化产业发展现状

（一）文化投入稳定增长

文化产业历经近十年的高速发展，其增长速度远高于同期 GDP 增速，逐步显示出成为支柱性产业的趋势；更为重要的是，文化产业对于其他产业的关联度极高，对于经济发展新常态下实现产业转型升级有着极为重要的作用，故各地对文化产业发展的重视程度空前提高。党的十八大以来，随着国家层面对文化产业的认识不断提高，中部六省积极响应党中央的号召，出台了多项推动文化产业发展的政策文件，为文化产业发展赋予了新使命，增添了新动力和创造了新机遇。中部六省在人均文化事业费上大多未达到全国平均水平，然而在"十二五"时期处于不同程度的增长态势。从 2012～2014 年中部六省文化事业费情况来看，无论是文化事业费总量，还是人均文化事业费，湖北都稳居第二（见表1）。

表1　2012～2014 年全国暨中部六省文化事业费情况

省份	2012 年		2013 年		2014 年		2015 年	
	总量（亿元）	人均（元）	总量（亿元）	人均（元）	总量（亿元）	人均（元）	总量（亿元）	人均（元）
湖北	13.87	24	15.41	26.58	16.8	28.89	23.56	40.27
湖南	12.69	19.12	14.47	21.63	16.26	24.14	19.38	28.57
安徽	9.03	15.08	11.11	18.43	11.99	19.72	14.63	23.81
山西	13.12	36.34	14.11	38.86	14.09	38.63	18.20	49.67
江西	7.98	17.71	8.97	19.84	10.37	22.83	12.71	27.84
河南	15.04	15.99	16.14	17.15	17.39	18.43	20.60	21.73
全国	480.1	35.46	530.49	38.99	583.44	42.65	682.97	49.68

资料来源：《中国文化文物统计年鉴（2016）》。

（二）文化产业及相关产业增加值总体保持增长

从2011~2015年中部六省文化及相关产业增加值及占地区生产总值比重的情况来看，各省出现不同程度的增长。湖北文化及相关产业增加值2015年达854亿元，相比2011年的438亿元增长了95%；湖南文化及相关产业增加值2015年达1372亿元，相比2011年的574亿元增长了139%；河南文化及相关产业增加值2015年达1112亿元，相比2011年的454亿元增长了145%；2015年安徽文化及相关产业增加值达834亿元，相比2011年的309亿元增长了170%；江西2015年文化及相关产业增加值达614亿元，相比2011年的295亿元增长了108%；山西2015年文化及相关产业增加值达269亿元，相比2011年的183亿元增长了47%。① 综合来看，中部各省文化及相关产业总体规模保持增长，呈现出较为良好的发展态势，其中湖南和河南在整体规模上高于其他地区，江西、安徽、湖北处于第二集团。

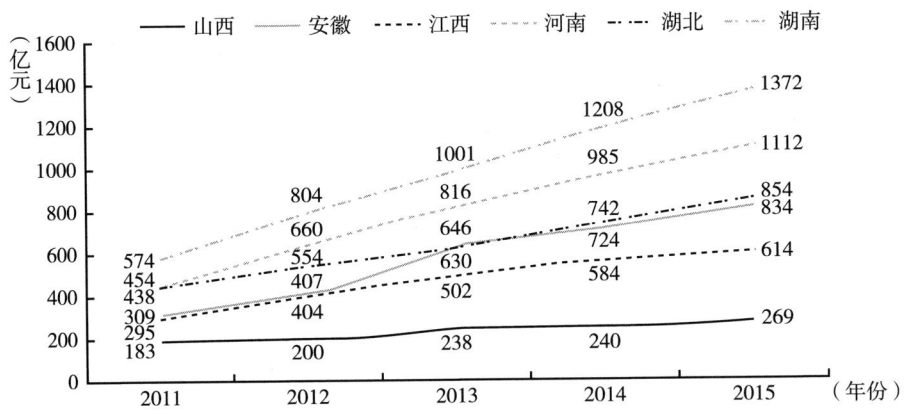

图1　2011~2015年中部六省文化及相关产业增加值

注：2011~2013年的文化及相关产业增加值为文化产业法人单位增加值，2014年以后的文化及相关产业增加值包含法人单位和有证照个体户增加值。

---

① 湖北省统计局社会和科技统计处、湖北省委宣传部改发办编《2015年湖北文化及相关产业统计概览》，第13页。

（三）产业格局地位被固化

中部六省文化产业在前阶段的区域竞争中，在产业格局中的地位（除湖南以外）逐渐被锁定在第三集团。新元智库近日发布的《我国 31 省市文化产业资本力指数指标设计与研究报告》显示，2015 年中部六省中仅有湖南进入文化产业资本力综合指数前十，并且排名比较靠后，处于前列的地区依旧是北京、广东、浙江等经济发达地区（见表 2）。就前十名的发展状况而言，北京处于遥遥领先的地位，广东、浙江、上海和江苏处于第二集团，其他地区则处于第三集团，各个集团间差距较大，如中部六省代表湖南与第一集团的差距很大，无论是创新融资力、资产融资力，还是产业整合力等均比较落后。

表 2　2015 中国各省份文化产业资本力指数前十

排名	省份	创新融资力	资产融资力	产业整合力	资本运营力	创意筹资力	资本力
1	北京	12.60	2.07	7.75	4.40	3.04	29.86
2	广东	2.43	0.47	3.78	1.94	2.42	11.04
3	浙江	0.76	1.11	6.76	1.14	1.00	10.77
4	上海	3.71	0.87	1.69	2.80	1.30	10.37
5	江苏	1.71	2.56	1.28	1.53	0.56	7.63
6	山东	0.15	0.90	2.41	0.31	0.10	3.88
7	四川	0.08	1.81	0.49	0.38	0.25	3.01
8	辽宁	0.05	0.18	2.13	0.16	0.08	2.60
9	湖南	0.30	0.55	1.26	0.18	0.13	2.42
10	福建	0.27	0.22	0.95	0.18	0.40	2.03

资料来源：新元智库《我国 31 省市文化产业资本力指数指标设计与研究报告》。

根据文化产业资本力指数指标体系，将我国 31 个省份的文化产业资本力水平分为四大梯队，中部六省除湖南位于第二梯队、山西处于第四梯队外，其他主要集中在第三梯队（见图 2）。

就 2015 年中部六省文化产业资本力指数整体情况而言，湖南处于遥遥领先的地位，河南和安徽处于第二集团，湖北和江西相当，山西处于落后地

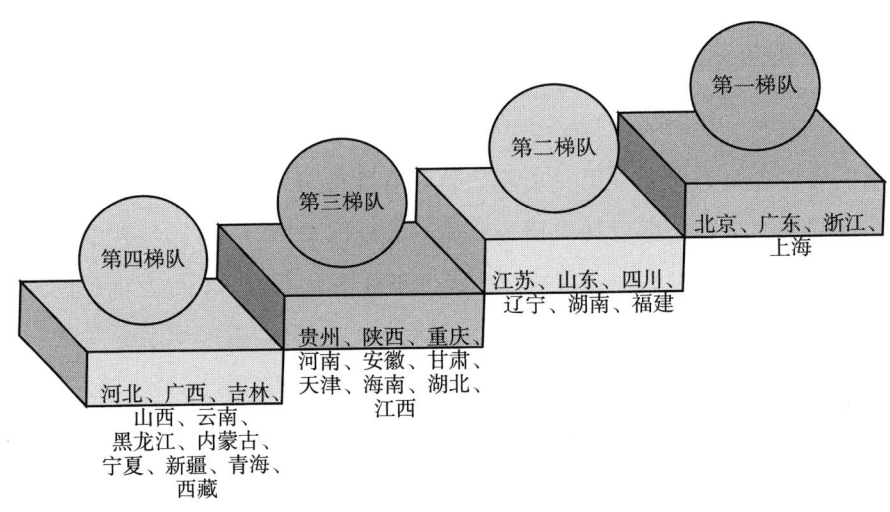

图 2 文化产业资本力四大梯队

位。具体而言,从创新融资力、资产融资力、产业整合力和创意筹资力来看,湖南在中部地区均处于全方位的领先地位;另外五省中,湖北在创新融资力、资本运营力和创意筹资力方面处于领先地位,资产融资力和产业整合力较弱,尤其产业整合力得分较低(见表3)。

表3 2015中部六省文化产业资本力指数

排名	省份	创新融资力	资产融资力	产业整合力	资本运营力	创意筹资力	资本力
1	湖南	0.30	0.55	1.26	0.18	0.13	2.42
2	河南	0.01	0.06	0.64	0.28	0.04	1.03
3	安徽	0.02	0.20	0.54	0.22	0.02	1.00
4	湖北	0.04	0.13	0.00	0.35	0.09	0.61
5	江西	0.03	0.00	0.22	0.25	0.02	0.52
6	山西	0.03	0.00	0.00	0.06	0.05	0.13

资料来源:新元智库《我国31省市文化产业资本力指数指标设计与研究报告》。

从文化产业发展指数看,2014年江西的文化产业整体实力和竞争力有了大幅提升。而安徽、河南、山西等省也分别在影响力、生产力、驱动力方面表现突出,进入全国前十行列,显示出强大的发展潜力。相比之下,湖北没有一项进入全国前十,说明中部各省近年来在文化产业发展上纷纷发力,成效明显,湖北文化产业面临的竞争压力进一步增大。

(四)区域性同质化竞争态势明显

从 2016 年文化企业 30 强的名单来看,出版发行类企业占 1/3,10 家上榜的出版发行类企业中有 5 家来自中部六省(江西 1 家、安徽 2 家、河南 1 家、湖南 1 家);另外中部六省上榜企业则为湖南电广传媒股份有限公司和湖北长江广电传媒集团有限责任公司两家广播影视类企业。加之出版发行类企业在六省文化产业中具有重要地位,可见中部六省文化产业区域性同质化竞争愈加激烈。

二 基于 DEA 分析的中部六省文化产业绩效评价

文化产业包含的行业众多,本文无法对各个投入因素进行比重设计,采用数据包络分析(DEA)方法对文化产业投入产出绩效进行评估,并采用 DEA 的 CCR 模型,分析研究文化产业投入产出绩效,可避免文化产业内产业差别和产品本身差别导致的分析结果误差,具有较高的可行性。

(一)文化产业投入与产出绩效评价指标选取

1. 决策单元的选择

DEA 方法的基本功能是评价,特别是对多个同类样本间的"相对优劣"进行评价,因此选择决策单元(DMU)的一个基本要求就是 DMU 同类型。本文选取中部六省作为 DEA 评价的决策单元,通过横向比较分析各省文化产业的绩效,分析各省文化产业发展的优劣势,进而评价中部六省文化产业发展的效率情况。

2. 评价指标的选择

本文根据数据口径的统一性、可比性原则,同时考虑可得性,设置如下输入指标、输出指标。输入指标包括文化机构数(个)、从业人员数量

(人)、文化事业费(亿元);输出指标为文化产业增加值(亿元)。由于各指标的数据口径统一且具有可比性,因此不会对统计结果造成不利影响。具体数据详见表4。

表4 2014年中部六省文化产业投入与产出数据

省份	文化机构数(个)	从业人员数量(人)	文化事业费(亿元)	文化产业增加值(亿元)
湖北	2001	20417	16.8	742
湖南	3246	21871	16.26	1208
河南	3666	43395	17.4	985
安徽	2870	32014	11.99	724
江西	2399	16953	10.37	584
山西	2213	24078	14.09	240

注:文化机构数、从业人员数和文化事业费来自《中国文化文物统计年鉴(2015)》,文化产业增加值来自湖北省统计局社会和科技统计处、湖北省委宣传部改发办编《2014年湖北文化及相关产业统计概览》。

(二)文化产业投入与产出绩效模型测算结果

本文利用DEA-SOLVER-LV(V3)软件对CCR模型求解,结果详见表5和表6,根据CCR模型求解结果可以看出,2014年中部六省仅湖南文化产业综合效率值(DEA)等于1,结果显示2014年湖南文化产业投入产出在六省比较中具有相对最优性。同时湖南投入和产出各项指标实际值与投影值完全相同,相应调整量均为0,进而表明湖南投入水平和产出水平均达到相对最佳利用状态。这个结果与《我国31省市文化产业资本力指数指标设计与研究报告》基本吻合,由此可见从整个中部地区文化产业发展现状来看,湖南处于领先地位。

中部六省文化产业投入与产出为非DEA有效的地区有5个,其中湖北、江西的纯技术效率(纯技术效率值=1)是有效的,而规模效率(规模效率值<1)是无效的;河南、安徽和山西的纯技术效率和规模效率均小于1,都是无效的。另外根据表6中2014年中部六省文化产业投入与产出效率投

表5 2014年中部六省文化产业CCR模型求解结果

省份	综合效率值	纯技术效率值	规模效率值	评价结果
湖北	0.996	1	0.996	非DEA有效,规模效益递增
湖南	1	1	1.000	DEA有效,规模效益不变
河南	0.762	0.814	0.936	非DEA有效,规模效益递减
安徽	0.813	0.975	0.834	非DEA有效,规模效益递增
江西	0.758	1	0.758	非DEA有效,规模效益递增
山西	0.291	0.986	0.295	非DEA有效,规模效益递增

注:表中综合效率是指不考虑规模收益时的技术效率;纯技术效率是指考虑规模收益时的技术效率;综合效率=纯技术效率×规模效率。

表6 2014年中部六省文化产业投入与产出效率投影分析

DMU / I/O	Score / Data	Projection	Difference	%
湖北	0.996			
文化机构数	2001.000	1993.818	(7.182)	(0.004)
从业人员数量	20417.000	13434.008	(6982.992)	(0.342)
文化事业费	16.800	9.988	(6.812)	(0.406)
文化产业增加值	742.000	742.000	0.000	0.000
湖南	1.000			
文化机构数	3246.000	3246.000	0.000	0.000
从业人员数量	21871.000	21871.000	0.000	0.000
文化事业费	16.260	16.260	0.000	0.000
文化产业增加值	1208.000	1208.000	0.000	0.000
河南	0.762			
文化机构数	3666.000	2646.780	(1019.220)	(0.278)
从业人员数量	43395.000	17833.555	(25561.445)	(0.589)
文化事业费	17.400	13.258	(4.142)	(0.238)
文化产业增加值	985.000	985.000	0.000	0.000
安徽	0.813			
文化机构数	2870.000	1945.450	(924.550)	(0.322)
从业人员数量	32014.000	13108.116	(18905.884)	(0.591)
文化事业费	11.990	9.745	(2.245)	(0.187)
文化产业增加值	724.000	724.000	0.000	0.000

续表

DMU	Score			
I/O	Data	Projection	Difference	%
江西	0.758			
文化机构数	2399.000	1569.258	(829.742)	(0.346)
从业人员数量	16953.000	10573.397	(6379.603)	(0.376)
文化事业费	10.370	7.861	(2.509)	(0.242)
文化产业增加值	584.000	584.000	0.000	0.000
山西	0.291			
文化机构数	2213.000	644.901	(1568.099)	(0.709)
从业人员数量	24078.000	4345.232	(19732.768)	(0.820)
文化事业费	14.090	3.230	(10.860)	(0.771)
文化产业增加值	240.000	240.000	0.000	0.000

影分析可见，就湖北而言，2014年文化机构数、从业人员数量、文化事业费均未达到最佳效率，大力发展湖北文化产业仍需提高投入效率，其他非DEA有效的地区亦是如此。

从文化产业绩效的角度分析，文化产业的发展应该在增加产业投入的同时优化资源配置，以期达到投入产出的最优状态。就非DEA有效的五省而言，从文化投入看，除湖北需加大文化投入外，其他四省均表现为文化投入冗余，具体表现为文化机构数、从业人员数量和文化事业费相对于其文化产出来讲过多，受到技术因素的约束，在其他要素投入不变的情况下，仅过度增加这几种文化投入会导致生产的非效率现象，即投入与产出不匹配。从文化产出的角度来看，河南、安徽、江西、山西这些区域多处于产出不足的状况，亟待改善。

（三）湖北文化产业发展存在的问题

1. 文化产业增加值规模不大，规模竞争力有限

2015年全国文化及相关产业增加值为27235亿元，占GDP的3.97%；2015年湖北文化及相关产业增加值为853.8亿元，占地区生产总值的2.89%；2015年上海文化及相关产业增加值达1632.68亿元，占地区生产总值的

6.5%；2015年江苏文化及相关产业增加值为3167亿元，占地区生产总值的5%；2015年广东文化及相关产业增加值为3648.8亿元，占地区生产总值的5.01%。2015年湖北文化及相关产业增加值占地区生产总值的比重和对经济的贡献率不仅远低于沿海发达省份，甚至未达到全国平均水平，可见其文化产业整体规模不大，竞争力有限。

2. 核心文化企业规模相对较小，市场整合发展能力较弱

就现阶段的发展现状来看，湖北领军文化企业无论是从块头上，还是从营利能力上，都需要有进一步的提升。以出版发行行业为例，2013年全国主营业务收入、资产总额均超过100亿元的"双百亿"集团增至6家。除江苏、山东各有1家外，其余均出自中部省份，其中湖南1家、安徽2家、江西1家。资产总额超过100亿元的集团增至9家，均高于湖北的长江出版传媒集团和长江出版股份。目前湖北的文化企业中，除长江出版传媒集团、湖北广电集团、湖北日报、楚天都市报、知音传媒集团、今古传奇传媒集团等少数企业规模较大且水平较高外，基本上没有在国内本行业中排名前三的领军型文化企业集团。另外，湖北文化产业中小文化企业仍处于"小、散、乱、弱"的状况，不利于文化市场整合发展。

3. 区域发展不均衡

"两圈一带"战略实施以来，湖北东部与西部发展差距日益缩小，然而从整体上看，武汉市一家独大的局面依旧存在，武汉在文化产业格局中仍占主导地位。近年来武汉文化产业增加值在全省中仍占较大比例。宜昌、襄阳二市作为支撑全省均衡发展战略的引擎，其文化产业虽有所发展，就目前态势而言，与武汉相比仍有不小的差距，同时其辐射带动周边区域作用不明显。从2014~2015年湖北各地市州文化及相关产业增加值及占地区生产总值的比重情况来看，武汉文化及相关产业增加值占全省的比重分别为48.54%和47.94%，宜昌文化及相关产业增加值占全省的比重分别为13.00%和13.76%，襄阳文化及相关产业增加值占全省的比重分别为12.09%和12.22%。由此可见，虽然宜昌和襄阳二地文化及相关产业在规模上相对其他地市而言优势较为明显，但是与武汉差距较大，具体情况如表7所示。

表7 2014~2015年湖北各地市州文化及相关产业增加值及占GDP的比重

单位：亿元，%

地区	2014年		2015年	
	文化及相关产业增加值	占GDP的比重	文化及相关产业增加值	占GDP的比重
全省	742.43	2.71	853.78	2.89
武汉	360.36	3.58	409.31	3.75
黄石	14.39	1.18	15.90	1.29
十堰	12.92	1.08	14.44	1.19
宜昌	96.52	3.08	117.49	3.47
襄阳	89.77	2.87	104.35	3.09
鄂州	6.41	0.93	7.64	1.05
荆门	12.99	0.99	14.31	1.03
孝感	32.94	2.43	38.53	2.64
荆州	33.53	2.26	36.74	2.31
黄冈	16.62	1.12	18.18	1.14
咸宁	20.52	2.13	22.48	2.18
随州	8.42	1.16	10.46	1.33
恩施	12.11	1.98	14.01	2.09
仙桃	8.32	1.51	10.05	1.68
潜江	7.72	1.43	8.58	1.54
天门	7.56	1.88	8.82	2.00
神农架	1.33	6.59	1.49	7.09

资料来源：湖北省统计局社会和科技统计处、湖北省委宣传部改发办编《2015年湖北文化及相关产业统计概览》，第12页。

4. 成果转化不畅

2014年湖北文化产业占GDP的比重低于全国平均水平，其中很大一部分原因在于湖北缺乏文化创意成果转化的平台，没有大面积转化为生产力。例如，湖北文化产业的重点行业工业设计业。据统计，我国60%已建成的高铁、长江上70%的大桥、1/3的重点工程都是"武汉设计"，然而湖北文化创意和设计服务与相关产业的融合发展尚未形成规模，对于文化产业发展的推动作用尚不明显。从2015年全国分地区文化及相关产业专利授权情况来看，经济发达地区优势较为明显，中部地区整体上与发达地区差距较大；湖北在中部地区处于第二梯队，其成果转化率与教育科教大省的地位不符。从2015年全国各地区文化及相关产业专利授权情况来看，经济发达地区仍然处于遥遥领先的地位，湖北在中部六省中亦处于落后位置（见表8）。

表8 2015年各地区文化及相关产业专利授权情况

单位：件

地 区	合计	发明专利	实用新型专利	外观设计专利
北 京	4722	1399	1549	1774
天 津	1975	169	1321	485
河 北	1244	56	564	624
山 西	291	20	107	164
内 蒙 古	233	10	109	114
辽 宁	748	129	362	257
吉 林	327	58	172	97
黑 龙 江	873	83	537	253
上 海	3138	769	1138	1231
江 苏	15452	1033	3340	11079
浙 江	13653	810	4817	8026
安 徽	1747	195	943	609
福 建	4668	216	1415	3037
江 西	1804	85	637	1082
山 东	4333	476	2607	1250
河 南	2874	114	1007	1753
湖 北	1639	199	759	681
湖 南	1846	144	674	1028
广 东	24598	2680	7501	14417
广 西	500	65	194	241
海 南	115	11	46	58
重 庆	1258	63	551	644
四 川	2480	242	1331	907
贵 州	1069	17	282	770
云 南	421	33	187	201
西 藏	18	1	9	8
陕 西	1755	216	423	1116
甘 肃	199	11	75	113
青 海	19	2	9	8
宁 夏	37	4	29	4
新 疆	616	14	90	512
全 国	94652	9324	32785	52543

资料来源：湖北省统计局社会和科技统计处、湖北省委宣传部改发办编《2015年湖北文化及相关产业统计概览》，第54页。

三 加快湖北文化产业发展的对策建议

（一）战略创新：创新发展理念

以创新发展和共享发展为主线，科学研究制定《湖北省"十三五"文化产业发展计划》，同时研究制定并颁布相关细分行业的实施方案和行动计划，落实时间表和路线图，同时配套建立责任分担和绩效激励机制。充分发挥文化产业作为创意产业和智慧产业的特性，激发创新创业活力，推动"大众创业、万众创新"，助推湖北经济社会发展的转型升级。

（二）改革发展：优化产业发展环境

充分发挥"移动互联+社交+大数据"所拥有的改造传统媒体和传统文化行业的力量，探索"互联网+文化"的新型发展道路，形成推动文化体制改革从第一阶段转入第二阶段的强大动力来源。通过深化改革，合理选择文化发展方式，将制定合理文化政策和确立文化发展基本法作为文化发展顶层制度设计的载体，科学调整政府、文化机构与社会的三大基本关系，优化文化产业发展环境。

（三）区域合作：推进中部六省文化产业协同发展

一直以来，中部六省文化产业结构趋同，重复建设，区域间缺乏专业化分工协作，产业关联带动能力不强。应对文化产业进行整体谋划，建立联动机制，采取务实举措，推进协同发展，共同搭建中部地区文化产业大平台。通过举办中部博览会等活动加强文化产业的交流与合作，促进优势互补和共同发展，展现区域凝聚力和整体竞争力，真正让文化产业成为中部崛起的有生力量。

（四）错位竞争：优化文化发展路径

把加快文化产业发展作为"十三五"时期湖北经济社会发展的增长极

和"大众创业、万众创新"的重要载体，推动荆楚地区丰富多彩的历史文化资源转化为产业资源，实现文化资源优势向经济优势转变，形成拉动湖北传统产业转型升级和创新发展的内生动力，促进湖北经济社会发展尽快从要素和投资驱动转向创新和文化驱动，成为推动"十三五"时期湖北区域社会经济转型升级的战略引擎。合理制定省际错位竞争文化发展路径，与此同时充分发挥湖北省各地市州的地域优势，提高文化资源的经济效益，修正武汉一家独大的产业布局。

（五）跨界融合：充分利用后发优势促进文化与科技融合

互联网时代新兴文化行业的发展速度远高于传统文化行业，湖北在互联网数字信息科技方面比中部其他省的基础要好，要实现文化产业的弯道超车需要借助湖北科技方面的力量。"十三五"时期湖北文化产业要充分展现后发优势，需加强文化与科技的融合，在大力扶持和发展新兴文化行业的同时，积极推进传统文化行业的转型升级，抓住新一轮发展机遇占领行业制高点。

（六）强化第三方评价机制：解决产业发展激励和约束困境

整合省内高校、科研机构和社会组织的力量，依托武汉大学国家文化发展院、湖北文化建设研究院等湖北省内文化产业研究机构，共同建立湖北省文化产业绩效评价机制，统一整理文化产业发展数据。通过整理和分析湖北文化产业发展的各项数据进行深入研究，在准确把握湖北文化产业发展的机遇与问题的同时，对文化企业进行绩效评价，并将绩效评价纳入下年度扶持预算的参考机制中，打破文化产业发展的困境。

B.14 湖北特色文化资源的开发与文化产业可持续发展研究[*]

邹福清[**]

摘　要： 湖北省各级政府、学界、业界都十分重视发展文化产业，特色文化资源的开发出现了一批成功的范例，同时面临诸多问题，如产品文化内涵挖掘不够，有待提高文化附加值；产业发展缺乏持续动力，难以步入良性循环；市场分布研究不够深入，未能瞄准消费群体等。因此，湖北省特色文化资源的合理开发与特色文化产业的持续发展需要重视以下问题：挖掘特色文化资源可转化的独特元素，合理选择非物质文化遗产的开发模式，使用科技提升文化遗产的开发力度，融合开发生态资源与文化遗产等。鉴于文化资源的特殊性，其开发要坚持以下原则：多层次多向度开发，完善产业链；做细做精做强，慎言做大。具体对策包括：文化旅游产业注重差异化与精致化，精心打造周末游；传统手工艺实用性与艺术性同步发展，对接现代生活；大力发展虚拟现实技术，建立完整的产业链。

关键词： 特色文化资源　文化产业　可持续性发展

---

[*] 本报告为湖北省教育厅重点项目"湖北特色文化的产业化发展路径研究"（17D001）的阶段性成果。
[**] 邹福清，湖北大学文学院副教授，主要从事中国古代文学、传统文化的教学与研究，曾主持教育部人文社科青年项目等，发表论文20余篇，出版著作多部。

湖北是文化大省，文化产业发展的空间巨大，前景广阔。首先，因为湖北是楚文化的重镇，历史悠久，文化源远流长，留下了丰富的文化记忆。其次，湖北文化遗迹丰富，是文物大省。据统计，湖北拥有全国重点文物保护单位92处，远超临近的湖南、江西、安徽等中部各省，湖北拥有3处世界文化遗产，在中部六省中首屈一指。最后，湖北各个次区域文化差异大，互补性强。湖北文化产业的持续发展必须立足于区域特色文化。湖北省"十三五"规划提出："推动公共文化和文化产业互动发展。完善公共文化服务体系，推进基本公共文化服务标准化、均等化，深入实施重大文化惠民工程，保障人民群众基本文化权益。完善文化产业体系，培育新型文化业态，壮大文化市场主体，发展创意文化产业，做大做强一批行业龙头和优势品牌。完善文化市场体系，构建多层次文化产品和要素市场，创新文化产业投融资机制。完善文化经济政策，扩大和引导文化消费，推动文化产业成为支柱产业，使文化产业增加值占生产总值比重达到全国平均水平以上。"为了强力推进文化产业发展，湖北省委、省政府提出了"统一领导，准确定位，主动作为，配合推动，积极落实，形成合力"的思路和措施，这些措施涉及领导、规划、平台、宣传、消费、人才等领域。湖北省财政在2015～2017年每年安排专项资金以奖励、补助、贴息等方式扶持文化产业示范园区及基地，以"培育一批综合实力强、竞争力强、带动力强的骨干文化企业"，"建设一批各具特色、集成发展的文化产业园区和产业集群"。

在此背景下，对湖北的特色文化企业进行调研，重点考察这些企业在文化资源的保护、传承与经济发展中所起的作用，以及在经营发展过程中面临的问题，并进一步思考这些特色文化企业在保护和传承湖北特色文化的同时如何进一步做强，显得尤为重要与紧迫。

一　湖北特色文化资源开发的现状

近二十年来，随着居民消费结构的变化、经济的战略转型，各地方政府对于文化产业对地方经济发展的重要性认识越来越深刻，吸引资金开发特文化资源的愿望越来越急切,各地特色文化资源的开发与文化产业的发展进入快车道,对特色文化资源的开发不乏成功的案例,但是,文化产业的持续、健康发展也面临一些困境。

1. 产品文化内涵挖掘不够,有待提高文化附加值

特色文化产品往往会遭遇现代化的冲击,或因为逐渐与日常生活脱节成为博物馆的展示品,或成为工业流水线上的大规模复制品,从而失去了历史的底蕴。文化的断裂会在很大程度上影响文化产品的品位、价值和影响力,自然也会影响其消费,最终影响其经济价值。因此,特色文化产品增值的一个重要途径是强化其文化内涵,提升其文化品位,特别是生态资源的开发必须与文化相结合,提升附加值。

湖北省特色文化资源的开发普遍存在增加文化价值、提升文化品位的需求。这里以湖北省制茶业为例分析增加文化价值、提升文化品位的重要性。宜昌、恩施、咸宁是湖北省三大茶业产地,宜昌、恩施都以生态文化作为增值的途径,宜昌茶打的是有机牌,恩施茶打的是富硒牌,而咸宁茶则打的是历史牌;天门虽不产茶,却因唐代这里诞生了陆羽及其《茶经》而大打消费文化牌,将茶馆开到武汉、上海各地,并着手打造茶业交易平台。然而,湖北省的茶业生产总量与销售量甚至消费量在全国范围内排名并不靠前。据中国产业信息网,2014~2015 年,中国茶园的生产经营状况如表 1 所示。

表 1 2014~2015 中国茶园生产经营状况

年份	地区	种植面积（万亩）	产量（万吨）	产值（万元）	出口量（万吨）	出口额（亿美元）
2014	全国	4110	195	1349.1	30.1	12.7
	湖北	438.6	18.8	106.98	0.8372	0.89
2015	全国	4316	227.8	1519.2	32.5	13.8
	湖北	466.0	19.7	112.93	0.9397	0.79

又据中国产业信息网,2016 年中国茶叶十大品牌企业排名没有湖北茶叶。殊不知,湖北省很早就是中国重要的茶业产区,是三大出口口岸之一,

特别是蒲圻（现改名赤壁）羊楼洞的砖茶源远流长，天下闻名，曾远销蒙古、俄罗斯及欧洲各国。湖北茶叶行业的现状与昔日湖北作为主要产茶区和三大出口口岸之一的辉煌差距很大。

由于历史的变迁，随着生产、交通乃至政治格局的变化，羊楼洞砖茶没有能够延续昔日的辉煌，其文化内涵逐渐被淹没，有待挖掘与宣传。羊楼洞砖茶的文化内涵涉及以下几方面。

生产方面：茶叶的采摘、加工、制作等。羊楼洞依然留存不少砖茶制作相关的遗迹，包括建筑、工具、场所等。这些承载着认同感和历史感的珍贵非物质文化遗产（intangible cultural heritage）必须在代代相传中得到创新。2014年，羊楼洞砖茶制作技艺被国家文化部列入国家级非物质文化遗产保护项目，赵李桥茶厂有限责任公司是这一非物质遗产的唯一传承人。

运销方面：交通工具、道路、码头以及交换、流通、保存和储藏等。据邓九刚《茶叶之路》，当年羊楼洞砖茶的销售形成了一条从长江至汉口经汉水至山西、内蒙古最终到达俄罗斯西伯利亚边境小镇恰克图的茶叶之路，绵延4000公里。[①] 又据祝笋《文化线路视野下的茶叶之路湖北段建筑遗产调查研究》，羊楼洞砖茶的运销在全国范围内留下了大量建筑遗迹，包括城市、会馆、交易场所等，仅就羊楼洞及周边而言，桥梁、码头、道路等遗迹比比皆是。[②] 羊楼洞至蒙古国、俄罗斯的茶叶之路实际上是一条文化线路。2008年，国际古迹遗址理事会第十六次大会通过了《关于文化线路的国际古迹遗址理事会宪章》，将这一文化线路作为一种新的大型遗产类型正式纳入"世界遗产名录"的范围。

消费方面：茶饮、茶风俗、茶楼及与之伴生的茶文化及宗教等。砖茶是以肉食为主的民族不可缺少的饮品，对蒙古族而言，"宁可三日不食，不可一日无茶"。俄罗斯人以前也是以肉食为主，后来茶成为俄罗斯人的时尚饮品，从而改变了其生活方式，茶也就成为东西方文化交流的载体。因此，了

---

① 邓九刚：《茶叶之路》，新华出版社，2008。
② 祝笋：《文化线路视野下的茶叶之路湖北段建筑遗产调查研究》，博士学位论文，武汉理工大学，2011。

解羊楼洞砖茶的消费文化,可以使我们了解其在历史承载上的价值与功能。

显然,羊楼洞砖茶的文化内涵没有得到足够体现,消费者认知度低。首先,生产加工地点由羊楼洞迁到赵李桥,羊楼洞也不再以茶叶种植为主业,羊楼洞大量茶叶种植、加工、运输的场所、建筑、工具逐渐被废弃,渐渐淡出人们的视野。文化具有时间性,也只有空间性。羊楼洞砖茶商标"川"字源于三条溪水在其产地羊楼洞汇聚,其商标所蕴含的文化内容就具有空间性。羊楼洞砖场种植、加工地点的改变在一定程度上削弱了其与文化渊源的联系。其次,羊楼洞砖茶的种植方式、加工工艺逐渐现代化,与其历史传统越来越远。有学者指出:"如今,虽然在赵李桥等集镇众多砖茶企业继续传承羊楼洞砖茶的许多制作工艺和文化,并且2014年'赵李桥砖茶制作技艺'被国家文化部列入国家级非物质文化遗产保护项目,但是,由于工业化时代对规模和效率的片面追求,原生态的羊楼洞砖茶文化遗产在上述茶企并没有得到很好的尊重与传承,相反废弃很多,这表现在遗物遗存缺失,传统工艺变异,原料品质劣化,文化传承断裂,等等。"①

同时,消费对象的分布也影响了羊楼洞砖茶的销量。2014年,按照茶叶类别统计,我国主要生产绿茶、青茶、黑茶、红茶,其中绿茶产量约占七成,青茶、黑茶、红茶产量约占三成。羊楼洞的青砖茶和米砖茶的传统消费群体以食用肉制品、奶制品的少数民族为主,比绿茶的消费群体少很多,因此,其市场规模自然也小很多。

尽管产自鄂南的砖茶正在迅速发展,但只是与宜昌的有机茶、恩施的富硒茶比肩而立,与国内福建、云南等地的制茶业相比差距仍很大。为了改变现状,赤壁市制茶企业除了增加绿茶产量以增加羊楼洞茶叶的市场占有率外,促进羊楼洞茶叶加工业进一步发展的一个重要举措就是提升砖茶的文化品位,提高其知名度。为此,应开发羊楼洞并将其打造成旅游目的地,通过展示、体验,让消费者认识羊楼洞砖茶的历史文化与生态文化。2010年,国

---

① 李品娜、定光平:《羊楼洞砖茶非物质文化遗产的旅游开发与保护》,《中国商贸》2015年第16期。

家住建部、文物局授予羊楼洞"中国历史文化名村"的称号；2013年，国家质检总局批准"羊楼洞砖茶（洞茶）"为国家地理标志保护产品，同年，中国茶叶流通协会授予赤壁市"中国青砖茶之乡"的称号。可见，借茶文化办旅游，以旅游提升羊楼洞茶叶的认知度从而促进制茶业的发展，是当地政府与企业谋求羊楼洞及羊楼洞砖茶发展的路径。另外，湖北省目前正在积极推动由闽、赣、湘、鄂、豫、晋、冀、蒙八省份参与的"万里茶道"申遗工作。

2. 产业发展缺乏持续动力，难以步入良性循环

湖北省多地正在对一批特色文化资源进行深度旅游开发，如赤壁、荆州、襄阳等地的三国文化开发，安陆李白文化、孝感孝文化、鄂西土家文化、武当山道家文化等的开发，在政府优先、优惠提供土地扶持文化产业的形势下，兴建主题公园是普遍采用的发展模式，必然有利于推动这些地方的特色文化的开发。鉴于文化产业的生产周期比较长，回报比较慢，采取多种方式扶持文化产业是各地政府普遍采用的做法，土地优先、优惠供应是其中支持力度较大的方式之一；同时，企业在发展过程中不仅需要持续的资金注入，而且要选择正确的融资方式、合适的发展路径，以尽早获得自我造血功能，最终做强做大。然而，投资文化产业的企业往往因为资金链的问题或者眼前利益的驱使，要么顾此失彼，要么偷梁换柱，导致文化产业开发项目缺乏文化内涵而大大缩水。

例如，预计总投资60亿元的武当山太极湖新区建设包括超五星级大酒店、武当水上人家、武当艺术馆、旅游发展中心、武当太极大剧院、太极天堂及与之配套的市政设施和大型景观项目等。2008年，中欧工商管理学院EMBA校友投资联盟与湖北武当山旅游经济管理特区签署一系列几十亿元的投资开发合作意向协议，正式投资开发武当山太极湖新区，并随后成立武当太极湖投资公司进行具体运作。整个开发项目分为二期：一期太极湖新区以投资商代建政府公益项目，包括路、桥、坝、旅游发展中心、公务员小区、体育馆、剧场等；二期太极天堂项目以商业项目为主，主要由投资商以获得的大量廉价土地进行二次开发，用以弥补投资方代建公益项目所获置换土地收入的不足。实际上，武当山太极湖新区项目的利润主要来自代建项目的利润、所获大量土地及其增值产生的利润。该项目预计投资60亿元，但前期投入的资金实际只有1亿元,其运作方法是借政府提供的大量土地作为银行担保抵押进行融资。早有人指出,这种以极低资金成本掌控土地资源,然后以土地作担保抵押进行融资的开发模式其实还是"大地产"的开发模式。项目一期中的公务员小区即"武当印象——山水四季"的利润就成为后续滚动开发的重要资金来源,然而,由于开工项目过多、融资方式不当等问题,公务员小区的部分楼盘迟迟未能按期交房,引起购房者的不满。

投资文化产业园、特色文化主题公园、文化街等项目的利润主要有两个来源:其一,文化项目经营获得的利润;其二,开发政府补偿的土地获得的利润。显然,前者的回报周期太长,后者回报高、回报快,投资方往往更看重后者,投资文化产业项目往往醉翁之意不在酒。目前,湖北的一些文化产业项目摆脱不了地产项目的影子,甚至变成地产项目的现象并非个案,企业缺乏足够的持续发展动力,难以进入良性循环。

3. 市场分布研究不够深入,未能瞄准消费群体

在普遍重视文化产业的形势下,湖北省各地政府积极推动当地特色文化产品走向市场。但是,对于市场的范围到底有多大,市场潜力有多大,其实无论是当地政府还是经营企业,都没有足够把握,问题就在于对于消费群体缺乏足够的研究。本调研团队在2016年暑假对全省多家文化旅游目的地的消费群体进行了问卷调查,发现不同类型的文化旅游项目的消费群体的空间、年龄和收入的分布差异明显。

各文化旅游项目的客源并不一致(见表2)。

表2 各文化旅游项目客源地情况

单位:%

地点	本市游客	省内游客	省外游客	海外游客
腾龙洞景区	49.26	18.56	30.88	1.30
三国赤壁古战场遗址	19.18	67.12	12.33	1.37
唐崖土司城	29.7	44.1	23.6	2.6
宜昌三游洞景区	17.8	59.4	22.8	0
昙华林	19.25	53.14	25.10	2.51
汉口里	33.63	48.3	16.39	1.68

从调研得知,这些文化旅游目的地消费群体的主要构成并不一样,他们对景区的诉求也有差异:以当地居民为主的消费群体,对于往返景区与市区的交通方便程度特别在意;以省内居民为主的消费群体对于景区的餐饮、购物等消费项目特别在意;以省外居民为主的消费群体对于景区的特色十分在意。从游客反馈的评价来看,这些景区往往存在不能满足其主要消费群体诉求的现象,有诸多可以改善的地方。

文化旅游消费群体的主体是40岁及以下的年轻人,大城市及周边相较于小城市及周边而言,文化旅游消费群体更趋年轻化,25岁以下的大学生可能为其主力(见表3)。

表3 各文化旅游项目游客年龄结构

单位:%

地点	25岁及以下	26~40岁	41~60岁	60岁以上
腾龙洞景区	35.03	38.80	12.94	14.23
三国赤壁古战场遗址	24.66	45.21	27.4	2.74
唐崖土司城	26.29	32.96	38.14	3.60
宜昌三游洞景区	47.49	34.25	15.07	3.20
昙华林	74.9	19.67	3.77	1.67
汉口里	40.34	37.39	2.10	1.68

从调研团队了解的信息来看,文化旅游的经营者还没有跟上这个趋势,特别表现为旅游项目的宣传没有真正对接这个消费群体以自媒体作为主要信息来源的特点,在传统媒介上的宣传力度依然远大于在新媒体上的宣传力度。

年收入在5万元以下的普通百姓已经成为湖北省各地文化旅游项目的消费主力(见表4)。

表4 各文化旅游项目游客消费结构

单位:%

地点	5万元以下	5万~12万元	12万~20万元	20万元以上
腾龙洞景区	25.73	49.22	11.76	10.29
三国赤壁古战场遗址	23.29	36.99	36.99	2.74
唐崖土司城	58.67	20.95	6.12	3.57
宜昌三游洞景区	57.99	31.05	9.13	1.83
昙华林	76.15	13.81	5.44	4.6
汉口里	45.3	37.3	11.7	5.46

鉴于此，景点的特色如何呈现？经营者为游客提供哪些旅游商品？这些问题是经营者需要着重面对和思考的。

通过调研发现，湖北省各文化旅游企业对于其消费群体的构成并不十分了解，对于其消费市场缺乏深入研究，没有精确把握消费者的需求。

二　湖北特色文化资源开发需要重视的问题

"特色文化产业是指依托各地独特的文化资源，通过创意转化、科技提升和市场运作，提供具有鲜明区域特点和民族特色的文化产品和服务的产业形态。"① 湖北省特色文化资源丰富，要将其转变成为产业优势，除了政策支持以外，还特别需要人才、科技、资金等要素的支持，其中，包含人才和科技等要素的智力支持对于发展特色文化产业最为紧迫。在将特色文化资源转变为文化产业的过程中，智力投入的着力点在哪里是要特别重视的问题。为此，特色文化资源的开发与文化产业的持续发展要思考以下几个问题。

1. 特色文化资源可转化的独特元素到底是什么

特色文化资源在产业化过程中可转化的元素是什么？如果无法找到这个转化的元素，就只能坐拥特色文化资源而无法将其转化成有竞争力的产业。精心选择特色文化资源中的可转化的元素使其成为产品的代表性符号，既是保护文化资源的需要，也是保证文化产业特殊性和竞争力的需要；一旦选择不当，不但会破坏特色文化资源，而且将使文化产业陷入同质化竞争的境地而无法开拓广阔的市场，最终导致投资的失败。

以下就湖北省几种具有代表性的特色文化的转化进行分析。

湖北省是楚文化的富集区，楚文化的开发利用一直是学界关注的重点。楚文化源远流长，学界早就指出，这些文化资源主要包括"独步一时的青铜冶炼技术、无与伦比的丝织刺绣、巧夺天工的髹漆工艺、义理精深的老庄

---

① 《文化部、财政部关于推动特色文化产业发展的指导意见》。

哲学、精彩绝艳的屈骚文学、奇异曼妙的美术乐舞"①等，无论是精神文化还是物质文化，都以其鲜明的色彩在中国古代留下了炫丽的身姿，现代生活中依然能够见到其身影。显然，这些文化资源由于时代变迁、科技更新，正在逐渐淡出现代日常生活，甚至失去了对现代日常生活的指导价值，只有将其进行转化、提升才能融入现代日常生活，成为消费的对象。在这些特色文化资源中，青铜冶炼、刺绣、漆器等物质文化形态似乎是最容易转化成现代消费品的，但是，这些物质文化的现代转换显然没有取得突破性进展。

楚式漆器髹饰技艺2009年入选湖北省省级非物质文化遗产名录，2011年被评为国家级非物质文化遗产。2012年，荆州市非物质文化遗产保护中心与湖北省创业高级技工学校、荆州市创业职业中专学校开展了非遗传统技能与楚式漆器髹饰技艺的合作，并于2013年新建了5000平方米的"楚式漆器髹饰技艺生产性保护示范基地"，致力打造一个"传承人+职业学校"生产性保护的孵化器与综合体平台。2014年，荆州市唯楚木艺有限公司的漆器髹饰技艺入选第二批国家级非物质文化遗产生产性保护示范基地。然而，据调查，楚式髹漆工艺基本停留于出土物品的仿制状态，缺乏创新，没有生产出被现代日常生活接纳的用品，也没有创作出被现代审美趣味接受的艺术品，市场规模很小，没有形成产业链，企业举步维艰。长江非遗网数据显示，上架销售的楚式漆器作品仅有16件，绝大部分为仿出土文物器皿。只有镇纸、砚台等极个别作品可以进入现代日常生活。漆器曾是楚人的生活必需品，目前退出了日常生活的舞台。楚式漆器髹饰技艺只有在生产过程中才能得到保护和传承，那么，业界要思考的问题是，要用这个技艺来生产什么样的商品？显然，既可以生产日常生活用品，也可以生产艺术品。无论是日常生活用品还是艺术品，它们可以吸纳古代楚式漆器的哪些元素呢？显然，色彩、纹饰、原料等都是可以吸纳的元素。如果仅仅停留于仿制出土文物的层次上，必然无法实现产业化。如果漆器能够兼顾欣赏性和实用性，在生活用品和艺术品两个市场同步发展、相互促进，其产业前景广阔无垠。在这一

---

① 刘玉堂、黄南珊：《湖北文化资源转化策论》，《湖北大学学报》2006年第6期。

点上，扬州漆器工艺厂取得的巨大成功可资借鉴。该厂产品主要有工艺家具、室内装饰品、旅游纪念品、礼品、各种珍品、精品和高档收藏品，共3000多个花式品种，不仅使其漆器工艺在现代得到传承，而且使其得到发扬光大。

另外，青铜冶炼工艺的局面与楚式漆器髹饰技艺相似，楚汉刺绣的命运就更为惨淡了。在中国刺绣日渐被世界艺术品市场看好的背景下，曾经巧夺天工的楚汉丝织刺绣的光彩完全被"五大名绣"苏绣、粤绣、陇绣、湘绣、蜀绣掩盖。据考古资料，江陵马山一号楚墓共出土各类衣物35件，其中有刺绣的衣物共21件。这些衣物由8个品种的丝织物制成，另在四件竹笥中装有12个品种的452片丝织物碎片。丝织品品种之多、工艺之精、保存之好，都是前所未有的。江陵马山一号墓因此被称为"丝绸宝库"。楚汉刺绣的现状与昔日的光芒相差甚远，织绣的技艺、纹饰的图案等元素值得开发利用。

湖北省也是三国文化的富集区，近几年三国文化的产业化开发如火如荼，荆州、襄阳、当阳、赤壁都在积极开发三国文化，而且动辄是几亿元甚至几十亿元的大项目，如荆州的关公义园、当阳的关公文化旅游城、赤壁的三国赤壁古战场遗址等。但是三国文化的内涵丰富多彩，各地三国文化内涵的侧重点显然是不一样的，因此，各地三国文化的开发应该抓住各自的特色元素，这是文化传承的需要，也是文化产业特色化的需要。在这一点上，湖北省对三国文化的开发要加以重视，各地都注意到三国文化中关羽形象所代表的"义"元素，都以关公及其所代表的"义"作为旅游项目的主题。首先，定位于"义"元素实际上与各地三国文化未必相符。赤壁，是赤壁大战的发生地，而赤壁之战的主角并非关羽，而是周瑜，赤壁三国文化的核心元素是"谋"，即谋略，其次才是"义"。荆州，是三国时期众多政治、军事事件的发生地，但就关公文化而言，其核心元素是"忠"。在襄阳，三国文化的核心人物是诸葛亮，其核心元素是"隐"，即隐逸，是中国"身在江湖，心存魏阙"的隐逸文化的典型形态。在当阳，三国文化的核心人物无论是关羽还是赵子龙，其核心元素应该是"勇"。其次，湖北省各地三国文化产业项目的同质化竞争极不利于各地文化旅游经济的持续发展。

2. 非物质文化资源的开发模式如何选择

湖北省的非物质文化遗产资源丰富，产业开发的空间极大，前景广阔。尽管不是所有的非物质文化遗产都适合产业化开发，但总能找到其为经济服务的方式。非物质文化遗产的开发要慎重考虑：如何将文化遗产转化为商品；转化为怎样的商品才能使文化遗产既能得到保护和传承，又能发扬光大。将非物质文化遗产资源转化为文化旅游产品是当前非物质文化遗产开发的普遍思路，主要开发模式有博物馆模式、主题公园模式、实景舞台剧模式、旅游商品模式、节庆旅游模式等。博物馆模式是将文化遗产进行静态展示，在很大程度上保持了非物质文化遗产的原貌；主题公园模式是将非物质文化遗产在新的空间重置，包括虚拟空间，在很大程度上保持了其原貌，并实现其景观化、可体验化；实景舞台剧模式是利用人的表演活动将非物质文化遗产进行展现，是非物质文化遗产转型为旅游产品最需要创意、最有挑战性的一种模式；旅游商品模式是将非物质文化遗产物化为商品提供给游客选购；节庆旅游模式是利用富有特色的节庆活动为游客创造更多的参与机会、停留时间，从而促进地方旅游业的发展。

湖北省在非物质文化遗产的开发实践中，以上各种模式都得到了体现，还有一些非常成功的案例，如利川腾龙洞的激光秀和舞台情景剧《夷水丽川》。国内外专家对于腾龙洞的探究由来已久，对腾龙洞的旅游开发也比较早。1989年，湖北省人民政府将腾龙洞审定为省级风景名胜区。2003年6月，东莞市兴业实业有限公司、黄山中安经贸资源有限公司通过招商引资的平台落户利川，成立利川腾龙风景区旅游资源开发有限公司，与市政府签约取得腾龙洞50年的独家开发经营权。如何留住前来利川旅游的客人，除了腾龙洞的神秘还有土家文化，激光秀和《夷水丽川》将二者淋漓尽致地展现在游客面前，场面震撼。激光秀和《夷水丽川》通过实景舞台剧模式呈现土家文化与生态文化从而实现旅游商品化的方法成功与否？

由表5可知，游客对于腾龙洞旅游的文化内涵期望值比较高，对于文化项目的参与度比较高,激光秀和舞台情景剧《夷水丽川》自然功不可没。该地将当地生态文化和非物质文化遗产转化为舞台剧的形式是比较成功的。

表5 游客消费状况调查

单位:%

项目	具体情况	占比	项目	具体情况	占比
游客此行目的	缓解压力	35.22	游客此行做了什么	感悟历史文化底蕴	18.63
	了解历史文化	28.98		观看表演和文化节日活动	19.39
	被广告吸引	18.18		购买纪念品土特产	21.29
	购物	14.78		参观文化景观	25.48
	其他	2.84		品尝美食	6.08
游客满意处	特色美食	29.77	游客感受	其他	14.73
	工艺品	6.75		超过预期	39.46
	特色手工艺	12.36		基本满意	41.26
	传统人文景观	44.94		未达期望值	10.49
	没有满意处	6.18		差评	8.39

又如,随州是炎帝的出生地,该地以举办"世界华人炎帝故里寻根节"的方式呈现炎帝文化。其重头戏是炎帝神农拜祖大典(四月二十六日是炎帝神农生辰),自2009年以来已举办了7次。2011年,"随州神农祭典"项目九项仪程入选国务院第三批国家级非物质文化遗产,随州作为中国炎帝祭祀中心的地位得以确认,"世界华人炎帝故里寻根节"也被打造成为湖北省的知名文化品牌,随州以较少的投入为自己打造了一张亮丽的名片,在国内外产生了巨大的影响力。

利川腾龙洞的激光秀、《夷水丽川》和随州"世界华人炎帝故里寻根节"的成功,源于非物质文化承载形式的精心选择和创意呈现。另外,宜昌屈原文化节、天门陆羽国际茶文化节等都是合理选择非物质文化遗产的呈现形式,是旅游产品实现产业化或间接为旅游服务的成功范例。

值得注意的是,近几年湖北省各地上马的几个大型文化旅游开发项目普遍采用"主题公园+舞台剧"的复合模式,投入大、规模大、科技化程度高,但是,主要靠一批新建的建筑和现代科技演绎的舞台剧来呈现文化,有的只是以文化搭台、靠地产唱戏,文化内容贫乏,甚至沦为标签,盈利点主要还是在于地产、商业街、游乐园等。如当阳关公文化旅游城,其建设项目有:三国文化演绎板块,包括关公文化长廊、楚汉风情街、关公庙、三国文化大剧院等;现代旅游配套板块,包括温泉度假体验区、超五星级度假酒店。其中的关公文化长廊等是一批仿古建筑,是关公文化的主要呈现形式,其他绝大部分是房地产、商业街、游乐园及配套项目。投资方宣称对整个游乐区结合三国文化进行了主题包装,但是像水秀广场、水上乐园区、儿童乐园、冒险主题游乐园、水上游览等呈现关公"义"文化的主题恐怕不容易做到位。枣阳设计了包括东汉文化广场、汉宫、汉街、汉文化城、汉博物馆等设施的东汉文化城,以打造城市名片为目的,仅以文化为标签,纯属"大地产",最终不了了之,造成资源的闲置与浪费。

3. 文化遗产的开发如何进行科技提升

对于物质文化遗产,像文物、遗址、建筑群等,人为干预往往会影响原生态,在一定程度上破坏了文化遗产,因此,干预越少越好。对于非物质文化遗产,如口头传说和表述,表演艺术,社会实践、礼仪、节庆活动,有关自然界和宇宙的知识和实践,传统手工艺,文化空间等,由于现代化的冲击与日常生活越来越远,如果没有现代因素的适度介入,逐渐消失的可能性会不断增大。如何做到既不改变文化遗产的固有形态,又融入文化产业化的潮流并为经济服务,一直是一个难题。不可能将物质文化遗产封闭起来,与人完全隔开,非物质文化遗产也只有在一定程度上与现代生活衔接才能更好地传承,所以,文化遗产的保护和开发必须走科技提升的道路。科技的适度、适当介入不仅有利于文化遗产的保护,而且是产业开发或者为经济服务的一个有效途径。例如运用虚拟现实技术介入文物的保存与展示,就是运用科技既保护文化遗产又利用文化遗产为社会、经济服务的有效途径。

尽管博物馆的文物展示不在产业化之列,但博物馆是由政府直接拨款、免费对公众开放的,服务于博物馆的外围产业完全可以运用科技手段介入馆藏文物展示活动。这不仅有利于促进馆藏文物的展示,而且有利于提升城市形象和优化旅游环境,从而促进整个经济的发展。目前,科技介入文物展览出现了一个极其重要的苗头,即虚拟现实技术(VR,Virtual Reality)的运用。虚拟现实技术的优点一是沉浸感,即以极其逼真的图像、环境、光影并配以音效等制造的现场感,让参观者产生身临其境的感觉;二是交互性,使用手柄、键盘、鼠标、操作杆、触摸板等设备与参观对象进行互动。虚拟现实技术可能让参观者"进入远古""进入地下""走进遗址现场",可以将文物"取出"仔细"把玩",可以极大地满足参观者对于体验的要求。

显然,博物馆没有技术和人力对藏品进行虚拟现实的科技转化,但是,近一两年涌现出的以虚拟现实应用为核心业务的科技公司可以为博物馆提供这种服务。据悉,湖北省博物馆目前正与文化创新企业合作,着手搭建虚拟现实的博物馆。文化企业正在为博物馆做以下工作:一是系列软件的开发,设计并制作虚拟现实的展厅以及虚拟现实的藏品模型。二是网络平台的搭建,为博物馆与参观者搭建可以访问的网络平台,用以展示藏品与参观藏品。三是VR模型的制作,将真正的藏品转换成数字形式然后放置于网络平台再转换成立体图像模式。四是虚拟现实的空间设计,为藏品搭建逼真的背景,以增强参观者的体验效果。

目前,运用虚拟现实技术开发非物质文化遗产的需求前景十分乐观,只有运用虚拟现实类的新技术才能解决文物的展示与保护之间的矛盾。另外,影剧的制作和演出如果将虚拟现实技术与特色文化主题公园相结合,不仅可以节省大规模兴建的支出,减少对物质文化遗产的干预,而且可以以其独特的参与性、交互性大大增强参观者的体验效果,例如赤壁古战场遗址、荆州关公义园、当阳关公文化旅游城等主题公园都可以引入虚拟现实技术展示其历史文化。

4. 生态资源与文化遗产如何融合开发

湖北省的资源分布特点之一为,文化资源的富聚区往往也是生态资源的富聚区。鄂西圈表现得更为明显,这为特色文化资源与生态资源的融合开发提供了必要条件。为此,特色文化的开发要设法融入当地的旅游产业,主动与旅游产业衔接,为旅游产业服务,从而提高旅游的品质并推动当地旅游业的持续发展。特色文化资源与生态资源如何融合开发,要从以下几个方面去思考。

其一，发掘、保护和开发特色文化资源，举办文化节庆活动，为旅游搭台。湖北省各地举办的文化节庆活动都是为了服务于旅游业。这些节庆活动包括随州的"世界华人炎帝故里寻根节"、宜昌的屈原故里端午节、荆州的关公文化节、恩施土家族苗族自治州生态文化旅游节暨女儿会、十堰的传统武术暨国际旅游节、郧西的七夕文化节、房县的诗经文化节、安陆的李白文化旅游节、竹山的女娲文化旅游节、来凤的中国土家摆手舞文化旅游节、潜江的曹禺文化节等，都意在以文化节庆活动带动旅游经济的发展。

其二，开发生态旅游以接续文化消费，延长当地的消费链条。一些文化氛围浓、积淀深的旅游目的地往往空间小、消费项目少，留不住游客。开发生态资源、增加休闲场所、留住游客、刺激消费，是发展旅游经济的重要策略。例如，2008年武当山的游客人次是122万人次，旅游收入是5.6亿元，平均每人次消费支出仅为459元，这与其世界文化遗产的名声是很不相称的。为此，十堰市武当山区引进资金规划建设占地总面积为58.7平方公里的太极湖新区，彰显休闲、养生、环保、传承武当文化的建设理念，建设超五星级大酒店、武当水上人家、武当艺术馆、旅游发展中心、武当太极大剧院、太极天堂及与之配套的市政设施和大型景观等项目，意在以休闲接续文化消费，延长当地的旅游消费链条。其广告宣传语"问道武当山，养生太极湖"，正体现了将文化消费与休闲相衔接的意图。另外，赤壁赵李桥砖茶产业园是将赤壁市打造成闻名世界的砖茶之乡和茶文化休闲旅游胜地的重点建设项目，该项目以茶叶加工和茶文化休闲旅游为核心，建成集黑茶、红茶、绿茶、茶饮料等为一体的茶生产加工基地，打造茶文化休闲旅游体验度假区，也是意在以休闲接续文化消费。

其三，发掘、开发非物质文化遗产中的传统工艺，打造旅游工艺品，刺激游客的消费支出。旅游工艺品的同质化是各旅游目的地的普遍现象，努力改变这种局面，打造富有特色的工艺品，发展差异化的工艺品业，不仅是非物质文化遗产保护和开发的重要途径，而且是发展旅游经济的重要途径。这种发展模式已有成功的先例，如仙桃在大力发展文化旅游的过程中，省级非物质文化遗产沙湖贝雕年产值由40多万元上升为近200万元，国家级非物质文化遗产麦秆画由30多万元上升为200多万元。非物质文化遗产增加了当地文化旅游的内涵，刺激了游客的消费，对旅游产业的贡献得以大大提高；同时，非物质文化遗产的保护、传承也在产业化发展中得到有力的保障。湖北省的著名非物质文化遗产楚式髹漆工艺、青铜铸造工艺以及刺绣等都可以走这样的发展道路。

三　湖北特色文化产业发展的建议与对策

使特色文化资源为经济做出更多的贡献，增加特色文化产业占GDP的比重，改变湖北省文化大省、文创小省的局面，是一个需要长期持续投入的系统工程，绝不是建几个产业园、几个示范基地、几个主题公园就能够解决的。既需要各级政府的合理规划、适当引导、政策支持，为特色文化企业创造有利的生存发展环境，也需要资金、人才向特色文化产业开发领域聚集，形成多层次、多向度的立体发展局面，更需要特色文化企业的转型、升级，做精做强，在此提出持续发展壮大湖北省特色文化产业的建议和对策。

鉴于特色文化资源的特殊性，特色文化资源的开发要坚持以下原则。第一，多层次多向度开发，完善产业链。特色文化产业往往市场竞争力不强，原因就在于其消费群体小众化，市场空间有限。因此，必须拓展特色文化产业与其他产业之间的联结点，延长产业链，扩大消费群体，只有这样才能持续、健康地发展。第二，做细做精做强，慎言做大。在"大众创业、万众创新"的背景下，支持小微企业的发展，对于特色文化产业尤其重要。一些极具个性的特色文化产业的产值本身往往不大，但对于一个县域而言是一张难得的亮丽名片，是其作为文化旅游目的地的重要文化内涵之一。将这些小微型的特色文化企业做精做强，促使其科学发展，对于文化保护和传承以及经济发展都特别重要。具体措施如下。

1. 文化旅游产业注重差异化与精致化，精心打造周末游

从空间布局来讲，湖北省特色文化旅游的消费群体以省内景区周边区域节假日旅游休闲的游客为主。鉴于此，湖北省特色文化旅游要在以下几方面下功夫：其一，各旅游目的地的项目规划与建设力求差异化，避免雷同。不仅旅游项目的主题需要差异化，饮食、旅游纪念商品等也需要差异化，特别是要努力改变旅游纪念品同质化严重的现状。旅游产品的差异化对于尽量将节假日旅游休闲的省内游客留在省内不同目的地，以扩大省内游客在本地的文化旅游休闲支出比例极其重要。其二，做精周末游。周末一日游、二日游已成为湖北省各地居民的生活常态。湖北省特色文化旅游休闲市场的消费主体为年收入5万~10万元的省内居民，满足省内该收入群体不同年龄、不同文化层次的游客的不同需求，是特色文化旅游休闲产业未来的着力点。随着省内城际交通等各种交道状况的进一步完善，居民周末文化旅游休闲会更加便捷、意愿会更加强烈，这也就为省内文化旅游休闲产业的发展提供了更好的机遇。因此，更完善、更精致、更人性化地设计各地的文化旅游项目，精心打造周末一日游、二日游，是湖北省文化旅游休闲产业的发展方向。

2. 传统手工艺实用性与艺术性同步发展，对接现代生活

楚式髹漆、青铜铸造、纺织、刺绣、剪纸、布贴、雕塑等传统手工艺，以及一些传统食品的制作技艺要尝试走艺术与生活恰当结合的道路，走展示与实用相结合的道路，走保护与革新相结合的道路。决不能让传统手工艺仅仅停留于舞台表演和橱窗展览，传统手工艺品既要追求艺术品质，增强观赏性，提高附加值，又要进入现代日常生活，与装饰、服饰、包装、旅游纪念商品等产业结合，而且要适当利用现代技术进行革新，扩大产量，形成规模效应，在规模化的生产制作过程中进行保护和传承。

3. 大力发展虚拟现实技术，建立完整的产业链

2016年9月3日，二十国集团工商界活动（G20峰会）在杭州国际会议中心开幕，中国国家主席习近平出席开幕式并发表《中国发展新起点 全球增长新蓝图》的主旨演讲，在谈及创新发展时指出，以互联网为核心的新一轮科技和产业革命蓄势待发，人工智能、虚拟现实等新技术日新月异，虚拟经济与实体经济的结合将给人们的生产方式和生活方式带来革命性变化。此前，8月30日，发改委第一次提及虚拟现实、增强虚拟现实技术，呼吁促进虚拟现实等技术在互联网医疗救治领域的应用，建设虚拟现实国家

工程实验室，增强虚拟现实技术的应用。几天后，国家发改委再度发布新报告，呼吁加快制定新兴信息消费的标准体系，尽快出台可穿戴设备、虚拟现实等领域的关键技术标准，规范新兴行业发展。2016年可谓VR年。鉴于VR技术的广阔应用前景，湖北省可以利用其高校云集的教育优势抢占先机，鼓励虚拟现实技术产业的发展。首先，鼓励各高校整合力量，申请建立国家实验室，进行技术攻关，突破在虚拟现实发展中存在的人机配合、数据传输等方面的技术瓶颈。其次，鼓励资本向虚拟现实技术产业聚焦，完善产业链，包括硬件制造、软件开发、技术应用、服务平台建设等，形成产业规模效应。最后，激励展览、演艺、游戏、设计、培训等领域应用虚拟现实技术，以促进该技术的进步。

B.15
湖北新华书店发展报告（2016）*

张　萱　熊旭华**

摘　要： 2016年，湖北省出台《湖北省全民阅读三年行动计划》。在长江出版传媒股份有限公司的指导下，湖北省新华书店（集团）有限公司①在全省公共文化服务体系的建设中，扮演了领军者的角色，分别在实体书店的改造与新建、图书销售模式的创新和湖北新华文化软实力三个方面取得了成效，有力地推动了"书香荆楚·文化湖北"全民阅读活动品牌的建设。

关键词： 实体书店　模式创新　文化软实力

---

* 本研究系2016年度湖北省社会科学联合界"中国调查"项目"湖北地区实体书店的调查研究"（项目编号：ZGDC201605）成果之一。

** 张萱，湖北大学新闻传播学院副教授，武汉大学博士、博士后，美国北卡罗来纳大学教堂山分校（UNC）访问学者，中国新闻史学会应用新闻传播学研究委员会常务理事，出版个人专著《见证主流》，主持湖北省社科基金、教育厅人文社科基金等课题4项，在国内核心期刊上发表学术论文20余篇。熊旭华，湖北省新华书店（集团）有限公司综合管理部部长，华中科技大学工程硕士。

① 湖北省新华书店（集团）有限公司（以下简称"湖北新华"）作为长江出版传媒股份有限公司旗下最大的子公司，是湖北省新华书店集团改制重组后成立的；下辖湖北省外文书店有限公司和湖北教育图书有限公司两家全资子公司，湖北新华书业文化股份有限公司和湖北新华银兴影视文化发展有限公司两家控股子公司，以及遍布全省各市、州、县的75家分公司；集团公司拥有国内出版物总发行权和连锁经营资质，在职员工超过3000人，拥有分销网点394家，营业面积为20万平方米，仓储面积近10万平方米；是以各类出版物营销为主业，集物流、展示、投资等多功能为一体的大型文化产业集团。

一 湖北新华发展环境与总体概况

（一）政策环境

2016年是"十三五"的开局之年，"十三五"规划纲要提出，要实现"公共文化服务体系基本建成，文化产业成为国民经济支柱性产业"的目标。同年1月，湖北出台并印发《关于加快构建现代公共文化服务体系的实施意见》（简称《意见》），为"十三五"期间建设具有荆楚特色的公共文化服务体系提供了指南。《意见》提出的建设目标为：到2020年，基本实现全省公共文化服务整体水平优于、高于中部各省，走在全国前列。湖北新华作为传统国有文化企业，经过近几年转企改制、股份上市的发展，充分引入市场竞争机制，在全省公共文化建设中已具备了主动服务与主动担当的主体性意识。

2015年，湖北省在全国率先出台关于全民阅读的地方政府规章，启动了《湖北省全民阅读促进办法》立法，2016年省政府出台了《湖北省出版物市场管理与服务办法》，省全阅办出台了《湖北省全民阅读三年行动计划》，这些顶层设计都为湖北新华的转型发展提供了重要的政策支持，为湖北新华主动融入"倡导全民阅读"和"推进全民阅读"活动，积极参与政府倡导的各项全民阅读活动，成为各级政府推进全民阅读活动的重要力量提供了支持。

随着2016年6月中宣部、国家新闻出版广电总局、财政部等11部门联合出台《关于支持实体书店发展的指导意见》，湖北省进一步加大了对实体书店的扶持力度。据统计，2016年，湖北新华在实体书店改造、建设方面投入3053万元（不包括武汉市新华书店）。同时，湖北新华每年在信息系统建设、少数民族县市发行网点、实体书店建设等方面获得中央、湖北省专项资金扶持。并且，自2004年武汉市文化新闻出版广电局印发《武汉市实体书店扶持暂行办法》（简称《办法》）以来，湖北每年在武汉市文化产业发展专项资金中安排了"实体书店扶持资金专项",为包括湖北新华在内的省内实体书店提供了经济支助。《办法》提出,采取政府购买服务、奖励、补助等方式,扶持具有较高社会知名度和品牌影响力、鲜明经营特色、较大发展潜力的实体书店发展。2014年专项投入300万元,2015年专项投入500万元。其中,湖北新华每年有3家单位获得奖励与扶持。

另外,2016年湖北相关部门对湖北新华文化发展的政策扶持还体现在文化产业转型融合、教育旅游文化产业重点建设、商业模式创新、数字化转型升级和出版产品"走出去"等方面。其中,教育部、省政府先后出台了《关于实施中华优秀传统文化传承发展工程的意见》《"十三五"国家信息化规划》等文件,明确了教育事业、文化旅游产业未来的发展目标、主要任务和重点建设领域,如《关于推进中小学生研学旅行的意见》将研学旅行纳入中小学教育教学计划,为发展湖北新华的服务教育事业、开展研学旅行等多元业务、全面推进中小学素质教育提供了重要途径。

(二)经济环境

2016年的"十三五"规划纲要明确提出了"推进文化事业和文化产业双轮驱动"的具体要求。近5年来,我国文化产业一直保持远高于同期GDP增速的高速增长,2016年实现增加值2.4万亿元,占GDP的3.77%。湖北省文化产业增加值占GDP的比重也逐年提高,2015年达到2.89%,成为新常态下经济稳定增长和结构优化升级的重要推动力。2016年,湖北省前三季度出版等六个行业营业收入增速高于全国平均水平,全省1233家规模以上文化企业实现营业收入1296.2亿元,同比增长11.4%。

根据《财政部办公厅关于申报2016年度文化产业发展专项资金的通知》,2016年专项资金将逐步引入市场化运作模式,培育、遴选一批优秀文化产业基金,支持重点省级国有文投集团加大债权投资力度。据统计,财政部一次性下达湖北省文化产业发展专项资金6160万元,其中湖北新华的文化产业资金流入100万元。

2016年11月,湖北省新闻出版广电局和财政厅联合出台《关于推动湖北省传统出版和新兴出版融合发展的实施意见》，提出"加快推进传统出版与新兴媒体融合的实施意见"，湖北省省级财政累积拨付数字出版专项扶持资金1亿元，扶持了92个重点数字出版项目，撬动数字出版项目投资达34亿元。据统计，2016年度湖北新华争取中央和省级文化产业项目扶持资金共计500万元。通过加快结构优化与调整，湖北新华在"文化+"的战略思想下，打破传统文化产业的固有格局，通过文化与网络、科技、信息、旅游、体育、金融等产业融合发展，形成了新的文化产业生态链。①

（三）社会氛围

第十四次国民阅读调查数据显示，2016年我国国民人均图书阅读量为7.86本，其中纸质图书4.65本、电子书3.21本，五成以上国民仍倾向于阅读纸质图书。成年国民各媒介综合阅读率为79.9%，这一现象表明包括综合阅读率、图书阅读率、数字阅读率、纸质图书和电子书阅读量在内的数据均全面上扬，在全国范围内的全民阅读已取得全面发展。

自《湖北省全民阅读促进办法》推进至今，湖北省内的读书氛围也有了明显的改善。"2015湖北人阅读习惯调查"结果显示，八成受访者认为倡导全民阅读对营造全社会读书氛围大有作用，希望持续进行。与"2012湖北人阅读习惯调查"相比，多个调查选项的结果大幅提升。如，71.07%的被调查者每天都读书（2012年这一数据是46%）；在"使用哪种方式读书"的问题上，选择买书的最多，占40.01%，其次是借书、网络阅读和手机阅读（2012年的数据则是61.1%选择借书，其次是买书）。此外，近九成受访者的业余爱好是"读书"，"每月累计阅读时间10小时以上"的占61.93%，"在家里读书"的占91.37%，"知道4月23日是世界读书日"的比例达到71.57%……随着全民阅读活动深入推进，湖北省的全民阅读氛围较好，为省内图书出版产业的发展提供了一定的市场需求。

---

① 数据来源于湖北省新闻出版广电局、湖北省版权局官网，http://www.hbnp.gov.cn/。

（四）产业总体概况

2016年，长江出版传媒集团数字出版收入为6298.93万元，同比增长48.86%，总资产周转率高达141.47%。2016年长江传媒净利润为5.92亿元，在全国净利润排名中位于第二阵营。从净利润的变动情况看，有13家公司实现了正增长。其中，净利润率同比增长最高的是长江传媒，为82.42%。[①] 长江传媒总体业绩大幅提升的数据显示，2016年湖北新华的改革步伐也全面加快，经营业绩大幅增长，全年销售收入和净利润分别达到52.7亿元和3.22亿元，同比增长102%和57.1%。

第一，图书出版与销售的具体情况。2016年新上架图书42048种，包括时政类360种、文化类17790种、教育类6905种、文学类16993种，其中重点图书2554种（见表1）。

表2数据显示，本版图书有三家进入销售的前十名，分别是湖北人民出版社、长江文艺出版社和长江少年儿童出版社。

表1　2016年、2015年上架图书销售情况

类别	2016年品种数	2015年品种数	同比增长（%）	2016年重点图书品种数	2015年中重点图书品种数	同比增长（%）
时政类	360	630	-42.86	20	20	0.00
文化类	17790	19088	-6.80	867	1035	-16.23
教育类	6905	7733	-10.71	230	358	-35.75
文学类	16993	18037	-5.79	1437	1690	-14.97
合计	42048	45488	-66.16	2554	3103	-66.95

2016年连锁图书销售码洋为19790.51万元，同比增长135.64万元，增幅为0.69%。连锁经营总部年发货码洋为32371.28万元，增幅为12.07%。其中音像发货100.43万元。

---

① 数据来源于《2016年出版业上市公司业绩大盘点》，《出版商务周报》2017年4月27日。

表2 各出版社全年销售图书前30名的情况

排名	供应商	销售数量(册)	销售码洋(元)
1	学习出版社	1071955	18340600.8
2	商务印书馆	113909	8459633.1
3	人民出版社	263419	5434127.4
4	湖北人民出版社	295322	5410017.7
5	长江文艺出版社	208453	4855207.6
6	中国法律图书有限公司	418416	4246389.6
7	湖北世纪英才文化发展有限公司	107629	3220044.9
8	长江少年儿童出版社(集团)有限公司	137645	3156794.7
9	电子工业出版社	87723	2883459.3
10	上海世纪出版股份有限公司	61357	2753870.8
11	湖北海豚传媒有限责任公司	128117	2707258
12	中南博集天卷文化传媒有限公司	69541	2529672.5
13	北京五三金典图书有限公司	82858	2518086.7
14	北京二十一世纪金星教育科技有限公司	90302	2494387.6
15	机械工业出版社	63255	2378988.3
16	新经典发行有限公司	69431	2376887.8
17	人民文学出版社	59616	2135545.5
18	武汉市新新图书有限公司	154807	2127281
19	浙江少年儿童出版社	113545	1913669.8
20	化学工业出版社	55325	1878460.52
21	上海钟书实业有限公司	88626	1867096.4
22	北京龙腾八方文化有限责任公司	111661	1831781.3
23	中信出版集团股份有限公司	38725	1814381.6
24	北京长江新世纪文化传媒有限公司	50233	1770237.1
25	广州开心教育科技股份有限公司	57363	1764444.1
26	天津中智博文图书有限公司	58167	1754744.2
27	北京时代华语国际传媒股份有限公司	45594	1731401.48
28	外文出版社	20939	1673296.6
29	湖北教育出版社有限公司	79452	1654145
30	中国法制出版社	166336	1626028.8
	合 计	4369721	99307940.2

第二,在业务板块方面,湖北新华的几个重点项目,包括图书室、实体书店、农家书屋的建设与升级、一县一特色书店工程、教装文创和团供业务

等均取得了明显成绩。截至 2016 年 12 月 15 日，湖北新华在全省各地共建各类图书室 1000 多家，形成党政机关、部队、税务、银行、农业、水务、学校、社区、乡镇全覆盖的服务网络，图书销售同比增长 120%。2016 年，湖北新华书店以"以书为媒，用心服务"为宗旨，建成各类实体书店、书吧 229 家，基本形成以大型书城、复合型连锁店、县乡发行网点为基础，以校园店、社区店为补充的布局体系。截至 2016 年 12 月，湖北省完成了咸宁市、黄冈市黄州区 2 家市级书店和南漳县、钟祥市、汉川市 3 家县级书店的升级改造，另外，还新开设了 48 家书店，提供图书 16 万本。目前，全省连锁门店已达到 231 家，面积为 5.8 万平方米。截至 2016 年 12 月，湖北新华旗下 45 家门店更换了标识，改善经营环境并提高服务水平，重塑了新华书店的品牌形象。目前，还有 10 家正在升级改造。另外，农家书屋项目已覆盖全省 122 个市县区，农家书屋网点数达到 29148 个，实现 100% 全覆盖。

2016 年新开张的"九丘书馆"实现年销售码洋 151.6 万元，其中图书销售占比为 75%，领跑了全省特色书店的融合发展。同时，在全国首创"一县一特色书店"工程的实施中，湖北省又新建成了各类主题特色书店 127 家，营业面积扩大到 9.5 万平方米。

2016 年，教育装备、教育信息化项目是集团增幅最高的业务板块，项目金额从 2014 年的 1 亿元、2015 年的 1.5 亿元到 2016 年突破了 2 亿元，已成为湖北新华的新引擎。据不完全统计，国家每年直接或间接用于购置教育装备的投入将近 1000 亿元，无形中助推了教育装备产业的发展。在此背景下，2016 年湖北新华成立了文教公司，将人教数字校园和幼儿教育产品作为文教公司的两项拳头产品，在原业务事业部的基础上成立了子公司湖北新华文化教育科技有限公司。该公司专门负责教育装备、教育信息化业务的运营，凭借书店集团的品牌、渠道、资金等优势与人教社、武汉爱立方、海豚传媒、联想、惠普、鸿合、希沃等多个知名厂家展开合作，业务呈快速增长态势。其中幼教装备产品销售金额共计 2500 万元，成为 2016 年湖北新华销售情况最好的教育装备产品。该项目板块已成湖北新华进军全国发行第一方阵的新支点。2016 年，湖北新华共参加全国教育装备和教育信息化展会 5

场。其中，广西南宁1场、湖北武汉2场、河南郑州1场、山东梁山1场。另外，新华书法套装依然是销售情况最好的文化创意产品，全年共销售33262套，销售金额共计50万元①。

第三，在湖北省新闻出版广电产业"双百工程"中，湖北新华被列为示范企业、新华书店线上线下创新发展模式建设工程被列为示范项目、中国出版物产业链全景协同示范平台建设项目被列为重点项目。另外，2016年，湖北新华成功获得中南财经政法大学、中国地质大学（武汉）图书馆中文图书供货资格，首次以第一中标人的身份成为湖北省图书馆的供货商，每年供货量在1000万元以上。这些成绩展示了湖北新华在2016年已经实现从单一教育图书供应商向教育和文化旅游服务商转型的目标。

二 湖北新华年度创新点

（一）实体书店的三大品牌创新

2016年，湖北新华累计建成各类型书店105家，其中特色书店8家、校园书店97家，投资总额为3053万元，在整体布局上形成了三类书店合作发力的品牌创新态势。

第一，集新业态、新空间、新体验为一体的大型书城品牌。新华书城是湖北新华的核心渠道资源，主要布局于全省各市州，一般规模在1000平方米以上。2011年，湖北新华提出了"全国跨区域大型连锁文化MALL建设"及"五城合一"模式，目前已见成效。2015年，新华书城泛海店已成为湖北新华开设的多家大型实体书店的代表，位于武汉CBD泛海城市广场购物中心，有上下两层，经营面积为5000多平方米。店内设有"社会科学馆""文学历史馆""文化教育馆""生活艺术馆"4个主题馆，陈列了社科、经管、文学、历史、教育、音乐、摄影、绘画、收藏、保健、旅游、美食、宠

---

① 数据来源于湖北省新华书店（集团）有限公司官网，http://www.etjbooks.com.cn/。

物等20多个门类近3万种约15万册图书和音像制品。以"书城+"为业态组合特点的大型书城，着力打造城市文化地标，以满足不同年龄读者的多样化需求。

第二，首创"新华·格致"校园书店品牌。校园店是湖北新华服务教育的终端渠道资源，以关注社会效益为切入点，探索教育文化多元经营服务模式，为学校提供点对点的服务。2016年是湖北新华加快推进校园店建设的第一年。黄冈市新华书店在黄州区一中创建的全省首家"新华·格致"校园店，更新近1000册新书，已组织2场知名作家、学者讲书、评书、读书活动；在协助课堂开办阅读课的同时，提供了针对学生个性设计读书计划、建立读书档案等特色服务。

第三，结合区域人文特色，贴近百姓生活，提供多种阅读方式的中小型特色书店和主题书店，包括24小时书店、红色书店、旅游书店以及全民阅读示范基地长江传媒旗下的时光书馆等。2016年，定位于"为城市点亮一盏永不熄灭的学习之灯"的24小时九丘书馆连锁书店，已在武汉、襄阳、宜昌相继开业，其"阅读+咖啡+沙龙"的复合经营模式也开始得到回报。除了在城市街区开设特色书店之外，湖北新华还将触角延伸到历史文化街区、旅游景点、医院、大学、军营、乡村等社会的各个角落。红安七里坪红色书店基于地方特色，以传承红安的红色精神为核心，销售展示红色文化的主题图书、音像制品及文创用品，以满足全国各地红色文化研究者的需求。目前该书店已成为当地的热门旅游景点。落户武汉大学中南医院的九丘书吧，作为湖北首家设在医院内的书店，以"阅读+健康"为理念，提供近5000册精品图书，并配置自动售书机，通过开办"九丘健康大讲堂"等品牌活动，打造具有丰富人文内涵的阅读空间。此外，恩施州极富区域特色的利川白鹊山景区书店、女儿城旅游书店，荆州市监利人民医院书吧，广水市桃源村桃源书院等都体现出了湖北新华"一县一特色书店"工程的落实情况，既满足了群众的读书需求，又丰富了城乡文化功能，为实体书店的本土化创新提供了新路径。

（二）图书销售的三类模式创新

第一，线上线下一体化营销模式。2016年11月，国务院办公厅在《关于推动实体零售创新转型的意见》中指出，"培育线上线下融合发展的新型市场主体"。线上线下深度融合的全渠道模式将是大势所趋，"销售图书+综合服务"将成为实体书店发展的新趋势。在主动适应"互联网+"新常态，加快推进"一站式"文化消费需求的城市文化生活体验中心建设的过程中，湖北新华自2013年就启动了实体书店O2O转型项目，通过线上与线下一体化服务平台的建设，满足全省消费者的现代化阅读需求。2014年针对互联网转型的大趋势，湖北新华做出"借平台、建平台、线上线下融合"三步走的发展规划，到2016年已经启动了第二步建平台战略，线上平台如新华天猫店、京东店已投入运营。

2016年，湖北新华在充分运用新技术发展"智慧书城"的建设中，已完成自建平台的电商渠道运营、采购服务体系升级、互联网应用技术储备等相关版块等工作。借助微信平台建设新开发的湖北新华"掌上书城"已完成了与全省所有自有书店网点的对接，京东、天猫等电商平台也实现了线上线下一体化互动营销。2016年，全省所有连锁店均开通了支付宝、微信支付等新兴的支付功能，以适应年轻读者的需求。此外，湖北新华天猫店、京东店结合地面店的营销，在"双11""双12"期间配合各电商平台推出集趣味性、知识性于一体的互动活动，满足了不同读者的阅读需求，并且多家省内书店线上订单均可基于LBS就近发货。与此同时，随着湖北新华在线下实体端发起的卖场倍增计划、"一县一特色书店"建设计划、校园书店拓展计划的推行，以新华晨光生活馆、新华名酒汇等为主的一批多元业态也已初具规模效益。特色书店成为一站式城市文化生活体验中心的重要组成部分。新兴业态极大地促进了顾客在实体门店的体验，为线上线下融合发展夯实了基础。

第二，"书店+"营销模式。2016年湖北新华创新和实践了两种"书店+"模式。其一为"书店+咖啡（文创）"模式。新兴业态在书店转型升级、打造城市文化体验中心和地标的过程中，湖北新华推行实体书店"图书+文创+咖啡（茶饮）"的经营模式，实现从单一的图书销售，向集图书、文化创意、文化活动体验等多业态的融合转变，对异业的关注、引入与融合力度也在不断加大。同时应建立以读者需求为导向的服务机制，如影院、培训教育等新业态，以适应群众多元化、个性化的文化消费新需求，吸引更多群众走进书店。另外，随着中国传统文化的弘扬和传播，湖北新华在引进教装文创多元经营产品时，更加注重选择具有中国传统文化特色的文化创意产品和项目。如湖北外文书店开启了"Libertea"茶书馆，有效地将中国茶文化和读书融合在一起。其二为"书店+图书馆"的采购模式。2016年，湖北新华在服务图书馆、携手图书馆推进全民阅读方面不断探索。书店不再是单纯配送图书，除联合图书馆改变传统采集藏书的流程外，还建设"图书馆+书店"结合体。武昌水果湖九丘书馆地处多家机关单位中心，通过分析这些单位原有图书阅览室藏书资源存在的"有藏无读"问题，九丘书馆提出了一种"共建免费借阅平台"的创新，即与九丘书馆签约单位的职工可以在该店挑选想看的图书带走，随后，由书店与单位统一结算。这种全新的"书店+图书馆"的采购模式，在推广阅读的同时增加了销售机会，创造了一种双赢的模式，为实体书店的经营模式探索出了一条新路。

此外，九丘书馆针对企事业单位还提供了定制化图书馆服务，出台了《图书室一体化解决方案》，针对省、市、县、乡不同需求，推出不同类型的硬件套餐，配套开发免费管理系统，实现单位图书室建设一站式、个性化服务。目前，全省建有定制化图书室近500家。

第三，阅读活动营销模式。在创新活动载体的过程中，湖北新华重点围绕弘扬社会主义核心价值观，打造了极富湖北特色的三大阅读品牌。一是以"慧悦读"读书会为主的少儿互动阅读品牌。在周末和节假日，全省超过60家门店统一开展包括亲子交流、写作课堂、科普讲座等读书活动，如店员主持的"故事姐姐讲故事"、小读者参与的"我是小小故事王"演讲比赛、"我是书店小店员"体验活动、邀请优秀教师开展的"写作观察课"、邀请本地主持人开展的"我是小主播"演讲比赛等，每期参与儿童和家长达3000人次，促使绘本销量得以显著提升。二是以"楚天少儿悦读季"为主的假期阅读品牌。依托全省170家校园店平台，以"书店推荐+教师推荐"为主要形式，以征文、讲座活动为补充，丰富了中小学生课外阅读生活。三是以"青少年爱国主义读书教育活动"为主的社会主义核心价值观阅读品牌。湖北新华以高标准承办青少年爱国主义读书教育活动16届，成为全省青少年思想政治教育工作的重要平台，其中"起点阅读""朝读经典"覆盖全省所有幼儿园和中小学，倡导从娃娃抓全民阅读，为培育和践行社会主义核心价值观、弘扬中华优秀传统文化发挥了重要作用。

另外，湖北新华还积极打造面向各类读者的阅读平台，如面向成人读者的读书赏评会、读书沙龙，为读者解读文学作品、传授健康养生知识、分析人际沟通的技巧等。仅九丘书馆2016年就举办了103场文化沙龙活动，每周平均近3场。湖北新华还延续了与地方媒体合作的战略，如由湖北新华与《楚天都市报》联合主办的"新华·楚天读书俱乐部"，开展"名家进校园 书香伴童年"武汉行活动。湖北新华在2016年还加强了与大学的合作活动，12月湖北新华泛海店携手华中农业大学，举行"函来书往 千里传爱"公益活动，向贵州省大方县乐思小学捐赠500多册图书。2016年，湖北新华邀请贾康、敬一丹、张建云、于丹等名家名人走进武汉、十堰、蕲春等地，共开展活动50余场。与此同时，湖北新华各分公司还持续组织图书进校园、进军营、进社区、进农村、进特殊人群活动，提供"流动书店"服务300多场次。如3月14日是"世界警察日"，宜昌市新华书店夷陵店携手夷陵区公安分局、区图书馆联合开展"你选书，我买单"荐购活动之公安系统专场。这是在继2015年夷陵店首次推出"你选书，我买单"活动取得成功后的再次推陈出新，活动现场共办理借阅证百余张，参与活动的民警近500人次，读者荐购图书约850册。

（三）文化软实力的建设与创新

湖北新华的文化软实力建设集中体现在服务能力、信息化能力和人才培训创新能力三个层面。

第一，2016年湖北新华组建的教育服务团队，在完成全年教辅销售目标上起到了关键作用,通过实行"一点一信""两票两单"的市场化运作新举措,使教育服务专业团队具有掌控终端的核心优势。同时,湖北新华组建了"文化消费服务团队",一方面使门店以产品为导向转向以用户为导向;另一方面拓展了店外市场,通过文化消费团队向政企单位和大客户提供专业化、精细化的顾问服务,扩大了文化消费类产品的销售规模。

第二,在提高服务能力和水平的过程中,信息化能力的提升是其必要的保障。2016年,湖北新华全面引入了移动支付技术,推进了智慧书城建设,增强了读者的满意度和舒适度。通过对线上和线下客户数据资源的利用,建立了以长江读书会为平台的会员营销体系,通过电商、微信等平台实现线上线下一体化互动营销和精准营销,提高了湖北新华的社会影响力。

第三,围绕文化软实力的建设,2016年湖北新华在人才培养的形式、方式和储备等方面也进行了多种创新,将培训活动与企业文化建设结合,采取互动式、场景式、实战式的培训模式。截至2016年12月,湖北新华共举办10个专题培训,包括店长培训、新员工培训、"慧悦读"读书会培训,以及全省第一届技能大赛、最美书店和优秀店长评选活动等,覆盖员工2000余人次,有效提升了门店员工管理水平及业务能力。在创新培训方式上,通过资源整合,加强与长江少儿集团的合作,开展了以提高执行力为主题的高效团队培训、"走出去"培训,选派优秀员工到外省先进发行集团学习或挂职锻炼等。此外,为了提高员工素质、提升服务技能,2016年集团所有员工通过竞聘上岗,同时绩效考核细化到个人。通过分配制度的改革与优化,重点向一线员工倾斜、向一线关键岗位倾斜,建立以市场为导向的岗位设置、薪酬管理与绩效考核体系,有力地提升了员工的积极性。

三 湖北新华的挑战与对策

(一)扩大规模经营,形成做大做强做优的产业格局

2016年,湖北新华虽然取得了历史最好成绩,但是横向与国内先进

发行集团相比，特别是与中部安徽、江西、湖南等省份相比，在规模效益、管理体制和思路观念上仍有一定差距，即"基础不牢、块头太小"。因此，坚持稳定主业、形成做大做强做优的产业格局是2017年湖北新华的首要挑战。湖北新华要进入全国发行第一集团，就必须增加规模、做强市场竞争力、做优服务能力和品牌认可度，其根本途径就是提升经营规模与质量。一方面，通过自身裂变扩大经营规模。基于自身的基础和市场需要，以及中央、省和长江传媒的支撑，向多元化领域纵深发展，提高企业的核心竞争力。另一方面，通过由单一的图书经销商向全方位的文化服务商、全领域的教育服务商、全产业的旅游服务商转型，从而形成"文化+教育+旅游"的产业发展格局，打造成全国有影响力和市场竞争力的文化企业。

（二）整合上下游资源与横向并购，促进产业融合发展

湖北新华在整体提升经营规模和质量的同时，还需要通过上下游资源的整合和横向的并购合作提升其市场竞争力，促进产业融合的加深。一方面，围绕业务板块上下游产业链加强资源的整合。湖北新华要围绕出版上游开展战略合作，通过与出版社联合投资研发产品、与地方部门合作开发地方教辅品种等方式，提升经营规模；发挥资金和渠道优势，加强与地方政府和有关部门的合作，尝试承接公共文化服务体系基础设施建设、地方图书馆和全民阅读服务项目，教育装备和教育信息化等PPP项目，提高资金综合效益。另一方面，从根本上打破联营、出租等传统经营方式，通过横向并购，促进产业融合的加深。2016年，湖北新华初步形成了"主业+文化贸易"的增长模式，实现了销售收入翻番。2017年，湖北新华将围绕多元业务全产业链，加大合作与并购重组力度。除了加大自由资金的投入力度外，湖北新华还将在多元业态的发展方面，探索创新合作模式，如在文化旅游板块，积极探索并购和投资建设自己的研学基地，推动文化旅游从点到面，创新"全域旅游"服务；在教育信息化板块，通过参股教育装备等供应商扩大产业规模。

（三）加大"走出去"力度，打造"新华系"国际品牌

新华书店担负着中外文化交流平台的责任，作为出版业落实"一带一路"战略的举措，这既是贴合中外读者以及文化交流空间的需求，也是打造中国新华书店品牌的迫切需要。2016年，湖北新华在"走出去"方面的成绩可圈可点，首批600万元的20万册鄂版精品图书发往马来西亚，进行了展示销售，同时，湖北新华也积极推进在东南亚和欧洲开办实体书店事宜。2016年，湖北新华委派专人在马来西亚进行实地选址，并与马来西亚大野狼公司、方舟基金会等就开办中文书店、深入推进文化产业合作达成共识。但相对于国内其他新华"走出去"的力度和质量，湖北新华仍有较大的发挥空间。2017年，湖北新华将加快推进英国书店、马来西亚书店的建设，这将有利于为开展版权贸易、文化贸易和文化旅游项目提供载体平台，也有利于成为本土文化海外传播、营销机构落地与中国文化"走出去"的必要推动力。

四 结语

湖北新华作为国有文化企业，在2016年始终坚持将社会效益放在首位，同时紧抓经济效益、改革创新，稳定了主业，也拓展了多元化经营和融合化发展范围，创造了多个第一。在为人民群众提供更多更有品位的公共文化空间、推进全民阅读、营造"书香荆楚·文化湖北"的过程中，湖北新华打造了一张新名片。

B.16
湖北城市居民文化消费状况调查（2016）

高爱华 程万 乔依兰[*]

摘　要： 了解城市居民文化消费状况，有利于把握城市经济发展动向，为城市文化产业发展提供可行性建议。调查显示，湖北城市文化消费以年轻人和老年人为主力，呈现出中高端文化消费需求巨大、文化产品类型丰富、文化服务供给不足等特征。结合问卷数据分析和实地考察结果，建议政府、企业、基层群众组织多方联动，通过提高居民收入、政策引导、产业创新与联合、多形式推广等方式，促进城市居民文化消费的转型升级。

关键词： 湖北城市文化消费　消费结构　消费供给　文化服务

一　调查概述

（一）选题意义

文化对人类的影响不言而喻，文化消费是当今经济和社会发展的重要主

---

[*] 高爱华，湖北大学文学院中国古代文学硕士研究生；程万，湖北大学文学院文艺学硕士研究生；乔依兰，湖北大学文学院汉语言文学（国家文科基地）专业本科生。本次调研由湖北大学湖北文化产业研究中心组织，有30余名硕士研究生与本科生参与本次调查问卷的发放与回收工作，具体写作由黄晓华教授全程指导。

题。了解文化消费的意义，有利于更加深入地理解国家宏观政策、把握经济发展动向，这对社会主义核心价值观的传播、小康社会的建成具有重大意义。

1. 文化消费是国家政策的重中之重

改革开放以后，我国加强对文化发展的重视，并在发展中不断调整相关战略和策略。党的十一届三中全会后，中央提出"一手抓物质文明，一手抓精神文明"的基本指针，坚持发展社会主义文化。党的十五届五中全会，第一次以"中央建议"的名义提出了"文化产业"这一概念，并对文化产业发展提出了明确的政策导向。

党的十八大开启了我国文化产业发展的新周期，针对文化产业发展过程中表现的种种问题，提出要不断深化文化体制改革，加快完善文化管理体制和文化生产经营机制。党的十八届三中全会指出，要建立健全促进文化发展的公共服务体系，完善有利于文化发展的市场体系，推动我国文化的不断发展。2015年十八届五中全会通过的《中共中央关于制定国民经济和社会发展第十三个五年规划的建议》明确提出，要"坚定文化自信，增强文化自觉，加快文化改革发展"。"十三五"规划强调消费对社会发展的贡献率，引导消费朝着智能、绿色、健康、安全方向转变，以扩大服务消费为重点带动消费结构升级。

政府宏观政策对于文化产业及文化消费的重视，有利于促进文化精品创作生产，有利于推动文化产业成为国民经济支柱性产业，有利于进一步增强文化消费在经济发展中的重要作用。

2. 文化消费是国家经济发展的核心动力

扩大文化内需是促进经济发展的内在要求。根据党的"十二五"文化产业发展规划，扩大文化消费、提高文化消费水平是促进文化产业发展的内生动力。文化消费能促进文化产业升级，带动创新性产业发展，促进相关产业链延伸和完善。同时，文化接受者在文化消费过程中对文化产业具有改制和创建作用，通过主客体互动，能够引导文化产业生产出符合人民大众精神需要的优秀文化。居民消费结构升级能引导文化产业形态高端化，提升文化

产品质量。由于消费结构的变化源于技术革新,消费者越来越关注第三技术的开发和应用,这要求文化产业顺应时代发展趋势,通过技术革新与文化创新,提供满足消费者多样化需求的产品和服务。

文化消费是转变经济发展方式的重要路径。随着物质资源的日益紧张,大力发展第三产业、增加对精神文化产品的消费,是转变经济发展方式、调整产业结构的最好方式。文化产业注重与新技术对接,具有创新能力。文化产业的发展有利于推动国家实现工业化,有利于加快我国现代化进程,贯彻落实以人为本的科学发展观,实现从资源消耗型消费方式转向环境保护型消费方式的尽快转型。此外,文化产业联动性强,能够在带动餐饮业、商业、旅游业等其他第三产业发展的同时,增强第一、第二产业附加值,带动相关产业转型升级,为剩余劳动力提供就业岗位。

3. 文化消费对和谐社会构建具有重要作用

促进文化消费,一方面可以提高 GDP,有利于小康社会建设;另一方面丰富了人民的精神生活,有利于加强精神文明建设。政府在加大公共文化产品投入力度的同时,能够完善社会公共服务体系,加快城市现代化步伐,为城市发展带来新动力。同时,扩大县级以下地区文化消费需求,能够缩小城乡差距,带动区域联合发展。扩大文化内需,必然要求政府实现收入分配政策改革,完善税收制度。东部城市在发展之时,应联动中西部城市共同发展。在保证城市居民消费能力的同时,应提高农村居民消费力度。

同时,文化产品具有价值的非消耗性和永久性,具有创新性,扩大文化消费有利于形成绿色发展的现代化格局,能够促进经济发展方式向资源节约型、环境友好型发展方式转变。良好的生态环境能够提高人民的幸福感和满足感。在精神层面,文化产品具有传递核心价值观的重要作用,能够传递民族文化精髓,传递社会主义核心价值观,有利于营造全社会共享的氛围,建构社会和谐的命运共同体,增强民族凝聚力和团结力。如实体书店的创建、流动图书站的设立,有利于丰富广大人民群众的业余生活,营造全民阅读氛围。

（二）调查情况

1. 调查情况介绍

（1）调研团队

本课题由湖北大学校级创新团队"湖北文化产业研究中心"承担。团队负责人对湖北文化产业已进行长期的关注，并已多次组织问卷调查以及实地调研。通过一系列前期准备，调查问卷经过多次讨论并完善。课题成员由湖北大学文学院研究生、本科生组成，调查数据真实可靠。经过一个月的湖北省实地调查和分散采访，课题组获得了充分可靠的第一手数据。

（2）调查对象

本次问卷目标群体为常住地在湖北省内县级及以上城市的家庭，调查以户为单位，以家庭为调查对象，每次选择家中户主为采访对象。

（3）问卷调查方式

纸质版发放（主要面向在湖北省各地区进行入户调查的户主）、电子平台发放（问卷星平台，链接于微博、微信、QQ）。

（4）问卷发放及回收情况

此次调查共发放2897份问卷，其中回收常住地为城市（县级及以上城市）的问卷1863份，由于此次问卷调查采用入户调查模式，问卷有效率高，纸质和网络问卷全部有效。

（5）问卷基本内容

2017年湖北省居民文化消费调查问卷共33题，试图反映家庭整体的文化消费状况。第1~5题收集调查对象基本信息，第6~12题则统计家庭收支状况，第13~25题以调查对象家庭的文化消费现状展开，第26~29题则反映消费者对当前文化消费的认知情况，第30~33题收集调查对象的意见和建议。问卷填写完毕后，调查者对调查对象进行了访谈，以求获得更多信息。

（6）访谈对象

访谈对象为所有问卷填写人群。在每次进行问卷调查前，调查者详细地向填写对象解释文化消费的含义,并强调问卷注意事项。在问卷填写完毕之后,调查者对调查对象进行简短访问,了解其对文化消费的看法及建议。

2. 调查方法

本次研究从经济、文化、社会影响等多角度出发,既注重理论研究,也注重实证研究。具体的调研方法有案例分析法、文献研究法、问卷调查法、访谈法。团队综合运用这四种方法,对湖北省城市居民文化消费现状展开深入分析。

二 数据分析

(一)湖北省城市居民基本状况介绍

湖北是人口、经济大省,居民的年龄分布、学历分布、家庭构成对经济的发展有着重要影响,在文化消费领域更是如此。通过此次调查可以看到,湖北省有80%以上的家庭户主年龄为28~65岁,其中户主年龄为28~45岁的占35.7%,说明湖北省城市居民家庭的户主偏年轻化,在城市整体经济建设中活力十足。在学历构成上,有77%的户主是高中及以上学历,其中有57%的户主为大专及以上学历,可见湖北城市居民的整体知识水平较高,这就意味着他们在文化消费中对文化内涵的认知和接受程度也较高。在这样的年龄结构和教育背景下,湖北城市居民的文化消费潜力值得深挖。

在探讨具体的文化消费时,还需要结合具体的经济现实,调查报告显示,湖北省人均年收入分布比较平均,有40%左右的家庭人均年收入为3万~10万元,还有44%的家庭人均年收入在3万元以下,只有16%的家庭人均年收入在10万元以上。总体来看,湖北城市居民大部分属于中低收入群体,收入低意味着在基本生活保障上的投入比重较大,而文化消费一类的发展型支出则被挤压。问卷调查的数据恰好证实了这一点,有50%的城市家庭年度人均文化消费支出为500~2000元,与此相对应的50%的中低收入人群的年度人均消费支出是1万~3万元,这意味着文化消费只占总消费的5%~

6%，大部分家庭的支出仍然被衣食住行、医疗、住房、教育等基础保障类支出占据着。还有一点需要关注的是，问卷数据显示，随着收入的增加，消费者在各类支出上的金额都有所增加，但具体的支出结构并未产生较大变化。

（二）城市居民文化消费现状分析

1. 城市居民学历对文化消费的影响分析

图1显示不同学历层次的城市居民人均文化消费情况。这里将学历层次划分为初中及以下、高中或中专、大学或大专、硕士研究生及以上四个区间。从图1可以看到，随着户主学历的提升，文化消费的较高额度（2000元以上）占比越来越大，简单来说就是，学历越高，文化消费越高。这意味着高学历人群是文化消费的高消费人群，针对这一群体可以推出更多优质的高端文化产品和服务。在户主学历为高中或中专和大学或大专的大众区间可以看到，随着学历的提升，有大约10%的户主文化消费升档，硕士研究生及以上学历的分组有接近30%的升档比例，这样的变化实在有些小。这说明，中等学历人群的文化消费提升空间不大。针对这一人群，可以推出一些高性价比的中等文化消费项目，在这类人群中进行新的文化消费项目尝试和推广也是不错的选择。初中及以下学历的人群对文化消费的投入不会太

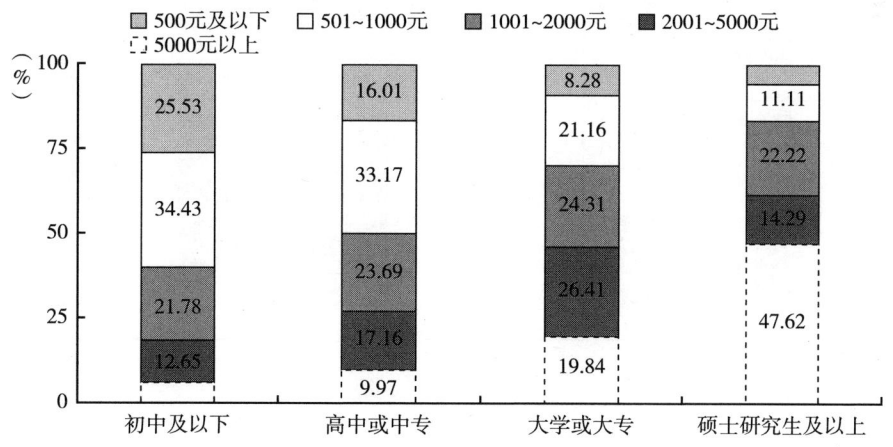

图1　城市居民学历对文化消费的影响

高，大部分在1000元以下，小部分超过2000元。不能忽视的是，这一人群同样有文化消费需求，在提高这类家庭的文化消费时可以选择一些通俗的、大众化的消费项目，以低成本的文化普及为主，效果也不会太差。

2. 城市居民收入对文化消费的影响

谈到文化消费不涉及居民收入肯定是不行的，所以，有了居民收入状况的依据，再进行文化消费的研究会有理有据。图2是不同收入水平的城市居民的人均文化消费支出情况，由图2可以看出，随着收入的不断增加，高比例的文化消费支出表现得更加明显。统计显示，在人均年总收入1万~5万元的家庭中，食品烟酒、居住、医疗的支出大部分稳定在人均1000~2000元的区间，只有教育支出随着收入的增加而增加。这说明，当收入达到一定的额度之后，食品烟酒、居住等基础类支出会稳定，其他类型的支出有进入空间。而且随着收入的增加，教育支出越来越多。这就意味着，收入增加带来的其他类型的消费空间被教育支出占据，真正留给文化消费的空间事实上并未增加多少。收入增加带来的文化消费的升档只是总体消费的增加带来的被动提升，而非源于消费者的自觉。这就启发文化消费的研究者去探讨如何带动消费者自觉进行文化消费，也许从文化消费与教育的关系入手是一个好

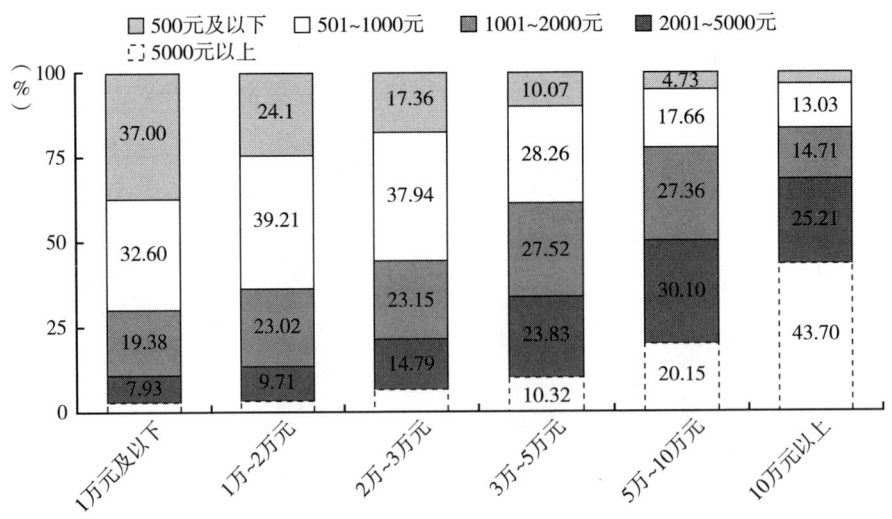

图2 城市居民收入对文化消费的影响

的切入角度。

3. 消费者年龄对文化消费的影响

（1）年龄对文化消费整体的影响

消费者的年龄不同，消费观念和价值取向也会有差别，自然会影响文化消费的选择。从图3可以看到，不同年龄阶段的人群文化消费额度有明显差异。28岁以下的人群大部分文化消费在501~1000元，花费2001~5000元的人数和5000元以上的人数接近。这说明28岁以下的年轻人受收入水平的限制，文化消费占比较低，一旦资金充足，则会增加在文化消费上的投入。这也是28岁以下年轻人在5000元以上消费群体中占比排到第二的原因。如此看来，28岁以下的年轻人群体是文化消费中潜力最大的群体，也是消费意愿最强的群体。针对这一类消费群体，可以考虑推出多样化的高性价比的文化产品和服务，在这类市场中进行新产品试验和推广也会收到较好的效果。

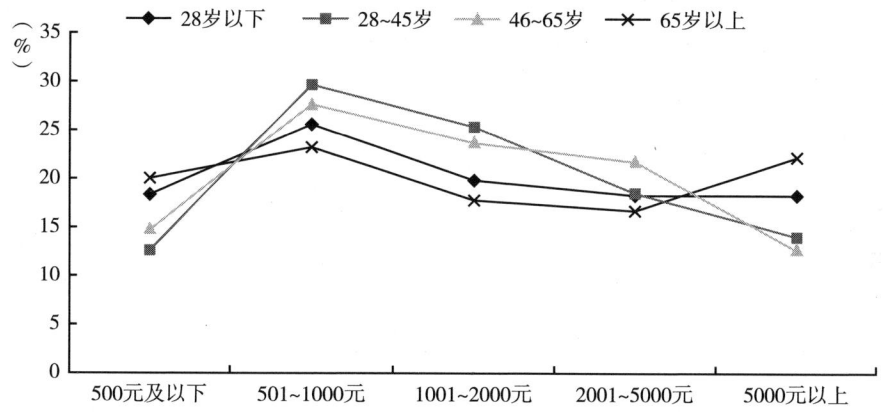

图3 年龄对文化消费整体的影响

65岁以上的老年人群体则更有特色，他们在500元及以下消费者中占最大比例，同时在5000元以上消费者中占最大比例，在中间花费区间则始终占最低比例，说明65岁以上消费群体内部两极分化较为严重。在这一群体中，一部分消费者的文化消费意愿极低，不愿过多投入；另一部分消费者的消费意愿极高，且消费力强。这与当下的老年人生活状态相关，城市家庭中的老人有很大一部分享受了较高的养老待遇,有退休工资,子女负担较轻,可支配收入和空闲时间较多,所以会将目光转向文化消费,参与广场舞、文化旅游及培养兴趣爱好等,以获得精神上的满足。另一部分老人享受的养老待遇较低,可能还需要帮子女抚养下一代,无论是资金还是空闲时间都较少,加之勤俭持家的传统观念,文化消费意愿极低。这一现象引导调查者关注到两个问题:一是现代社会老人的养老问题,如何为没有退休金的老人解决资金难题;二是针对老年群体强大的文化消费需求,需要推出哪些适合老年人的文化产品和文化服务。

中年人的文化消费则一直处在中等水平,考虑到他们承担的家庭责任和空余时间,这一状况不会也不需要有太大改变。针对这一年龄阶段的消费者,文化产品和文化服务需要做到尽善尽美,因为消费者所要追求的也是高效率、高质量的产品,价格的影响可以忽略。

（2）年龄对文化消费结构的影响

不同年龄段的人群对文化消费中的文化产品和文化服务的倾向是不一样的（见图4和图5）。文化产品投入人群最为集中的是在501～1000元的区间,除65岁以上消费群体外,其他年龄段的消费群体都在此区间内达到人数比例的最高峰,28岁以下和65岁以上的消费群体在5000元以上区间的投入人数占比高于28～65岁的中年人,具体原因上一小节已经陈述。对文

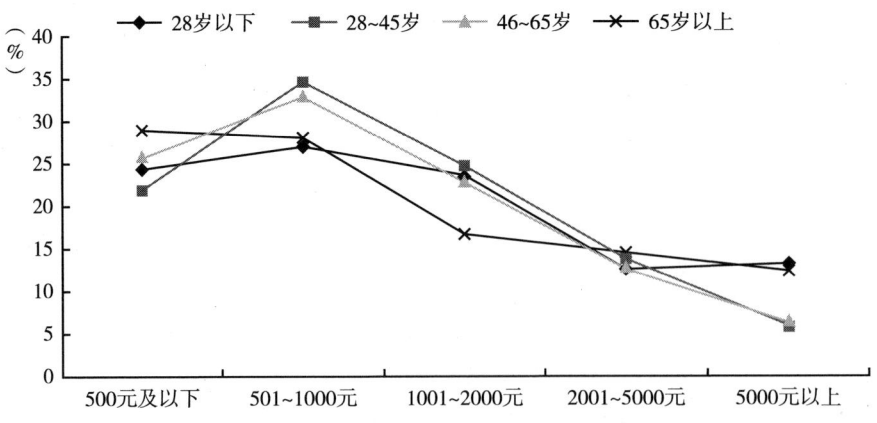

图4　不同年龄段消费群体对文化产品的投入分析

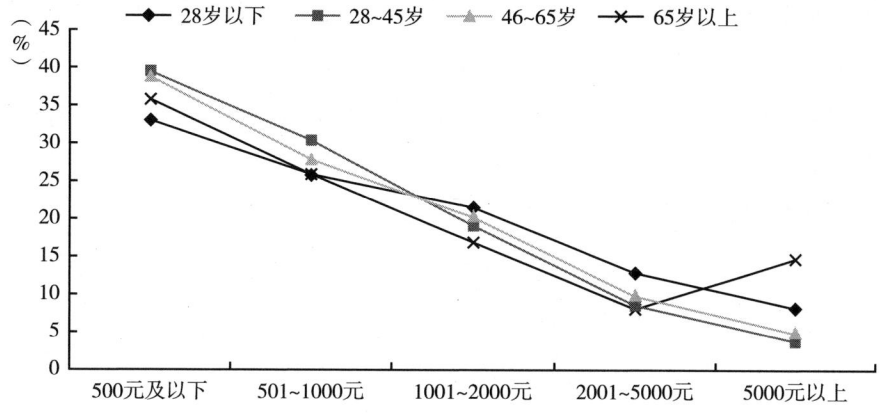

图 5　不同年龄段消费群体对文化服务的投入分析

化服务的消费曲线则显得非常平滑，趋势高度一致，大部分消费群体选择了500元及以下的文化服务，选择人数随价格增高依次递减，只有65岁以上的消费群体在5000元以上区间投入的人数比例显著上升。不同年龄段的消费群体如此一致的消费曲线表明，文化服务的消费价格偏低不仅仅是消费者主观倾向导致的，很有可能是文化服务的类型和供给情况无法满足消费者的消费需求，导致其只能选择低价文化服务。图4和图5对比分析之后发现，对文化产品的消费投入明显要高于对文化服务的消费投入，文化产品的消费价格多样化，而对文化服务的消费则普遍倾向于低消费。这样的统计结果表明，湖北的文化产品供给已经迈入成熟的多样化供应阶段，而文化服务的供给还存在很大问题，无法满足消费者的消费需求，现有的文化服务项目对消费者的吸引力也不够。

　　从各年龄段的消费状况可以看到，28岁以下年轻人的文化消费主要是对文化产品的消费，文化产品消费的曲线波动较小，在各个价位，消费者的数量分布较为平均，虽然对高端文化服务的消费比例比中年人要高，但与老年人群体相比则要少很多。这就表明，针对28岁以下的年轻消费者，可以提供多样化的文化产品，然而在文化服务供给方面还需要更多探索。65岁以上的老年人群体是目前唯一对高端文化服务投入较多的消费人群。这对相关文化服务提供商无疑是一个好的信号,如何提升服务质量和群体针对性是他们需要思考的问题。501~2000元的文化产品是中青年人群青睐的文化消费项目,这就启示文化产品供应商们在产品成本控制和价格定位上应该做好选择,同时,这也是最应该具有多样化的文化产品区间。

4. 文化消费内部结构分析

图6为文化消费内部结构分布图,从图6可以看出,文化消费整体支出在500元及以下的区间内,选择文化服务的人数比例要高于选择文化产品的人数比例;在500元以上的文化消费区间中,始终选择文化产品的人数比例要多于选择文化服务的人数比例,不过差距不是很大,为4%左右。这说明,在当下的消费环境中,消费者更偏爱于文化产品,但对文化服务的接受度同样很高。这就意味着,无论是文化产品还是文化服务,都有广阔的市场可以探索。

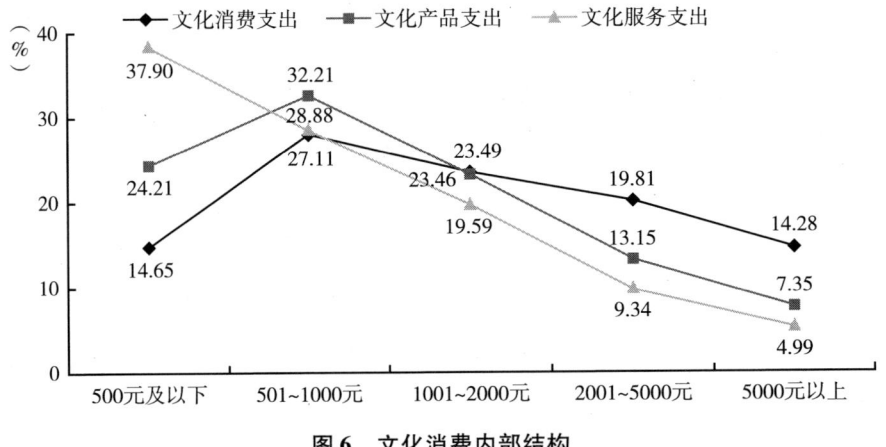

图6 文化消费内部结构

(三)消费目的、倾向和问题解决数据分析

1. 文化消费目的

本文主要列举了七大消费目的。图7显示,排名前三名的消费目的分别是:缓解压力、娱乐消遣、放松心情;陶冶性情,提高文化修养;陪伴家人,教育孩子。三者分别属于娱乐目的、审美目的和社交目的。彰显个性等

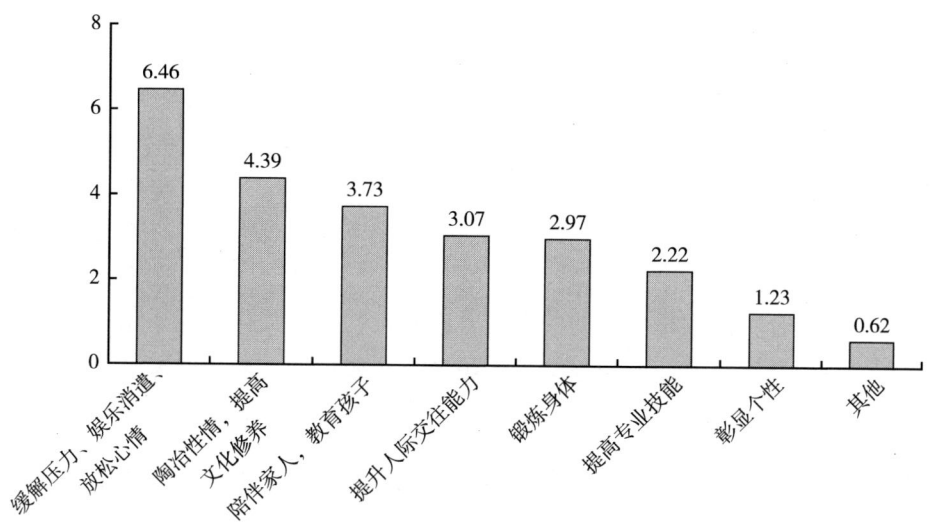

图7 消费目的

目的排名较靠后。

人们进行的消费活动都伴随着各种各样的目的,不同人的消费需要是不一样的,同一个人在不同时间阶段的消费需求也不尽相同。根据马斯洛的需求层次理论,我们可以把消费需求基本分为生存需要、享受需要和发展需要。当人们的温饱问题解决后,享受需要和发展需要会随之而来。在我国现阶段,城镇居民普遍解决了温饱问题,正向小康生活迈进,享受需要自然而然就会产生,而娱乐这一目的恰好满足了人们的享受需要。正如图7所示,绝大多数人在享受文化产品和文化服务时,抱着放松和休息的目的和心态,而不是去获取知识、体验美,所以一般情况下,娱乐目的是文化消费的核心目的。如28岁以下打工族对手机等电子产品的依赖,就是为了在繁忙的工作之余放松一下;28~45岁的消费者选择多类型的文化消费在很大程度上也是由父母和子女的文化消费需求带动的,如陪父母旅游、陪子女去游乐园等;65岁以上的消费者更是如此,他们的文化消费是为了满足自身的休闲娱乐需求。

这种以娱乐为核心的文化消费目的导致了大众文化消费的不平衡,消费反作用于生产,所以随之而来的是文化产业发展的不平衡,这就导致发展型文化消费呈现滞后状态。这需要政府引导文化消费结构转型,需要文化产业自身合理的发展和创新,需要引导消费者自觉培养文化消费习惯。

2. 消费意愿分析

图7显示,以娱乐为目的的文化消费是最热的,其次是以审美为目的的文化消费,最后是以彰显个性为目的的文化消费。这与图8中城市居民消费倾向基本吻合:以娱乐为目的的消费对应游玩购、购买休闲娱乐用品等;以审美为目的的消费对应购买学习工作用品、艺术培训、参观博物馆等;以彰显个性为目的的消费对应购买书画、工艺品、珠宝等。影响居民文化消费意愿和行为的因素多种多样,收入、学历、消费品价格、大众消费习惯和消费观念是主要因素。在具体的文化设施需求方面,排在第一位的是图书馆、博物馆等发展型文化设施;其次是公园、水族馆、游乐园、体育馆等娱乐享受型文化设施;紧跟其后的是书店、报刊亭、电影院、剧院、音乐厅等发展型文化设施;排名靠后的是KTV、酒吧、游戏厅、网吧等娱乐享受型文化设施。从目前排序来看,KTV、酒吧、游戏厅、网吧、古玩店等文化设施的供

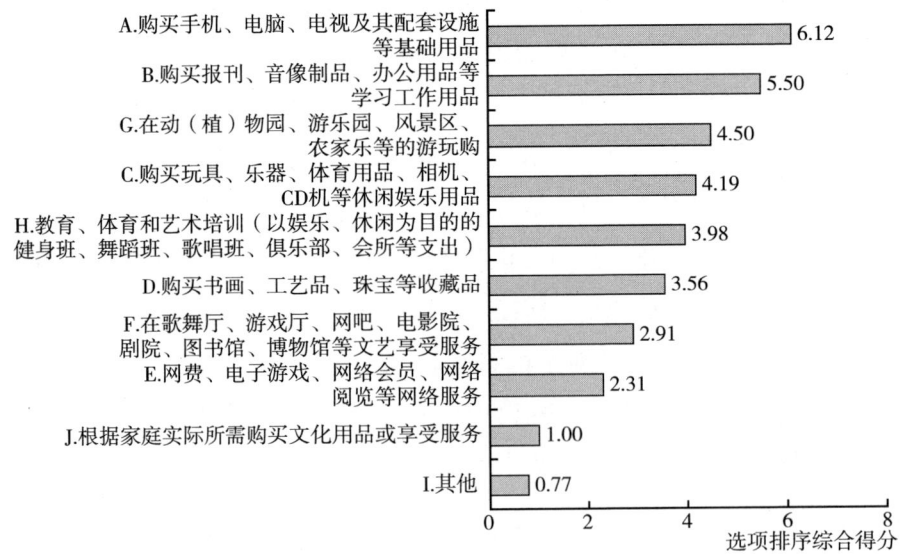

图8　消费倾向对比

需较为平衡，以陶冶性情、启迪心智、满足消费者较高精神追求和审美情感体验的发展型文化设施供给明显不足，其质量、类型和价位都有待进一步合理化。以上分析表明，当前湖北城市居民消费结构不平衡，消费观念总体滞后，消费潜力释放不够，消费意愿不强。政府和商家如何加强文化消费的宣传，怎样引导文化消费由低端向高端升级，怎样把文化消费由娱乐休闲为主向与提升自我并重转变，并针对不同的消费群体实施多元化、个性化的消费模式，这些问题有待政府和商家进一步思考。

结合以上问题和需求数据可以知道，真正能够满足居民文化需求的不仅是产品，而且是产品质量以及产品类型的多样化呈现；能够激发文化市场可持续发展的也不仅是供给数量，而且是产品类型、配套设施及合理的价格。提高文化供给质量需要文化产业遵循市场规律及把握文化需求的特征，提高产品及服务的文化价值、艺术品位、科技含量，及时更新产品及服务的开发理念、内容、创意，增强文化供给的有效性和可持续性，满足文化需求。

3. 问题与问题解决的大众观点

文化产品和文化服务供给端所呈现出来的问题存在差异。关于文化产品供给，排在首位的问题是文化产品质量不高，其后依次为文化产品价位不合理、文化产品供给类型不足、文化产品供给数量不多等。关于文化服务供给，排在首位的问题是供给类型较少的问题，其次依次是文化服务配套设施建设不足、文化服务价格偏高、文化服务水平滞后等问题。由数据分析可知，随着城镇居民生活水平的提高，文化产品和文化服务的价格不再是阻碍人们进行文化消费的最主要因素。文化产品的质量和文化服务的类型成为城市消费者的重要关注点，这意味着文化产业的发展还无法满足人们日益增长的文化消费需求，文化产品和服务的质量与多样性有极大的改进空间。

对于怎样促进文化消费建议的排序，调查对象认为增强个体文化消费意识是促进文化消费的首要因素；其次，人们认为政府应该充当引导角色，引导居民形成文化消费习惯；最后，建议商家建设更多的消费场所，媒体加强对文化消费益处的宣传。个体的文化消费意识和消费习惯是直接影响人们进行文化消费的核心因素。个体加强文化消费意识，培养文化消费习惯，需要政府的有效引导，需要商家建设更多更完善的基础配套设施。结合前面家庭人均消费支出额度和结构的部分数据，家庭对于食物烟酒、居住特别是子女教育等的投入是人们长久以来形成的消费习惯，这一部分可以说花费巨大，挤占和削减了文化消费的支出。目前湖北城市居民的文化消费习惯还需要一定时间的培养，尤其是以个人和家庭为主体的文化消费还远远不够。在居民整体收入提升的基础上，政府需要引导消费者从传统文化消费过渡到新兴文化消费，从较低端文化消费过渡到较高层次文化消费。

在居民对政府刺激文化消费的对策建议排序中，排在首位的是建议政府修建更多文化配套设施，例如修建图书馆（室）、广场、公园，建设特色小镇等。其次是建议提供多样化的政府层面的文化服务，例如举办广场舞比赛、大型文化节、民俗展示月等活动；与此排名不相上下的对策是建议政府对民众的文化服务进行补贴，例如发放消费券、电影卡等，引导消费升级。对文化企业进行补贴、完善公共交通等对策建议排名较靠后。民众的排序反映了居民对于文化产品和服务的消费习惯、观念和喜好，如修建公共图书馆、公园，举办广场舞大赛等能满足大众化的文化消费需求。这也反映了相配套的文化供需是不平衡的，政府应该加强对公共文化配套设施的规划和建设。另外，民众对于进行补贴的文化服务消费较为热衷，让利于消费者无疑是促进文化消费的重要手段。北京、上海等地在刺激文化消费的过程中，通过发放"文化惠民卡"的形式将文化惠民和建设文化市场有机结合起来。据报道，消费者每消费100元，政府财政就补贴1元，可以产生乘数效应。所以，建议将发放"文化惠民卡"这一举措应用到湖北，以刺激城市居民文化消费，深度挖掘文化消费市场的内在潜力。

关于商家怎样促进文化消费的建议排序，排在第一位的选项是商家让利给消费者，适当进行低价营销活动。这和前面政府对文化服务消费进行补贴的性质是一样的，都是让民众花更少的钱得到更多的文化产品和服务。排在第二位的是商家提升文化产品质量和文化服务水平。从总体上看，湖北文化产业仍由政府主导规划和建设，社会组织和市场组织的作用未能很好地发挥。商家是与消费者接触最密切的一方，对消费者的消费心理、需求喜好是最了解的，所以面对城市居民多样化、多层次的文化消费需求，商家还缺少相应的反馈机制和收集机制，以及面向需求的供给体系。值得注意的是排在第三位的建议，即商家应充分利用网络平台，提高知名度。宣传媒体是居民获取信息和丰富认知的途径，在网络应用日益普及的今天，网络平台应该作为文化消费的广告者、倡导者和传播者，通过网络平台调动大众自觉满足精神需求的积极性。

三 原因分析

文化消费是社会文明进步的重要标志。随着社会经济的迅速发展，湖北省城市居民的文化消费水平、消费结构和消费观念都发生了较大的变化，居民的文化消费规模越来越大，文化消费意识逐渐增强。通过前面对湖北城市居民文化消费调查样本的分析可知，影响湖北城市居民文化消费现状的原因有积极因素和消极因素。

（一）积极因素分析

1. 个人因素

年轻的消费者通常比较容易接受新产品，对新产品的观望不会太久，注重对消费形式的享受，注重对消费内涵的获取。调查数据表示，调查样本中户主年龄为 28~45 岁的所占比重达到 35.7%，65 岁以上的所占比重最小，只有 4.83%，说明湖北的消费者越来越年轻化，这对于文化消费的发展是有利的。

由对户主学历的调查可知，文化水平较高的户主在城市居民中所占比例较大，这意味着文化消费群体的壮大。一定的知识储备和理解能力能够更好地消化较高层次的文化产品及服务，从而带来更高层次的文化消费需求。高学历在一定程度上意味着高收入，对这一类消费群体来说，价格因素不再是影响人们文化消费的核心因素，高端文化消费的市场有望进入繁荣期。

从城市居民的生活状态来看,他们的生活节奏较快、生存压力大,在紧张的工作之余,大多数人需要放松,这就带动了享受型的文化消费。正如图7所示,人们文化消费的目的首位便是缓解压力、娱乐消遣、放松心情。这意味着文化产品和服务的提供者可以在大众享受型文化消费领域进行探索,提供更多种类和更高质量的产品与服务。

2. 社会因素

社会因素首先是社会给予大众的消费信心。根据数据分析,在消费结构中,医疗保健和教育对文化消费的影响正在逐步下降。在当今医保制度逐步完善的环境下,看病难、看病贵的问题得到了逐步解决,在一定程度上解除了其他消费支出的后顾之忧。

其次,影响文化消费的因素还包括一些必要的促销因素,如价格优惠、消费补贴、广告宣传等。关于政府怎样刺激文化消费,调查数据显示,政府对文化服务进行补贴这一点得到了大众的认可,如发放消费券、电影卡等,引导消费升级。另外,对文化企业进行补贴也不可或缺。这种促销手段使消费者潜在的购买欲望显现出来。

文化产业是生产文化产品和提供文化服务的产业,它满足了人们精神文化方面的需求。文化产业创造出以前没有的消费形式及各种消费品,并通过它特有的影响力和感召力传播新的消费形式和消费品,拓宽了民众的消费选择范围。同时,消费方式的不断拓展和消费品的不断推陈出新,将在很大程度上增强人们的消费欲望,品牌的塑造也会增强消费者的消费意愿。另外,文化产品和文化服务需求不受生理承载力的限制,需求弹性较大,所以文化产业能够通过消费结构来提升效应,以挖掘居民消费潜力。现阶段新兴的文化产业市场格局正在形成,文化产业快速增长,国家出台的一系列政策将进一步调动民间文艺工作者以及各种社会力量参与文化建设。

(二)消极因素分析

1. 个人因素

数据显示,湖北城市居民文化消费结构不合理,消费观念存在偏差。

部分家庭以享受为中心，购买娱乐用品、旅游等的支出较大。从对家庭人均文化产品和文化服务消费支出额度与结构的分析可知，目前湖北城市居民对于基础类、享受类（办公用品、电视机音响、体育用品等）的文化消费支出要高于发展类（书画、工艺品、古玩收藏品等）的文化消费支出。而用来购买娱乐文化用品的支出在200元及以上的比例达68.06%。对参观展览、观看文艺演出等发展类的文化消费也有超过一半（56.42%）的居民表示几乎不去。这说明大部分居民对文化消费的认识仅仅停留在休闲、娱乐上，而文化消费帮助人们培养高雅情趣、提高综合素质的功能并没有深入人心，比如"终身学习""开卷有益"等理念有待于深入民心。

享受类文化消费的发展压缩了基本类文化消费和发展类文化消费的空间，这对个人文化消费和整个文化产业是不利的。人的不同社会属性和社会生活的复杂性，决定了人们进行文化消费的多层次性。不同层次的文化消费需要合理引导、统筹兼顾。如果对经典、高雅的文化产品和服务缺乏引导，很多人就接受不了、理解不了。对某些文化历史背景深厚、形式和内容复杂的文化消费品，如果缺乏引导，就会影响一些人的消化吸收。所以政府和商家需要加大力度进行引导，帮助人们对文化消费品进行理解、领悟、辨别，帮助民众选择更加有价值和意义的文化消费品，加强文化消费的计划性和选择性。

2. 社会因素

居民收入有限，对文化消费支出有挤出效应。随着居民可支配收入的增加，居民文化消费支出占总消费支出的比例不断提高，但热点消费对文化消费的挤出现象不可忽视。调查结果显示，家庭样本超过一半是三口之家，家庭人均教育年支出在5000元以上的占总数据的39.29%；相较于人均消费支出结构中的食物烟酒、居住、医疗保健支出，教育支出可以说是除食品和居住支出之外居民消费支出的重头戏；收入是支出的函数，消费者的收入和支出存在着稳定的关系，收入越高，其消费就越高，文化消费的比例上升得更快。近年来，湖北省政府对教育的投入也呈增长趋势，虽然早已全面实行九年义务教育，居民的教育支出有所下降，但教育投入总体仍然处于很高水平。教育消费比重过大，挤占了其他方面的文化消费支出，这不利于文化消费结构的合理发展。

在分析调查样本所在地的文化产品和文化服务方面存在的问题时，文化产品供给类型不足、价位不合理、数量不多，文化服务配套设施建设不足、服务水平较低等方面的问题较为明显。文化产业的宗旨应该是为民众提供他们喜闻乐见的消费品，尽量满足不同年龄、不同地域、不同层次的人民群众的需求。所以文化供给端要不断创造新兴的文化消费热点，利用现代科技和创意，着力培育新兴产业，提升文化产业的发展水平，重点发展文化休闲、文化会展、文化旅游等文化服务，吸引居民产生更多的文化、旅游消费。

四 对策和建议

增加文化消费需要进行文化领域供给侧结构性改革。这要求政府加强政策引导，要求企业优化产业结构，从提高供给质量出发，以提高居民生活水平和建设和谐社会为目的，为消费者提供更多可供选择的文化产品，培养新的文化消费观念，引导文化消费结构的升级和转型。

（一）宏观调控和引导文化消费结构升级转型

1. 提高居民收入水平，增强文化消费力

居民收入水平直接决定其购买能力，国家要采取积极措施使经济保持增长，使居民收入不断提高，使居民收入较快增长，从而提高居民的实际购买力。同时，要通过收入分配政策，运用再次分配手段，减少收入差异，缩小贫富差距，保障中低收入群体的收入。政府可通过调节储蓄存款利息税、增加基层工资以及福利补助的手段，缩小收入差距；可通过个人所得税改革，征收房产税，健全税收体系，适当提高高收入者税负，减轻中低收入群体税收负担，增强人民群众的消费能力。

此外，完善社会保障制度，是宏观调控的另一重要内容，对于促进经济可持续发展具有重大意义。政府对生活基本支出等方面进行福利保障制度改革，如深化义务教育制度、养老保险制度、医药卫生体制、社会救助和社会福利制度改革，能有效减少以上各种基本支出对文化消费的挤出效应。政府可以通过实现社会保障高福利水平，增加居民的未来期待支出。与此同时，政府可以加快网上社保系统建设，实现全民覆盖，及时解决待业人员的就业问题、退休人员的养老金问题、贫困人员的救助金问题，实现社会发展的可持续性。

2. 宏观政策引导消费转型

据调查，2012年，我国政府文化事业支出仅占财政支出的0.36%，远低于标准水平。因此，政府要将文化事业支出纳入经常性财政支出预算体系，注重对文化事业的建设。通过大力培育文化消费热点，完善公共文化服务设施建设。

首先，政府要提高文化事业在财政支出中的比重，面向社会，全面提供公共文化产品和服务，使具有公益性、均等性、多层次的公共服务真正做到以人为本，形成"政府搭台、社会参与、群众受益"的公共文化服务新格局。政府在培育新的文化消费热点时，要了解群众文化消费需求；要针对不同群体的要求，有效改善供给结构；还要修建更多公共文化配套设施，加强图书馆、博物馆、体育馆等文化消费休闲场所建设，完善公共交通、网络建设，提高文化消费各地点的通达度，给人民群众带来便利；通过举办民俗展示月、广场舞比赛等文化服务，促进公共文化设施建设，丰富人们的文化消费方式。

其次，政府要广泛实施文化消费激励政策，降低文化产品价格，使文化消费面向中低收入群体。通过调整定价过高的文化产品和服务的价位，形成梯级市场，落实文化惠民政策。政府要鼓励有关单位通过发放文化消费券、电影卡、书券等形式发放文化补贴；开展低成本、低票价、小规模的文化消费活动；对服务类文化产业要给予倾斜性支持，使城市居民从享受类文化消费逐渐过渡到发展类文化消费。

（二）文化产业发展带动消费转型

《文化建设蓝皮书：中国文化发展报告（2015~2016）》指出，文化企业在各方面有一定发展，但也存在内外部建设失衡、缺乏自身特色、文化建设层次不清等问题。针对本团队文化消费调查中所反映的文化产品和文化服务供给不合理、文化产品质量不高、文化服务类型较少等问题，文化企业应充分发挥市场主体作用，通过文化创新、产业联合等方式，为消费者提供质优价廉的文化产品和文化服务，激发消费者的购买欲望。

1. 提升产品质量，追求文化创新

文化企业在发展过程中始终要坚持市场本位思想，遵守经济运行规律，生产出能满足人民群众需求的产品。在文化产品开发过程中，文化企业要了解不同群体的文化消费要求和消费心理，结合当前与未来的文化消费发展趋势，有针对性、有预见性地提供内容丰富、形式多样的文化产品，满足不同地区、不同阶层人民的需求。比如，在具体运营过程中，文化企业可向年轻人提供性价比较高的产品，在该群体中积极推广新型文化产品。而针对中年人群体，文化企业可以适时提供优质、高档的文化产品和服务。相较于其他产业，文化产业更需要建立意见反馈机制，及时获取消费者的意见和建议，尤其是关注中青年主流消费者的意愿，恰当关注特殊群体需求，对生产产品及公司运作做出调整。

文化企业发展离不开创新。湖北省文化产业在发展过程中，应充分利用大学生人才资源，挖掘、培养文化生产方面的创新型人才和复合型人才，建立创新型人才奖励机制。在创新过程中，企业要加强对有关方面的资金投入力度，利用先进的科学技术手段，努力打造文化精品和原创产品，利用网络视听、网络出版等新方式，带动动漫网游、数字影视、数字出版、数字传媒等文化产业共同发展。通过文化精品战略，打造优秀文化品牌，形成能够代表中国文化成就的企业团体，形成具有世界广泛影响力的文化艺术产品。同时，企业也要更新传统生产手段，通过加强文化生产基础设施建设，降低文化产品生产成本，解放更多人力、物力资源。

此外，文化产业在生产过程中，不仅要利用创新机制生产满足群众精神需求的产品，而且要提升产品的文化内涵，促使文化消费转型升级，培育更多潜在消费群体。

2. 加强产业联合，促进集群合作

针对文化消费的现状、文化产品供给不足的问题，文化企业需要扩大自身产业规模，实现产业内部各企业联合，实现与第一、第二产业以及第三产业的结合，形成集群效应，延长产业链条。在文化市场运行过程中，文化企业要规范行业协会管理，建立企业联合工会，确保企业可持续发展。

目前，我国文化产业的产业链分工不够明确，同质化现象较为明显，各领域存在恶性竞争现象，这对我国加强文化产业整合提出了新的要求。针对此状况，首先要保证各产业明确产业链分工，各部门各司其职、互相配合，通过生产透明化实现信息共享，促进资源优化，提高整体效率。其次，要顺应时代发展趋势，调整文化产业结构。针对我国传统出版企业发展缓慢、未能实现与数字化网络技术充分结合的现状，这类产业应积极实现转型升级，与网络数字文化积极联合，满足消费者的消费体验需求。最后，文化产业要实现利益分配合理化，尽快寻找更好的发展方案，稳定盈利模式，保护各方劳动权益。文化产业在联合生产过程中，要进行供给侧结构性改革。

文化产业要实现"文化+农业""文化+工业""文化+旅游"联合，增加第一、第二产业的产业附加值，转变传统发展模式，在减少传统产业对生态环境的破坏的同时，促进文化服务业发展，为消费者提供多样化的文化服务项目。文化产业与农业联合，通过开发具有特色的旅游休闲农业观光度假区的方式，发展湖北农村文化、渔文化、茶文化、地方民俗文化，建立特色小镇，为城市居民文化消费提供新的经济增长点。文化与工业结合，开展工业地区旅游项目，将文化符号植入工业产品，并用工业技术带动文化创新，协调第二产业、第三产业共同发展。文化产业与旅游业结合，要求充分利用湖北的旅游资源，挖掘当地荆楚文化以及红色革命文化底蕴，发展码头文化、现代创意文化，加强宣传，打造文化旅游消费热点。

（三）消费者的文化消费习惯养成

根据本团队 2016 年湖北城市居民文化消费现状调查结果，湖北省城市文化消费主体呈年轻化趋势，受教育程度普遍高，具有较强烈的文化消费意向和文化消费能力，因此合理引导消费者养成良好的文化消费习惯是促进文化消费的重要一环。消费者良好文化消费观念的建立需要社会各方面的共同努力。社会各方面需合力构建和谐的文化消费环境，实现文化市场的可持续发展。

1. 构建和谐的文化消费环境

随着大量文化产品的涌入，市场出现产品质量参差不齐的状况。为吸引群众的目光，部分文化产品具有庸俗、低俗、媚俗的特点。这些产品不利于文化市场发展，不能培育良好的消费群体。因此，针对目前文化消费市场的不足，文化主管部门要建立健全法律工作机制，充分调动社会各积极要素以形成法律规范、行政监管、行业自律、公众监督、社会教育相结合的法律体系，确保法律贴合实际，充分协调文化市场各种利益关系。政府在建立和完善法制体系的过程中，要抓紧解决文化市场的关键问题，加快互联网领域的立法，完善网络信息服务，维护网络安全，加快文化产品知识产权保护法建设，严厉打击盗版行为。对于不符合市场规范的企业，及时下达警示通知书，责令改正。政府要加强对文化市场的监督管理，对企业实行年度考核、质量评估等管理工作，做到依法治文、以法兴文。在具体贯彻和落实制度的过程中，要加强公安局、工信部门、市场监管局、文广局等多个部门的联系，加强文化消费市场的制度建设，打击"三俗"产品，打击封建迷信活动，杜绝黄赌毒文化滋生。强化对文化消费市场的监管，取缔非法文化和虚假文化，加强文化管理和整治工作。

另外，政府也要更加重视对文化消费者的保护，维护消费者的权益。政府要完善文化消费相关法律制度，明确界定文化消费者的法律地位。建立高效的文化消费争议解决机制，完善消费公益诉讼机制，充分发挥消费者协会的仲裁调解功能。

2. 丰富文化产品和服务的传播方式

文化产品有别于其他商品，除基本文化产品外，多依附其他物质载体。

拓展文化传播路径，能够增强人们对文化产品的理解能力，增强文化消费能力，创造良好文化消费氛围。依托高科技传播方式，能够丰富文化产品的流通渠道，提高信息传播的时效性。

首先，要充分发挥主流媒体在文化消费中的引导作用。主流媒体具有权威性，影响范围大。有关部门要通过电视广播、报纸刊物、文艺讲座等方式详细介绍文化产品的思想内容、意义价值、社会影响，增强群众对于优秀文化作品的理解和喜爱。主流媒体应在黄金时段以重要版本定时刊播优秀文化产品，及时提供文化服务信息，并积极邀请群众体验新型文化产品和服务。

同时，各级政府和有关部门要加强规划指导，营造浓厚的文化氛围，发扬基层单位的文化组织能力。要定时组织专家学者开展座谈会议，讨论有关文化问题，确保传播信息的正确性。利用新型技术为群众提供便捷的文化服务平台，如电子图书馆、网络摄影展等，减少群众出行成本，丰富群众休闲生活。

文化企业要积极拓展文化传播渠道，利用新兴电子交易平台，如微商、淘宝平台等，拓展文化产品流通渠道。面对新型文化传播方式的迅速发展，文化企业应积极利用高新网络技术，建立文化传播有效反馈机制，通过交互式参与模式，即时反映消费者的需求，生产能够满足群众需求的文化产品。

3. 多方引导居民消费观念的转变

在湖北城市居民的消费支出中，房屋居住支出占据很大部分，对文化消费具有挤出效应。当下"炒房热"现状表明，仍有许多居民持传统"崇俭抑奢"存储型消费观念，通过购买房产获取利益而非通过文化消费提升自身综合素质以应对未来挑战。对此，政府需进一步加强对房地产市场的监督和管理，调节保障性住房的有效供给；切实履行稳定房价和住房保障职责，加强对房地产开发企业购地和融资的监管，加大交易秩序监管力度，加强舆论引导。政府正确引导房屋需求，可以优化居民支出结构，使居民消费方式不断合理化、现代化。

同时，针对教育支出对文化消费挤出的问题，在高考制度下产生大量昂贵的培育课程，占用大量课余时间，不利于中小学生的身心健康。政府应逐渐实现教育改革，发展素质教育，真正实现教育对人才的培育。家长应提高自身素质，意识到正确的文化消费对于儿童全面发展的重要作用，良好的文化消费是对儿童最好的教育方式之一。

在具体的文化消费层面，目前湖北消费者的文化消费以娱乐类、享受类文化消费为主，多进行实体型消费，未将发展型消费提升到应有的高度。对此，多方主体需共同努力，树立科学的文化消费观念。

消费者应注重精神文化消费需求，自觉摒弃低俗、愚昧、颓废的消费模式，努力提升自我文化品位。消费者要更加积极地参加政府举办的文化活动，增加前往图书馆、博物馆、音乐厅等文化场所的次数。在消费过程中，要形成资源节约型和环境保护型的消费模式，实现人与自然的和谐，实现可持续消费。

政府应积极发挥有关部门的舆论引导作用，促使消费者树立正确的文化消费观，发挥先进文化的领导作用，提高居民消费品位。政府要增加有关文化教育的消费，在各类教育中融入文化消费的有关内容。由于社会群体具有较大差异，因此政府和企业应加强对某些弱势群体的关注，引导不同层次的文化消费，增加该群体对文化产品的理解力、领悟力、辨别力、接受力，逐步培育良好的文化消费习惯，定期举办讲座，开展社区活动，加大该群体的文化参与力度，使其在文化消费过程中具备选择和辨别能力。

B.17
湖北农村居民文化消费状况调查（2016）

陈 让　余紫威　夏赛男*

摘　要： 随着农村居民收入水平的提高，农村居民文化消费需求不断上升。提高农村居民的文化消费，能显著推动农村消费结构的优化升级、缩小城乡文化产业发展差距、促进全面文化小康社会的建设。湖北农村居民文化消费总体水平显著提高，但文化消费增长乏力、文化消费内部结构不合理、文化消费品位偏低、文化消费供给失衡等问题仍然存在。在翔实的数据分析和严密的原因分析的基础上，本报告综合提出完善农村公共文化服务体系、培育农村"互联网+"新业态、创新农村居民文化消费观等措施，激发居民文化消费潜力，提高居民文化消费的积极性和主动性，持续增加农村居民的文化消费。

关键词： 农村居民文化消费　消费结构　消费观念　消费供给　农村文化建设

---

* 陈让，湖北大学文学院文艺学硕士研究生；余紫威，湖北大学文学院文艺学硕士研究生；夏赛男，湖北大学文学院汉语言文学（国家文科基地）专业本科生。本次调研由湖北大学湖北文化产业研究中心组织，有30余名硕士生与本科生参与本次调查问卷的发放与回收工作，具体写作由黄晓华教授全程指导。

一 调查概述

（一）选题意义

2017年4月19日文化部发布的《文化部"十三五"时期文化产业发展规划》提出，到2020年，培育形成一批新的增长点、增长极和增长带，文化产业成为国民经济支柱性产业，"推动文化事业和文化产业双轮驱动"，加快推进文化产业驶入发展快车道。2016年9月，湖北全域被纳入《长江经济带发展规划纲要》，湖北挺起长江经济带的"脊梁"。文化消费作为文化产业发展的原始动力，有着举足轻重的地位，而占湖北人口1/2比例的农村居民的文化消费更是其强大的助推器。2017年3月，湖北省统计局发布数据，1~2月湖北省城镇共实现社会消费品零售额2372.00亿元，增长10.6%；农村消费品实现零售额451.75亿元，增长11.0%，农村消费市场增速高于城镇0.4个百分点。由数据也可看出，农村居民消费对经济发展的贡献率呈现逐步上升的趋势。

目前对我国文化产业发展研究的论文和数据已经相当丰富、翔实，但具体到文化消费特别是农村居民文化消费，学术界的关注度还远远不够，搜索关键词"农村居民文化消费"后显示出来的论文比较有限，搜索"湖北农村居民文化消费"后显示出来的文章数量更是屈指可数，所以有关湖北农村居民文化消费的研究还有很大空间，对湖北农村居民文化消费的研究能够弥补这一空缺。

湖北农村居民消费水平得到很大提高，但消费结构还存在不合理之处，如城乡居民文化消费差距扩大、农村文化产业发展滞后等。关注农村居民文化消费对提升农村居民文化消费水平、优化农村居民消费结构、促进农村文化产业发展、缩小城乡文化产业发展差距、提高农村居民生活幸福指数、加快社会主义和谐社会的建设步伐等都具有重大的现实意义。

1. 文化消费推动农村居民消费结构的优化升级

农村居民消费水平提高明显，消费结构也处于不断改善和优化的过程中,消费质量不断提升,但也存在一定问题。首先,农村的恩格尔系数仍然偏高,严重影响消费结构的优化升级;其次,农村消费结构层次偏低,享受型和发展型消费需求不足;最后,畸形消费、愚昧消费的现象还比较普遍,讲排场、摆阔气、相互攀比的不良风气还有残余。

随着农村经济的发展和居民生活的改善,农村居民的文化需求也会不断提高,人们越来越重视精神文化消费,对文化产品和文化服务的需求大量增加,对更高层次的、发展的、享受的、精神的消费需求的重视度将得到大大提升,相应地,对文化产品和文化服务的消费需求大量增加。发展型和享受型消费支出在总消费支出中比重的上升是消费结构高级化的衡量标准之一,而消费结构的高级化势必会促进产业结构的高级化[1]。

由于农村经济的长足发展、农民收入的不断增加,农民的消费意识也得到提高,目光逐渐从物质消费转向精神文化消费,消费观念相对以前有了一定程度的提升,人们用于文化消费的支出不断增加,农村文化消费市场初具规模,然而农村居民文化消费的有效需求仍然不足。因为文化消费意愿低或者文化消费供给侧无法满足消费需求,所以暂时没有形成良好的文化消费环境。对农村文化消费的关注和重视需要吸引文化企业的目光,促进文化企业聚焦农村居民文化消费需求,挖掘农村居民文化消费的巨大潜力,满足农村居民对于精神文化消费的追求,提升农村居民文化消费水平,推动农村居民文化消费结构的优化升级。

2. 文化消费缩小城乡文化产业发展差距

1983~2003年,我国农村居民文化消费支出占比处于缓慢上升时期;而到2004~2013年,该比例呈现下降趋势,其下降速度高于前期上升速度,但这一时期城镇居民的人均文化消费不断上升,城乡差距不断扩大。到2012年,城镇居民人均文化消费支出已是农村居民的4.7倍。城乡居民文化消费支出的差距反映出的是农村居民文化消费疲软、农村文化产业发展滞后的问题,提升农村居民文化消费水平能够有效缩小城乡文化产业发展差

---

[1] 蔡旺春:《文化消费的产业结构升级效应研究》,《湖北经济学院学报》2013年第6期。

距，促进湖北省整体产业结构调整。

文化消费的增加能够带动社会总消费规模的扩大，促进消费结构的升级，消费结构的升级能够有力地带动产业结构的优化升级。随着农村居民对精神文化消费重视度的提高，其对文化产品和文化服务的需求大量增加，发展型和享受型消费支出会随之增加，使消费结构朝着高级化方向发展，而消费结构的高级化最终指向产业结构的高级化。此外，文化消费对经济增长的促进作用也不容小觑。2006年我国城乡居民文化消费支出总量达到2700亿元，同年文化产业实现增加值5123亿元，对GDP的贡献率达到3.41%，拉动GDP增长0.36个百分点。文化消费不仅能够直接带动农村文化生产，而且可以带动农村相关产业的生产，例如度假村、休闲农庄、农家乐等，通过投入产出机制促进整体经济增长。农村居民在消费文化产品的过程中，不仅智力水平获得提高，社会人力资本水平得到提高，而且能进一步促进经济发展，使得人的全面发展和经济发展实现良性互动。

文化消费需求是文化产业发展的原始动力，占湖北人口1/2的农村人口则成为这一动力的强大助推器。对农村居民文化消费的调查研究能够及时找出农村居民文化消费存在的问题和原因，为提振农村居民文化消费出谋划策，挖掘农村居民文化消费潜力，对推动农村居民参与文化消费、促进农村文化产业发展、缩小城乡文化产业发展差距具有重要的现实意义。

3. 文化消费提升农村居民幸福指数

居民幸福指数（GNH）是衡量人们幸福快乐状况的标准，最早由不丹国王提出，政府善治、经济增长、文化发展和环境保护是居民幸福指数的四个指标。随着经济持续稳定地发展，我国居民逐渐步入小康生活阶段，人们开始注重改进生活方式、提高生活质量、追求自我生存的意义和价值、关心生活的内容和品质。而文化消费就是这样一种高层次的消费，它是提升居民幸福指数的重要手段。

周春平经过实证分析得出，在低收入阶段，物质消费的增长对幸福指数的贡献是显著的。但到了中、高收入阶段，物质消费对幸福指数的边际贡献是逐渐递减的，精神文化消费的边际贡献是逐渐增加的。我国当下处于全面建设小康社会时期，人民总体收入水平处于中、高阶段，因此物质消费对主观幸福感的影响不显著，而文化消费对居民幸福指数的影响则不言而喻。[①] 马斯洛的需求层次理论也指出，个体需求是从低层次向高层次发展的渐进过程，人们的消费需求由物质层面转向精神层面是社会和人自身发展的必然结果。弗洛姆在《健全的社会》中明确说道，人类行为的终极目标是幸福，消费是通往幸福的手段，合理的消费结构是增进居民福利的必要条件。所以文化消费的意义是满足农村居民多样化、多层次的需求，不断提高居民消费品中的科技含量和文化含量，促进人的全面健康发展，从根本上提高农村居民的整体素质。提升农村居民文化消费水平，能够满足人们对幸福生活的追求，大大提高居民生活幸福指数。

（二）研究综述

文化产业逐渐发展壮大，使部分学者注意到居民文化消费，但是研究湖北农村居民文化消费的理论成果还比较匮乏。

一些学者对湖北农村居民消费中的文化消费极为重视。陈金波、戴化勇、陈向军在《湖北农村文化消费的实证分析及对策探讨》中指出，湖北农村居民文化消费的主要问题在于：一是农村文化消费总量偏低，低于全国平均水平；二是农村文化设施比较缺乏，利用率低；三是农村文化产品供给不足，消费结构较为单一；四是农村传统民俗文化继承不够，先进文化市场缺乏。他们针对这些问题探讨了相应的对策和措施，比如落实省各项惠农政策，减少其他消费的挤占效应；加强农村文化基础设施建设，提高文化设施利用率；引导农村居民文化消费观念，培育农村文化消费市场等。这三位学者对湖北农村居民文化消费在宏观上进行把握和研究，而王悦洲则分析了湖北省襄樊市农村居民文化消费的制约因素，是微观上的透视。王悦洲在《农村文化消费制约因素透析——以湖北襄樊市为例》中提出，农村文化消

---

① 周春平：《文化消费对居民主观幸福感影响的实证研究——来自江苏的证据》，《消费经济》2015年第1期。

费是农村文化繁荣和发展的基础与动力,但是农村文化消费的低迷让居民日益增长的精神文化需求得不到满足。他在文中提出,农村居民文化消费低迷的四大制约因素是消费能力、消费观念、消费环境和文化产品生产(农村文化产品开发投入和有效供给严重不足)。孙淦城在《民族地区农村公共文化消费与供给效率研究——以湖北五峰土家族自治县为例》中指出,公共文化消费与公共文化服务供给效率之间存在一种辩证关系,公共文化服务内容的针对性和供给方式的可及性影响着人们公共文化消费的参与性和满意度;同时,居民公共文化消费频率与质量义是公共文化服务供给效率的重要评价指标。政府的意志和决策行为是影响居民公共文化消费状况和公共文化服务供给效率的直接因素。

以上文章概括了湖北农村居民文化消费存在的问题并给出了针对性措施,为湖北农村居民文化消费的研究打开了局面,但篇目较少、篇幅不长,有待进一步拓展和深入,所以本报告将研究重点放在农村居民文化消费上,关注湖北农村特点,有的放矢,期望为提振湖北农村居民文化消费献一份力。

(三)调查情况简要说明

1. 调查对象

根据《湖北统计年鉴》的相关数据,截至2015年,湖北省总人口数达5851.50万人,其中农村人口为2524.92万人,占湖北省总人口的43.15%。湖北农村居民的文化消费状况直接关乎全省文化产业的发展水平和社会、经济、文化的可持续发展。因此,选取湖北农村居民作为此次课题的调查对象,了解他们的文化消费水平和状况以及存在的问题,总结经验教训,有针对性地发展湖北省文化产业,促进全省文化消费水平的提升。

2. 调查情况

(1)问卷调查对象

问卷调查对象为湖北农村居民文化消费人群。

(2)问卷调查方式

纸质版发放(主要面向湖北大部分农村)、电子平台发放(问卷星平台,链接于微博、微信、QQ)。

(3) 问卷发放及回收情况

在湖北省农村发放问卷 1500 份,回收纸质有效问卷 894 份、电子有效问卷 140 份,共回收有效问卷 1034 份,有效率为 68.93%。

(4) 问卷基本内容

湖北农村居民文化消费调查问卷共 32 题,第 1~6 题收集消费者基本信息;第 7~26 题收集受访者消费基本情况及评价,第 27~32 题收集消费者意见与建议。在发放问卷的过程中,调查组成员也与调查对象进行了交流访谈。

(5) 访谈对象

主要访谈对象共 52 人,分散在湖北省县级以下农村各地,其中包括黄石、十堰、襄阳、鄂州、孝感、荆门、黄冈、咸宁、随州、仙桃、潜江、神农架居民各 3 人,宜昌、荆州、恩施、天门居民各 4 人。在做问卷调查的同时,课题组也对一部分问卷填写对象进行了简短的访谈。

3. 调查方法

本次研究从经济、文化、社会影响等多角度出发,理论联系实际,研究湖北农村居民文化消费的情况,并总结分析,针对问题提出能够促进武汉农村文化产业发展的政策建议。本次调查既注重理论研究,也强调实证分析,既有定性分析,也强调定量分析,具体研究方法如下。

(1) 案例分析法

以湖北部分乡镇农村居民为案例,深入了解他们存在的文化消费问题和不同层次的文化消费需求,探究湖北农村居民文化消费的总体状况,并提出相应的解决方案。

(2) 文献研究法

根据所确定的研究方向以及对象,课题组大量阅读国内外相关期刊论文、硕博学位论文、新闻报道等,通过广泛查阅与整理,了解湖北农村居民文化消费的现状、消费结构的变迁以及相关的理论成果,为课题的研究奠定基础。

(3) 问卷调查法

采用实地问卷调查的形式,以相关消费者为问卷发放对象,收集相关数

据,结合文献研究成果,进而提出相关引导策略和优化手段。

(4)访谈法

通过与调查对象面对面交谈,收集相关信息。该方法具有较好的灵活性和适应性。通过对湖北农村居民的访谈,可以对居民的整体素质和消费意识等深层次的内容有比较真切的感受和了解,从而获得具体又准确的信息。

由于调查所需数据并不涉及政府的敏感数据,需要获取的各种资料是政府公开的内容,可通过实地收集和网上查阅获取,研究者具有该选题相关的实际经验和一定的理论知识,具备完成该课题的基本条件。因此,此选题与方案是可取且可行的。

二 数据分析

(一)调查样本基本情况分析

本次调查共发放问卷1500份,其中有效问卷1034份,问卷有效率为68.93%。此次调查对象是湖北省农村居民,所以问卷发放地点是湖北省16个地市州的农村区域,其中恩施、武汉、襄阳等地级市占比较大。数据分析发现,调查对象在年龄、学历以及家庭构成上呈现以下特征。

第一,本次调查对象的户主年龄以46~65岁的中老年人为主,占比为57.93%,其次是28~45岁的青壮年,比例也达到了29.21%,可见农村户主呈现中年化的趋势。而这一群体或者拥有稳定的收入来源或者拥有一定的储蓄基础,是家庭收入的主要支配者,有一定的消费能力和保障,也是我们挖掘农村居民文化消费潜力的主要关注对象。

第二,农村地区户主学历绝大多数属于中学及以下水平,初中及以下学历占比逼近60%,高中或中专学历所占比例也达到了29.11%,硕士研究生及以上学历仅占0.68%。由此可见,湖北省农村地区的户主学历还处于中低水平。由于农村户主自身学历较低,一方面,受到消费意识的影响,可能会限制其自身甚至整个家庭的文化消费支出;另一方面,出于望子成龙、望女成凤的愿望，也很可能刺激他们加大对子女文化消费的付出。综合整体数据和实地访谈资料发现，学历对农村居民文化消费的消极影响更加突出，所以在改善的对策与措施上，更应该重视农村居民文化消费观念的更新换代。

第三，在家庭构成上，农村地区每户成员数多为4人及以上，占比为65.38%，家庭成员为3人的比例为29.69%，3人以下的比例还不到5%，几乎可以不计。由此可以推断，农村家庭构成以有两个子女的核心家庭或三代同堂的家庭为主，独生子女家庭也占据一定比重。对于年龄为46~65岁的农村中老年人来说，他们自身的文化消费需求不是很旺盛，但是围绕下一代的文化消费支出还是相当可观的，因此农村家庭成分分析能够为我们设计出更具有针对性的文化产品和文化服务提供辅助意见。

（二）农村居民收入、消费总支出结构分析

1. 家庭人均年收入和人均年消费支出

从图1可知，农村家庭人均年收入在1万元及以下的占样本总量的28.63%；1万~2万元的占样本总量的26.11%；2万~3万元的占样本总

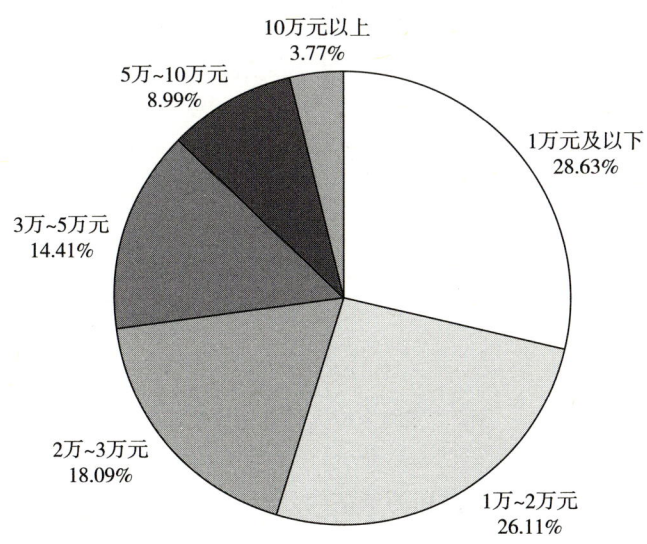

图1　农村家庭人均年收入

量的18.09%;而人均年收入在10万元以上的比例仅有3.77%。综合以上可知,农村家庭人均年收入在3万元及以下的占比接近3/4,农村家庭总体人均年收入水平偏低,这也成为限制农村居民消费支出以及参与文化消费活动的一个主要因素。

图2显示,农村家庭人均年消费支出在1万元及以下的样本占35.01%;1万~2万元的样本占35.11%。综合以上得出,农村家庭人均年消费支出在2万元及以下的样本占比高达70%,可见农村居民总体消费水平偏低。结合图1进行比较也可以发现,在每一个相对应的区间梯度上,消费支出总是比收入低,在收入水平提升幅度不是很大的情况下,居民是不太可能调整总体消费支出的。因此,加快农村经济发展速度、提高居民收入水平、提升居民可支配收入的灵活度,才是提高农村居民消费支出的关键。

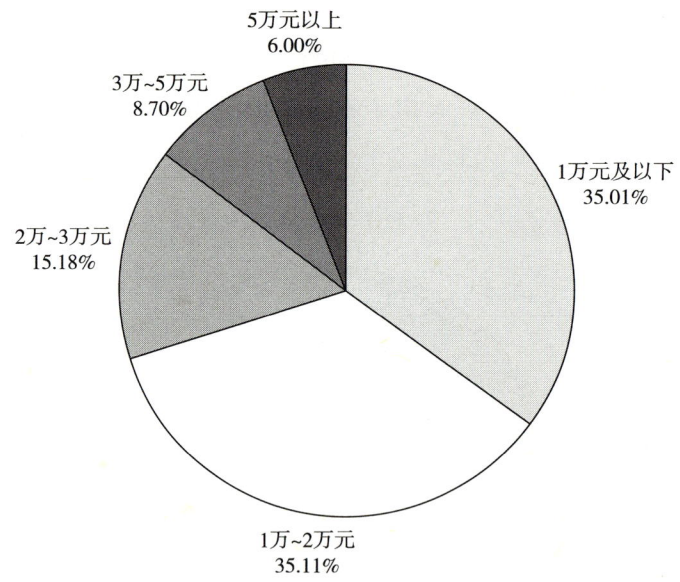

图2 农村家庭人均年消费支出

2. 家庭人均消费支出额度和消费结构分析

在家庭消费支出项目上,本文将农村家庭人均消费的大额支出分为食物烟酒、居住、教育、医疗保健四类。受到收入水平的影响,湖北农村居民在衣食住行、教育还有医疗保健上的支出整体处于中下水平,其中人均食物烟酒年支出、人均居住年支出、人均医疗保健年支出额度主要都在5000元以下,以上三项人均支出额度在5000元以上的比例都很低,基本保持在20%。但值得一提的是,教育支出额度占家庭消费总支出的很大一部分。教育支出额度在5000元以上的比例为36.27%,远高于另外三项,此外,教育支出额度为2000~5000元的比例也达到了27.08%,这个比例在相同的额度区间上,仅次于食物烟酒支出(36.17%)和居住支出(34.91%)。

综上,农村家庭消费水平偏低,消费结构还需优化。在农村家庭消费支出结构中,以食物烟酒支出为主,以教育支出为辅,教育深受重视,教育领域相关的文化消费部分(如不以教育为目的的文化艺术培训等)理应成为文化消费调查研究的重点关注对象。

(三)农村居民文化消费支出内部结构分析

1. 人均文化消费支出额度

由图3可知,农村人均年度文化消费额度在500元及以下的比例为

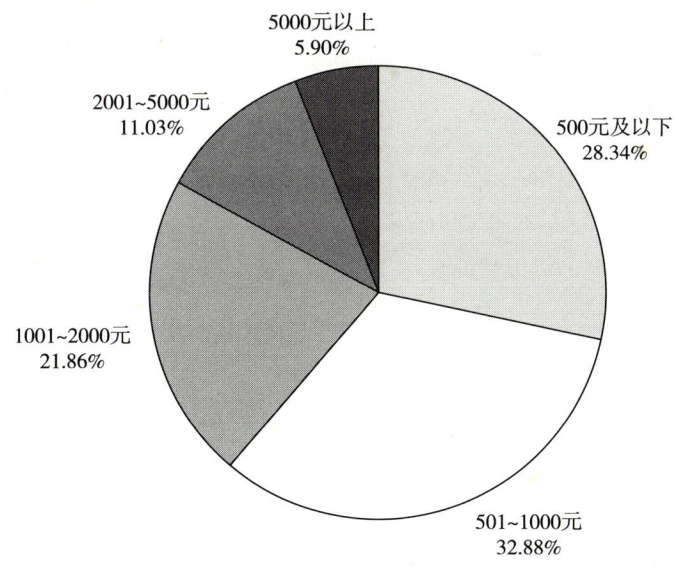

图3 农村居民人均年度文化消费

28.34%；额度为501～1000元的比例为32.88%；额度在1001～2000元的比例为21.86%；额度在2000元以上的比例仅有16.93%。从整体上看，各项比例基本随额度的升高而降低。人均年度文化消费额度在2000元及以下的占比远超过4/5，占样本总量的绝大多数，其中人均年度文化消费额度在1000元及以下占比例也超过了3/5，由此可知农村人均文化消费水平很低，尚有很大挖掘空间。

2. 文化消费支出内部结构

文化消费支出由文化产品和文化服务两个部分组成。在收入固定的情况下，无形的文化服务消费比重增加，这是文化消费结构转型升级的标志，当文化服务消费水平达到一定程度之后，文化消费则完成了内部结构的优化升级。

由图4可知，人均年度文化产品消费支出五个选项（500元及以下、501～1000元、1001～2000元、2001～5000元、5000元以上）占样本总量的比例分别是42.55%、33.17%、15.96%、5.9%和2.42%，占比随额度提高而下降，并且下降幅度非常明显，因农村整体收入水平限制，居民文化消费支出很低，所以文化产品支出额度低也在预料之中。

由图5得知，人均年度文化服务消费支出额度在500元及以下的比例为57.83%，超过总量的一半，支出额度在501～1000元的比例也达到了26.69%，而支出额度在2000元以上的比例仅为5.9%，足见农村家庭人均文化服务消费水平很低，人们对文化服务消费的重视度远远不够。

综合图4、图5可以发现，在农村家庭人均文化消费支出中，文化服务消费所占的比例低于文化产品消费，农村居民文化消费内部结构亟须优化。另外抽取人均年度文化消费额度为2001～5000元这部分样本得出，绝大多数人在文化服务上的消费支出还是在2000元及以下，只有不到20%的人选择了文化服务支出在1000元以上；但是当我们抽取人均年度文化消费额度为5000元以上这部分样本来看的时候，发现有将近50%的人在文化服务消费上的支出高于2000元，所以我们可以得出结论：当年度文化消费支出额度达到5000元的时候，居民文化消费内部结构将会出现质的改变。

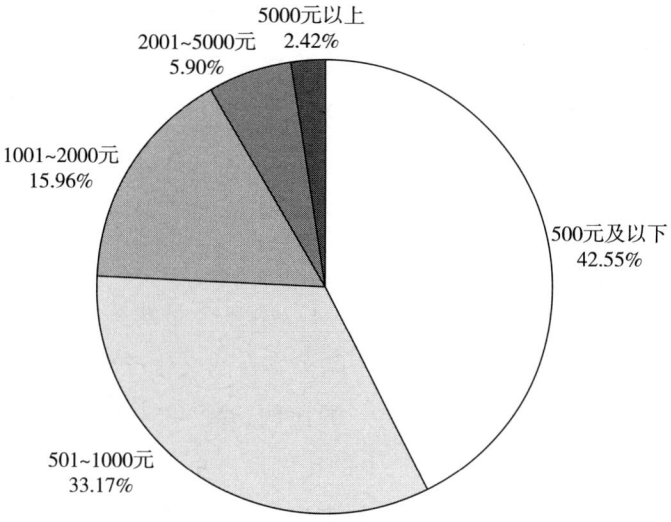

图4　人均年度文化产品消费支出

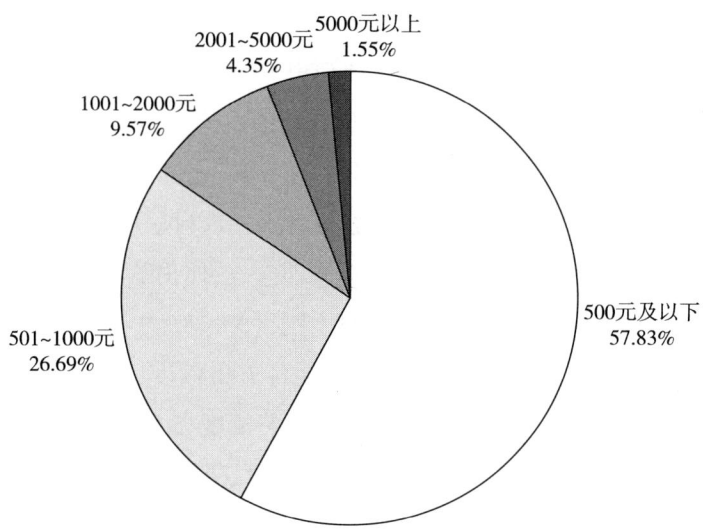

图5　人均年度文化服务消费支出

(1) 文化产品内部消费结构

在文化产品的细目下,我们列出三个题目将有形文化产品的消费支出囊括了。第一个是购买书籍或订购报纸的年度费用,随着信息时代的到来,电子出版物大行其道,传统出版行业备受冷落,所以这一部分消费支出很少,有超过六成的人选了200元及以下这一项,500元以上的选择比例仅有10.44%。第二个是购买文化娱乐用品(如乐器、体育用品、办公用品、电视机音响)的年度费用,农村居民在这一项上的消费支出主要为500元及以下(79.21%),500元以上比例仅占20.8%(此题两项比例之和不为100%,是因为计算时进行了四舍五入)。第三个是购买珠宝首饰、古玩收藏品的年度费用,农村居民更倾向于购买实在的文化产品,对首饰和古玩收藏品的购买欲望不强,"从来不买"的比例达到48.16%,其次是"500元及以下"(29.3%),而2000元以上的比例仅占4.55%。

综上,当农村居民人均文化产品支出额度在201~500元的时候,文娱用品消费占比最高,当支出额度在501~1000元的时候,文娱用品消费比例也不俗,可见与农村居民文化消费水平相适应的文化产品是文娱用品。

(2)文化服务内部消费结构

在文化服务消费项目下,我们单独列出五个题目展开调查,分别是外出旅游花费的金额,参加文化艺术培训(以娱乐、休闲为目的)花费的金额,每年去游戏厅、KTV、网吧的次数,前往图书馆、博物馆、公园的频率,每年观看展览、文艺演出的次数。从数据可看出,农村居民参与后三项的频率非常低,几乎不去的比例最低的也接近60%。在外出旅游和文化艺术培训这两部分上,从不参与文化艺术培训的比例(59.28%)比从不外出旅游的比例(33.56%)高出25.72个百分点;在各支出额度区间上,外出旅游的比例明显比文化艺术培训高,如其中人均消费额度在500元及以下这个区间时,外出旅游比文艺培训高出11个百分点。不过,这个比例差距随着消费额度的上升而逐渐缩小。

由此我们可以推断,在农村居民文化服务消费中,比较受欢迎的是旅游和文化艺术培训这两个方面,但因为受到经济条件、硬件设施、消费观念和消费环境等诸多因素的限制,农村居民的文化服务消费现状还相当滞后,尚处于挖掘阶段,但其发展前景是很乐观的。

（四）农村家庭户主年龄与文化消费结构关联性分析

1. 不同年龄段年度总消费支出分析

由图6可看出，在28岁以下的农村居民中，有42.67%的人年度总消费支出在1万元及以下，其次是总消费为2万~3万元（18.67%），总消费3万~5万元和5万元以上这两项的比例都是10.67%，比其他年龄段在该区间的比例都要高。可见，28岁以下农村居民进行消费的欲望比较高，但因为这一群体大都没有工作或者初入职场，尚无稳定的收入来源，消费能力还有待提高，所以这一群体的总体消费水平较低。和28岁以下年龄段消费群体类似，28~45岁这一年龄段的农村居民总体消费支出额度主要分布在3万元及以下（82.12%）这一梯度，3万~5万元和5万元以上这两项的比例分别是9.93%和7.95%，这两个区间的比例仅次于28岁以下年龄段群体，这一年龄段的人群是家庭收入的主要支配者，他们的消费支出具有代表性。当看到46~65岁和65岁以上这两个年龄段的消费支出时，我们可以发现，他们的消费支出额度分布具有很大的相似性，3万元及以下的比例都在88%左右，而3万~5万元、5万元以上的比例分别是8.01%和6.9%、4.51%和5.17%，两个比例都低于28岁以下和28~45岁年龄段在相同额度上的比例。

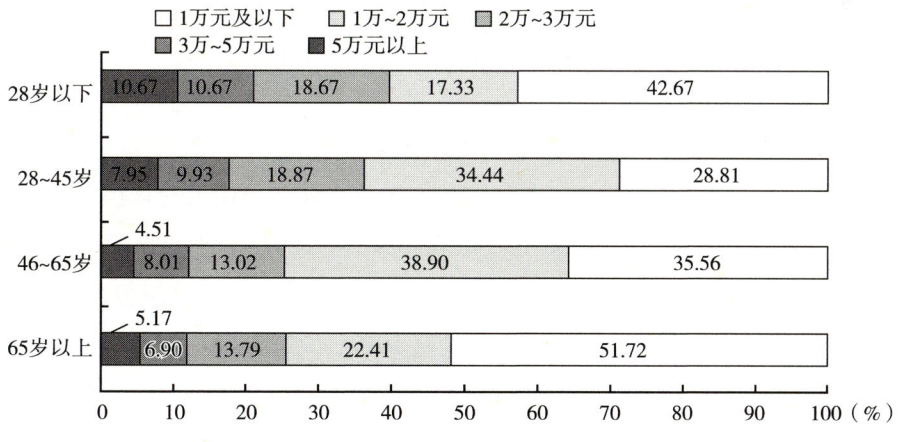

图6　不同年龄段的农村居民年度总消费支出

2. 不同年龄段文化消费结构分析

由图7可得出，湖北农村居民年度文化消费支出整体水平不高，各个年龄段大多数人文化消费支出额度都在2000元及以下，比例在80%以上。人均年度文化消费支出额度在5000元以上这一梯度的，28岁以下和65岁以上这两个年龄段占比相对较高，比例分别是9.33%和10.34%，28~45岁和46~65岁两个年龄段在该梯度的比例分别为5.3%、5.34%。另外，28~45岁和46~65岁两个年龄段群体的文化消费支出在2001~5000元这一梯度上的比例高于另两个年龄段。大体而言，各个年龄段的文化消费支出比例随文化消费额度的提高而降低。

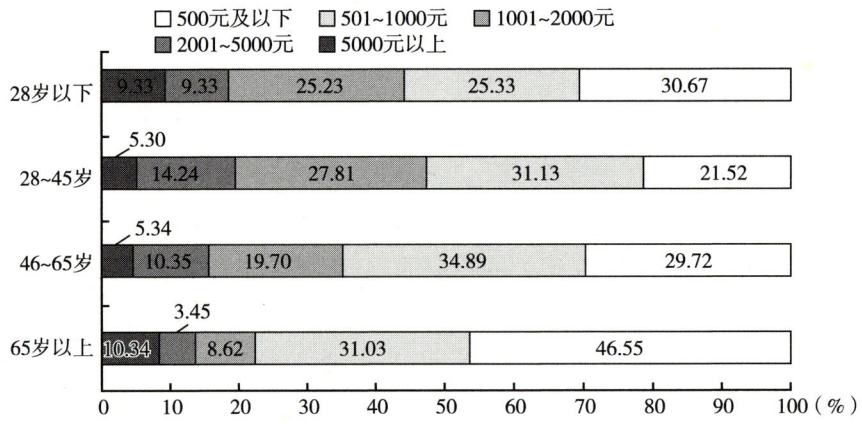

图7 不同年龄段的农村居民文化消费支出

（1）不同年龄段文化产品消费额度分析

从图8我们可以看到，46~65岁和65岁以上年龄段的农村居民当中，文化产品消费额度主要分布在500元及以下和501~1000元这两个区间上。而28岁以下和28~45岁这两个年龄段的农村居民在文化产品上的消费额度为501~1000元和1001~2000元的比例之和都超过50%，文化产品消费额度在500元及以下的比例都比65岁以上年龄段居民在该梯度的比例低出22个百分点以上。这说明农村中老年人的文化产品支出额度不高，他们消费文化产品的意愿度不高，文化产品对农村中青年居民的吸引力比对老年人的吸引力要大。

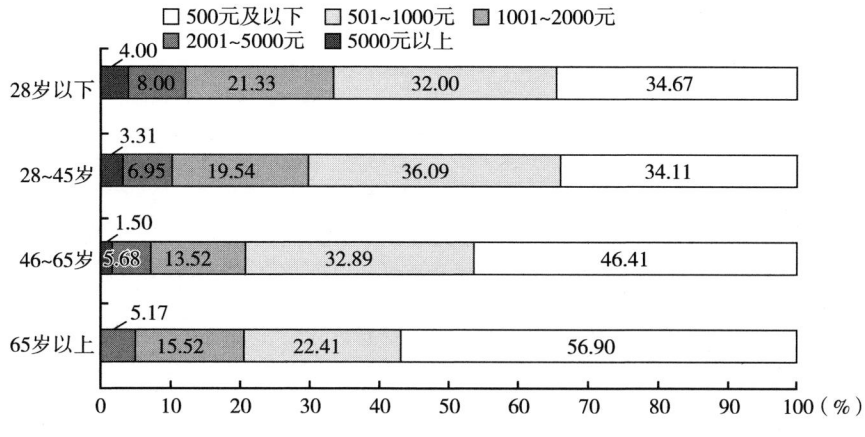

图8 不同年龄段的农村居民文化产品投入

(2) 不同年龄段文化服务消费额度分析

由图9可知,农村居民文化服务投入额度随年龄的增加而降低,如文化服务投入额度为500元及以下时,28岁以下(48%)、28~45岁(54.64%)、46~65岁(60.1%)、65岁以上(63.79%)四个年龄段的比例呈现逐渐上升的趋势。文化服务投入额度在2000元以上时,28岁以下(14.67%)年龄段所占比例最高,其次是65岁以上(8.62%)年龄段,可见尽管65岁以上老年人在文化服务上的总体支出水平不高,但还是有相当一部分人乐于在文化服务上投入的。

综合图8、图9可以得出,农村居民文化消费水平不高,文化消费主力是28岁以下和65岁以上这两个消费群体,但是他们经济能力不高,所以农村整体文化消费水平低下。文化消费支出额度在500元及以下时,各个年龄段群体的文化产品投入比例都低于文化服务投入比例;文化消费支出额度在501~1000元时,只有65岁以上年龄段群体的文化服务投入比例高出文化产品投入比例,其余都是文化服务投入比例低于文化产品投入比例,这说明农村居民在文化消费上的支出主要投入于文化产品,而对文化服务的关注不够。

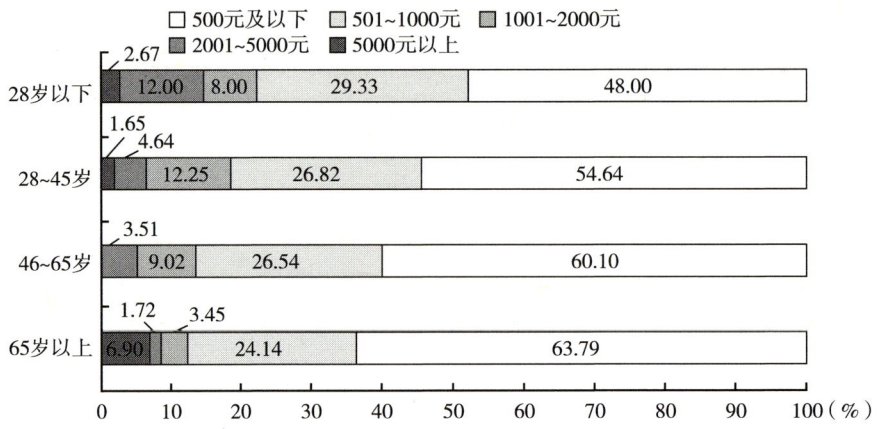

图9 不同年龄段的农村居民文化服务投入

（五）农村家庭户主学历与文化消费结构关联性分析

1. 不同学历年度总消费支出分析

从图10可看出，总消费支出额度在2万元及以下时，这个比例基本随着学历水平的上升而呈现下降趋势，在硕士研究生及以上学历水平时下降至14.29%；而当消费支出额度为3万~5万元时，这个比例则随着学历（硕士研究生及以上学历除外）的上升而增加；消费支出额度在5万元以上时，其比例随学历上升而上涨得更明显，到硕士研究生及以上学历水平时，上升至85.71%。可见，学历对人们的消费水平有很大影响，当人们的学历上升到一定阶段时，其消费支出会发生质的飞跃。

2. 不同学历文化消费结构分析

当学历上升到一定程度时，消费水平会得到很大提升，伴随消费支出的增加，文化消费支出额度也相应提高。由图11可知，当文化消费支出额度为501~1000元时，各个学历水平（硕士研究生及以上学历除外）在该项的比例差别不大；而当文化消费支出额度为1001~5000元时，这个比例随着学历（硕士研究生及以上学历除外）的上升而增加；当文化消费

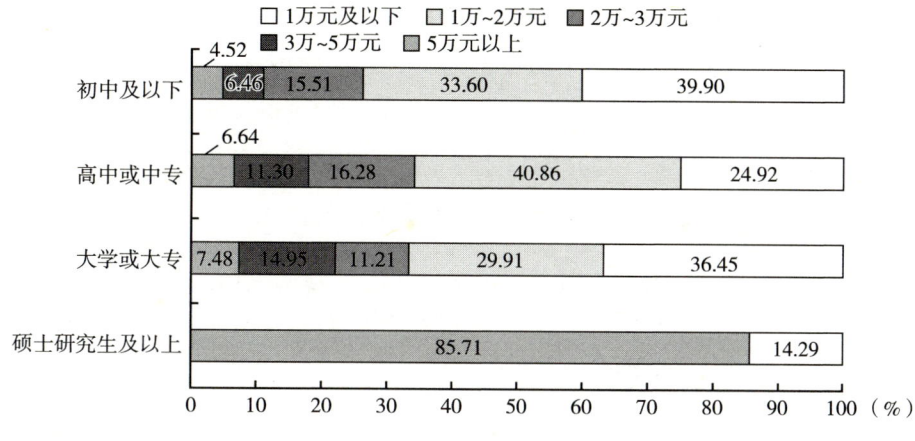

图10 不同学历的农村居民年度总消费支出

支出额度在5000元以上时,这个比例随学历上升而增加的幅度更大,到硕士研究生及以上学历时,上升至71.43%。

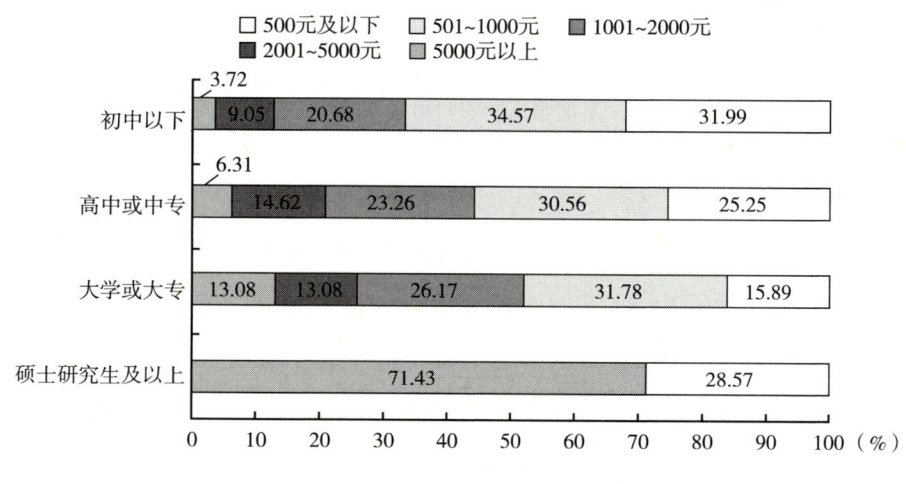

图11 不同学历的农村居民年度文化消费支出

(1)不同学历文化产品消费额度分析

由图12可看出,当文化产品投入额度为500元及以下时,这个比例随学历的上升而下降,由初中及以下学历的46.37%下降到硕士研究生及以上学历的14.29%。各个学历水平在501~2000元这个梯度上的比例分布比较均匀，为50%上下（硕士研究生及以上学历除外）。而当文化产品投入额在2000元以上时，这个比例随学历上升而上升，大学或大专和硕士研究生及以上学历在该梯度的上升幅度特别明显。由此我们可以推断，在消费支出额度等同的情况下，大学（专）及以上学历的人比其他学历的人更注重产品的文化内涵，富有文化底蕴的产品更能吸引他们的眼光。

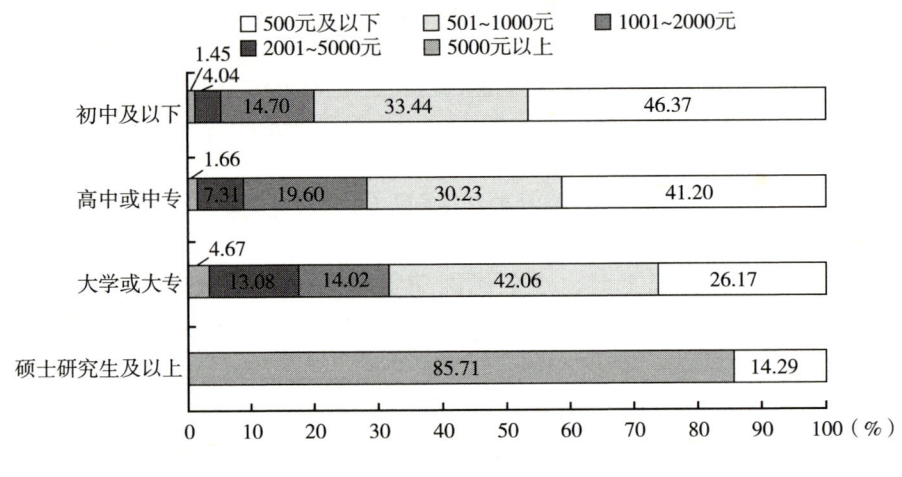

图12　不同学历的农村居民文化产品投入

（2）不同学历文化服务消费额度分析

由图13可看出，当文化服务投入额度为1000元及以下时，初中及以下（90.95%）、高中或中专（80.06%）、大学或大专（63.55%）、硕士研究生及以上（28.57%）的比例随学历上升而下降。初中及以下学历的农村居民在文化服务上的投入绝大多数在500元及以下，高中或中专学历水平次之，仅有大学或大专及以上学历中相当一部分人在文化服务上的投入高于1000元。

综合图12、图13可以得知，农村居民文化消费支出额度不高，文化消费开销主要用于文化产品的消费，对文化服务的投入还远远不够，文化消费结构有待调整。另外，从数据可看出，大学或大专和硕士研究生及以上学历人群在文化产品和文化服务上的金钱、精力投入比例差不多，和其他学历的人相比较而言，他们更倾向于在文化服务上投入。

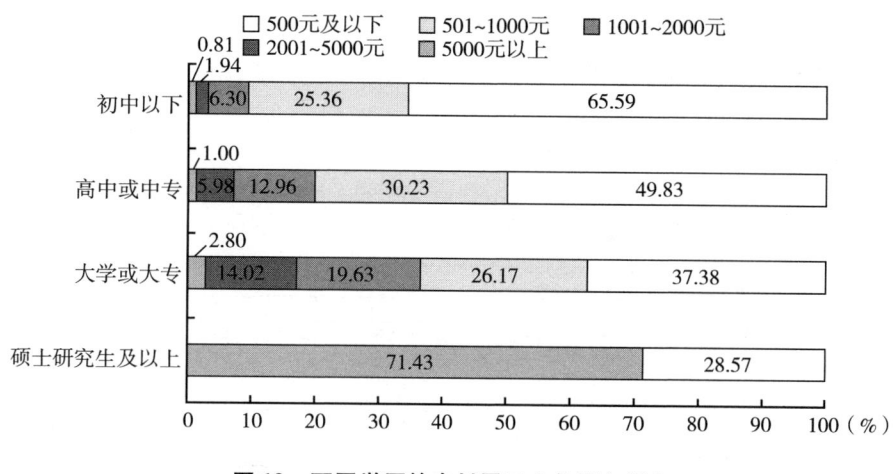

图 13 不同学历的农村居民文化服务投入

(六)农村家庭收入水平与文化消费结构关联性分析

1. 不同收入水平年度消费支出分析

收入对消费支出的影响是不言而喻的,从图 14 可以看到,年度消费支出额度为 1 万元及以下时,比例随收入增加而下降,年收入为 5 万~10 万元时该项的比例仅有 8.6%,年收入在 10 万元以上时该项的比例为 0。年度消费支出在 1 万~2 万元、2 万~3 万元、3 万~5 万元三个区间上的比例随收入变化而变化的趋势呈驼峰状,先随收入的增加而上升,后随收入的增加而降低。年度消费支出 1 万~2 万元梯度的峰值在年收入 2 万~3 万元时到达,年度消费支出 2 万~3 万元梯度的峰值在年收入 3 万~5 万元时到达,年度消费支出 3 万~5 万元梯度在年收入 5 万~10 万元时到达峰值。而当年度消费支出额度为 5 万元以上时,比例随收入的增加而上升,年收入为 5 万~10 万元的居民在该项的比例为 19.35%,而年收入在 10 万元以上时的比例最大,达到了 61.54%。

由此可知,农村居民消费支出占收入的六七成,当年收入在 3 万元及以下的时候,居民消费欲望受限,消费支出很低;当年收入为 3 万~5 万元时,其消费支出有一定提高,但很有限,尚处于上升瓶颈值;只有当年收入为 5 万元以上时，居民消费活力才被焕发出来。因此只有农村居民收入水平得到很大提升，其消费支出才会得到明显提高，在提升幅度不大的情况下难以激发居民的消费欲望。

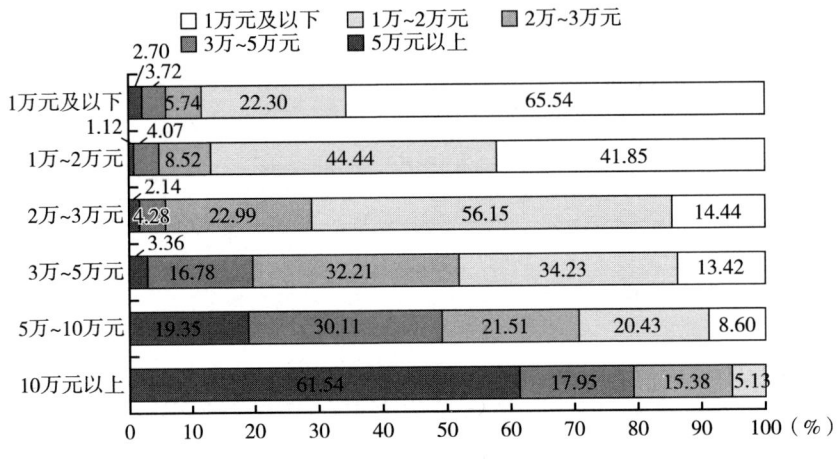

图 14　不同收入水平的农村居民年度消费支出

2. 不同收入水平文化消费结构分析

收入水平限制消费支出，消费支出额度下降，文化消费支出紧随其后遭到削减，所以文化消费水平深受收入的影响。从图 15 可以明显看到，当年收入在 1 万元及以下时，各比例随文化消费支出的增加而下降，由 500 元及以下的 39.19% 下降至 5000 元以上的 5.74%；年收入在 1 万~3 万元的居民在文化消费上的投入大多低于 1000 元；年收入在 3 万~5 万元和 5 万~10 万元的群体在文化消费上的投入主要集中在 1001~2000 元（33.56%）和 501~1000 元上（30.11%）；只有年收入在 10 万元以上的居民在文化消费上的投入主要分布在 5000 元以上（25.64%）。可见，当年收入为 5 万~10 万元时，农村居民文化消费投入提升幅度不大，只有当年收入为 10 万元以上时，才能有效提高农村居民在文化消费上的投入。

（1）不同收入水平文化产品消费额度分析

由图 16 可看出，当年收入在 2 万元及以下时，各比例随文化产品投入

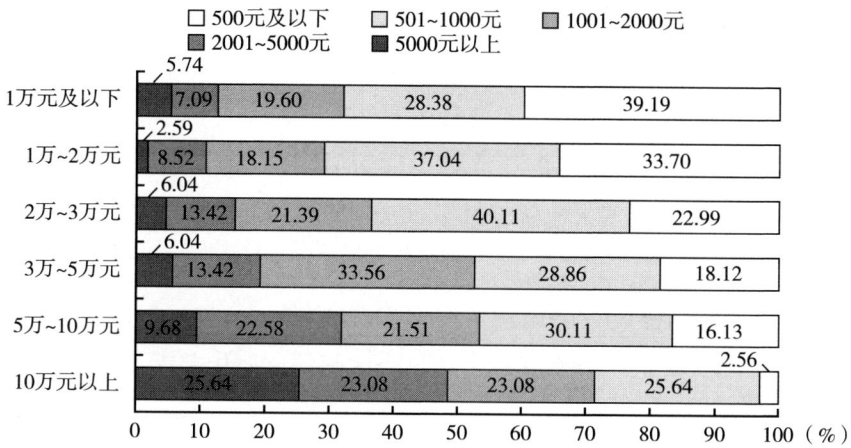

图 15　不同收入水平的农村居民文化消费支出

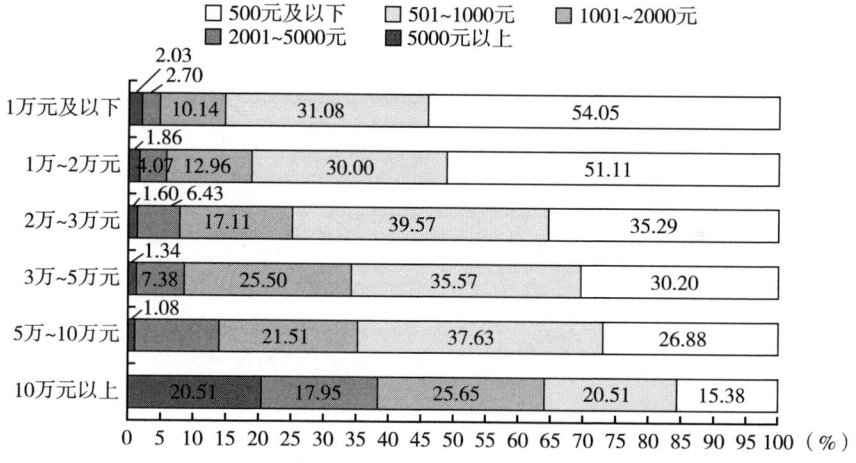

图 16　不同收入水平的农村居民文化产品投入

额度的增加而下降；年收入在 2 万元以上时，各项比例随额度提高先上升后下降；收入在 2 万～3 万元、3 万～5 万元、5 万～10 万元这几个水平的文化产品支出峰值均在 501～1000 元上；收入在 10 万元以上的最高比例落在 1001～2000 元上。但年收入在 10 万元以上的居民当中，有相当一部分人（35.89%）的文化产品投入额度在 1000 元以下，还不到收入的 1%，可见收入不是影响居民文化消费的唯一因素，文化产品供给、居民文化消费意识、文化消费环境可能成为限制这部分人文化消费的主要因素。

(2) 不同收入水平文化服务消费额度分析

由图17可知，年收入10万元及以下的居民在文化服务上的投入额度主要集中在1000元及以下，比例超过了60%，而文化服务消费投入在5000元以上的比例几乎为0。年收入10万元以上的居民在文化服务投入各个额度区间的比例分布均衡，最高比例落在1001~2000元（25.64%），500元及以下、2001~5000元、5000元以上这三个区间的比例相差无几。

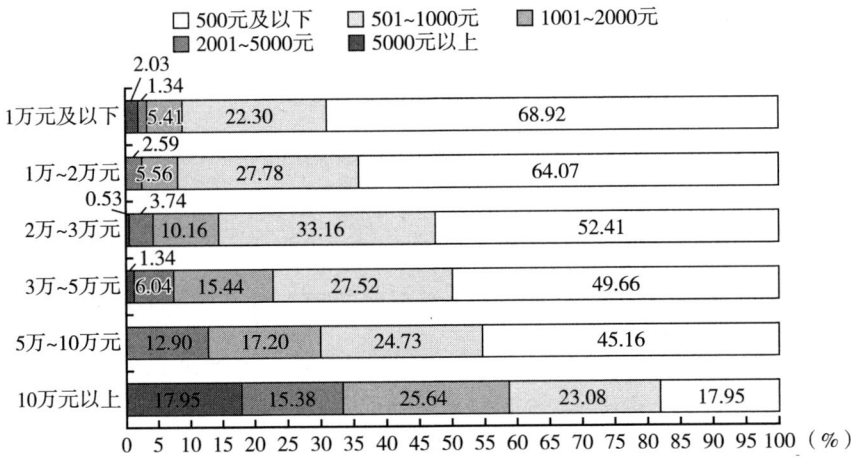

图17 不同收入水平的农村居民文化服务投入

综合图16、图17可得出，收入对文化消费水平影响颇大，只有当收入上升到一定阶段时，农村居民文化消费才得以提升。在同等收入水平下，农村绝大多数居民都倾向于文化产品消费，激发农村居民文化服务消费的难度远高于激发其文化产品消费。当居民收入达到一定水平之后，其是否参与文化消费往往取决于多种因素，如空闲时间、产品或服务质量、体验感受等。

(七) 农村居民文化消费意愿和消费倾向分析

对农村居民文化消费意愿和消费倾向展开分析，主要目的是探讨农村居民文化消费需求,只有了解农村居民文化消费需求和期望,才能按需改善,打开居民消费欲望的突破口,刺激居民文化消费的提升。

1. 文化消费目的

在文化消费目的上,综合得分最高的是"缓解压力、娱乐消遣、放松心情"(6.28),这与文化消费以享受为目的的初衷一致;紧随其后的是"陪伴家人,教育孩子",得分为3.78;此外,"陶冶性情,提高文化修养"和"提升人际交往能力"的得分也比较高。可见,农村居民参与文化消费的目的除放松享受而外,其他的主要是追随孩子的视角而转移的,因此农村文化消费要关注孩子的消费需求。

2. 文化消费意愿和倾向

从文化消费意愿来看,91.3%的农村居民表示在收入增加的情况下,愿意加大文化消费支出,可见收入水平是限制农村文化消费的重要原因。对愿意加大文化消费支出这部分群体的消费倾向展开分析发现,除旅游外,愿意加大支出的部分主要集中在文化产品的消费上,其中综合愿意得分最高的是手机、电脑、电视等基础用品,紧随其后的是学习工作用品,而文艺享受服务等文化服务消费的综合意愿得分较低。可见,在收入提高的情况下,起码短期内,文化产品消费提升的潜力明显大于文化服务消费。

(八)农村居民文化消费影响因素分析

阻碍农村居民参与文化消费的最主要因素是收入水平,其次是空闲时间,再次是常住地文化消费价位,剩下的配套设施、产品质量和受他人影响等因素的重要性基本持平。农村居民工作及家庭事务繁重,空闲时间较少,加之收入偏低,所以收入水平和空闲时间成为限制农村居民进行文化消费的主要因素。

(九)农村居民文化消费供给端存在的问题及建议分析

从数据分析得出,农村文化消费供给存在不少问题,文化产品供给主要存在问题有质量不高(3.21)、价位不合理(2.64)、类型不充足(2.53)

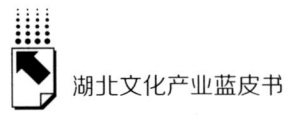

等，文化服务供给主要存在的问题有类型不丰富（3.41）、配套设施不健全（2.94）等。由供给端的问题可以得知，目前农村文化消费类型和配套设施不全面，对居民消费吸引力不足，所以地方政府和企业要加大力度健全农村文化服务设施、丰富文化产品和文化服务，针对农村文化消费主力群体按需生产。

在揭露问题的基础上，居民对于刺激和引导文化消费给出了如下建议：政府方面，主要是健全配套设施（4.4）、提供多样化的政府文化服务（3.7）、对居民文化消费实施补贴（3.41）；商家方面，主要是展开低价营销让利消费者（3.31）、完善产品和服务的供给质量（3.09）。从民众建议可以看出，文化消费成本降低是他们最愿意看到的，但文化产品和服务的质量也是他们很关注的。

三 原因分析

随着经济快速发展，农村居民收入水平有了一定提高，消费观念和消费结构都出现了一定程度的转变，但文化消费占比远低于城镇居民文化消费占比，存在重物质消费轻文化消费、重文化产品消费轻文化服务消费的现象。以下我们对形成农村居民文化消费现状的原因展开分析。

（一）积极因素分析

1. 个人因素

农村户主以46～65岁和28～45岁年龄段为主，呈现中年化趋势，这一群体或拥有稳定的收入来源，或拥有一定的储蓄基础，作为家庭收入的主要支配者，他们有一定的消费能力和保障。此外，从居民消费结构分析中，我们得出农村居民教育支出所占份额较大，这说明教育领域相关的文化消费部分（不以教育为目的的文化艺术培训等）对他们还是有很大吸引力的，相关部门可以抓住这一机遇，将这一潜在消费需求转变为现实消费力。

从居民文化消费意愿来看，91.3%的农村居民表示在收入增加的情况下,愿意加大文化消费支出,农村居民文化消费意愿很强,这说明农村居民对文化消费的重视度已经有了很大提升,强意愿能有效带动参与度,这可以大大降低推动居民文化消费的难度。

2. 社会因素

收入作为影响居民文化消费支出的主要因素,占据举足轻重的地位。经过分析数据得出,当农村居民人均年收入为5万元以上时,其消费活力将被激发。随着全面建设小康社会的逐渐推进,大部分农村地区居民生活已经进入小康阶段,农村居民收入提高,总体消费支出也在不断提升,在满足基本生存需求之后,人们的整体消费支出溢出,流向文化消费领域,对农村文化消费具有一定的带动作用。

近年来,政府对农村文化事业建设的关注力度不断提高,针对农村地区文化消费的实际情况,制定并实行了不同层面的文化惠民工程与活动,成效显著。截至2016年年底,湖北全省"三馆一站"覆盖率为1.27%,与国家统计局设定的文化小康目标仅有0.03个百分点的距离,乡镇综合文化站、文化共享工程基层服务点、流动舞台车、流动图书车基本实现全覆盖。除城乡公共文化服务设施的健全外,农村物流网也实现了阶段性突破,正在发展中的村淘实现了电商平台进农村,让网络普及率不高的农村地区出现了新的文化消费渠道,为不懂网购的居民提供了极大便利,使农村居民文化消费由被动接受向主动选择转型。

2016年的"五一"劳动节,湖北省各地艺术院团广泛深入农村,为广大村民送去了他们喜闻乐见、丰富多彩、通俗易懂的文艺演出节目。红安县楚剧团、罗田县黄梅戏剧团分别奔赴七里坪镇山西冲村、华河镇双河村开展送戏进偏远山区惠民演出活动;湖北省花鼓戏艺术研究院送戏下乡到紫月村;黄石、荆门、鄂州、咸宁等地也通过各种形式的文化活动丰富了农村居民的精神文化生活。

收入和政策因素对农村居民文化消费的影响立竿见影,但是文化产业发展对农村居民文化消费的影响也十分显著。随着文化产业的发展壮大,我国农村文化产业发展得到重视,农村文化设施逐步健全,农村文化消费供给逐渐改进，对文化消费需求不断提高的农村居民来说，这些都推动着他们将注意力投放到文化消费活动上去。所以在整体消费趋势的带动下，农村文化消费发展前景一片大好。

（二）消极因素分析

1. 个人因素

在整体消费大趋势的带动下，部分农村居民转变消费观念，开始重视文化消费，但是农村绝大多数居民对文化消费还是持保守态度。之所以出现农村居民文化消费观念落后的情况，与农村根深蒂固的重储蓄轻消费的传统消费观念关系重大，在总体消费支出不高的情况下，居民不太可能将支出投入属于高层次需求的文化消费上。学历对消费观念的影响也很大，湖北农村地区户主学历处于中低水平，初中及以下学历占比逼近60%，高中或中专学历所占比例也达到了29.11%，硕士研究生及以上学历仅占0.68%。户主学历的高低直接决定其眼界的广度，其对文化消费认知的偏差会严重限制其消费意识的转变，并影响整个家庭在文化消费上的投入。

我们在走访中发现，农村居民以老人、妇女和儿童为主，甚至有些农村的中年妇女也常年在外务工，老弱妇孺的消费需求多集中在物质消费上，只有部分留守儿童愿意在电脑、手机等文化娱乐用品和基本办公用品上消费，所以农村常住居民的结构极大地阻碍了农村文化消费的发展。

2. 社会因素

湖北农村家庭人均年收入水平偏低，年收入在3万元及以下的人数占样本总量的比例接近3/4，而人均年收入在10万元以上的比例仅有3.77%。可见农村居民家庭收入整体水平偏低，除基本的生活饮食开支外，居住、教育和医疗保健"三座大山"给居民消费带来无形的巨大压力，严重限制了他们在文化消费上的开支。消费与收入成正比关系，消费随收入的增加而增加，但是我们通过交叉分析得出，农村居民年收入为5万~10万元时，文化消费投入的提升幅度不大，只有当年收入为10万元以上时，文化消费投入才呈现出明显差别。

政府开展了多种多样的文化惠民活动，如文化下乡、民俗文化节、非遗展览等，但是部分活动覆盖面不够广、持续时间不够长、文化内涵开掘得不深，有些活动最后成为面子工程，落实不到位，没有达到切实丰富农村居民文化活动、提升农村居民文化鉴赏水平的目的。此外，农村文化消费保障制度尚不健全，居民消费权益一旦受到侵犯，找不到专门的投诉反馈机构，所以在消费权益得不到合法保障的情况下，农村居民无法放心消费。

政策落实和活动开展存在阻碍，农村文化供给也存在不少问题，公共文化设施建设不足，文化消费场所分布不均衡，部分机构和个体的文化供给无人问津，现有的文化服务供给类型和质量不尽如人意，文化供给结构失衡等。供给端存在的如上问题大大增加了消费者的消费难度，降低了其参与文化消费的欲望，如部分居民会因为乘车不便而懒于去县城看电影或唱歌。所以农村居民文化消费潜力得不到深度挖掘的主要原因是供需双方没有形成有效对接，只有农村居民文化消费需求得到足够重视和反馈，才能使农村居民文化消费得到有力提升。

四　对策和建议

（一）政府完善公共文化服务体系

湖北省要积极创新政府文化事业管理方式，发挥其在文化市场的主导作用。政府作用的有效发挥，对于促进农村文化资源的优化配置、文化产业的有效集群、农村文化需求市场的繁荣、农村文化产业新局面的开创至关重要。

1. 加大农村文化消费的政策倾斜力度

农村文化消费还处于不完善、不发达的初级阶段，急需政府的扶植和培育，所以在农村文化事业建设进程中，政府在政策上应适当给予优待，为农村文化产业发展开路，为农村文化设施建设亮绿灯。要制定切实可行的文化市场机制和文化企业体制，尽可能减少阻碍文化消费的政策因素，为农村居民构建良好的文化消费市场（高质量的产品和服务），建立健全的文化消费保障机制，如此才能调动农村居民的消费积极性，让农村居民放心消费。

针对农村文化消费严重滞后的问题，相关文化政策的制定应适度向农村倾斜，多考虑农村居民的消费能力，结合其文化消费习惯，发布推广农村文化消费的规划和细则，如适度降低农村文化活动的审批标准，以政策宣传引导农村文化艺术中心创新文化活动形式与内容，以税收优惠的形式鼓励企业资本、民间资本进入农村文化产业，设立专门的文化行业培训机构，建立完善的农村居民文化消费质量考评和反馈机制等。

对于已经出台的方针政策和工作部署，应抓紧落实和完善，保证文化产业建设过程中宏观政策的连续性和稳定性。例如2015年10月10日，文化部、财政部在湖北省武昌区启动了一次"拉动城乡居民文化消费"的试点项目。"文化汇"微信公众号是项目实施的主要载体，居民通过移动终端获得积分奖励，凭积分就可以兑换优惠券，抵扣现金，进行文化消费。对于这一次的项目试点，中央补贴了专项资金350万元，武昌区政府补贴了350万元，政府的持续关注和财政补贴为该项试点工作的后续开展提供了强有力的后盾。这次试点活动虽然仅涉及两个市区，但是为湖北广大农村地区提供了宝贵经验，让农村居民看到了参与文化消费的切实优惠和效益，为湖北农村居民文化消费水平的提升打下了良好的群众基础。

对文化产业内部，政府也应进行规划和资源整合，完善文化产业市场规范。根据国家制定和颁布的有关政策，结合湖北省农村的实际情况，针对当前湖北省农村文化产业发展的热点、难点、重点问题，同金融、文化、宣传、发展与改革、财政等相关部门共同参与、协同联动，尽快制定相关规划与政策，使湖北省农村的文化产业政策及管理体系得到健全与完善，助力湖北农村居民文化消费。

在充分发挥市场调节机制作用的同时，发挥好政府的宏观调控作用，综合运用行政和法律手段为农村文化消费营造良好的市场环境，鼓励开发健康、有益的文化产品和服务，对各种非法的不良文化行为（如赌博）给予处罚和取缔。同时，湖北农村地区时有侵犯文化消费者权益的情况发生，政府应当完善农村的消费维权体系，使其覆盖各个乡、村，以此切实保护农村居民的文化权益，净化农村文化消费环境。

2. 提高农村文化建设的资金扶持力度

从政府的社会服务职能来说，应加大资金投入力度，多开展政府层面公益性质的文化活动，如举办广场舞比赛和民俗文化节、发放文化产品消费券等。以政府文化消费的形式为居民提供公共文化产品和文化服务，如互联网村村通、文化信息资源共享、电影免费放映和文化惠民工程等。此外，还可以以政府文化投资的方式推动居民参与文化消费活动，推进文化馆、图书馆、博物馆、青少年文化宫等硬件设施建设与开放，完善硬件设施网点分布系统，降低公共文化设施闲置率，让更多的人以最便利的方式享受到政府文化建设成果。

由供给端的问题可以得知，目前农村公共文化基础设施建设不足，缺少足够的体育锻炼场所、图书馆或文化活动室，即使存在这样的场所，也由于农村基层政府财力不足，文化设施的更新维护与管理不到位，损坏严重，形同虚设，无法满足农村居民的精神文化消费需求。省政府要大力加强农村基础设施建设，增加对基础设施维护的投入，满足农村居民多方面、多层次的文化需求。就拿网购来说，在湖北的很多农村，居民网购非常困难，网络信号差，物流系统也非常不完善，想通过网购进行文化消费，居民"心有余而力不足"。省政府要加大农村电网改造力度，加强道路建设，尽快完善农村物流系统，拉动农村文化产业建设，便利农村居民文化消费路径。

据报道，江西省会昌县是国家扶贫开发重点县，该县地形以丘陵为主，交通十分不便。2017年5月，江西省会昌县设立了村级服务站点，让电商平台进农村。不会上网或者腿脚不便的村民到这里下单，由服务站代购，村民就可以收到货了；想卖土特产的也能让服务站上网代卖，村民的收入增加了，很快能实现脱贫。湖北省在农村文化消费建设中的成功经验也可以借鉴，除了要更新农村物流系统外，也要加强对农村公共文化设施的监管，避免基础文化设施的闲置和老旧退化，确保地方性文化活动设施物有所用。按时对公共文化设施进行修护和更新，为居民开展文化活动提供良好的公共文化场所和环境。

3. 加大农村文化消费观念的宣传力度

从数据和访谈得知，农村居民消费观念落后，人情消费、丧事奢办、赌博成性等现象较为普遍，以上种种消费习惯严重影响农村居民文化消费的健康发展。消费结构还是以食物烟酒支出为主、教育支出为辅，消费结构不合理，亟待优化；在文化消费支出结构上，对文化产品的投入不高，文化服务消费更是寥寥无几，面对农村文化消费大幅度落后的情形，急需政府利用调控优势，统筹调配多方宣传平台，宣传先进的文化消费观念，调整农村居民的消费观念，实现农村居民文化消费观念的更新换代。

在宣传平台和宣传手段的选择上，政府是能够最快速有效地做出决策的一方，能够兼顾辐射广度和影响深度。在网络宣传上，可以在政府门户网站上专门开辟空间，宣传地方文化活动和文化消费项目，宣传与文化消费相关的先进个人和事迹，强调文化消费能够提升精神文化水平、促进人的全面健康发展等，让这种观念植根于居民心中；在媒体宣传上，可以录制专门的文化消费公益广告投放在地方电视台上，长期连续播放，使居民在观看电视的过程中耳濡目染，接收到先进的文化消费观念，在潜移默化中践行先进文化消费观念；在传统宣传上则可以采取在公交站、公交车上贴印宣传标语，或者以校园为单位，从学生入手展开对小孩的宣传……总之，要采取多样化的宣传手段和宣传模式，实现文化消费宣传无处不在、无人不晓。实现以社会主义核心价值观为统摄的先进文化消费观念引领农村风向标，有利于转变农村居民文化消费观念，提升农村居民文化消费品位。

4. 加强农村文化消费供需的有效对接

近几年，随着生活水平的提高，消费者对文化产品的需求与日俱增。与此同时，文化企业生产的文化产品数量也在不断增加。按理来说，文化消费的增长应不成问题。但目前农村文化消费有一个障碍，即文化消费需求和文化产品与服务的供给之间未能实现信息的有效对接。湖北农村经济比较落后，信息相对闭塞，致使文化消费信息的有效对接更加难以实现。政府在这个问题上可以发挥其关键作用，建立自下而上的需求表达机制，引导农村居民表达自身真实需求，完善需求反馈和识别纠偏机制，及时协调、推动信息在社会上流动，并将信息传递到对方手中，创建有效消费[①]。湖北政府要大力实施互联网户户通扶贫工程，完善农村的信息网络基础设施建设，尤其是无线互联网建设；要为农村居民提供免费的互联网服务，大力推动文化资源信息上网，让农村居民能够就近方便地享用各类公共文化资源；为农民提供"菜单式"的便利服务，以满足居民对文化艺术的不同层次需求。

（二）健全文化产业体系和创新文化市场机制

1. 创建"互联网+"文化产业新业态，鼓励文化消费

农村的基础设施条件比较差，交通不便，文化产业很难深入湖北农村，农村居民这一文化消费主体成为湖北文化产业消费对象的一块空地。互联网可以改变这一现状。互联网传播了传统文化，又改变了传统文化生态，为我国文化产业内容创新和产量增长带来了新的动力。一方面，互联网通过观念、技术和模式创造了新的文化生产方式和产品形态；另一方面，又引发文化产业在商业模式、资本运作及传统业态转型等方面的变化。"文化+"模式融合发展已经渗透到各个垂直领域，推动了文化、旅游、科技和创意设计的融合发展，形成"文化+旅游""文化+科技""文化+创意""文化+特色小镇"等文创产业新业态，成为文化产业新的增长点。湖北农村拥有丰富的历史文化资源，文化产业应该充分利用互联网这一广阔平台，打破时空的限制，为湖北农村消费者带去优质、丰富又便利的文化产品和服务。

例如，2016年3月初，武汉智慧文化消费平台上线了，该平台由九派（武汉）全媒体股份有限公司打造，涵盖了文化市场消费、支付、兑换和采集的功能，形成了"戏曲+"的文化产业新业态。居民通过此平台购票可

[①] 黄晓华、钱刚：《中小城镇文化消费市场完善策略初探》，《湖北民族学院学报》2016年第5期，第142页。

以享受折扣优惠,这不仅可以提高湖北农村居民的文化消费积极性,而且解决了他们购票难的问题,大大便利了农村居民的文化消费。该平台还将对文化产业的内容数据、生产行为数据、消费行为大数据进行分析,探索文化、演出市场大数据的建设管理,提升文化便民服务水平。互联网技术不断升级,掀起了信息、电信、文化、娱乐、传媒、出版、金融等产业跨界融合的浪潮,不同形态的传媒机构通过相互渗透与补偿、相互连接与适应,形成新的文化产业增长点。电信运营商做手机阅读业务,电视台做网站平台和手机APP,互联网公司做智能电视产品,不同企业之间的产业边界越来越模糊,产业链延伸越来越深入,媒介融合在重构媒介生态的同时,促进了文化产业新业态的不断涌现。

2. 注重文化内核,全力打造精品文化

我国的公共文化服务体系已经基本建成,文化产业成为我国国民经济的支柱性产业,文化产业的品质是吸引农村消费者的主要条件之一。高质量的文化产品和高水平的文化服务能够保证农村居民不花冤枉钱,真正爱上文化消费,关心文化消费。湖北农村居民的收入不高,文化消费的意识薄弱,对文化消费尚处于一种朦胧的状态,所以湖北文化产业的品质直接关系到湖北农村居民对文化产品和服务的信任度。相关文化企业应负责为湖北农村居民提供高性价比的文化产品和服务,结合湖北农村的实际情况,多开发低成本、小规模、低票价的文化产品,多发展贴近湖北农村居民社会和生活的文化服务,增加文化消费的总量,如此才能高效提升湖北农村居民文化消费水平。例如河南戏剧,最近几年一直致力于契合时代打造精品剧目,《焦裕禄》《苏武牧羊》《清风亭上》等豫剧在全国各地巡回演出,有的还赴国外交流演出,大大丰富了居民的文化生活内容。以精品为核心,河南省戏剧实现了全国"五个一工程"奖戏剧类九连冠、国家舞台艺术"十大精品工程"八连冠和中国政府最高奖"文华大奖"五连冠。如今,河南戏剧成为河南省走向全国、走向世界的一张亮丽名片。湖北省各农村也要结合自身地域文化特色,发展精品文化产业,打造属于自己的品牌。

3. 创新文化产业运作模式，增强产业活力

创新是一切产业发展的基石，文化产业也不例外。有了更高效的更具创造力的管理方式，文化产业才能更快更好地发展，进而为农村居民文化消费提供保障。当前文化消费的一大特点便是信息化、技术化。2014年堪称"大数据"年，之后在此背景下的信息消费也迸发出前所未有的活力，4G网络和新的移动终端带来的云端同步，已经重新定义出版业、视频和图片等媒介形态；3D打印、仿真技术和传统文化产品的融合也在不断增强文化产品的吸引力；智能家电、物联网正在试图把人们的房屋转变为电影院和剧场。今天几乎所有的传统文化产业都在被互联网倒逼转型，走向"互联网＋"的转型升级之路，所以文化产业运作模式也要顺应时势主动更新换代，跟上当前的互联网潮流，走在消费者前面，走在消费需求前面。

（三）农村居民培养良好的文化消费习惯

1. 自觉更新文化消费观念

湖北坐落在中部平原，农村传统的消费文化有不少亟待改造的习惯和意识，比如平时过度节约，抑制了文化消费，在消费支出上，重物质消费轻精神文化消费，而遇到重大节日就过度消费，这样就抑制了正常的消费，文化消费更是无从谈起，有时候还存在不合理的文化消费倾向等。农村居民的物质消费在消费支出中仍然占据主导地位。他们认为吃喝住穿才是合理的消费，其中用于婚丧嫁娶的人情消费占农村居民家庭收入的10%以上，剩下能用于文化消费的部分寥寥无几。比如，在湖北多数农村地区，结婚、生子、搬家、过生日、升学、买车等活动都与请客送礼有关，人情往来成为农村居民的重大负担。尽管农村邻里关系亲密，相互照应、人情往来是历史传统，但随着部分农村居民收入的提高，礼金金额也水涨船高，一个月至少要送三四份礼已是许多家庭的常态，礼金甚至成为家庭支出中占极重比例的开支。不断地送礼和不断地找理由请客吃饭收礼已然造成农村居民人情往来的恶性循环，人们不堪其扰

但又都无法拒绝。

要更新农村居民文化消费观念，增加农村居民文化消费需求，不仅需要外在因素的推动，即需要政府和文化企业的双重把关，而且需要农民主体发挥自我能动性，积极主动地接受新的消费观念。

一方面，政府要花财力物力帮助居民培养新的文化消费观念，引导其树立健康合理的消费观念；文化企业也需要在供给侧多发挥创造性，在培育文化消费增长点的时候，多考虑农村居民的消费习惯和爱好，在关注文化内涵的同时，为文化产品注入多样化的内容，为文化服务倾注亲民贴切的因素，满足农村居民不同层次的文化消费需求，将农村居民发展成为稳定可靠的文化消费群体。

另一方面，农村居民在规划消费支出的时候，也要多考虑文化消费的投入比例，适当提高文化消费支出份额，将消费规划作为调整消费观念的第一步，在实际操作中也要多参考文化消费细目，考量文化消费的投入产出成本，不仅提升文化消费，而且把好文化消费质量关。接下来还要多关注文化消费相关政策和新闻动态，做到自主自觉迎合新时代文化消费浪潮，主动宣传文化消费新观念，帮助身边的人转变文化消费观念。

2. 调动主观能动性使现有文化资源为我所用

政府耗费心力加快完善农村公共服务体系，创造良好的文化消费市场；企业切实关注农村居民文化消费需求，按需生产，从大局出发让利消费者；政府作为协调方，企业作为文化输出方，在提高自身业务水准为农村居民谋福利的时候，要达到目的，还需要作为文化接受方的农村居民的回应，要求消费主体调动主观能动性，充分利用现有的文化资源，实现自身消费需求。

湖北政府在农村文化基础设施建设上做出了很多努力，公共文化体系得到不断完善。企业也在进一步将文化产业落户到农村，力图改善农村的文化消费环境，健全农村的文化消费市场。农村居民要学会充分利用政府和企业提供的文化产品和服务，在进行文化消费之后，也要主动并且及时地向政府和企业反馈意见并提出建议。对于村子里文化设施的维修和保护，居民也应当主动担起一份责任，相互督促，相互学习文化知识，不断创新农村文化，丰富农村居民的精神生活。消费主体在意识到自身权益和责任之后，主动响应和配合政府与企业的活动和要求，如此才能实现三者的有效沟通和对接，政府和企业才能圆满完成自身领域的文化绩效，提升自己的文化服务水平，反过来，政府和企业业务水准的提升又能促使他们为居民提供更优质的文化产品和文化服务。

调动居民文化消费的主动性和积极性，网络户户通扶贫工程在其中将起到很大的作用。农村交通不便，信息相对闭塞，居民很难体验到文化消费的快感和益处。如果完善农村的信息网络基础设施建设，给社会媒体更多便利之处，农村居民通过网络媒体足不出户就能参与和体验文化消费活动，见识到品种多样的令人满意的文化产品和服务，满足他们多种多样的文化消费需求，便可以极大地激发他们参与文化消费的积极性，变被动为主动，让居民主动利用手头现有资源展开文化消费。经过网络户户通扶贫工程之后，农村几乎家家有电视，电视成为农村居民展开精神文化活动的重要媒介。可是，农村居民对电视所提供的内容只能被动地接受，不能主动地选择。在这一点上，有线电视还远远比不上网络电视。所以在调整农村居民文化消费观念的同时，还要提高农村居民进行文化消费的主动性。主动性是由内而外的，农村居民必须对这些文化产品和服务真正感兴趣，喜欢并爱上文化消费，他们的主动性才会得到真正的提高。例如让网络电视进入千家万户，这从某种程度上说是对农村居民文化消费主动意识的一次唤醒。

3. 以新带老、以点带面逐步实现消费观念的更新换代

提高农村居民文化消费的自觉性和积极性，还要靠农村家庭之间、居民之间的相互带动和相互影响。从我们的报告数据可以看出，农村户主呈中年化趋势，他们进行文化消费的意识没有年轻人那么强烈，用在孩子身上的教育支出是他们最主要的文化支出，而他们自己的文化消费需求就无法得到满足。加上中老年户主的学历大部分在初中及以下水平，对高层次的文化消费需求没有青年人那么旺盛，这也就制约了他们文化消费的主动性和积极性。现如今有大部分农村青年外出打工，或者在外求学，留在农村的多数是妇

女、老人和儿童,他们是农村文化消费的主要人群。户主的消费观念确实对一个家庭的消费结构有很大影响,但是对于一个常年在外打工的户主来说,其积极影响是有限的。这时就需要他们的子女或者邻里乡亲来更新他们的消费观念,影响他们的消费支出和消费结构。通过"你带我、我带你"的方式层层影响,影响的范围会越来越广,消费观念在这个影响的过程中变得更加开放了,居民的生活方式正在潜移默化地发生改变。

附 录
Appendix

B.18 湖北文化产业发展大事记（2016）

1月

2016年1月7日下午，《湖北省乡村旅游发展规划（2016~2025）》顺利通过评审。

2016年1月11日，由《武汉晚报》倾力打造的一款生活服务类客户端产品"武汉观"上线开始试运营，聚焦武汉本地新闻资讯。

2016年1月12日，由深圳艾肯弘扬咨询管理有限公司和湖北润基投资有限公司联合投资28亿元的"荆州新界"文化旅游主题公园项目签约仪式在沙市区举行。

2016年1月13日，湖北中央广播电视无线数字化覆盖工程勘察设计工作全面开展。

2016年1月22日，由亚航执飞的马来西亚东马沙巴—中国武汉航线正式开通。

2016年1月28日,长江文化控股股东湖北长江广电传媒集团与阿里影业达成战略合作,实现"产业+资本"的作战"联姻"模式。

2016年1月,湖北楚天都市报传媒有限责任公司成立,注册资本6000万元。

2016年1月,枣阳郭家庙30号墓出土一套春秋早期编钟,为迄今所见能敲出"商"声的最早编钟。

2016年1月,湖北省新华书店集团首家24小时书店——九丘书馆在武汉水果湖附近开门营业。

2月

2016年2月3日,团风县举行招商引资项目签约仪式,合同投资总额达40亿元。其中,投资总额为20亿元的宝中龙观道观河旅游开发项目,将被打造成文化旅游综合体。

2016年2月18日,投资150多亿元的荆州纪南生态文化旅游区各项建设正在稳步推进,楚国八百年盛景将再现。

2016年2月26日,宜昌五大文化旅游项目在三峡旅游新区集中开工,总投资40.66亿元。

2016年2月27日,武汉市汉阳区政府携手盛世华韵在"2016武汉游戏企业春季沙龙"上举行了盛世汉阳文化产业投资基金战略合作签约仪式,基金总规模达2亿元,首期1亿元。

2016年2月28日,黄冈市召开文化旅游产业招商会议,强调要把招商引资工作作为"要务之要务、中心之中心"的任务来抓。

3月

2016年3月4日,湖北省文化建设重大工程——《荆楚文库》开印仪式在湖北新华印务有限公司举行。

2016年3月10日,汉秀剧场迎来开业以来首个大型入境旅游团队。

2016年3月25日,武汉开发区现代服务业重大项目签约、揭牌仪式在武汉开发区政务服务中心隆重举行。当当网全球数字出版总部、中智公司华中总部两个项目在武汉开发区揭牌,同时,财富传媒、大唐电信、东风全国电子招投标总部、丽兰传媒4个项目签约落户。其中,当当网全球数字出版总部已入驻华中国家数字出版基地(华中智谷),财富传媒、丽兰传媒于当日与武汉文化发展集团有限公司及其子公司华人汇和科技园有限公司签署框架合作协议,意在入驻华中国家数字出版基地。

2016年3月,国家电影事业发展专项资金管理委员会发布《关于奖励放映国产影片成绩突出影院的通知》。

4月

2016年4月8日,湖北全面推进广播电视播出传输秩序专项整治工作。

2016年4月8日,荆门市文体新广系统召开"十三五"项目策划推进会,强调围绕国开行、农发行申贷要求策划项目,确保项目能有足够的资金支持。

2016年4月9日,湖北省2016年重点出版选题策划会在北京举行。来自北京大学、中国人民大学、北京师范大学、中央党校、《人民日报》、《中华读书报》、中国图书评论杂志社等高校和媒体的专家学者们从42种重点出版选题候选项目中,选出了20种重点图书选题进入精品生产"7·20"工程,包括湖北科学技术出版社《生命科学院士文库(医学卷)第一辑》、华中师范大学出版社《湖北方言研究丛书》、长江出版社《长江经济带发展研究丛书》等;从27种重点出版图书候选项目中选出了10种重点图书项目纳入湖北省重点图书项目库,包括湖北美术出版社《中国古版年画珍本(11卷)》、武汉大学出版社《秦简牍合集(四卷)》等。

2016年4月10日,首届武汉马拉松赛于上午7时30分准时起跑,两万名国内外跑者齐聚汉口江滩一同出发。此次武汉马拉松赛在赛前便赢得足够多的关注：6万人报名创下赛事之最；采用国内最高级别赛事工作人员配备标准；赛道途经"两江四桥"均在城市核心路段，成就史上最难但最美线路。

2016年4月13日，鄂湘赣三省在南昌签约开展新闻出版广播电视战略合作。

2016年4月14~18日，省政协主席张昌尔率湖北省经济代表团对肯尼亚进行友好访问，积极开展产业开发和人文交流等合作，推动湖北省文化发展项目在非洲落地。

2016年4月23日，2016武汉草莓音乐节在武汉体育中心举办。

2016年4月27日，大冶雷山风景区管委会与湖北德丰旅游开发有限公司正式签署旅游开发战略合作仪式，该公司将投资30亿元，打造旅游景区集群。

2016年4月27日，武汉爱立方儿童教育传媒股份有限公司在全国中小企业股份转让系统（即新三板）正式挂牌，意味着以出版为主业的长江传媒正式吹响了进军万亿元级幼教市场的冲锋号，并以此为契机，迈向与资本市场融创发展的征程。

2016年4月，东风雷诺赞助2016武汉马拉松赛，传播效果超出预期。

2016年4月，由两点十分动漫公司制作、腾讯动漫独家代理的漫画《银之守墓人》宣布了改编动画的计划，并确定由绘梦日本公司制作。动画将于2017年在日本播出。

2016年4月，黄冈市新华书店在黄州区一中创建全省首家"新华·格致"校园店。

5月

2016年5月12日，第十二届中国（深圳）国际文化产业交易博览会在深圳会展中心开展，华中国家数字出版基地展台由湖北省新闻出版广电局主办，由武汉文化发展集团承办，展台以"创新驱动　传承发展"为主题，集中展示了湖北省数字产业发展的新趋势和新成果，展现了基地在"互联网+"时代打造华中地区数字出版产业聚集高地的全新面貌和特色优势。

2016年5月12~16日，在深圳文博会，湖北省文化产业招商签约项目20个，吸引投资209亿元。

2016年5月14日，我国恩施州与新西兰怀马卡里里市正式缔结为国际姊妹城市，双方将在投资、教育、旅游、文化、休闲运动等领域开展深层次、宽领域合作。

2016年5月15日，2016中国旅游产业投融资大会揭晓了第二届"中国旅游产业杰出贡献奖"（飞马奖），湖北旅游企业家荣膺"飞马奖"，2家企业进入全国旅游投资百强。

2016年5月16日，大冶铜绿山四方塘遗址入选"2015年度全国十大考古新发现"。

2016年5月17日，国家新闻出版广电总局公布"十三五"国家重点图书、音像、电子出版物出版规划，湖北省62种出版物入选，比"十二五"出版规划首批入选项目数增长38%，入选项目数排全国第九位。

2016年5月26日，首届黄冈楚商大会举行项目路演，13个特色优势项目登台亮相，21家风投创投机构现场寻觅商机。

2016年5月27日，湖北广播电视台（集团）控股的北京长江文化股份有限公司挂牌新三板。

2016年5月30日，"2016马来西亚湖北传媒周"大型文化交流活动在马来西亚吉隆坡中谷展览中心隆重开幕，来自中马两国的1000多位来宾共同领略湖北美丽风光大片，感受湖北文化产业发展成果。在开幕式上，现场共有12个项目签约。其中，被誉为"华文第一刊""期刊第一股"的湖北杂志《特别关注》与马来西亚知名商业杂志《品牌与连锁》，将联合出版《特别关注》南洋版，发行范围辐射马来西亚、新加坡、印度尼西亚等国；马来西亚亚太广播发展机构与湖北省新闻出版广电局，签订了《中马传媒合作与人才交流发展》协议；中国大陆之外发行量最大的中文报纸《星洲日报》与湖北日报传媒集团签约，共同打造"中马公共信息服务平台"；马来西亚首要传媒（MEDIA PRIMA BERHAD）与湖北广电台达成优质节目互换协议；马来西亚城市书院与我国长江出版传媒集团签订中马图书版权合作项目；马来西亚新世纪教育公司与知音传媒集团就《斗破苍穹》数字版权项目达成合作协议。

2016年5月30日至6月2日，"2016马来西亚湖北新闻出版广电传媒周"在吉隆坡举办。

2016年5月31日，《湖北省体育产业引导资金使用和管理办法（试行）》通知印发，强调要引导社会力量投资体育产业，可以采取如贷款贴息、项目补贴、资本金注入、奖励等支持方式。

2016年5月，国务院办公厅发布《2016年全国打击侵犯知识产权和制售假冒伪劣商品工作要点》。

2016年5月，卢米埃凯德1818影城举办法国电影周。

2016年5月，湖北长江广电传媒集团有限责任公司进入全国文化企业30强。

6月

2016年6月17日，荆州关公义园正式开园。

2016年6月19日，省政府办公厅印发《关于进一步促进旅游投资和消费的实施意见》，提出鼓励错峰休假和弹性作息，有条件的地方和企事业单位可根据实际情况，依法优化调整夏季作息安排，为职工周五下午与周末外出休闲度假创造有利条件。

2016年6月21日，孝感市在匈牙利布达佩斯举行"2016中国·湖北孝感市情推介会"，双方在经贸、旅游、文化、教育等方面寻求合作机会。

2016年6月23日，湖北省人民政府批准组建湖北体育产业集团有限公司（简称省体育产业集团）。组建省体育产业集团是湖北省深入贯彻落实国发〔2014〕46号文件和鄂政发〔2015〕50号文件精神、突破性发展体育产业、加快推进体育强省建设步伐的重要举措，在湖北省体育发展史上具有里程碑意义。

2016年6月25日,十堰市武当山非物质文化遗产传承基地项目推介会成功举办。

2016年6月27日,湖北省广播电视监测与指挥调度平台系统建成。

2016年6月28~29日,"2016年全国文化娱乐行业转型升级高峰论坛"在武汉成功举办,强调要吸引社会资本,使文化娱乐场所适合不同消费群体。

2016年6月,武汉天地CGV星星影城举办香港电影周。

2016年6月,湖北长江电影集团有限公司发行的电影《漂洋过海来爱你》在北京国际电影节中日电影周展映。

2016年6月,玛雅动漫《闯堂兔Ⅱ疯狂马戏团》票房超过2100万元,创下湖北原创动画电影票房最高纪录。

7月

2016年7月1日,住房和城乡建设部公布了首批特色小镇,湖北省宜昌市夷陵区龙泉镇、襄阳市枣阳市吴店镇、荆门市东宝区漳河镇、黄冈市红安县七里坪镇、随州市随县长岗镇等入列。

2016年7月5日,国家新闻出版广电总局公布"2016年向全国青少年推荐百种优秀出版物目录",湖北省3种图书入选,分别为湖北人民出版社《院士的中学时代》、长江文艺出版社《蘑菇圈》、武汉大学出版社《唐宋八大家故事集》。

2016年7月19日,深圳西湖股份有限公司计划投资20亿元,开发宜昌鳄鱼小镇文化旅游项目。

2016年7月21日,由武汉非遗文化传播有限公司设立的全球首支非遗保护专项基金"中国非遗基金"在香港正式面向全球募集,首期募集资金10亿元,预期最终将达30亿元。

2016年7月21日,《市文化局市财政局关于做好武汉市市级非物质文化遗产保护专项资金管理工作的通知》强调专项资金的管理和使用，坚持突出重点、专款专用、讲求实效等原则。

2016年7月24日，在团风县第二季招商引资项目集中签约仪式上，万峰建工集团投资5亿元签约万峰大别山圣人崾生态农业文化小镇项目。

2016年7月26日，仙桃市政府与鄂西生态文化旅游圈投资有限公司签订合作开发排湖中国休闲谷项目，总投资达100亿元。

2016年7月27日，湖北省新闻出版广电局印发了《湖北省"十三五"时期新闻出版广电业发展规划》，分发展现状、总体思路、主要任务和保障措施四个部分编制，总计19000字。

2016年7月27日，湖北新闻出版广播电视产业"双百工程"启动。

8月

2016年8月8日，《省财政厅省文化厅关于印发〈湖北省扶持文化产业示范园区及基地发展专项资金管理办法〉的通知》特对原管理办法进行了修订。

2016年8月8~12日，鄂粤港澳经贸洽谈会达成45个合作项目，揽下600多亿元的大单，涉及经贸、文化领域等多项合作。

2016年8月10日，湖北省体育局、湖北省发展和改革委员会印发《湖北省体育产业发展"十三五"规划》。

2016年8月19日，由深圳华强集团与荆州市政府共同出资120亿元建设的"荆州华夏历史文化科技园"项目在荆州纪南生态文化旅游区奠基开工。

2016年8月25日，湖北省召开网络视听节目专项整治工作会议。

9月

2016年9月1日，湖北广播电视台陆续创新推出纪念红军长征胜利80

周年宣传报道。

2016年9月2日,在G20峰会召开前夕,湖北旅游形象宣传登录BBC,在BBC各大品牌新闻栏目和黄金时段全天候滚动连续播出3个月。

2016年9月5日,第十一届全国优秀舞蹈节目展演活动在武汉举办。

2016年9月6日,黄石港区人民法院成功宣判我国首例侵犯影视作品著作权案件,犯罪嫌疑人卫某被依法判处有期徒刑10个月、处罚金5000元,并对其违法所得予以追缴。

2016年9月7日,湖北省新闻出版广播电视相关项目获2016年度中央文化产业发展专项资金(3750万元)扶持。

2016年9月7日,由湖北省广播电视台、湖北宜昌市委宣传部等投拍的电视剧《宜昌保卫战》在京举办首播发布会。

2016年9月14日,宜昌市召开全市文化创意产业工作会,起草了《支持文创产业发展的意见》(代拟稿),对文创企业的融资、税收、人才等方面给予扶持。

2016年9月17日,华中首个20米LUXE巨幕影厅——壹方购物中心百丽宫影城正式入驻武汉。

2016年9月26~28日,"长江丝路"旅游专列亮相西安旅博会。

2016年9月,中国首届主流新媒体高峰论坛暨新媒体和自媒体合作高峰论坛在武汉召开。

2016年9月,《互联网广告管理暂行办法》正式施行。

10月

2016年10月1日,湖北省工商登记制度实行"五证合一"。

2016年10月9日,首届湖北省(黄石)园林博览会暨矿博会"武汉城市主题日"活动成功开展。

2016年10月10日,首届湖北省(黄石)园博会旅游推介会在武汉召开。

2016年10月18日，湖北省首次发布旅游年卡。

2016年10月22~23日，第15届华中图书交易会在武汉国际会展中心举办，共有来自全国的500多家出版单位、2万多家发行企业参展，交易会设置的展位由上届的860个增加为1100多个，参展的新版、精品出版物超十万种。

2016年10月26日，湖北省4部作品在"弘扬社会主义核心价值观 共筑中国梦"主题优秀网络视听节目展播活动中获奖。

2016年10月26日，中俄蒙"万里茶道"相识之高山流水推介会在武汉香格里拉大酒店举行。

2016年10月27日，第五届琴台音乐节在武汉开幕。

2016年10月28日，武汉·中国光谷——第十二届武汉国际杂技艺术节在武汉举行。

2016年10月28日，国务院办公厅印发《关于加快发展健身休闲产业的指导意见》，部署推动健身休闲产业全面健康可持续发展。

2016年10月，湖北长江电影集团有限公司发行的电影《漂洋过海来爱你》获第二十九届东京国际电影节金鹤奖。

2016年国庆节期间，全省共接待游客3623.6万人次，获得旅游综合收入258.3亿元，同口径相比增长20.1%和22.3%。其中，全省重点监测的25个旅游景区累计接待游客350.25万人次，获得门票收入3.48亿元，同比增长20.6%和16.8%。

2016年10月，首批600万元的20万册鄂版精品图书发往马来西亚。

11月

2016年11月2日，在中华全国新闻工作者协会主办的第二十六届中国新闻奖、第十四届长江韬奋奖评选活动中，湖北广播电视台（集团）湖北之声报送的广播消息《兄弟，我们一起上去》、电视综合频道报送的电视访谈《督履职、促发展、惠民生——2015湖北媒体问政》双双荣获中国新闻奖三等奖。

2016年11月2日,十堰市印发《"十三五"文化体育新闻出版广播电影电视事业发展规划》,提出要加大财政投入,提高文化发展专项基金对文化事业的分配比例。

2016年11月4日,《武汉晚报》、《武汉晨报》、汉网两报一网合并,成立武汉晚报传媒有限公司。

2016年11月10日,湖北省新闻出版广播电视局组织召开全省2016年视听评议工作座谈会,进一步加强全省广播电视节目视听评议工作。

2016年11月11～14日,"2016全国民族地区投资贸易洽谈会"系列活动在北京举行,恩施州作为10家推介单位之一进行了主题推介。

2016年11月12～13日,由40多位珠三角地区企业家组成的考察团在湖北省考察文化产业,并就有关招商项目进行了对接洽谈。

2016年11月15日,第十三届湖北·武汉台湾周在武汉开幕,吸引众多投资者参与。

2016年11月15日,借助在武汉参加食博会的机会,恩施州40家企业的代表到武汉小恩施参加对接活动,把恩施的民族文化、特色产品、旅游资源推介到武汉三镇。

2016年11月16日,国家新闻出版广电总局数字出版司发布了《新闻出版业数字化转型升级软件技术服务商推荐名录(2016)》,武汉理工数字传播工程有限公司是湖北省唯一一家入围的企业。

2016年11月20日,2016中国文化产业峰会暨首届荆楚文创节在武汉开幕,湖北省20个文化产业项目签约总金额为138亿元。

2016年11月20日,省财政厅、省文物局联合修订出台《湖北省重点文物保护专项资金管理办法》,加强文物保护专项补助资金管理,提高资金使用效益。

2016年11月22日,健身休闲产业政策宣传贯彻会议暨湖北省体育产业局长培训班在武汉开幕。培训班旨在学习贯彻《国务院办公厅关于加快发展健身休闲产业的指导意见》系列文件,提升体育产业工作者的业务能力和管理水平，同时研究部署下一阶段湖北省体育产业工作。

2016年11月23日，当阳市与省交投签署合作协议，投资50亿元整合玉泉寺、关陵、百宝寨旅游资源，打造5A级文化旅游景区；与湖北省再担保集团等金融机构签订银政合作协议，为项目建设及企业发展提供金融支持。

2016年11月28日，全国工业旅游创新大会召开，十堰汽车城获评首批国家工业旅游创新单位。

2016年11月29日，湖北省人民政府令第392号《湖北省出版物市场管理与服务办法》自2017年1月1日起施行。

2016年11月29日，湖北省体育局正式与鄂州市、潜江市、京山县、来凤县四个试点地方人民政府签订了"建设基本公共体育服务体系示范区合作协议"，明确了试点建设的各项要求和工作机制。

2016年11月，全国人民代表大会常务委员会通过《中华人民共和国电影产业促进法》。

2016年11月，黄陂木兰文化生态旅游区被国家旅游局评为"旅游厕所革命最佳景区"。

2016年11月，长江旅游全新标识系统全球发布。

12月

2016年12月7日，湖北省2016年校园戏曲展演活动在华中农业大学开幕。

2016年12月12~14日，全国整治办督查组检查湖北省境外卫星电视管理工作。

2016年12月15~16日，中南六省份演出工作交流会暨演出洽谈会在湖北武汉召开。

2016年12月17日，中宣部、教育部、文化部在汉召开全国戏曲进校园经验交流会。

2016年12月18~19日，2016年度湖北省"最具影响力十大美丽乡村"分别是武汉市江夏区五里界街童周岭村、武汉市新洲区邾城街巴徐村徐治湾、洪湖市老湾回族乡珂里村、十堰市郧阳区樱桃沟村、孝昌县王店镇磨山村、钟祥市客店镇南庄村、蕲春县刘河镇汤冲村、罗田县三里畈镇新铺村张家冲、宣恩县高罗镇清水塘村、天门市岳口镇健康村。

2016年12月21日上午，湖北省新闻出版广播电视局和省广播电视信息股份有限公司等相关部门负责人走进湖北广播电视台湖北之声《党风政风热线》直播间，现场接受全省听众就地面无线数字电视建设、无线广播覆盖等方面问题的咨询和提问。

2016年12月26日，省旅游委举办全省旅游商品工作培训班。

2016年12月28日，香港UA Cinema在凯德新民众乐园正式开业。

2016年12月，由中国出版协会主办的第六届"中华优秀出版物奖"评选结果揭晓，湖北省有8种出版物荣获大奖。获图书奖正式奖的2种图书是《秦简牍合集》（4卷）（武汉大学出版社）、《中国第一条长大高速铁路干线（武广高铁）技术创新工程丛书》（10册）。获图书奖提名奖的5种图书是《做最好的党员：向焦裕禄同志学习》（华中科技大学出版社）、《葛健豪和她的儿女们》（武汉出版社）、《中国早期艺术的文化释读——审美人类学微观研究》（湖北人民出版社）、《致成长中的你——十五封青春书简》（长江文艺出版社）、《中国典型城市环境地质图集》（中国地质大学出版社）。获音像电子游戏奖提名奖的出版物是《青少年科学仿真探究数字体验馆》（湖北九通电子音像出版社）。

2016年12月，湖北省召开推动动漫产业发展工作会，公布了湖北省动漫产业的发展数据，并对发展现状及未来前景进行了深入分析。

2016年，湖北省内共有院线22条，新增影院52家，新增银幕302块，新增座位数44261个，其中县级影院23家、银幕数110块、座位数15441个。全省共有影院309家、银幕1711块、座位250756个。产生电影票房22.45亿元，同比增长6.75%，位居中部第一、全国第七；观影人数达到 7544 万人次，同比增长 13.57%；放映 333 万场次，同比增长 37.79%。

2016 年 12 月，知音动漫增资扩股项目在华中文交所正式挂牌。国产漫画期刊第一品牌增资扩股，标志着湖北以及国内传统纸质漫画的彻底转型。

B.19 后　记

经过两年多的策划，《湖北省文化产业发展报告（2017）》终于得以面世。作为组织者的我，心里的一块石头总算落了地。

作为湖北省第一部文化产业发展报告，我在最初组织撰写队伍的时候，并没有太多底气。虽然撰写者大都是相关研究领域的青年才俊，且是组织者的好友，但面对一件从来没有做过的事情，大家显然也跟我一样，只能摸着石头过河。因此，当本书初稿基本按照约定时间完成而且质量获得专家们肯定的时候，我终于松了一口气。

我一直认为，研创《湖北省文化产业发展报告》，对于打破政企产学研之间的隔阂，发挥高校科研机构服务社会的作用，从而推进湖北文化产业又好又快发展，具有比较重要的意义。而作为中部文化产业大省，湖北在这方面的研究却处于空白。于是，我想做第一个吃螃蟹的人，虽然能力有限，但可以为此做出自己的努力。然而，我对困难的估计还是有些不足，在编撰过程中也曾经想打退堂鼓。不过，在诸多人士的支持与鼓励下，我总算坚持了下来。

下面就报告的研创思路做简要说明。

1. 报告的研究目的

本报告拟全面梳理"十二五"期间湖北文化产业发展、转型的过程，深度跟踪湖北文化产业未来发展动向，重点分析新常态下的新业态，对湖北文化产业的发展现状进行全面准确的判断，对其发展趋势进行理论上的预测与评估，力求建构起一个准确反映湖北文化产业各领域发展脉络与趋势的理论构架与数据模型，从而为政府部门与相关企业提供可行的决策依据，为学术机构提供可靠的数据资料，为社会民众提供有益的专业知识，最终为推进湖北文化产业又好又快发展贡献绵薄之力。

2. 报告的研究对象

本报告聚焦湖北文化产业发展趋势，围绕湖北文化产业的主要门类做具体分析，包括报刊产业、出版业、广播电视产业、电影产业、广告产业、演艺产业、动漫产业、文化旅游产业、休闲体育产业等；同时对与湖北文化产业发展密切相关的问题进行专题研究。

3. 报告的数据来源

本报告以省委宣传部、省统计局、文化厅、财政厅等权威部门发布的官方数据为基础，同时采用上市公司年度数据、各类专业数据库的数据、主流报刊和官方媒体的数据等，力求数据的权威性与可靠性。

4. 报告的编撰团队

本报告编撰团队由来自湖北大学文学院、新闻学院、商学院、艺术学院、体育学院，湖北省社科院，湖北工业大学，武汉市文化局，湖北人民出版社，《武汉晚报》等多家研究机构及实务部门的青年学者组成。他们中有的长于理论研究，有的具有业界经验，都是长期关注相关领域的青年学者，有较丰富的前期成果，"专业人做专业事"，在一定程度上保证了本报告的质量。

本报告的编撰得到了中共湖北省委宣传部、湖北省文化厅领导的大力支持，得到了湖北省社科院、武汉大学、华中师范大学、湖北大学等机构的专家学者的指导。中国文化传承与发展优势学科群为本报告的研创出版提供了专项经费支持；湖北大学高等人文研究院、湖北文化建设研究院及湖北大学相关文科学院为本报告的研创出版提供了无私的智力支持；因此，本报告是集体智慧的成果。由于组织者与编写人员的局限，本报告难免存在种种不足之处，如数据的更新速度较慢、涵盖的产业门类不全等问题，希望专家和读者批评指正，提供帮助，我们将在以后的报告编写中继续改进。

最后，对所有帮助与支持本蓝皮书研创出版的单位与个人表示衷心的感谢！

黄晓华

《湖北省文化产业发展报告》课题组组长

湖北大学文学院副院长

湖北大学湖北文化产业研究中心常务副主任

Abstract

During 2015 - 2016, the development of Hubei cultural industry has obviously accelerated. In the 12th Five-Year period, the macro environment, the main form of content construction and other aspects of Hubei cultural industry all have had a breakthrough development. "Culture Plus" has become the new normal, the transformation and upgrading are speeding up, the demand for cultural consumption is growing rapidly, and public entrepreneurship and innovation are flourish. All those provide rare opportunities and favorable conditions for a leapfrog development.

"Hubei Cultural Industry Development Report (2016)" (hereinafter referred to as the "Report") focuses on 2015 and 2016, summarizing the achievements of Hubei cultural industry during the 12th Five-Year Period, evaluating the current situation, level and competitive ability of Hubei cultural industry based on important strategies such as "The Rise of Central China", "Internet Plus" and "Yangtze River Economic Belt", etc. In addition, we make a precise prediction on the development of the "13th Five-Year" period, and put forward a series of countermeasures, hoping to provide theoretical results for the top-level design, social science researches and the popularization of knowledge in Hubei Province.

In summary, on the basis of a comprehensive analysis, we believe that the year from 2015 to 2016 is an important node to speed up the development of Hubei cultural industry. During this year, the upper decision was more accurate, enterprise growth was more convenient, think tank construction tended to be complete, the industrial scale was rapidly expanding, and the industrial structure was transforming steadily. The cultural industry is a kind of green sunrise industry with low consumption and high added value, shouldering the historical responsibility of supporting emerging economic development and demonstrating Hubei's soft power, in which both stock and increment are required. At present, governments at all levels, enterprise entities, think tanks and educational institutions actively cooperate with a clear target. The government departments should innovate management and cultivate market demands; enterprises should position accurately and take a characteristic development; research institutions should focus on industrial front and cultivate comprehensive talents. Based on this, we will explore a characteristic development path for Hubei cultural industry, and take the development of cultural industry as the core driving force to build an industrial cluster of "cultural guidance, advanced technology and complete chain" in Hubei Province.

The Report is constituted by a combination of classified reports and specialized reports. Classified reports make an analysis involving more than 10 main categories of Hubei cultural industry based on five aspects (the development environment, trends, features, problems and countermeasures). We strive to identify the new trend under the new normal and distinguish new formats. Specialized reports mainly analyze the situation of investment and financing, the situation of cultural consumption and the development of characteristic cultural resources, making a detailed horizontal comparison of the development of cultural industries among six provinces in the central region.

The Report is the first report of Hubei cultural industry. In order to sort out the development skeleton and explore feasible ways for the development of the 13th Five-Year Period, we take the transformation and upgrading of the industry as the starting point, focusing on the new opportunities and new problems encountered in the process of upgrading and transformation. We attempt to identify the distinctive features and explore the new direction of Hubei cultural industry, constructing a complete and accurate model of the development of Hubei cultural industry. In the compilation process, we have organized more than ten teams, carrying out dozens of fieldwork all over Hubei Province, going to numbers of enterprises for research, and collecting data in multiple ways. We believe it will make a useful supplement to the official data, and could be helpful for government decision-making and related academic researches.

Keywords: Cultural Industries; Industry Development; Soft Power; Emerging Pillar Industries; Transformation and Upgrading

Contents

I General Report

B.1 Look into the New Normal and Set up a New Climate:
The Outlook of Hubei Cultural Industry
Huang Xiaohua, Niu Min / 001

Abstract: In 2016, Hubei cultural industry has reached the turning point of the "13th Five-Year" period. With the strategic drive of "Yangtze River Economic Belt", "Culture Plus" becomes the new normal. The policy support is more accurate, the enterprise survival environment is more relaxed, and the provincial think tank construction is gradually forming. The total amount continues to grow and the level is constantly improving. The system of "1 subject, 2 subs, and multipolar" has been built. Driven by "Wuhan City Circle", the cultural industry of a number of small and medium cities has developed into the fast lane. With the healthy and rapid development, there still exists problems, such as the lack of cultural resources transformation, unbalanced development, and the weak demand for cultural consumption. In view of these problems, the Report proposes proper measures.

Keywords: Cultural Industries; Yangtze River Economic Belt; Culture Driven; Market Demand; Emerging Industries

II Index Report

B.2 Report on the Development Index of Hubei
Cultural Industry (2016)   *Qing Jing, Zhu Liqi* / 023

Abstract: At present, it is the decisive stage of building a moderately prosperous society in all respects and also a crucial stage of structural reform. This report focuses on the development status of Hubei cultural industry, in order to realize the goal of promoting the cultural industry to be a pillar industry of the national economy. This report builds the evaluation index system of the cultural industry development index, makes statistics based on the development indicators of cultural industries among 17 cities in Hubei Province, and concludes 2015 cultural industry development index in Hubei Province, in order to make an accurate evaluation of the regional cultural industry development level in Hubei Province.

Keywords: Cultural Industry; Index; Evaluation

III Industry Reports

B.3 Report on Hubei Newspaper Industry (2016)
        Zhai Lanlan, Nie Yuanzheng / 034

Abstract: In 2016, in the time of integrated development, Hubei newspaper industry has undergone many changes. On the one hand, the traditional media is experiencing the industrial dilemma of transformation, which is that the content of homogenization and the single mode of advertising are restricting its own development. On the other hand, with the surging Internet and the heating-up media, the traditional media seeks for a new life in the Nirvana of integration and remodeling. In such a large environment, dozens of newspapers in Hubei have shown some common characteristics, such as that the new media color becomes thicker, the merger and reorganization are bold, the fault of talents appears, and the industry becomes diversified. Comparing the party newspaper, urban newspapers of the provincial capital with the newspapers of non-capital cities, it will find that they have their own characteristics. Newspaper industry is facing an unprecedented big change, it can be predicted that the future of Hubei newspaper industry will have many development trends such as platformization, projectization, diversification, and datamation, etc.

Keywords: Newspaper Industry; Internet; Integration; Transformation

B. 4 Report on Hubei Publishing Industry (2016)

Zhang Qi, Chen Ge / 052

Abstract: In 2016, Hubei publishing industry has made remarkable achievements in two benefits. With the arrival of the integrated development era, Hubei publishing industry is facing both great opportunities and challenges. In the context of the new economic normal, how to strengthen the supply-side reform and patch up the short board according to the characteristics of Hubei Province, become the important factor for future development of Hubei publishing industry. This report analyzes the development situation, existing problems and the development trend of Hubei publishing industry in 2016, proposing six development strategies for Hubei publishing industry, namely "publication of masterpieces", "primary business first", "industrial chain extension", "industrial upgrading", "diversified development", "development strategy of talents".

Keywords: Unification of two Benefits; Integrated Development; Publication of Masterpieces; Industrial Chain Extension

B. 5　Report on Hubei Broadcasting and Television

Industry (2016)　　　　　　　　　　　*Lu Junwei, Lu Songlin* / 078

Abstract: 2016 is the starting year for Hubei Province to move forward from the big province to the strong province of press, publication, broadcasting and television. Facing the new normal economic development and new changes in the development of broadcasting and television industry, Hubei broadcasting and television industry has further accelerated the step of combing traditional media with new media, steadily promoted infrastructure construction of broadcasting and television, and improved the content production of broadcasting and television in terms of both quantity and quality. Meanwhile, many factors restrict the development of Hubei broadcasting and television industry, such as the slow overall development of broadcasting and television industry, the inadequacy of the content innovation, the shortage of convergence media talents, etc. In view of these problems, this report presents the corresponding development strategies.

Keywords: Broadcasting and Television Industry; Media Convergence; Public Service; Content Innovation

B. 6　Report on Hubei Film Industry (2016)　　　　　　*Liu Li* / 096

Abstract: In 2016, Hubei film market continued showing positive growth in both industrial scale and the stock of films. 2016 film output and the box office sales have set new records. Still, there are some inevitable problems, such as how to improve film culture and quality, how to attract more spectators though film quality, and how to regulate the domestic film market. All of these problems are the challenges that must be addressed by Hubei film industry. This report analyzes some prominent problems during the development of Hubei film industry, provides some countermeasures to accelerate the development of Hubei film

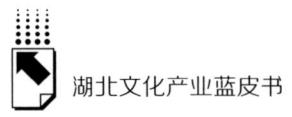

industry, and predicts the future of Hubei film industry.

Keywords: Model Innovation; Film Industry; Structural Adjustment

B.7 Report on Hubei Advertising Industry (2016)
Li Ming, Shu Xiang / 116

Abstract: The development of Hubei advertising industry is an important part of the development of Hubei cultural industry. This report focuses on the development of Hubei advertising industry, especially advertising industrial form and media convergence in the context of new media. With the coming of Mobile Internet era, the form of new media advertisement breaks through the constraints of traditional media in region, space and time, featuring with strong interaction, wide coverage and precise delivery. For this reason, new media advertisement becomes the favorite form of the advertising industry. At the same time, its diversity and strong connectivity make its convergence with traditional media quite difficult. In the 13th Five-year period, though adjusting the structure of Hubei advertising industry structure, paying attention to the big data of Mobile Internet era, and strengthening the layout of industries related to artificial intelligence, Hubei advertising industry will have an unlimited potential.

Keywords: Advertising Industry; Media Convergence; Mobile Internet; New Media

B.8 Report on Hubei Performing Arts Industry (2016)
Hu Xiaoya, Liang Yanping / 130

Abstract: From 2015 to 2016, Hubei performing arts industry developed sustainably, policy environment, financial input, assessment criteria and market environment continued being optimized. The performing arts industry has developed with regional differences and formed diversified regional art culture. The overall art productivity was strong, the performance settings were various, and the performance effect even in small theaters was impressive. Private troupes have basically achieved self-sufficiency. Fusion has become the new normal of performing arts industry. Art fusion and industry combinations laid the foundation for the industry transformations and upgrading. The combinations of arts and commerce were beneficial for the development of arts as well. But there still exists problems, such as the homogeneity of tourism performances and the imbalance of the performing arts industry chain. More efforts should be given on advancing the clarified reform, strengthening the guidance, integrating the resources and encouraging the original pieces to improve Hubei performing arts industry.

Keywords: Performing Arts Industry; Differential Development; Artistic Production Capacity; Fusion

B.9 Report on Hubei Animation Industry (2016) Niu Min / 147

Abstract: Hubei animation industry attaches great importance to the structural transformation. The industrial chain of "gigantic animation and comic" has been built preliminarily, and Hubei animation industry which has entered the IP era has become the core driving force of Hubei cultural industry. Hubei animation industry scale is increasing, the sales of comic books and periodicals is leading the country. The market demand is large, service outsourcing environment is superior, animation broadcast platform is complete, and the exhibition is active. At the same time, the overall size of Hubei animation enterprises is small, which needs more high-end talents, screenwriters, and marketing personnel. The industrial chain structure also needs to be adjusted. In the next stage, Hubei should accelerate the transformation of "full age animation", walk in the forefront of IP era, pay attention to brand cultivation, maintenance and proliferation, and pay attention to the integrity and continuity of industrial chain development.

Keywords: Whole Industrial Chain; Gigantic Animation and Comic; IP; Integration

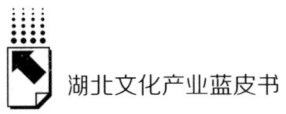
湖北文化产业蓝皮书

B.10 Report on Hubei Cultural Tourism Industry (2016)
Li Zhifei, Yu Zhen / 175

Abstract: In recent years, the momentum of Hubei cultural tourism industry has developed quickly. It has gradually become the main area of consumption. Throughout the development course of cultural tourism in Hubei Province, despite many gratifying achievements, there are also some shortcomings, such as that the cultural tourism brands are not outstanding, the infrastructure of cultural tourism is not perfect, the competitiveness of cultural tourism enterprises is not strong, and the management system of cultural tourism is not perfect. These problems need to be further improved and solved. Through clarifying the current situation and problems of the development of Hubei cultural tourism industry in 2016, this report puts forward some suggestions such as creating a brand of cultural tourism with outstanding features, perfecting the infrastructure of cultural tourism, enhancing the competitiveness of cultural tourism enterprises, and speeding up the reform of cultural tourism system and technological innovation. These could be conducive to the further development of Hubei cultural tourism industry, improving the competitiveness of the cultural industry and the tourism industry, making use of cultural advantages, enhancing tourism brands, and promoting deep integration of the cultural tourism industry.

Keywords: Cultural Tourism Industry; Culture Industry; Tourist Industry

B.11 Report on the Development of Hubei Leisure
Sports Industry (2016) *Shi Wenwen* / 189

Abstract: This report mainly introduces the development environment of Hubei leisure sports industry including policy environment, site environment and featured leisure sports. Based on the statistical data of Hubei leisure sports industry and the development status of leisure sports participation, this report analyzes the existing problems in the development of Hubei leisure sports industry, and puts forward countermeasures and suggestions for the future development of Hubei leisure sports industry.

Keywords: Leisure Sports Industry; Bromd Strategy; Complemcntary Advantages

Ⅳ Special Reports

B. 12 Investment and Financing Analysis of Hubei Cultural Industry Development (2016)

Xu Junwu, Huang Ruoyun / 201

Abstract: Investment and financing of the cultural industry is the booster to promote the healthy development of the cultural industry, as well as the incubator to promote the combination of capital operation and cultural industry. At present, with the rapid development of investment and financing in Hubei Province, on the one hand, it has shown its own characteristics, such as the diversified patterns of financing and the continuous improvement of the technological content of the financing products; on the other hand, it has shown some problems, such as poor financing channels, the lack of investment and financing scale, and insufficient utilization of foreign capital, etc. , which have affected the development of Hubei cultural industry. The reasons for such contradictions are the imperfect market mechanism and the imperfect industrial policies. Therefore, it is proposed that the "invisible hand" of the market should be combined with the "tangible hand" of the government to jointly solve the bottleneck problem of Hubei cultural industry investment and financing.

Keywords: Cultural Industry; Investment and Financing; Financing Channels

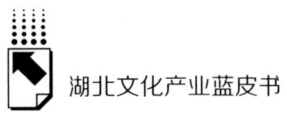
湖北文化产业蓝皮书

B. 13 A Comparative Study on the Development of Cultural Industry in Six Provinces in Central China Based on DEA Analysis　　　　　　　　　　　　　*Zou Rong* / 220

Abstract: After ten years of rapid development, the cultural industry of the six provinces in central China was in the second development group within the industry, during which period different development speed among the six provinces and the competitive situation was obvious. This paper intends to focus on the comparative study of the cultural industry in the six provinces in central China, analyzing both advantages and disadvantages of the cultural industry in six provinces, discussing the problems and opportunities in the development of Hubei cultural industry at present, and putting forward some countermeasures as the theoretical basis to promote Hubei cultural industry to become a pillar industry.

Keywords: DEA; The Six Provinces in Central China; Cultural Industry

B. 14 On Exploitation of Hubei Characteristic Cultural Resources and Sustainable Development of Hubei Cultural Industry　　　　　　　　　　　　　*Zou Fuqing* / 234

Abstract: Hubei Province at all levels of government, academia and industry attach great importance to the development of the cultural industry. The exploitation of characteristic cultural resources has had a number of successful examples, as well as has been facing many problems, such as that the cultural connotation is inadequate, cultural added value needs to be improved, industrial development lacks sustained motive force to enter a virtuous circle, and the market distribution research is not deep enough to target consumer groups. Therefore, the following issues in the exploitation of Hubei characteristic cultural resources need to be emphasized: digging up the unique elements of characteristic cultural resources which can be transformed, appropriately selecting the development mode of intangible cultural heritage, promoting the exploitation of cultural heritage based on science and technology, and integrating the exploitation of ecological resources with cultural heritage. In view of the particularity of cultural resources, its exploitation should adhere to the following principles: exploiting in multi levels and multi dimensions to improve the industrial chain, doing more finely and stronger instead of bigger. Specific countermeasures are as follows: elaborately creating weekend tours because the tourism industry pays attention to differentiation and refinement, developing both practicability and artistry of the traditional handicrafts at the same pace to connect with the modern life, developing the virtual reality technology to establish a complete industrial chain.

Keywords: Characteristic Cultural Resources; Cultural Industries; Sustainable Development

B. 15 Report on Hubei Xinhua Bookstore (2016)

Zhang Xuan, Xiong Xuhua / 253

Abstract: In 2016, Hubei Province issued "Three-year Action Plan of National Reading". Under the guidance of Changjiang Publishing and Media Group (stock) Co. Ltd. , Hubei Xinhua Bookstore Group Co. Ltd. (hereinafter referred to as Hubei Xinhua) played a leading role in the construction of Hubei public cultural service system, achieving success from the following three aspects which are the reconstruction and design of the entity bookstores, innovation of the book sales model and Hubei Xinhua cultural soft power, which is a strong impetus to brand building of the national reading activity "Scholarly Jingchu and Hubei Culture".

Keywords: Entity Bookstores; Mode Innovation; Cultural Soft Power

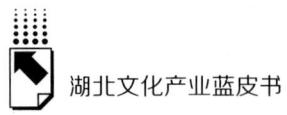

B.16 Survey on Hubei Urban Cultural Consumption (2016)

Gao Aihua, Cheng Wan and Qiao Yilan / 268

Abstract: Understanding the status of urban residents' cultural consumption is beneficial for grasping the economic trend of the city, so as to provide feasible suggestions to the development of urban cultural industry. As shown in the survey, the main customers force of urban cultural consumption is the youth and the old, showing the characteristics that there is a huge demand for midrange and high-end cultural consumption, there are various cultural products, there are under-supply cultural services, etc. Combining data analysis of questionnaires and field investigation, we suggest that the government, enterprises, and grass-roots groups combine together. By means of enhancing inhabitants' income, carrying out policy guidance, sticking to enterprise innovation and syndication, employing multiform promotions, transformation and upgrading of urban residents' cultural consumption can be promoted.

Keywords: Hubei Urban Cultural Consumption; Consumption Structure; Consumption Supply

B.17 Survey on Hubei Rural Cultural Consumption (2016)

Chen Rang, Yu Ziwei and Xia Sainan / 293

Abstract: With the improvement of income level, rural residents' demand for cultural consumption is ever-increasing. Improving cultural consumption ability of rural residents can greatly strengthen the optimization and upgrading of rural consumption structure, narrow the gap between the development of urban cultural industry and rural cultural industry, and ultimately promote the construction of a cultural well-off society in an all-round way. In terms of rural residents' cultural consumption in Hubei Province, the overall level has been improved, but some problems such as the weak growth in cultural consumption, unreasonable structure of cultural consumption, the low taste of cultural consumption, the imbalanced cultural consumption supply, etc. Based on detailed data analysis and rigorous analysis of the causes, this paper puts forward multiple measures such as to perfect the system of rural public cultural service, to cultivate the rural "Internet Plus" new format, and to innovate rural residents' cultural consumption, in order to stimulate rural residents' cultural consumption demand, improve their enthusiasm and initiative for cultural consumption, and sustainably expand rural residents' cultural consumption.

Keywords: Rural Cultural Consumption; Consumption Structure; Consumption View; Consumption Supply; Rural Cultural Construction

V Appendix

B. 18   Memorabilia of Cultural Industry Development in Hubei / 331

B. 19   Postscript / 345

权威报告・热点资讯・特色资源

皮书数据库
ANNUAL REPORT(YEARBOOK) DATABASE

当代中国与世界发展高端智库平台

所获荣誉

- 2016年，入选"国家'十三五'电子出版物出版规划骨干工程"
- 2015年，荣获"搜索中国正能量 点赞2015""创新中国科技创新奖"
- 2013年，荣获"中国出版政府奖・网络出版物奖"提名奖
- 连续多年荣获中国数字出版博览会"数字出版・优秀品牌"奖

成为会员

通过网址www.pishu.com.cn或使用手机扫描二维码进入皮书数据库网站，进行手机号码验证或邮箱验证即可成为皮书数据库会员（建议通过手机号码快速验证注册）。

会员福利

- 使用手机号码首次注册会员可直接获得100元体验金，不需充值即可购买和查看数据库内容（仅限使用手机号码快速注册）。
- 已注册用户购书后可免费获赠100元皮书数据库充值卡。刮开充值卡涂层获取充值密码，登录并进入"会员中心"—"在线充值"—"充值卡充值"，充值成功后即可购买和查看数据库内容。

卡号：458663218981
密码：

数据库服务热线：400-008-6695
数据库服务QQ：2475522410
数据库服务邮箱：database@ssap.cn
图书销售热线：010-59367070/7028
图书服务QQ：1265056568
图书服务邮箱：duzhe@ssap.cn

子库介绍
Sub-Database Introduction

中国经济发展数据库

涵盖宏观经济、农业经济、工业经济、产业经济、财政金融、交通旅游、商业贸易、劳动经济、企业经济、房地产经济、城市经济、区域经济等领域，为用户实时了解经济运行态势、把握经济发展规律、洞察经济形势、做出经济决策提供参考和依据。

中国社会发展数据库

全面整合国内外有关中国社会发展的统计数据、深度分析报告、专家解读和热点资讯构建而成的专业学术数据库。涉及宗教、社会、人口、政治、外交、法律、文化、教育、体育、文学艺术、医药卫生、资源环境等多个领域。

中国行业发展数据库

以中国国民经济行业分类为依据，跟踪分析国民经济各行业市场运行状况和政策导向，提供行业发展最前沿的资讯，为用户投资、从业及各种经济决策提供理论基础和实践指导。内容涵盖农业，能源与矿产业，交通运输业，制造业，金融业，房地产业，租赁和商务服务业，科学研究，环境和公共设施管理，居民服务业，教育，卫生和社会保障，文化、体育和娱乐业等100余个行业。

中国区域发展数据库

对特定区域内的经济、社会、文化、法治、资源环境等领域的现状与发展情况进行分析和预测。涵盖中部、西部、东北、西北等地区，长三角、珠三角、黄三角、京津冀、环渤海、合肥经济圈、长株潭城市群、关中—天水经济区、海峡经济区等区域经济体和城市圈，北京、上海、浙江、河南、陕西等34个省份及中国台湾地区。

中国文化传媒数据库

包括文化事业、文化产业、宗教、群众文化、图书馆事业、博物馆事业、档案事业、语言文字、文学、历史地理、新闻传播、广播电视、出版事业、艺术、电影、娱乐等多个子库。

世界经济与国际关系数据库

以皮书系列中涉及世界经济与国际关系的研究成果为基础，全面整合国内外有关世界经济与国际关系的统计数据、深度分析报告、专家解读和热点资讯构建而成的专业学术数据库。包括世界经济、国际政治、世界文化与科技、全球性问题、国际组织与国际法、区域研究等多个子库。

法律声明

"皮书系列"（含蓝皮书、绿皮书、黄皮书）之品牌由社会科学文献出版社最早使用并持续至今，现已被中国图书市场所熟知。"皮书系列"的LOGO（ ）与"经济蓝皮书""社会蓝皮书"均已在中华人民共和国国家工商行政管理总局商标局登记注册。"皮书系列"图书的注册商标专用权及封面设计、版式设计的著作权均为社会科学文献出版社所有。未经社会科学文献出版社书面授权许可，任何使用与"皮书系列"图书注册商标、封面设计、版式设计相同或者近似的文字、图形或其组合的行为均系侵权行为。

经作者授权，本书的专有出版权及信息网络传播权为社会科学文献出版社享有。未经社会科学文献出版社书面授权许可，任何就本书内容的复制、发行或以数字形式进行网络传播的行为均系侵权行为。

社会科学文献出版社将通过法律途径追究上述侵权行为的法律责任，维护自身合法权益。

欢迎社会各界人士对侵犯社会科学文献出版社上述权利的侵权行为进行举报。电话：010-59367121，电子邮箱：fawubu@ssap.cn。

社会科学文献出版社